我国跨栏项目优秀运动员关键运动技术特征研究

程泓人 著

人民体育出版社

图书在版编目（CIP）数据

我国跨栏项目优秀运动员关键运动技术特征研究 / 程泓人著 . -- 北京：人民体育出版社，2021（2024.5 重印）
ISBN 978-7-5009-5833-8

Ⅰ.①我… Ⅱ.①程… Ⅲ.①跨栏跑—运动技术—研究—中国 Ⅳ.① G822.619

中国版本图书馆 CIP 数据核字 (2020) 第 127756 号

*

人 民 体 育 出 版 社 出 版 发 行
北京中献拓方科技发展有限公司印刷
新 华 书 店 经 销

*

787×1092　16 开本　25 印张　350 千字
2021 年 1 月第 1 版　2024 年 5 月第 2 次印刷

*

ISBN 978-7-5009-5833-8

定价：110.00 元

社址：北京市东城区体育馆路 8 号（天坛公园东门）
电话：67151482（发行部）　　　　邮编：100061
传真：67151483　　　　　　　　　邮购：67118491
网址：www.psphpress.com

（购买本社图书，如遇有缺损页可与邮购部联系）

前言

跨栏跑属于田径径赛项目，要求运动员按照比赛规则在跑动中跨越一定数量的栏架，是一项具有观赏性的运动，跨栏项目也很早就成为了奥运会的比赛项目。中国田径曾在跨栏项目上取得过巨大的成就，刘翔在男子110米栏项目上获得过奥运会和世锦赛的冠军。《我国跨栏项目优秀运动员关键运动技术特征研究》是对2019年中一系列田径赛事的跨栏项目比赛进行研究，通过运动视频图像解析等方法，深入研究每场比赛中中国跨栏运动员的技术表现，内容涵盖了2019年全国田径锦标赛、全国田径大奖赛系列赛、冠军赛和中华人民共和国第二届青年运动会等多项国内重要田径赛事，以及2019年亚洲田径锦标赛、国际田联钻石联赛上海站、国际田联世界挑战赛南京站等多项国际田径赛事跨栏比赛的技术数据。研究项目包括：男子60米栏、女子60米栏、男子110米栏、女子100米栏、男子400米栏、女子400米栏，以及男女全能项目中的跨栏分项。

本书的主要研究方法是现场运动视频采集法和运动视频图像解析法，通过对比赛现场采集到的视频图像进行快速分析和反馈，提取关键运动技术参数。充分利用无干扰的运动视频图像分析技术的优点和价值，达到所见即所得的科技助力目的，体现视频图像处理技术在跨栏项目运动中应用的直观性、科学性和即时性。

本书撰写的初衷是中国田径协会跨栏组主教练托德·亨森和科研教练程泓人，希望借此书向从事跨栏项目的广大教练员、运动员、田径爱好者及相关学者们，宣传先进的科学训练理念和科技服务内容，暨运动视频图像快速提取和反馈技术，关键运动技术参数指标数据，特别是触地时间（Touchdown Time）指标在跨栏项目训练中的实际意义和作用。全书较为详细地提供了2019年度我国跨栏项目运动技术参数数据和相关分析报告，报告涵盖了比赛的成绩、分段时间和分段速度等主要运动学参数数据，旨在推广运动视频解析技术和关键运动技术参数指标在跨栏项目上的科学运用。希望本书的出版和发行能为广大跨栏运动相关工作者提供有益的帮助和科学的理论指导与借鉴。

本书中所有的技术参数数据，是由中国田径协会跨栏组主教练托德·亨森，在其团队科研人员程泓人以及国内多位科研工作者的帮助下收集完成。本书由国家体育总局体育科学研究所研究生程泓人所著，并在其指导教师国家体育总局体育科学研究所苑廷刚研究员的帮助下完成本书的定稿。

在本书完成之际，真诚地希望广大跨栏运动工作者和读者们提出宝贵的意见。

目 录

第一章　比赛视频图像采集与数据处理方式 ················ 001
　第一节　跨栏比赛视频图像采集方法 ················ 003
　第二节　跨栏比赛视频图像解析方法 ················ 007

第二章　2019年全国室内田径锦标赛分区赛（1） ················ 011
　第一节　女子60米栏 ················ 013
　第二节　男子60米栏 ················ 015

第三章　2019年全国室内田径锦标赛分区赛（2） ················ 019
　第一节　女子60米栏 ················ 021
　第二节　男子60米栏 ················ 023

第四章　2019年全国室内田径锦标赛分区赛（3） ················ 027
　第一节　女子60米栏 ················ 029
　第二节　男子60米栏 ················ 031

第五章　2019年全国室内田径锦标赛分区赛（4） ················ 035
　第一节　女子60米栏 ················ 037
　第二节　男子60米栏 ················ 039

第六章　2019年全国室内田径锦标赛总决赛 ················ 043
　第一节　女子60米栏 ················ 045
　第二节　男子60米栏 ················ 047

第七章　2019年全国田径大奖赛（1） ········· 051
第一节　女子100米栏 ········· 053
第二节　男子110米栏 ········· 059
第三节　女子400米栏 ········· 068
第四节　男子400米栏 ········· 077

第八章　2019年全国田径大奖赛（2） ········· 083
第一节　女子100米栏 ········· 085
第二节　男子110米栏 ········· 091
第三节　女子400米栏 ········· 098
第四节　男子400米栏 ········· 107

第九章　2019年亚洲田径锦标赛 ········· 113
第一节　女子100米栏 ········· 115
第二节　男子110米栏 ········· 121
第三节　女子400米栏 ········· 128
第四节　男子400米栏 ········· 130

第十章　国际田联钻石联赛上海站 ········· 135
第一节　男子110米栏 ········· 137
第二节　男子400米栏 ········· 144

第十一章　国际田联世界挑战赛南京站 ········· 147
第一节　女子100米栏 ········· 149
第二节　男子110米栏 ········· 156

第十二章　2019年全国田径大奖赛（3） ········· 163
第一节　女子100米栏 ········· 165
第二节　男子110米栏 ········· 168

第十三章　2019年全国田径大奖赛（4） ········· 173
第一节　女子100米栏 ········· 175
第二节　男子110米栏 ········· 178

第三节　女子 400 米栏 ………………………………………………………… 182
　　第四节　男子 400 米栏 ………………………………………………………… 186

第十四章　2019 年亚洲田径大奖赛系列赛（1） ……………………………… 191
　　第一节　女子 100 米栏 ………………………………………………………… 193
　　第二节　男子 110 米栏 ………………………………………………………… 196

第十五章　2019 年亚洲田径大奖赛系列赛（2） ……………………………… 201
　　第一节　女子 100 米栏 ………………………………………………………… 203
　　第二节　男子 110 米栏 ………………………………………………………… 206

第十六章　2019 年全国田径锦标赛 …………………………………………… 211
　　第一节　女子 100 米栏 ………………………………………………………… 213
　　第二节　男子 110 米栏 ………………………………………………………… 219
　　第三节　女子 400 米栏 ………………………………………………………… 226
　　第四节　男子 400 米栏 ………………………………………………………… 235
　　第五节　女子七项全能 100 米栏分项 ………………………………………… 244
　　第六节　男子十项全能 110 米栏分项 ………………………………………… 250

第十七章　2019 年世界田径锦标赛选拔赛 …………………………………… 261
　　第一节　女子 100 米栏 ………………………………………………………… 263
　　第二节　男子 110 米栏 ………………………………………………………… 269
　　第三节　女子 400 米栏 ………………………………………………………… 276
　　第四节　男子 400 米栏 ………………………………………………………… 285

第十八章　中华人民共和国第二届青年运动会 ………………………………… 295
　　第一节　女子 100 米栏 ………………………………………………………… 297
　　第二节　男子 110 米栏 ………………………………………………………… 307
　　第三节　女子 400 米栏 ………………………………………………………… 317
　　第四节　男子 400 米栏 ………………………………………………………… 329

第十九章　2019 年全国田径冠军赛暨大奖赛总决赛 ………………………… 341
　　第一节　女子 100 米栏 ………………………………………………………… 343

第二节 男子 110 米栏	349
第三节 女子 400 米栏	356
第四节 男子 400 米栏	365
第五节 女子七项全能 100 米栏分项	375
第六节 男子十项全能 110 米栏分项	382

后记 ······ 388

科研工作者名单 ······ 390

CHAPTER 01 第一章

比赛视频图像采集与数据处理方式

现代科技的发展日新月异,给人类生活的方方面面带来了深远的影响。竞技体育的发展和进步同样离不开科技,现代竞技体育的发展已越来越依靠科技进步,甚至演变成科技的竞争。体育科研为竞技体育服务,是推动竞技体育快速发展的重要力量。运动员的运动成绩和竞技能力能否得到提高,直接与科研服务的质量和方式息息相关。体育项目发展得好,竞技水平高的国家和地区,也必然伴随着该项目体育科学化进程的快速发展。

在高水平运动队中,科研团队的一项重要任务是对专项运动技术进行分析和诊断,用科学化、可视化的技术手段,发现运动员在训练和比赛中所表现出来的技术层面的差异,并及时做到信息反馈,以帮助教练员迅速调整训练和比赛计划,提高训练效率和运动成绩。运动视频采集和运动视频图像解析法是常用的技术分析与监控手段。对运动现场采集到的视频图像进行快速的分析和处理,提取关键运动学参数,分析关键运动时段和动作阶段上反映出来的运动学参数的差异,能够快速准确地发现专项技术的主要差异,并给出客观的数字反馈。运动视频图像解析技术具有直观性、科学性、即时性、对运动无干扰的优点和价值,能够达到所见即所得的科技助力目的,给运动员和教练员提供切实的帮助。视频图像解析技术在现代跨栏项目训练中的应用比较广泛,但如何基于跨栏项目本身的特点,采取合理有效的视频图像采集和数据处理方法,这给教练员和科研人员提出了问题。本章是根据对跨栏比赛进行视频图像采集和数据处理的经验,介绍不同跨栏项目运动视频拍摄和处理的方法。

第一节 跨栏比赛视频图像采集方法

拍摄运动视频图像，分析运动专项技术特点的方法在田径领域内已被广泛运用，这并不是科研学者的专利，现如今很多田径项目的教练员都会把摄像机带到田径场，高速摄像机已慢慢成为现代田径训练中不可缺少的工具。

早期的科研学者是用胶卷相机记录运动员一个又一个关键的动作瞬间，一套连贯的技术动作需要数十张照片拼接起来。后来，拍摄工具进一步更新换代，功能越来越丰富，图片越来越清晰，运动视频拍摄的方式也变得简单且多样。随着科技的发展，胶片录像机、磁带录像机、数码相机、高速4K摄像机及无人机等，这些拍摄运动视频图像的方式越来越多。教练员和科研人员需要根据不同运动项目的技术特点采用不同的拍摄设备、拍摄模式、拍摄速度，根据不同的比赛场地条件采用不同的拍摄角度。在本节中，涵盖了室内60米栏，室外100米栏、110米栏和400米栏项目的拍摄方法。在此特别提出的是，因本书中涉及的比赛大多数是由国家体育总局体育科学研究所硕士研究生程泓人，与中国田径协会跨栏组主教练托德·亨森两个人一起合作拍摄完成，在这里只介绍在两个人的情况下如何获得有价值的比赛视频，完成一些基本的运动学数据分析工作的方法。

一、室内60米栏项目

室内田径比赛的跨栏项目受场地条件的影响较大，因为场地较小而且室内场馆中通常观众看台面积较小，加上很多场馆的看台是单边设计，现场拍摄条件非常有限。在比赛过程中采集运动视频也常常会受到天气、灯光、电视转播商、裁判员、观众等多种不确定因素的影响，因此教练员和科研人员必须准确地判断并选择最佳的拍摄地点，在不影响比赛的情况下获得拍摄效果最好的视频。也正是这种原因，本节只是介绍作者在2019年参与现场比赛视频拍摄的经历，并不是对跨栏比赛标准的拍摄方法下定义。在2019年全国室内田径锦标赛分区赛中，举办分区赛的两个赛区，江苏省南京市仙林训练基地和陕西省西安市的陕西省体育局田径基地的室内田径馆均是单侧看台，拍摄时选择的站位如图1-1所示。拍摄采用的是两台JVC GC-P100摄像机扫描拍摄比赛全程，两台摄像机分别架于二层看台同侧，一台正对第3栏位置；另一台正对终点位置。拍摄水平距离约30m，拍摄高度约10m，全程跟踪扫描拍摄。摄像机可根据目标的移动状况自行变焦，拍摄频率为100fps，快门速度为1/500s，拍摄时注意抓住起跑发令枪的闪光瞬间。国内田径正式比赛所用的发令枪在枪体的枪管头端都会设有强光灯，强光灯闪烁是判断比赛开始最精确的信号，也是后续做视频图像分析中判定动作开始最主要的标志，因此一定要注意确保拍摄到发令枪的闪光瞬间。考虑到摄像机取景范围的影响，在跨栏比赛开始之前一般将摄像机主光轴对准手持发令枪的裁判员，枪响后再迅速移动到需要全程跟踪扫描拍摄的运动员上，这样时间才能足够。

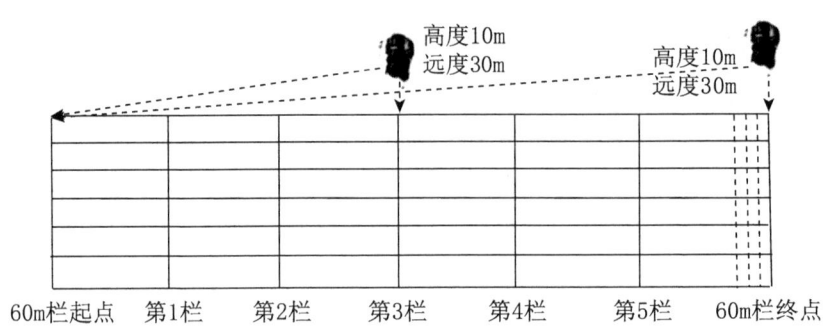

图 1-1　室内 60 米栏单侧看台现场拍摄机位布置图

对于部分拥有两侧看台的室内赛场馆来说，如 2019 年全国室内田径锦标赛总决赛的比赛场馆——浙江体育职业技术学院的室内田径馆，就拥有东西两侧看台，因此，就可以采用图 1-2 所示方式，将摄像机分别放在两侧看台上。两台摄像机的位置都是在第 3 栏的位置，但最好不要两台摄像机相对，相应地错开一些角度，这样做是避免一些比赛中运动员的位置重叠。室内 60 米栏项目因为很多比赛都是一场 4~6 名运动员参赛，像 2019 年的这几场室内赛中都是一场比赛 4 位运动员参赛，因此摄像机都放在一侧影响不是很大。但像室外赛参赛的人数较多，内道和外道的运动员相隔较远，遇到水平接近的比赛，摄像机都放在同侧很难保证拍摄到的比赛视频图像中运动员之间不会发生彼此遮挡，因此在场地条件允许的情况下还是采用对侧看台拍摄的方式比较好。此外，摄像机的参数设置与场地的光线状况和配备设置有关，光线较暗的环境下调大光圈，光线较强时调小光圈，拍摄速度越高数值越精准，但拍摄速度越高也可能导致图像分辨率降低。这取决于采用什么样的摄像机进行拍摄，目前一些高速 4K 摄像机可以保证在较高的拍摄速度下自由地变焦，图像清晰度也高，当然它本身的价格也较为昂贵。

教练员和科研人员在进行视频拍摄工作中还要合理地应对看台上可能发生的情况，出现了认为适宜的拍摄角度，但是遇到观众阻碍、视频转播商的占位等问题，要做到耐心地沟通或随机应变地调整拍摄方案。在职业比赛中，观众的观赛体验、大众媒体的传播效应是推动项目整体发展的重要因素，教练员和科研人员也应积极配合相关的工作。

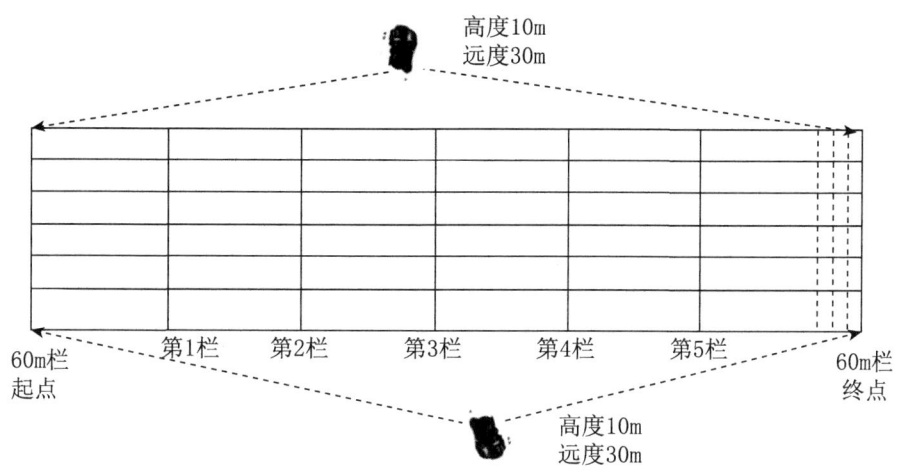

图 1-2 室内 60 米栏双侧看台现场拍摄机位布置图

二、男女直道栏项目

人们经常根据跨栏项目的特点将跨栏分为直道栏项目和弯道栏项目，直道栏项目主要包括女子 100 米栏项目和男子 110 米栏项目，弯道栏项目包括男女 400 米栏项目。本节介绍的是作者在 2019 年对男女直道栏比赛视频拍摄的经历。在 2019 年全国室外的田径比赛中，绝大多数比赛是两个人配合完成拍摄的，因此本节介绍的是在人数为两名拍摄者的情况下，采用的比赛拍摄方式。图 1-3 所示的是对男女直道栏项目拍摄时的现场机位布置图，主要还是采用两台 JVC GC-P100 摄像机扫描拍摄比赛全程，两台摄像机分别位于体育场相对的两侧看台上，一台正对第 3 栏位置；另一台正对第 7 栏位置。摄像机拍摄水平距离约 35m，拍摄高度约 15m（具体视体育场看台设置状况而定），比赛中全程跟踪扫描拍摄，可根据目标的移动状况自行变焦，拍摄频率为 100fps，快门速度为 1/500s。拍摄时要注意抓住起跑发令枪的闪光瞬间。在对侧看台设置摄像机可以兼顾内外道的运动员，尽量减少运动员之间的遮挡。比赛全程拍摄目标移动距离和范围较大，选用高速拍摄可变焦的摄像机，在比赛中随着运动员的跑动变换焦距，尽可能地保证画面中所有拍摄目标大而清晰。远离竞赛跑道的看台所用的摄像机要保证具有足够大的焦段，也就是较大的变焦倍数。国内的体育场基本上需要变焦倍数达到 12 倍，才可以完成这样的拍摄。此外，如果需要分析某一个栏间段的技术动作，还可以增加摄像机进行定点定焦的拍摄，只要能确保设备和人手充足。

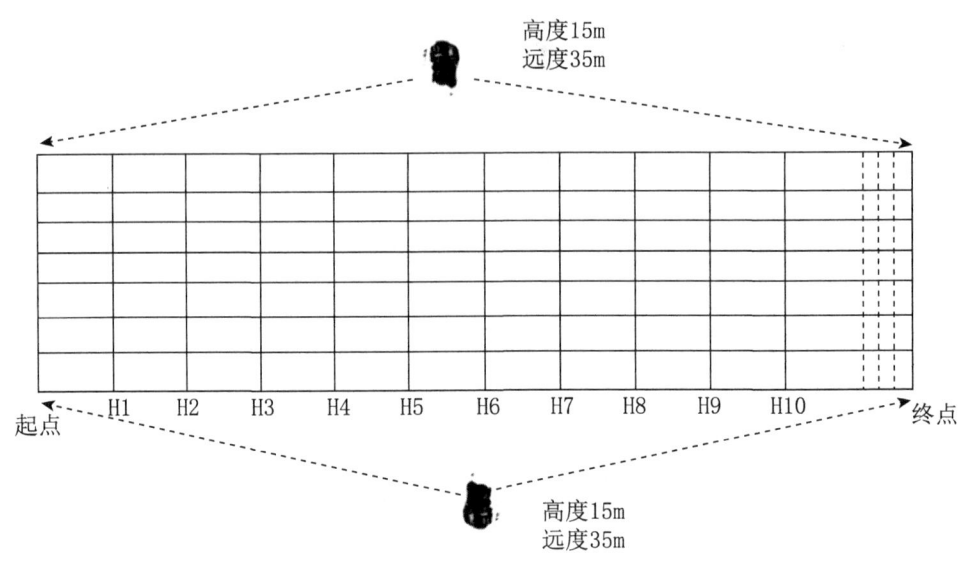

图1-3 男女直道栏全程扫描拍摄现场机位布置图

三、男女弯道栏项目

在弯道栏，也就是男女400米项目的拍摄上，因为运动员的活动范围大，会给拍摄者在取景范围上的调整带来很大的困难。国内400米栏比赛的水平差距很大，用一台摄像机同时捕捉到两个成绩上差5秒的运动员的比赛全程是一件非常困难的事。通过我们对一场400米栏比赛的所有运动员进行细致的研究，发现一台摄像机跟踪拍摄一名运动员全程比赛视频的效果是比较好的。但是一场比赛8位运动员参赛，那么至少需要8位拍摄者和8台高速摄像机，这不管是人力上还是设备条件上都需要很大的投入，在现阶段各地方专业队的发展条件下是很难实现的。因此本节介绍的是在两个人配合下如何完成一场400米栏比赛的拍摄。图1-4所示的是对男女弯道栏项目拍摄时的现场机位布置图，采用两台JVC GC-P100摄像机扫描拍摄比赛全程，两台摄像机分别位于体育场较高的看台位置上，一台位于第一个弯道结束后的第2栏与第3栏之间的位置；另一台摄像机位在第二个弯道后第8栏与第9栏之间的位置。摄像机拍摄水平距离约35m，拍摄高度约20m（具体视体育场看台设置状况而定），比赛中全程跟踪扫描拍摄，可根据目标的移动状况自行变焦，拍摄频率为100fps，快门速度为1/500s。拍摄时要注意抓住起跑发令枪的闪光瞬间。站在一个弯道结束后第2栏与第3栏之间位置的拍摄者负责捕捉内侧1~5道运动员的比赛视频，这样能尽可能地避免链球场地的遮挡；另一位拍摄者在第二个弯道后第8栏与第9栏之间的位置，负责捕捉外侧5~9道运动员的比赛视频，尽可能地避免撑竿跳高场地的遮挡。因为比赛全程拍摄目标移动距离和范围较大，需要选用高速拍摄可变焦的摄像机，在比赛中随着运动员的跑动变换焦距，尽可能保证画面中所有拍摄目标大而清晰，摄像机要具备足够大的焦段，变焦倍数至少能达到12倍进行拍摄。因为这种方式只适合于现有拍摄人手和设备数量较少的情况下，但遇到参赛选手之间水平差距过大，就会造成拍摄目标的丢失，这也是本书中某些400米栏比赛会出现某位运动员比赛数据丢失的原因。在条件允许的情况下还是应该多增加机位完成对400米栏比赛全程的拍摄任务。

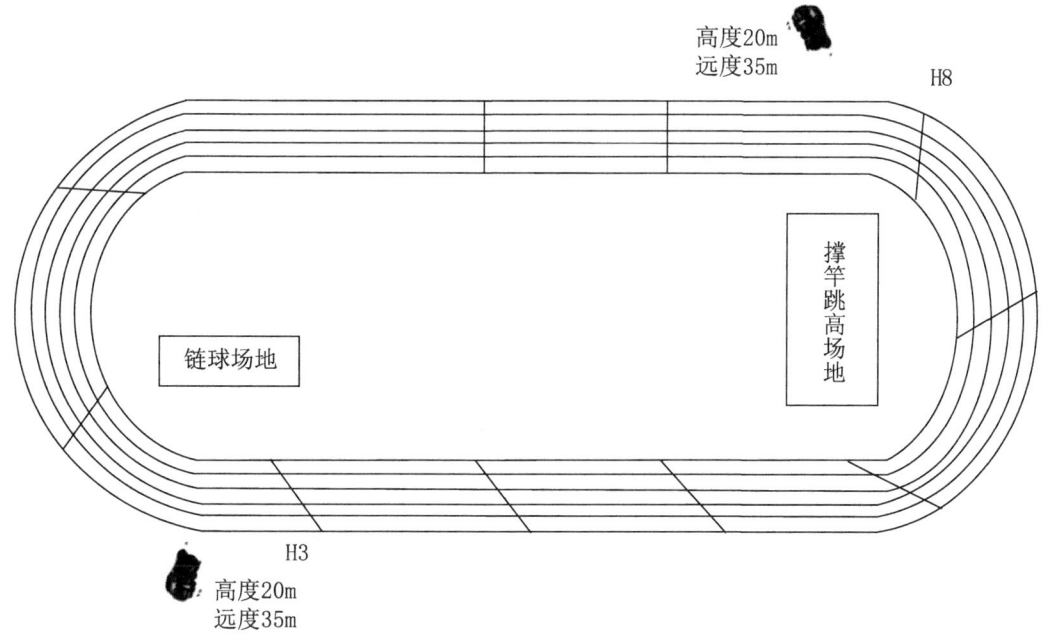

图1-4　男女弯道栏全程扫描拍摄现场机位布置图

第二节　跨栏比赛视频图像解析方法

运动视频图像解析法是一种科学实用的体育科研方法，尤其是在运动生物力学领域，通过对视频图像中人体形态或器械运动轨迹的解析，获得关键的运动生物力学参数数据，从而指导运动训练或作为相关学术研究领域的重要理论依据。近年来，运动视频图像解析技术在很多高水平的运动队中被广泛使用，国家体育总局体育科学研究所的苑廷刚研究员，曾极力进行运动视频分析软件在田径项目上的应用和推广。他利用不同类型的运动视频分析软件所得到的关键运动学参数，帮助中国国家田径队解决了许多技术难题。他所使用和推广的运动视频解析法不仅推动了运动学技术分析领域的学术发展，还推动了运动视频解析软件市场化的发展。如今种类繁多、功能各异的运动视频解析软件，已从高等院校、科研院所的实验室中走到市场上，许多科技公司通过自主研发或国外技术引进，将越来越多先进的运动视频解析软件带到各级运动队的训练中。因此，掌握和运用基本的运动视频图像解析方法不再是科研人员独有的技能，新时代的田径教练们也应该具备这样的能力，具备科学严谨创新的素养。不同的运动项目都有自身独特的运动规律和技术特点，在指导训练和检验技术动作质量时，不能一味地用主观经验去判断。而运动学技术参数指标就为评价技术特点提供了科学的现实依据。

运动学技术参数指标可分为时间参数、距离参数、位置参数、速度参数、角度参数等。不同的运动项目所适宜的技术评价参数可能不同，在这里主要介绍跨栏项目运动中最主要的技术参数，并介绍跨栏项目中最基本的技术参数收集和计算的方式。在跨栏项目中运动学参数指标叫作触地时间，英文是"Touchdown Time"，这个指标在国内外众多跨栏技术研究文献中经常被提到。这是因为触地时间参数指标收集起来简单快速，而且科学实用，对跨栏专项技术分析具有重要意义。并且根据跨栏运动的项目特点，可以利用触地时间计算出分栏时间、分栏速度、分段时间、分段速度，以及上栏与下栏的着地时间等多种运动学参数，对项目训练有很大的帮助。

跨栏项目最大的特点就是拥有固定的栏架，且每个栏架的摆放都有严格的标准，那么在研究中就可以利用栏架作为重要的分节点把全程的技术细分开来，分成更小的技术阶段去进行更深入的研究。例如，表1-1中所示的是跨栏项目中各项目栏架摆放的距离标准。因跨栏各项目比赛中起点至第1栏的距离，栏间距离和最后一栏至终点的距离都是固定的，因此只要从出发开始计算，得到运动员完成每个栏的触地时间，利用栏间固定的距离就可以计算出栏间速度。这样分栏时间和分栏速度指标就都可以得到了。运动员完成每个栏的触地时间，以运动员下栏摆动腿（前腿）脚触地的瞬间来界定。此外，根据特定的栏架可以划分不同的技术阶段，中国田径协会跨栏组教练托德·亨森就采用以下的分段方式，他将起跑至第1栏称为起动阶段；第1栏至第4栏为加速阶段；第4栏至第7栏为最大速度阶段；第7栏至第10栏为保持速度阶段；第10栏至终点为冲刺阶段。每个阶段代表着跨栏运动员不同的能力，通过收集不同运动员在各个阶段起止时的触地时间，就可以得出分段时间并计算出分段速度，完成技术对比。

此外就是选用相应的运动视频解析软件。运动视频解析软件的类型大致分为两种，一种是二维视频解析软件，操作比较简单快捷，但是一些复杂的身体角度得不到，向第三个方向深度的动作无法解析；另一种是三维视频解析软件，需要打点套模，建立运动人体模型去计算，这种方式计算距离和角度参数更准确，但是操作起来相对更复杂，花费的时间更多。本书中所采用的都是二维视频录像解析法，采用的二维视频解析软件包括Dartfish9.0、Kinovea0.8.15和Objectus Video，提供的是在跨栏项目中更实用、更主要的时间和速度参数，没有给出距离和角度参数。在此是想表达，在现阶段我国各地方运动队发展状况下，在不具备大规模的科研人员和科学器械投入的情况下，如何采集跨栏项目最主要、最实用的运动学参数，并帮助分析比赛，指导训练。事实上，每场比赛在两个人、两台高速摄像机的条件下就可以得到重要的技术参数指标，生成比较有价值的技术分析报告。当然运动队如果想更快更好地提升竞技水平，应该加大体育科研的投入，组建科学化的复合型团队，竞技体育未来发展的趋势也必然是走科学化发展的道路。在 2019 年，中国田径协会已经开始力邀国内外运动训练学领域、运动生物力学领域杰出的科研人才共同组建科技化复合型团队，相信这一举措会在不久之后收获巨大的成效，从而推动各省市、各地方田径队共同走上竞技体育科技化发展的道路，在这条道路上中国田径的整体水平一定会有质的飞跃。

本书中的运动学参数数据按照赛事的不同，分章节呈现，在部分比赛中对重点的运动员做了个人技术数据分析，有助于各位教练员以及相关学者查阅 2019 年中国跨栏项目运动员的比赛信息、成绩信息，以及更深一层的技术信息。在此特别说明，表格和图片中所涉及的第 1 栏，第 2 栏……均是用 H1，H2……这样的形式表示，H 在这里指栏架，是英文"Hurdle"的意思，在国内外众多有跨栏相关的著作文献中均是以这种方式来表示。

表 1-1 跨栏项目栏架距离标准

项目	栏架数量（个）	起点至第 1 栏距离（m）	栏间距离（m）	最后一栏至终点距离（m）
女子 60 米栏	5	13	8.5	13
男子 60 米栏	5	13.72	9.14	9.72
女子 100 米栏	10	13	8.5	10.5
男子 110 米栏	10	13.72	9.14	14.02
女子 400 米栏	10	45	35	40
男子 400 米栏	10	45	35	40

CHAPTER 02 第二章

2019年全国室内田径锦标赛分区赛(1)

江苏·南京

比赛日期：2019年2月19—20日
比赛地点：南京市仙林田径训练基地田径馆

本章所有彩色图片请扫二维码

第一节 女子60米栏

一、比赛介绍

全国室内田径锦标赛分区赛是2019年开年第一项重大的田径赛事,分区赛在江苏南京和陕西西安两个赛区举办。2月19日至20日全国室内田径锦标赛分区赛第一站在南京仙林训练基地田径馆举行,这个赛区的参赛队基本上是我国南方省市的代表队。在全国室内田径锦标赛分区赛(1)女子60米栏比赛中,来自广东的施家莉以8.40s的成绩收获冠军,同时也创造了个人最好成绩。江苏选手王逗和福建选手邓雪琳分别以8.43s和8.46s的成绩分获二、三名。女子60米栏决赛的总成绩如表2-1所示。

表2-1 全国室内田径锦标赛分区赛(1)女子60米栏决赛成绩

名次	道次	小组名次	姓名	单位	出生年份	成绩(s)
1	2-3	1	施家莉	广东	1997	8.40
2	2-4	2	王逗	江苏	1993	8.43
3	2-2	3	邓雪琳	福建	1998	8.46
4	2-5	4	汪丽	江苏	1999	8.50
5	1-3	1	虞佳如	浙江	1999	8.53
6	1-2	2	肖菊秀	江西	1998	8.60
7	1-4	3	罗显彦	广东	1997	8.62
8	1-5	4	姜李韵喆	福建	2002	8.77

二、运动学参数

表2-2所示的是女子60米栏A组决赛4位运动员的关键运动学参数数据,包括触地时间、栏间时间和栏间速度。图2-1所示的是每位运动员在各个分段的速度变化。

表2-2 女子60米栏A组决赛运动学数据

运动员		H1	H2	H3	H4	H5		60m	道次/名次
施家莉	触地时间(s)	2.68	3.74	4.81	5.88	6.96		**8.40**	3/1
	栏间时间(s)		1.06	1.07	1.07	1.08	1.44	**PB**	
	栏间速度(m/s)	4.85	8.02	7.94	7.94	7.87	9.03	7.14	

续表

运动员		H1	H2	H3	H4	H5	60m	道次/名次
王逗	触地时间（s）	2.73	3.82	4.89	5.96	7.00	**8.43**	4/2
	栏间时间（s）		1.09	1.07	1.07	1.04	1.43	
	栏间速度（m/s）	4.76	7.80	7.94	7.94	8.17	9.09	7.12
邓雪琳	触地时间（s）	2.73	3.82	4.89	5.96	7.00	**8.46**	2/3
	栏间时间（s）		1.09	1.07	1.07	1.04	1.46	
	栏间速度（m/s）	4.76	7.80	7.94	7.94	8.17	8.90	7.09
汪丽	触地时间（s）	2.73	3.85	4.94	6.00	7.07	**8.50**	5/4
	栏间时间（s）		1.12	1.09	1.06	1.07	1.43	**PB**
	栏间速度（m/s）	4.76	7.59	7.80	8.02	7.94	9.09	7.06

注：PB 为个人最好成绩。

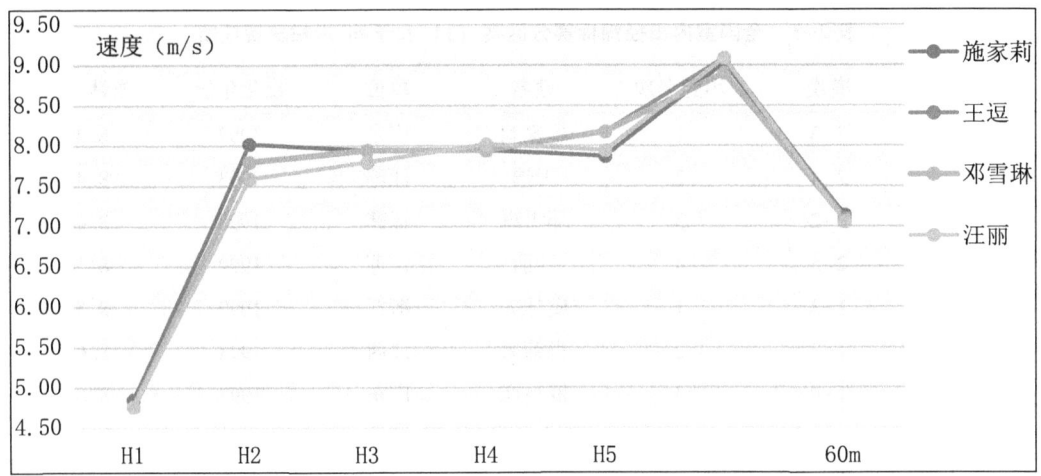

图 2-1 女子 60 米栏 A 组决赛分段速度折线图

表 2-3 所示的是女子 60 米栏 B 组决赛 4 位运动员的关键运动学参数数据，包括触地时间、栏间时间和栏间速度。图 2-2 所示的是每位运动员在各个分段的速度变化。

表 2-3 女子 60 米栏 B 组决赛运动学数据

运动员		H1	H2	H3	H4	H5	60m	道次/名次
虞佳如	触地时间（s）	2.73	3.82	4.92	6.02	7.09	**8.53**	3/1
	栏间时间（s）		1.09	1.10	1.10	1.07	1.44	
	栏间速度（m/s）	4.76	7.80	7.73	7.73	7.94	9.03	7.03

续表

运动员		H1	H2	H3	H4	H5	60m	道次/名次
肖菊秀	触地时间（s）	2.77	3.87	4.99	6.10	7.19	**8.60**	2/2
	栏间时间（s）		1.10	1.12	1.11	1.09	1.43	
	栏间速度（m/s）	4.69	7.73	7.59	7.66	7.80	9.09	6.98
罗显彦	触地时间（s）	2.70	3.82	4.92	6.02	7.11	**8.62**	4/3
	栏间时间（s）		1.12	1.10	1.10	1.09	1.46	
	栏间速度（m/s）	4.81	7.59	7.73	7.73	7.80	8.90	6.96
姜李韵喆	触地时间（s）	2.77	3.90	5.04	6.17	7.30	**8.77**	5/4
	栏间时间（s）		1.13	1.14	1.13	1.13	1.43	**PB**
	栏间速度（m/s）	4.69	7.52	7.46	7.52	7.52	9.09	6.84

注：PB 为个人最好成绩。

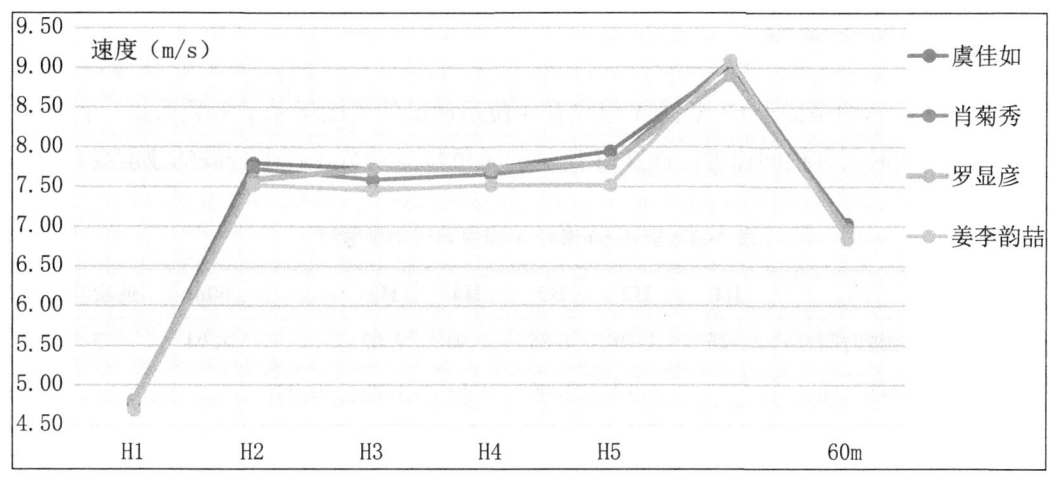

图 2-2　女子 60 米栏 B 组决赛分段速度折线图

第二节　男子 60 米栏

一、比赛介绍

全国室内田径锦标赛分区赛（1）男子 60 米栏的比赛冠军是来自解放军代表队的曾建航，成绩为 7.75s。江苏的两位选手江帆和李继明分别以 7.94s 和 7.95s 的成绩分获二、三名。值得一提的是，曾建航在预赛位于总成绩的第 5 名，因此只能参加 B 组决赛，但是在 B 组决赛中他发挥出色，以 7.75s 的成绩遥遥领先同组对手，并超过了 A

组的所有选手，最终获得本站冠军。男子 60 米栏决赛的总成绩如表 2-4 所示。

表 2-4 全国室内田径锦标赛分区赛（1）男子 60 米栏决赛成绩

名次	道次	小组名次	姓名	单位	出生年份	成绩（s）
1	1-4	1	曾建航	解放军	1998	7.75
2	2-5	1	江帆	江苏	1989	7.94
3	2-4	2	李继明	江苏	1996	7.95
4	1-3	2	潘梓杰	上海	1995	7.96
5	2-2	3	郭钟杰	上海	2001	8.03
6	1-5	3	吕阳	江苏	1996	8.04
7	2-3	4	张韬	上海	1997	8.12
8	1-2	4	杨雨轩	江苏	2002	8.19

二、运动学参数

表 2-5 所示的是男子 60 米栏 A 组决赛 4 位运动员的关键运动学参数数据，包括触地时间、栏间时间和栏间速度。图 2-3 所示的是每位运动员在各个分段的速度变化。

表 2-5 男子 60 米栏 A 组决赛运动学数据

运动员			H1	H2	H3	H4	H5	60m	道次/名次
江帆	触地时间（s）	2.67	3.79	4.85	5.94	7.02		**7.94**	5/1
	栏间时间（s）		1.12	1.06	1.09	1.08	0.92		
	栏间速度（m/s）	5.14	8.16	8.62	8.39	8.46	10.57	7.56	
李继明	触地时间（s）	2.65	3.79	4.83	5.94	7.02		**7.95**	4/2
	栏间时间（s）		1.14	1.04	1.11	1.08	0.93		
	栏间速度（m/s）	5.18	8.02	8.79	8.23	8.46	10.45	7.55	
郭钟杰	触地时间（s）	2.73	3.82	4.90	6.00	7.09		**8.03**	2/3
	栏间时间（s）		1.09	1.08	1.10	1.09	0.94	**PB**	
	栏间速度（m/s）	5.03	8.39	8.46	8.31	8.39	10.34	7.47	
张韬	触地时间（s）	2.71	3.82	4.92	6.00	7.14		**8.12**	3/4
	栏间时间（s）		1.11	1.10	1.08	1.14	0.98		
	栏间速度（m/s）	5.06	8.23	8.31	8.46	8.02	9.92	7.39	

注：PB 为个人最好成绩。

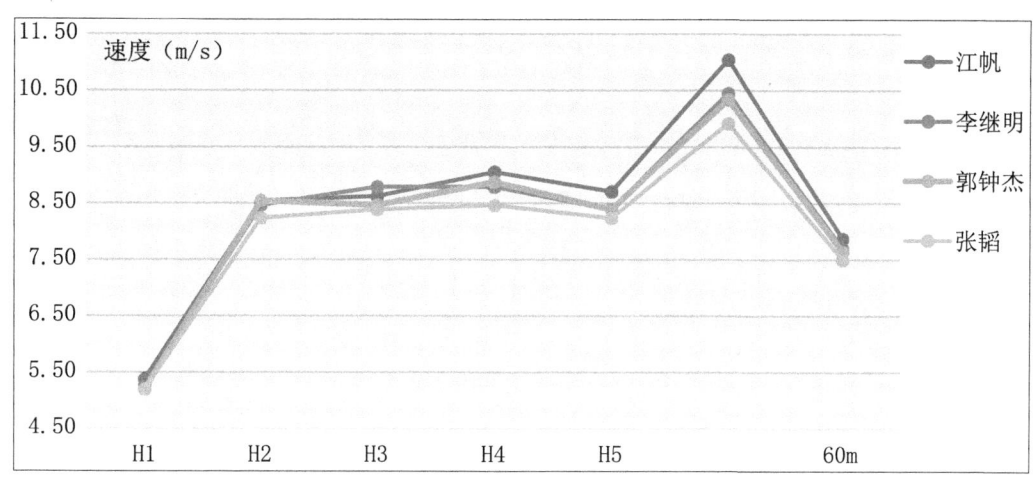

图 2-3　男子 60 米栏 A 组决赛分段速度折线图

表 2-6 所示的是男子 60 米栏 B 组决赛 4 位运动员的关键运动学参数数据，包括触地时间、栏间时间和栏间速度。图 2-4 所示的是每位运动员在各个分段的速度变化。

表 2-6　男子 60 米栏 B 组决赛运动学数据

运动员		H1	H2	H3	H4	H5	60m	道次/名次
曾建航	触地时间（s）	2.60	3.68	4.74	5.79	6.84	**7.75**	4/1
	栏间时间（s）		1.08	1.06	1.05	1.05	0.91	
	栏间速度（m/s）	5.28	8.46	8.62	8.70	8.70	10.68	7.74
潘梓杰	触地时间（s）	2.68	3.78	4.89	5.95	7.04	**7.96**	3/2
	栏间时间（s）		1.10	1.11	1.06	1.09	0.92	
	栏间速度（m/s）	5.12	8.31	8.23	8.62	8.39	10.57	7.54
吕阳	触地时间（s）	2.73	3.85	4.95	6.02	7.12	**8.04**	5/3
	栏间时间（s）		1.12	1.10	1.07	1.10	0.92	**PB**
	栏间速度（m/s）	5.03	8.16	8.31	8.54	8.31	10.57	7.46
杨雨轩	触地时间（s）	2.75	3.85	4.95	6.02	7.12	**8.19**	2/4
	栏间时间（s）		1.10	1.10	1.07	1.10	1.07	
	栏间速度（m/s）	4.99	8.31	8.31	8.54	8.31	9.08	7.33

注：PB 为个人最好成绩。

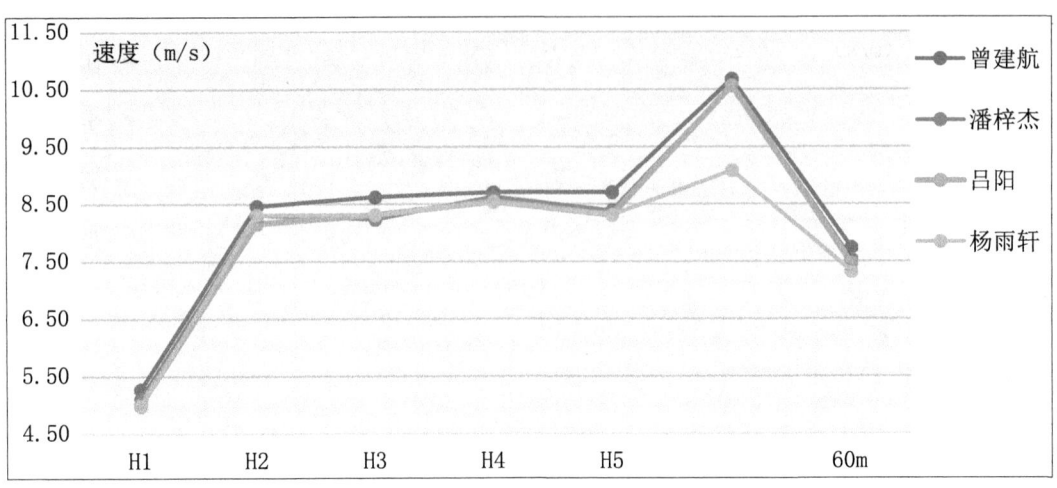

图 2-4 男子 60 米栏 B 组决赛分段速度折线图

CHAPTER 03 第三章

2019年全国室内田径锦标赛分区赛(2)
江苏·南京

比赛日期：2019年2月23—24日

比赛地点：南京市仙林田径训练基地田径馆

本章所有彩色图片请扫二维码

第一节 女子60米栏

一、比赛介绍

在女子60米栏比赛中,广东选手施家莉继第一站刷新PB夺得冠军后,在全国室内田径锦标赛分区赛的第二站再次以8.35s的成绩蝉联冠军,并刷新了个人最好成绩。江苏选手王逗以8.47s的成绩连续两站获得第二名,第三名是浙江的虞佳如,成绩为8.50s。女子60米栏决赛的总成绩如表3-1所示。

表3-1 全国室内田径锦标赛分区赛(2)女子60米栏决赛成绩

名次	道次	小组名次	姓名	单位	出生年份	成绩(s)
1	2-3	1	施家莉	广东	1997	8.35
2	1-4	1	王逗	江苏	1993	8.47
3	2-2	2	虞佳如	浙江	1999	8.50
4	2-4	3	汪丽	江苏	1999	8.52
5	2-5	4	罗显彦	广东	1997	8.57
6	1-2	2	葛格	江苏	2000	8.65
7	1-5	3	李金玉	江苏	1999	8.80
8	1-3	4	姚慧	江苏	2000	8.82

二、运动学参数

表3-2所示的是女子60米栏A组决赛4位运动员的关键运动学参数数据,包括触地时间、栏间时间和栏间速度。图3-1所示的是每位运动员在各个分段的速度变化。

表3-2 女子60米栏A组决赛运动学数据

运动员		H1	H2	H3	H4	H5		60m	道次/名次
施家莉	触地时间(s)	2.65	3.74	4.80	5.84	6.91		**8.35**	3/1
	栏间时间(s)		1.09	1.06	1.04	1.07	1.44	**PB**	
	栏间速度(m/s)	4.91	7.80	8.02	8.17	7.94	9.03	7.19	
虞佳如	触地时间(s)	2.73	3.84	4.92	6.01	7.09		**8.50**	2/2

续表

运动员		H1	H2	H3	H4	H5	60m	道次/名次
	栏间时间（s）		1.11	1.08	1.09	1.08	1.41	
	栏间速度（m/s）	4.76	7.66	7.87	7.80	7.87	9.22	7.06
汪丽	触地时间（s）	2.70	3.80	4.89	5.97	7.05	**8.52**	4/3
	栏间时间（s）		1.10	1.09	1.08	1.08	1.47	
	栏间速度（m/s）	4.81	7.73	7.80	7.87	7.87	8.84	7.04
罗显彦	触地时间（s）	2.68	3.80	4.90	6.00	7.09	**8.57**	5/4
	栏间时间（s）		1.12	1.10	1.10	1.09	1.48	
	栏间速度（m/s）	4.85	7.59	7.73	7.73	7.80	8.78	7.00

注：PB 为个人最好成绩。

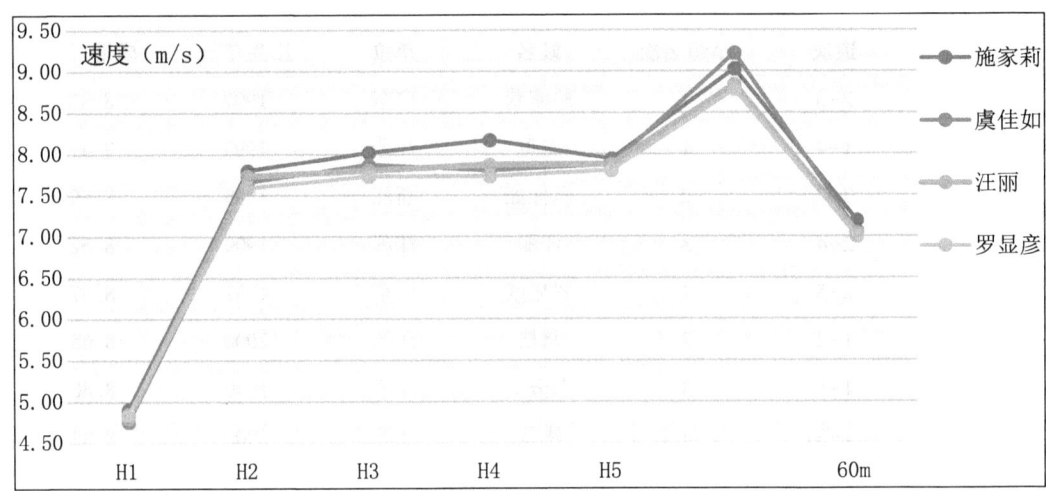

图 3-1 女子 60 米栏 A 组决赛分段速度折线图

表 3-3 所示的是女子 60 米栏 B 组决赛 4 位运动员的关键运动学参数数据，包括触地时间、栏间时间和栏间速度。图 3-2 所示的是每位运动员在各个分段的速度变化。

表 3-3 女子 60 米栏 B 组决赛运动学数据

运动员		H1	H2	H3	H4	H5	60m	道次/名次
王逗	触地时间（s）	2.73	3.84	4.92	5.99	7.06	**8.47**	4/1
	栏间时间（s）		1.11	1.08	1.07	1.07	1.41	
	栏间速度（m/s）	4.76	7.66	7.87	7.94	7.94	9.22	7.08
葛格	触地时间（s）	2.72	3.83	4.94	6.04	7.16	**8.65**	2/2

续表

运动员		H1	H2	H3	H4	H5	60m	道次/名次
	栏间时间（s）		1.11	1.11	1.10	1.12	1.49	**PB**	
	栏间速度（m/s）	4.78	7.66	7.66	7.73	7.59	8.72	6.94	
李金玉	触地时间（s）	2.80	3.93	5.05	6.19	7.34		**8.80**	5/3
	栏间时间（s）		1.13	1.12	1.14	1.15	1.46		
	栏间速度（m/s）	4.64	7.52	7.59	7.46	7.39	8.90	6.82	
姚慧	触地时间（s）	2.77	3.93	5.07	6.19	7.32		**8.82**	3/4
	栏间时间（s）		1.16	1.14	1.12	1.13	1.50		
	栏间速度（m/s）	4.69	7.33	7.46	7.59	7.52	8.67	6.80	

注：PB为个人最好成绩。

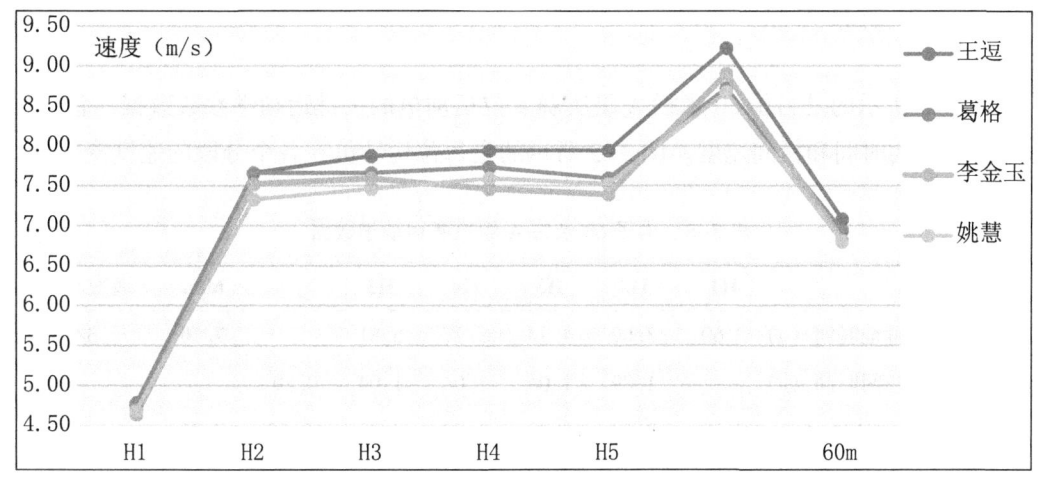

图3-2 女子60米栏B组决赛分段速度折线图

第二节 男子60米栏

一、比赛介绍

在全国室内田径锦标赛分区赛（2）男子60米栏的比赛中，解放军选手曾建航跑出7.70s的好成绩，室内赛连续两站夺冠。来自上海的潘梓杰和来自江苏的江帆分别以7.97s和8.03s的成绩分获二、三名。男子60米栏决赛的总成绩见表3-4。

表 3-4　全国室内田径锦标赛分区赛（2）男子 60 米栏决赛成绩

名次	道次	小组名次	姓名	单位	出生年份	成绩（s）
1	2-3	1	曾建航	解放军	1998	7.70
2	2-4	2	潘梓杰	上海	1995	7.97
3	2-5	3	江帆	江苏	1989	8.03
4	1-4	1	郭钟杰	上海	2001	8.04
5	2-2	4	杨建行	上海	1996	8.10
6	1-5	2	杨雨轩	江苏	2002	8.12
7	1-2	3	李怀海	上海	1999	8.15
8	1-3	4	陆玮	江苏	2000	8.17

二、运动学参数

表 3-5 所示的是男子 60 米栏 A 组决赛 4 位运动员的关键运动学参数数据，包括触地时间、栏间时间和栏间速度。图 3-3 所示的是每位运动员在各个分段的速度变化。

表 3-5　男子 60 米栏 A 组决赛运动学数据

运动员		H1	H2	H3	H4	H5		60m	道次/名次
曾建航	触地时间（s）	2.60	3.69	4.73	5.77	6.81		**7.70**	3/1
	栏间时间（s）		1.09	1.04	1.04	1.04	0.89		
	栏间速度（m/s）	5.28	8.39	8.79	8.79	8.79	10.92	7.79	
潘梓杰	触地时间（s）	2.60	3.75	4.85	5.94	7.04		**7.97**	4/2
	栏间时间（s）		1.15	1.10	1.09	1.10	0.93		
	栏间速度（m/s）	5.28	7.95	8.31	8.39	8.31	10.45	7.53	
江帆	触地时间（s）	2.68	3.80	4.89	5.99	7.09		**8.03**	5/3
	栏间时间（s）		1.12	1.09	1.10	1.10	0.94		
	栏间速度（m/s）	5.12	8.16	8.39	8.31	8.31	10.34	7.47	
杨建行	触地时间（s）	2.68	3.82	4.94	6.04	7.16		**8.10**	2/4
	栏间时间（s）		1.14	1.12	1.10	1.12	0.94		
	栏间速度（m/s）	5.12	8.02	8.16	8.31	8.16	10.34	7.41	

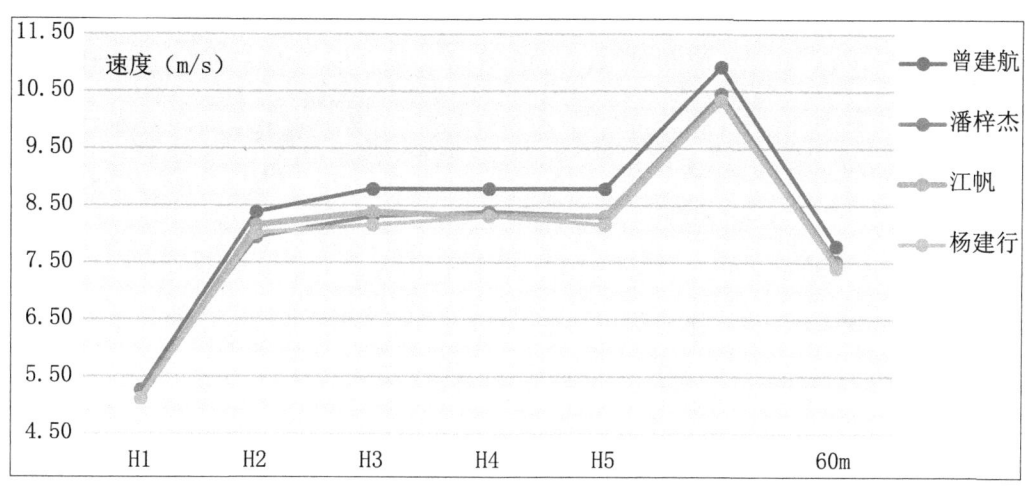

图 3-3　男子 60 米栏 A 组决赛分段速度折线图

表 3-6 所示的是男子 60 米栏 B 组决赛 4 位运动员的关键运动学参数数据，包括触地时间、栏间时间和栏间速度。图 3-4 所示的是每位运动员在各个分段的速度变化。

表 3-6　男子 60 米栏 B 组决赛运动学数据

运动员		H1	H2	H3	H4	H5		60m	道次/名次
郭钟杰	触地时间（s）	2.70	3.82	4.90	5.97	7.10		**8.04**	4/1
	栏间时间（s）		1.12	1.08	1.07	1.13	0.94		
	栏间速度（m/s）	5.08	8.16	8.46	8.54	8.09	10.34	7.46	
杨雨轩	触地时间（s）	2.73	3.85	4.99	6.09	7.20		**8.12**	5/2
	栏间时间（s）		1.12	1.14	1.10	1.11	0.92	**PB**	
	栏间速度（m/s）	5.03	8.16	8.02	8.31	8.23	10.57	7.39	
李怀海	触地时间（s）	2.67	3.80	4.89	6.03	7.15		**8.15**	2/3
	栏间时间（s）		1.13	1.09	1.14	1.12	1.00	**PB**	
	栏间速度（m/s）	5.14	8.09	8.39	8.02	8.16	9.72	7.36	
陆玮	触地时间（s）	2.77	3.89	4.99	6.09	7.19		**8.17**	3/4
	栏间时间（s）		1.12	1.10	1.10	1.10	0.98		
	栏间速度（m/s）	4.95	8.16	8.31	8.31	8.31	9.92	7.34	

注：PB 为个人最好成绩。

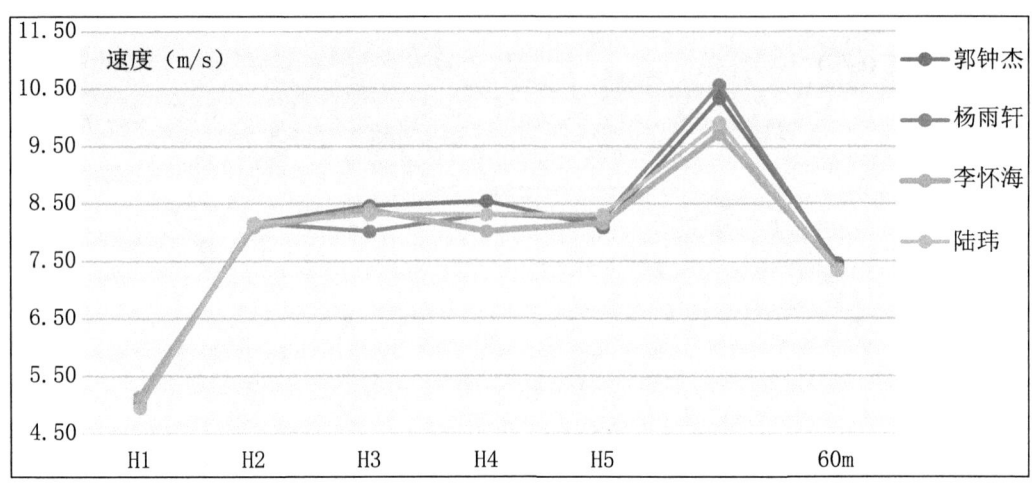

图 3-4 男子 60 米栏 B 组决赛分段速度折线图

CHAPTER 04　第四章

2019年全国室内田径锦标赛分区赛(3)

陕西·西安

比赛日期：2019年2月27—28日

比赛地点：陕西省体育局田径训练基地田径馆

本章所有彩色图片请扫二维码

第一节 女子60米栏

一、比赛介绍

全国室内田径锦标赛分区赛第三站在西安市的陕西省体育局田径基地的田径馆举行，这个赛区的参赛队基本上是我国北方省市的代表队。在女子60米栏比赛中，河南选手陈佳敏以8.42s的成绩收获了本站冠军，湖北选手游娜以8.46s创造了个人最好成绩紧随其后。来自河南的另一位选手戴仪茹以8.48s的成绩位列第三名，女子60米栏决赛的总成绩如表4-1所示。

表4-1 全国室内田径锦标赛分区赛（3）女子60米栏决赛成绩

名次	道次	小组名次	姓名	单位	出生年份	成绩（s）
1	2-4	1	陈佳敏	河南	1996	8.42
2	2-5	2	游娜	湖北	1993	8.46
3	2-3	3	戴仪茹	河南	2001	8.48
4	1-3	1	解志茂	北京	1998	8.54
5	2-2	4	章易	陕西	1998	8.65
6	1-5	2	李丹阳	北京	1997	8.80
7	1-2	3	李梦雨	解放军	2002	8.86
	1-4	4	郭静蕾	陕西	2000	DQ

注：DQ表示因犯规取消比赛资格。

二、运动学参数

表4-2所示的是女子60米栏A组决赛4位运动员的关键运动学参数数据，包括触地时间、栏间时间和栏间速度。图4-1所示的是每位运动员在各个分段的速度变化。

表4-2 女子60米栏A组决赛运动学数据

运动员		H1	H2	H3	H4	H5	60m	道次/名次
陈佳敏	触地时间（s）	2.67	3.73	4.81	5.87	6.97	**8.42**	4/1

续表

运动员		H1	H2	H3	H4	H5	60m	道次/名次
	栏间时间（s）		1.06	1.08	1.06	1.10	1.45	
	栏间速度（m/s）	4.87	8.02	7.87	8.02	7.73	8.97 / 7.13	
游娜	触地时间（s）	2.69	3.79	4.87	5.93	7.02	**8.46**	5/2
	栏间时间（s）		1.10	1.08	1.06	1.09	1.44	**PB**
	栏间速度（m/s）	4.83	7.73	7.87	8.02	7.80	9.03 / 7.09	
戴仪茹	触地时间（s）	2.72	3.82	4.90	5.96	7.02	**8.48**	3/3
	栏间时间（s）		1.10	1.08	1.06	1.06	1.46	
	栏间速度（m/s）	4.78	7.73	7.87	8.02	8.02	8.90 / 7.08	
章易	触地时间（s）	2.72	3.80	4.88	6.02	7.14	**8.65**	2/4
	栏间时间（s）		1.08	1.08	1.14	1.12	1.51	
	栏间速度（m/s）	4.78	7.87	7.87	7.46	7.59	8.61 / 6.94	

注：PB 为个人最好成绩。

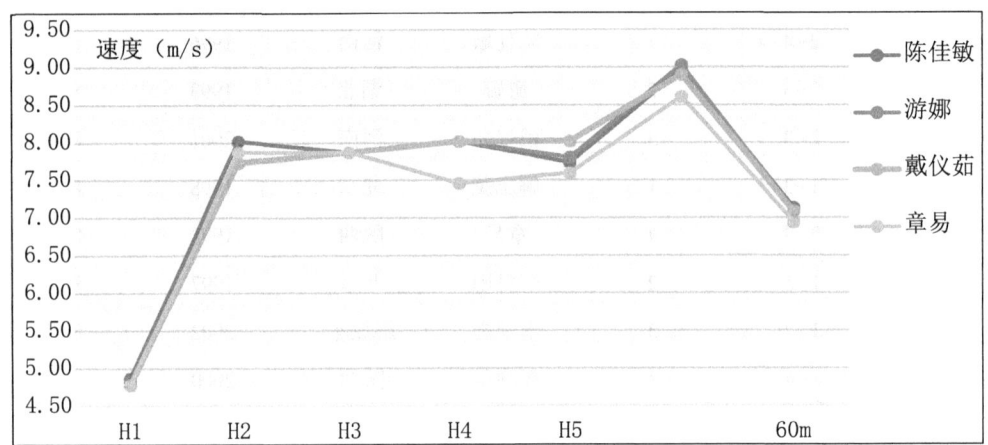

图 4-1　女子 60 米栏 A 组决赛分段速度折线图

表 4-3 所示的是女子 60 米栏 B 组决赛 4 位运动员的关键运动学参数数据，包括触地时间、栏间时间和栏间速度。图 4-2 所示的是每位运动员在各个分段的速度变化。

表 4-3　女子 60 米栏 B 组决赛运动学数据

运动员		H1	H2	H3	H4	H5	60m	道次/名次
解志茂	触地时间（s）	2.68	3.82	4.92	6.01	7.09	**8.54**	3/1
	栏间时间（s）		1.14	1.10	1.09	1.08	1.45	**PB**

续表

运动员		H1	H2	H3	H4	H5	60m	道次/名次
李丹阳	栏间速度（m/s）	4.85	7.46	7.73	7.80	7.87	8.97	7.03	
	触地时间（s）	2.77	3.90	5.02	6.14	7.26		**8.80**	5/2
	栏间时间（s）		1.13	1.12	1.12	1.12	1.34		
李梦雨	栏间速度（m/s）	4.69	7.52	7.59	7.59	7.59	9.70	6.98	
	触地时间（s）	2.76	3.92	5.08	6.22	7.36		**8.86**	2/3
	栏间时间（s）		1.16	1.16	1.14	1.14	1.50		
郭静蕾	栏间速度（m/s）	4.71	7.33	7.33	7.46	7.46	8.67	6.77	
	触地时间（s）								4/-
	栏间时间（s）							**DQ**	
	栏间速度（m/s）								

注：PB为个人最好成绩；DQ表示因犯规取消比赛资格。

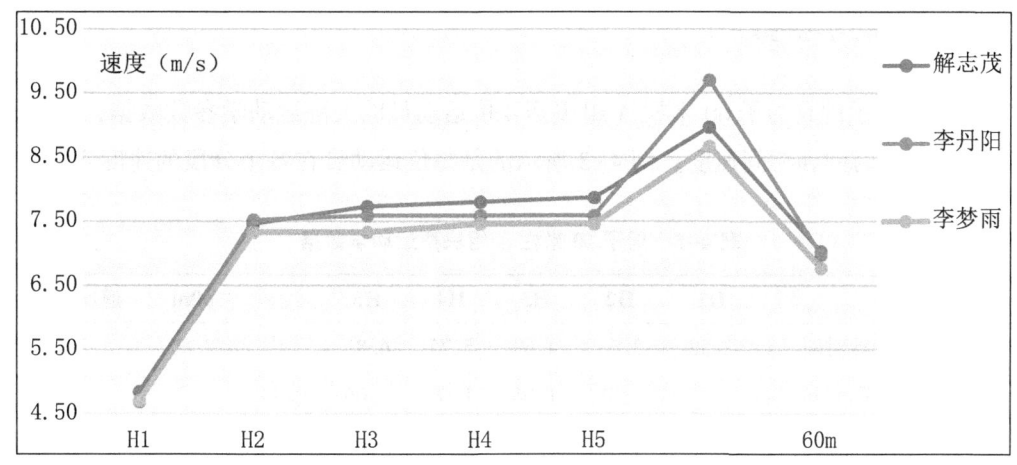

图4-2 女子60米栏B组决赛分段速度折线图

第二节 男子60米栏

一、比赛介绍

全国室内田径锦标赛分区赛（3）男子60米栏的比赛冠军被来自山西的选手孙振江获得，成绩为7.80s。成都体育学院的赵棚川和河南的张鸿林分别以7.84s和7.94s的成绩分获二、三名。本站比赛的男子60米栏项目竞争非常激烈，表4-4所示的是男子 60 米栏决赛的总成绩。

表 4-4　全国室内田径锦标赛分区赛（3）男子 60 米栏决赛成绩

名次	道次	小组名次	姓名	单位	出生年份	成绩（s）
1	2-3	1	孙振江	山西	1999	7.80
2	2-4	2	赵棚川	成体	1993	7.84
3	1-3	1	张鸿林	河南	1994	7.94
4	1-4	2	朱胜龙	湖北	2000	7.98
5	1-5	3	孙浩儒	北京	1998	8.00
6	2-2	3	雷一闻	河南	1993	8.06
7	1-2	4	杨泉雷	天津	1999	8.10
	2-5	4	司正东	四川	1997	DQ

注：DQ 表示因犯规取消比赛资格。

二、运动学参数

表 4-5 所示的是男子 60 米栏 A 组决赛 4 位运动员的关键运动学参数数据，包括触地时间、栏间时间和栏间速度。图 4-3 所示的是每位运动员在各个分段的速度变化。

表 4-5　男子 60 米栏 A 组决赛运动学数据

运动员		H1	H2	H3	H4	H5		60m	道次/名次
孙振江	触地时间（s）	2.58	3.63	4.69	5.75	6.81		**7.80**	3/1
	栏间时间（s）		1.05	1.06	1.06	1.06	0.99		
	栏间速度（m/s）	5.32	8.70	8.62	8.62	8.62	9.82	7.69	
赵棚川	触地时间（s）	2.61	3.71	4.77	5.85	6.91		**7.84**	4/2
	栏间时间（s）		1.10	1.06	1.08	1.06	0.93		
	栏间速度（m/s）	5.26	8.31	8.62	8.46	8.62	10.45	7.65	
雷一闻	触地时间（s）	2.64	3.74	4.86	5.96	7.08		**8.06**	2/3
	栏间时间（s）		1.10	1.12	1.10	1.12	0.98		
	栏间速度（m/s）	5.20	8.31	8.16	8.31	8.16	9.92	7.44	
司正东	触地时间（s）	2.62							5/-
	栏间时间（s）							DQ	
	栏间速度（m/s）	5.24							

注：DQ 表示因犯规取消比赛资格。

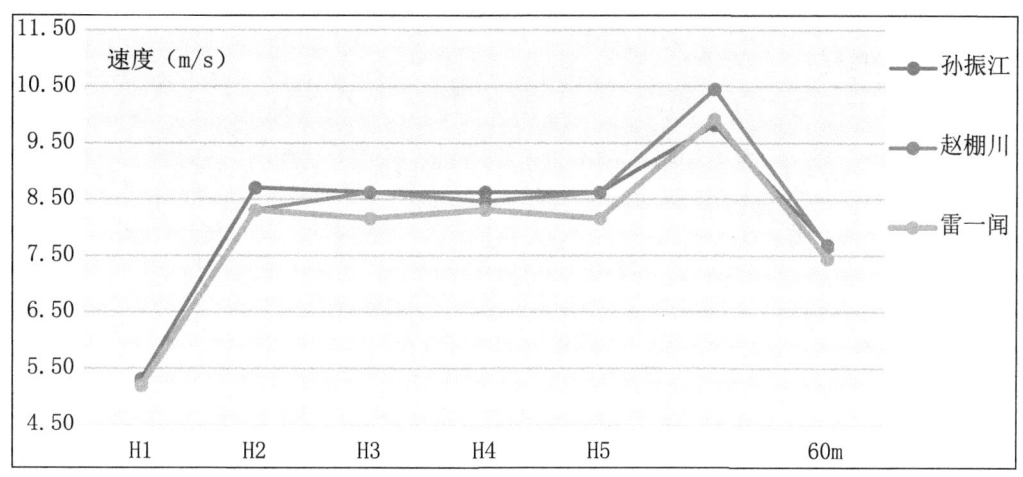

图 4-3 男子 60 米栏 A 组决赛分段速度折线图

表 4-6 所示的是男子 60 米栏 B 组决赛 4 位运动员的关键运动学参数数据，包括触地时间、栏间时间和栏间速度。图 4-4 所示的是每位运动员在各个分段的速度变化。

表 4-6 男子 60 米栏 B 组决赛运动学数据

运动员		H1	H2	H3	H4	H5		60m	道次/名次
张鸿林	触地时间（s）	2.69	3.81	4.89	5.96	7.06		**7.94**	3/1
	栏间时间（s）		1.12	1.08	1.07	1.10	0.88		
	栏间速度（m/s）	5.10	8.16	8.46	8.54	8.31	11.05	7.56	
朱胜龙	触地时间（s）	2.72	3.80	4.88	5.94	7.04		**7.98**	4/2
	栏间时间（s）		1.08	1.08	1.06	1.10	0.94	**PB**	
	栏间速度（m/s）	5.04	8.46	8.46	8.62	8.31	10.34	7.52	
孙浩儒	触地时间（s）	2.70	3.80	4.90	5.96	7.06		**8.00**	5/3
	栏间时间（s）		1.10	1.10	1.06	1.10	0.94	**PB**	
	栏间速度（m/s）	5.08	8.31	8.31	8.62	8.31	10.34	7.50	
杨泉雷	触地时间（s）	2.67	3.81	4.91	6.01	7.15		**8.10**	2/4
	栏间时间（s）		1.14	1.10	1.10	1.14	0.95		
	栏间速度（m/s）	5.14	8.02	8.31	8.31	8.02	10.23	7.41	

注：PB 为个人最好成绩。

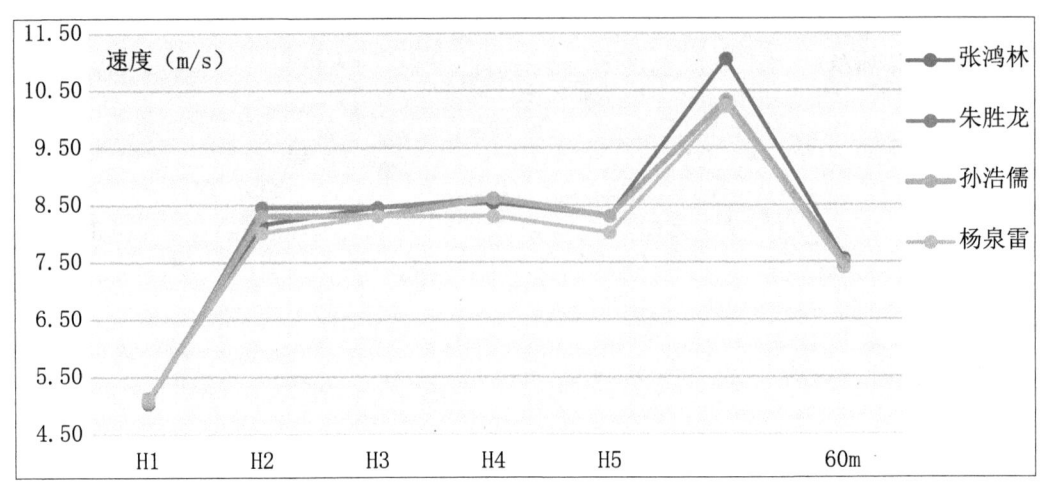

图 4-4 男子 60 米栏 B 组决赛分段速度折线图

CHAPTER 05　第五章

2019年全国室内田径锦标赛分区赛(4)
陕西·西安

比赛日期：2019 年 3 月 3—4 日
比赛地点：陕西省体育局田径训练基地田径馆

本章所有彩色图片请扫二维码

第一节 女子60米栏

一、比赛介绍

全国室内田径锦标赛分区赛第四站比赛在西安市的陕西省体育局田径基地的田径馆举行,这是分区赛的最后一站比赛,此站结束后各项目产生进入全国室内田径锦标赛总决赛的名单。在女子60米栏项目中,河南选手陈佳敏跑出了8.37s的成绩,连续两站获得冠军并创造了个人的最好成绩。湖北选手游娜8.41s的成绩同样刷新了个人最好成绩,获得第二名。来自河南的另一位选手戴仪茹几乎与游娜同时撞线,赛事组委会没有给出千分秒的数字,戴仪茹的成绩也是8.41s但位列第三名。有趣的是,本站的女子60米栏前三名的顺序与上一站完全相同。女子60米栏决赛总成绩如表5-1所示。

表5-1 全国室内田径锦标赛分区赛(4)女子60米栏决赛成绩

名次	道次	小组名次	姓名	单位	出生年份	成绩(s)
1	1-3	1	陈佳敏	河南	1996	8.37
2	2-3	1	游娜	湖北	1993	8.41
3	2-5	2	戴仪茹	河南	2001	8.41
4	2-4	3	章易	陕西	1998	8.60
5	2-2	4	郭静蕾	陕西	2000	8.68
6	1-2	2	李丹阳	北京	1997	8.83
7	1-5	3	李梦雨	解放军	2002	8.89
8	1-4	4	霍宣伊	河北	1998	8.99

二、运动学参数

表5-2所示的是女子60米栏A组决赛4位运动员的关键运动学参数数据,包括触地时间、栏间时间和栏间速度。图5-1所示的是每位运动员在各个分段的速度变化。

表5-2 女子60米栏A组决赛运动学数据

运动员		H1	H2	H3	H4	H5	60m	道次/名次
游娜	触地时间(s)	2.72	3.80	4.87	5.90	6.96	**8.41**	3/1

续表

运动员		H1	H2	H3	H4	H5	60m	道次/名次
	栏间时间 (s)		1.08	1.07	1.03	1.06	1.45	**PB**
	栏间速度 (m/s)	4.78	7.87	7.94	8.25	8.02	8.97	7.13
戴仪茹	触地时间 (s)	2.67	3.75	4.82	5.84	6.87	**8.41**	5/2
	栏间时间 (s)		1.08	1.07	1.02	1.03	1.54	
	栏间速度 (m/s)	4.87	7.87	7.94	8.33	8.25	8.44	7.13
章易	触地时间 (s)	2.68	3.77	4.87	5.95	7.07	**8.60**	4/3
	栏间时间 (s)		1.09	1.10	1.08	1.12	1.53	
	栏间速度 (m/s)	4.85	7.80	7.73	7.87	7.59	8.50	6.98
郭静蕾	触地时间 (s)	2.72	3.82	4.92	6.02	7.12	**8.68**	2/4
	栏间时间 (s)		1.10	1.10	1.10	1.10	1.56	
	栏间速度 (m/s)	4.78	7.73	7.73	7.73	7.73	8.33	6.91

注：PB 为个人最好成绩。

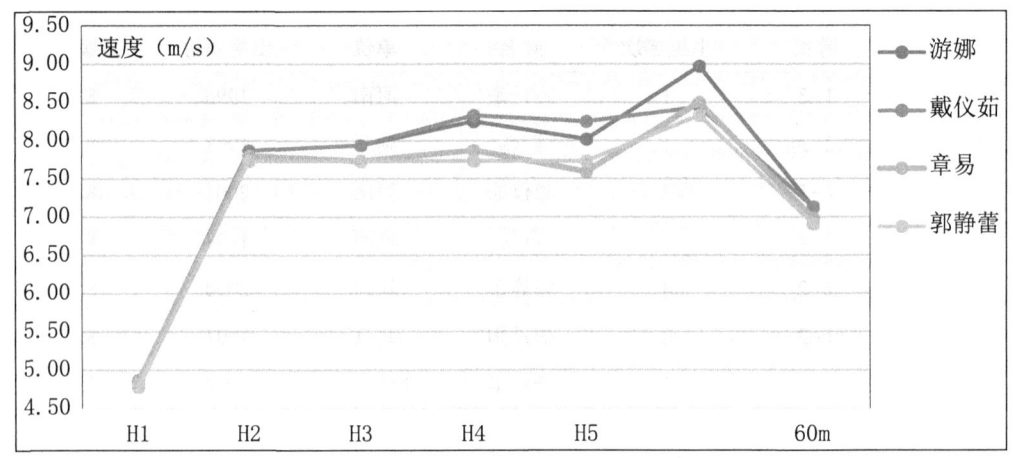

图 5-1　女子 60 米栏 A 组决赛分段速度折线图

表 5-3 所示的是女子 60 米栏 B 组决赛 4 位运动员的关键运动学参数数据，包括触地时间、栏间时间和栏间速度。图 5-2 所示的是每位运动员在各个分段的速度变化。

表 5-3　女子 60 米栏 B 组决赛运动学数据

运动员		H1	H2	H3	H4	H5	60m	道次/名次
陈佳敏	触地时间 (s)	2.66	3.74	4.80	5.86	6.94	**8.37**	3/1
	栏间时间 (s)		1.08	1.06	1.06	1.08	1.43	**PB**

续表

运动员		H1	H2	H3	H4	H5		60m	道次/名次
李丹阳	栏间速度（m/s）	4.89	7.87	8.02	8.02	7.87	9.09	7.17	2/2
	触地时间（s）	2.78	3.90	5.02	6.14	7.31		**8.83**	
	栏间时间（s）		1.12	1.12	1.12	1.17	1.52		
李梦雨	栏间速度（m/s）	4.68	7.59	7.59	7.59	7.26	8.55	6.80	5/3
	触地时间（s）	2.77	3.93	5.09	6.24	7.36		**8.89**	
	栏间时间（s）		1.16	1.16	1.15	1.12	1.53		
霍宣伊	栏间速度（m/s）	4.69	7.33	7.33	7.39	7.59	8.50	6.75	4/4
	触地时间（s）	2.83	3.95	5.19	6.35	7.49		**8.99**	
	栏间时间（s）		1.12	1.24	1.16	1.14	1.50		
	栏间速度（m/s）	4.59	7.59	6.85	7.33	7.46	8.67	6.67	

注：PB 为个人最好成绩。

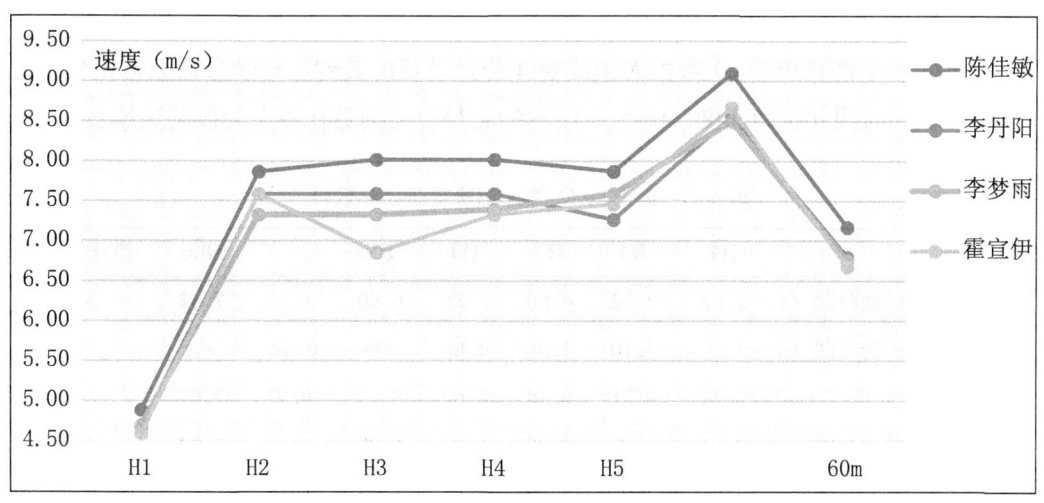

图 5-2 女子 60 米栏 B 组决赛分段速度折线图

第二节 男子 60 米栏

一、比赛介绍

全国室内田径锦标赛分区赛（4）男子 60 米栏项目的冠军是代表成都体育学院参赛的赵棚川，他与北京选手宁潇函几乎同时撞线，两个人的成绩都为 7.82s，赵棚川以千分秒的优势收获第一。河南的张鸿林以 7.93s 的成绩连续两站获得第三名。男子 60

米栏决赛的总成绩如表5-4所示。

表5-4 全国室内田径锦标赛分区赛（4）男子60米栏决赛成绩

名次	道次	小组名次	姓名	单位	出生年份	成绩（s）
1	2-3	1	赵棚川	成体	1993	7.82
2	2-4	2	宁潇函	北京	2000	7.82
3	2-5	3	张鸿林	河南	1994	7.93
4	2-2	4	朱胜龙	湖北	2000	7.96
5	1-2	1	孙浩儒	北京	1998	7.97
6	1-3	2	姜伟	湖北	1994	7.98
7	1-5	3	吴镇华	湖北	1998	8.07
8	1-4	4	张帅	北京	1996	8.26

二、运动学参数

表5-5所示的是男子60米栏A组决赛4位运动员的关键运动学参数数据，包括触地时间、栏间时间和栏间速度。图5-3所示的是每位运动员在各个分段的速度变化。

表5-5 男子60米栏A组决赛运动学数据

运动员		H1	H2	H3	H4	H5	60m	道次/名次
赵棚川	触地时间（s）	2.62	3.72	4.80	5.86	6.90	**7.82**	3/1
	栏间时间（s）		1.10	1.08	1.06	1.04	0.92	
	栏间速度（m/s）	5.24	8.31	8.46	8.62	8.79	10.57	7.67
宁潇函	触地时间（s）	2.64	3.72	4.78	5.82	6.88	**7.82**	4/2
	栏间时间（s）		1.08	1.06	1.04	1.06	0.94	**PB**
	栏间速度（m/s）	5.20	8.46	8.62	8.79	8.62	10.34	7.67
张鸿林	触地时间（s）	2.67	3.75	4.83	5.91	7.01	**7.93**	5/3
	栏间时间（s）		1.08	1.08	1.08	1.10	0.92	
	栏间速度（m/s）	5.14	8.46	8.46	8.46	8.31	10.57	7.57
朱胜龙	触地时间（s）	2.68	3.76	4.83	5.90	6.99	**7.96**	2/4
	栏间时间（s）		1.08	1.07	1.07	1.09	0.97	**PB**
	栏间速度（m/s）	5.12	8.46	8.54	8.54	8.39	10.02	7.54

注：PB为个人最好成绩。

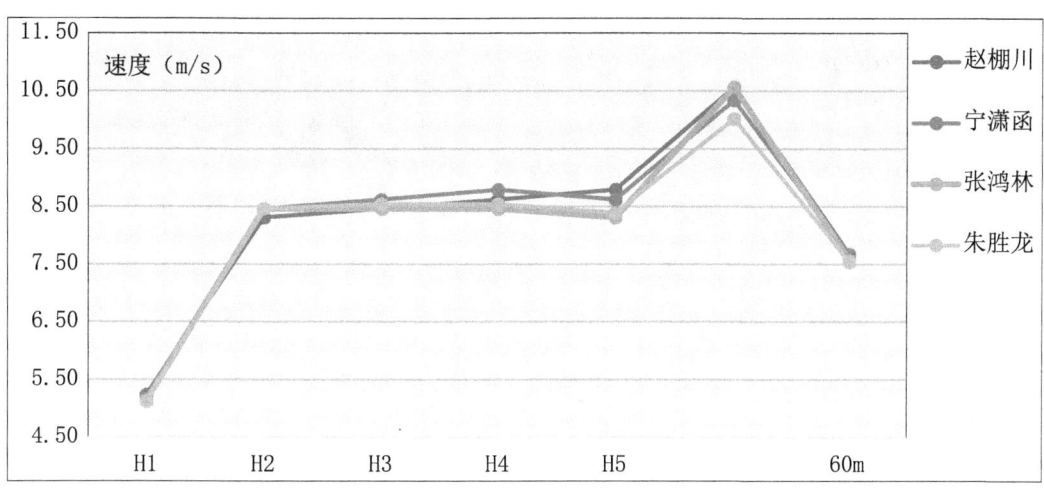

图 5-3　男子 60 米栏 A 组决赛分段速度折线图

表 5-6 所示的是男子 60 米栏 B 组决赛 4 位运动员的关键运动学参数数据，包括触地时间、栏间时间和栏间速度。图 5-4 所示的是每位运动员在各个分段的速度变化。

表 5-6　男子 60 米栏 B 组决赛运动学数据

运动员		H1	H2	H3	H4	H5		60m	道次/名次
孙浩儒	触地时间（s）	2.65	3.75	4.85	5.93	7.02		**7.97**	2/1
	栏间时间（s）		1.10	1.10	1.08	1.09	0.95	**PB**	
	栏间速度（m/s）	5.18	8.31	8.31	8.46	8.39	10.23	7.53	
姜伟	触地时间（s）	2.69	3.79	4.87	5.93	7.01		**7.98**	3/2
	栏间时间（s）		1.10	1.08	1.06	1.08	0.97		
	栏间速度（m/s）	5.10	8.31	8.46	8.62	8.46	10.02	7.52	
吴镇华	触地时间（s）	2.66	3.80	4.91	6.03	7.11		**8.07**	5/3
	栏间时间（s）		1.14	1.11	1.12	1.08	0.96	**PB**	
	栏间速度（m/s）	5.16	8.02	8.23	8.16	8.46	10.13	7.43	
张帅	触地时间（s）	2.70	3.79	4.96	6.08	7.21		**8.26**	4/4
	栏间时间（s）		1.09	1.17	1.12	1.13	1.05		
	栏间速度（m/s）	5.08	8.39	7.81	8.16	8.09	9.26	7.26	

注：PB 为个人最好成绩。

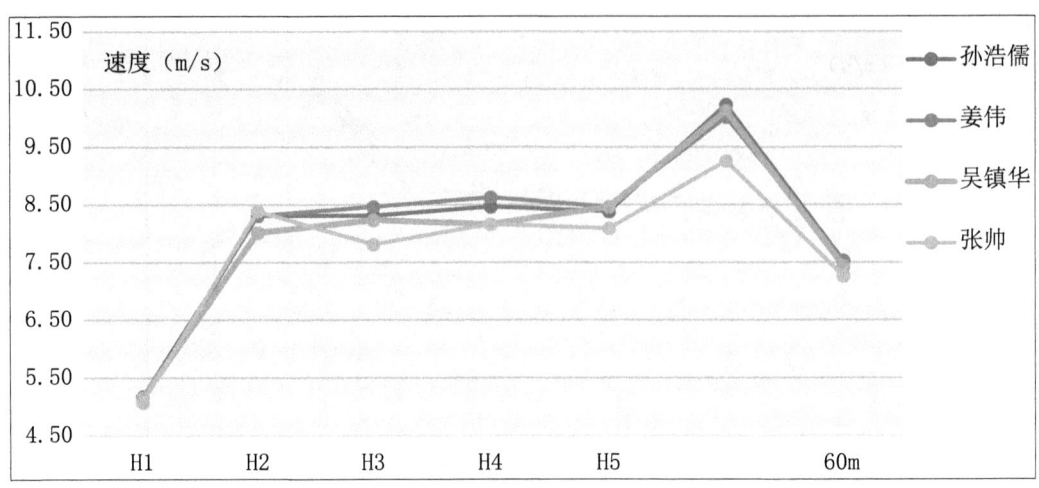

图 5-4 男子 60 米栏 B 组决赛分段速度折线图

CHAPTER 06 第六章
2019年全国室内田径锦标赛总决赛
浙江·杭州

比赛日期：2019年3月19—20日
比赛地点：杭州市浙江体育职业技术学院田径馆

本章所有彩色图片请扫二维码

第一节 女子 60 米栏

一、比赛介绍

2019年全国室内田径锦标赛总决赛于3月19日至20日在杭州的浙江体育职业技术学院田径馆举行。经过了之前四站分站赛的选拔，有11位选手入围了女子60米栏项目的总决赛，最终来自河南的陈佳敏以8.32s的成绩收获冠军，同时也刷新了个人最好成绩。江苏选手王逗和湖北选手游娜分别以8.35s和8.36s的成绩分获二、三名。表6-1所示为全国室内田径锦标赛总决赛女子60米栏决赛总成绩的详细信息。

表6-1 全国室内田径锦标赛总决赛女子60米栏决赛成绩

名次	道次	小组名次	姓名	单位	出生年份	成绩（s）
1	1-3	1	陈佳敏	河南	1996	8.32
2	1-5	2	王逗	江苏	1993	8.35
3	2-3	1	游娜	湖北	1993	8.36
4	2-4	2	施家莉	广东	1997	8.39
5	2-5	3	戴仪茹	河南	2001	8.40
6	2-2	4	虞佳如	浙江	1999	8.47
7	1-4	3	罗显彦	广东	1997	8.51
7	1-2	3	汪丽	江苏	1999	8.51

二、运动学参数

表6-2所示的是女子60米栏A组决赛4位运动员的关键运动学参数数据，包括触地时间、栏间时间和栏间速度。图6-1所示的是每位运动员在各个分段的速度变化。

表6-2 女子60米栏A组决赛运动学数据

运动员		H1	H2	H3	H4	H5	60m	道次/名次
游娜	触地时间（s）	2.69	3.77	4.84	5.89	6.96	**8.36**	3/1
	栏间时间（s）		1.08	1.07	1.05	1.07	1.40	**PB**
	栏间速度（m/s）	4.83	7.87	7.94	8.10	7.94	9.29	7.18

续表

运动员		H1	H2	H3	H4	H5	60m	道次/名次
施家莉	触地时间（s）	2.65	3.74	4.81	5.87	6.94	**8.39**	4/2
	栏间时间（s）		1.09	1.07	1.06	1.07	1.45	
	栏间速度（m/s）	4.91	7.80	7.94	8.02	7.94	8.97	7.15
戴仪茹	触地时间（s）	2.70	3.77	4.87	5.89	6.96		**8.40**	5/3
	栏间时间（s）		1.07	1.10	1.02	1.07	1.44	PB	
	栏间速度（m/s）	4.81	7.94	7.73	8.33	7.94	9.03	7.14
虞佳如	触地时间（s）	2.74	3.84	4.91	5.99	7.04		**8.47**	2/4
	栏间时间（s）		1.10	1.07	1.08	1.05	1.43	
	栏间速度（m/s）	4.74	7.73	7.94	7.87	8.10	9.09	7.08

注：PB 为个人最好成绩。

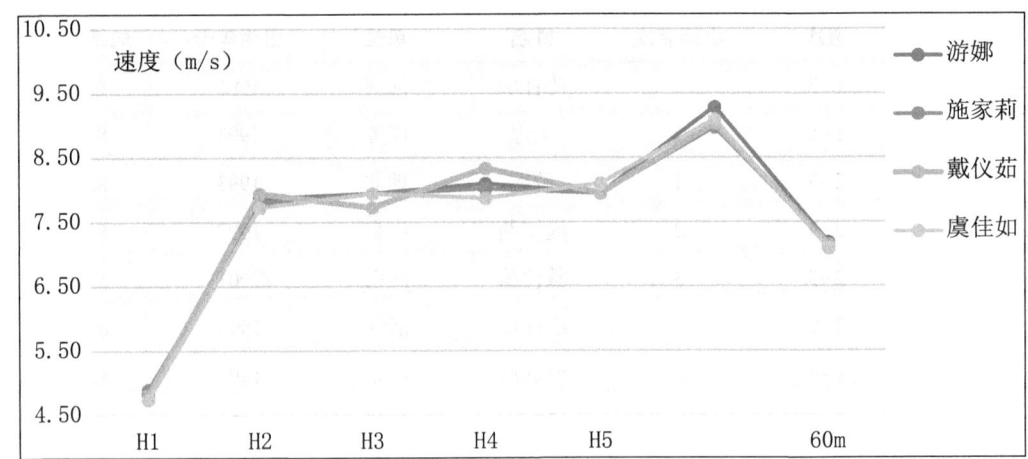

图 6-1 女子 60 米栏 A 组决赛分段速度折线图

表 6-3 所示的是女子 60 米栏 B 组决赛 4 位运动员的关键运动学参数数据，包括触地时间、栏间时间和栏间速度。图 6-2 所示的是每位运动员在各个分段的速度变化。

表 6-3 女子 60 米栏 B 组决赛运动学数据

运动员		H1	H2	H3	H4	H5	60m	道次/名次
陈佳敏	触地时间（s）	2.67	3.72	4.79	5.84	6.89		**8.32**	3/1
	栏间时间（s）		1.05	1.07	1.05	1.05	1.43	PB	
	栏间速度（m/s）	4.87	8.10	7.94	8.10	8.10	9.09	7.21
王逗	触地时间（s）	2.71	3.79	4.86	5.90	6.96		**8.35**	5/2

续表

运动员		H1	H2	H3	H4	H5	60m	道次/名次
	栏间时间（s）		1.08	1.07	1.04	1.06	1.39	
	栏间速度（m/s）	4.80	7.87	7.94	8.17	8.02	9.35	7.19
罗显彦	触地时间（s）	2.70	3.80	4.89	5.94	7.01		**8.51**	4/3
	栏间时间（s）		1.10	1.09	1.05	1.07	1.50	
	栏间速度（m/s）	4.81	7.73	7.80	8.10	7.94	8.67	7.05
汪丽	触地时间（s）	2.70	3.80	4.89	5.97	7.04		**8.51**	2/4
	栏间时间（s）		1.10	1.09	1.08	1.07	1.47	
	栏间速度（m/s）	4.81	7.73	7.80	7.87	7.94	8.84	7.05

注：PB为个人最好成绩。

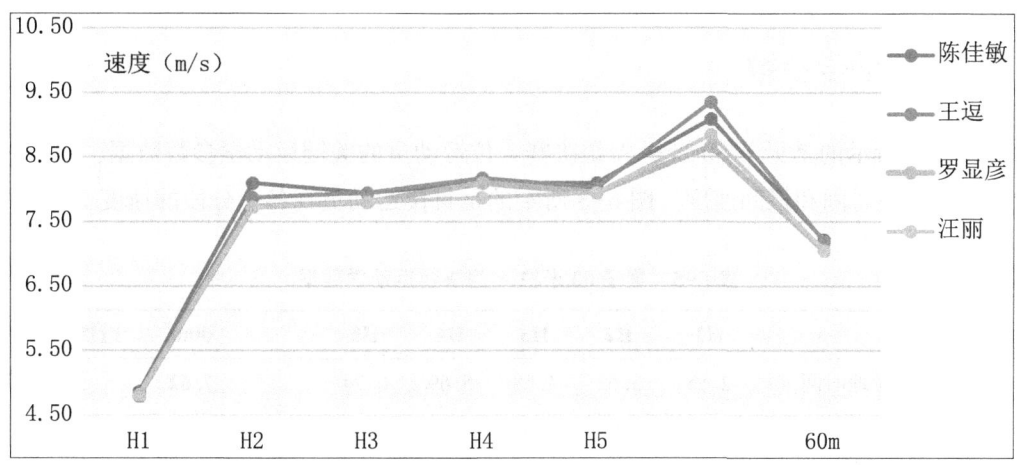

图6-2 女子60米栏B组决赛分段速度折线图

第二节 男子60米栏

一、比赛介绍

男子60米栏的比赛是2019年全国室内田径锦标赛总决赛的最后一项竞赛项目。最终，八一南昌的曾建航以7.62s的成绩强势夺冠，在本赛季参加的三场室内赛中，曾建航都没有将冠军旁落，并且成绩一站比一站出色，7.62s也刷新了他室内赛的最好成绩。山西的孙振江和北京的宁潇函分别以7.79s和7.85s的成绩分获二、三名。表6-4所示的是本次比赛男子60米栏决赛的最终成绩。

表 6-4 全国室内田径锦标赛总决赛男子 60 米栏决赛成绩

名次	道次	小组名次	姓名	单位	出生年份	成绩（s）
1	2-3	1	曾建航	八一南昌	1998	7.62
2	2-5	2	孙振江	山西	1999	7.79
3	2-4	3	宁潇函	北京	2000	7.85
4	1-3	1	李继明	江苏	1996	7.96
5	1-2	2	朱胜龙	湖北	2000	7.97
6	1-4	3	潘梓杰	上海	1995	7.97
7	2-2	4	赵棚川	四川	1993	8.00
	1-5	4	孙浩儒	北京	1998	DNS

注：DNS 表示未参赛或者退赛。

二、运动学参数

表 6-5 所示的是男子 60 米栏 A 组决赛 4 位运动员的关键运动学参数数据，包括触地时间、栏间时间和栏间速度。图 6-3 所示的是每位运动员在各个分段的速度变化。

表 6-5 男子 60 米栏 A 组决赛运动学数据

运动员		H1	H2	H3	H4	H5		60m	道次/名次
曾建航	触地时间（s）	2.55	3.62	4.68	5.69	6.74		**7.62**	3/1
	栏间时间（s）		1.07	1.06	1.01	1.05	0.88	**PB**	
	栏间速度（m/s）	5.38	8.54	8.62	9.05	8.70	11.05	7.87	
孙振江	触地时间（s）	2.61	3.69	4.73	5.77	6.86		**7.79**	5/2
	栏间时间（s）		1.08	1.04	1.04	1.09	0.93		
	栏间速度（m/s）	5.26	8.46	8.79	8.79	8.39	10.45	7.70	
宁潇函	触地时间（s）	2.64	3.71	4.79	5.82	6.91		**7.85**	4/3
	栏间时间（s）		1.07	1.08	1.03	1.09	0.94		
	栏间速度（m/s）	5.20	8.54	8.46	8.87	8.39	10.34	7.64	
赵棚川	触地时间（s）	2.64	3.75	4.84	5.92	7.03		**8.00**	2/4
	栏间时间（s）		1.11	1.09	1.08	1.11	0.98		
	栏间速度（m/s）	5.20	8.23	8.39	8.46	8.23	9.92	7.50	

注：PB 为个人最好成绩。

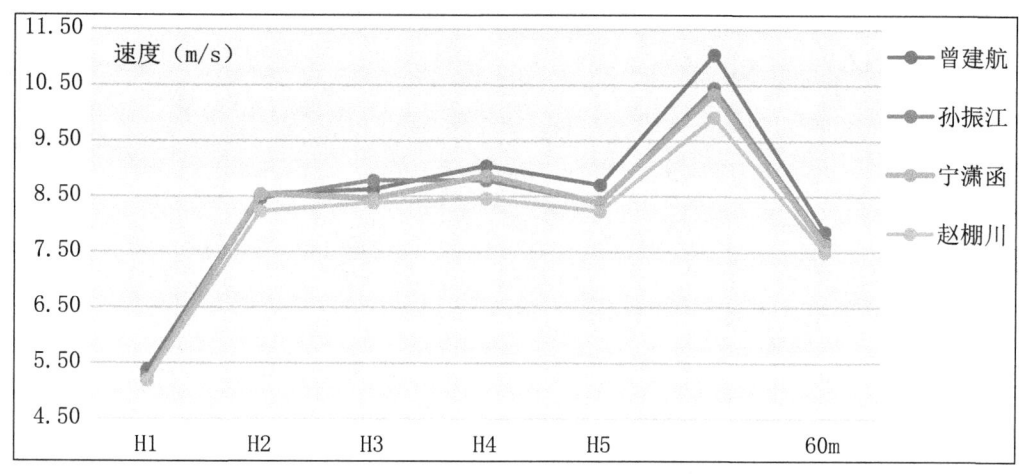

图6-3 男子60米栏A组决赛分段速度折线图

表6-6所示的是男子60米栏B组决赛4位运动员的关键运动学参数数据,包括触地时间、栏间时间和栏间速度。图6-4所示的是每位运动员在各个分段的速度变化。

表6-6 男子60米栏B组决赛运动学数据

运动员		H1	H2	H3	H4	H5	60m	道次/名次
李继明	触地时间(s)	2.68	3.80	4.88	5.97	7.04	**7.96**	3/1
	栏间时间(s)		1.12	1.08	1.09	1.07	0.92	
	栏间速度(m/s)	5.12	8.16	8.46	8.39	8.54	10.57	7.54
朱胜龙	触地时间(s)	2.71	3.79	4.87	5.97	7.04	**7.97**	2/2
	栏间时间(s)		1.08	1.08	1.10	1.07	0.93	
	栏间速度(m/s)	5.06	8.46	8.46	8.31	8.54	10.45	7.53
潘梓杰	触地时间(s)	2.66	3.76	4.89	5.96	7.05	**7.97**	4/3
	栏间时间(s)		1.10	1.13	1.07	1.09	0.92	
	栏间速度(m/s)	5.16	8.31	8.09	8.54	8.39	10.57	7.53
孙浩儒	触地时间(s)							5/-
	栏间时间(s)						**DNS**	
	栏间速度(m/s)							

注:DNS表示未参赛或者退赛。

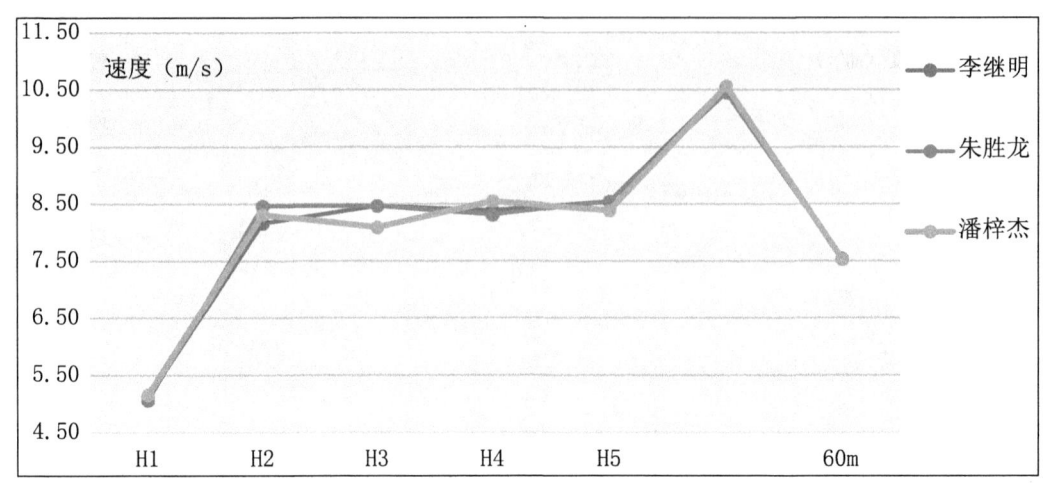

图 6-4 男子 60 米栏 B 组决赛分段速度折线图

CHAPTER 07 第七章

2019年全国田径大奖赛(1)
广东·肇庆

比赛日期：2019年4月7—9日
比赛地点：肇庆体育中心体育场

本章所有彩色图片请扫二维码

第一节 女子 100 米栏

一、比赛介绍

全国田径大奖赛第一站比赛于 2019 年 4 月 7 日在广东肇庆开赛，对于国内大多数跨栏运动员来说，本站比赛是 2019 年的第一场室外赛。女子 100 米栏比赛中，广东选手施家莉保持着年初良好的状态，以 13.35s 的成绩收获了本站冠军，并创造了该项目的个人最好成绩。江苏选手王逗和四川选手吴艳妮分别以 13.47s 和 13.63s 的成绩分列二、三名。全国田径大奖赛（1）女子 100 米栏决赛的详细成绩如表 7-1 所示。

表 7-1 全国田径大奖赛（1）女子 100 米栏决赛成绩

名次	道次	姓名	单位	出生年份	成绩（s）	反应时（s）
1	6	施家莉	广东	1997	13.35	0.182
2	7	王逗	江苏	1993	13.47	0.174
3	5	吴艳妮	四川	1997	13.63	0.217
4	9	虞佳如	浙江	1999	13.68	0.242
5	4	陈佳敏	河南	1996	13.71	0.216
6	3	罗显彦	广东	1997	13.76	0.167
7	2	汪丽	江苏	1999	13.81	0.179
8	8	邓雪琳	福建	1998	DQ	0.234

注：风速 0.1 米/秒。

二、运动学参数

表 7-2 所示的是全国大奖赛（1）广东肇庆站女子 100 米栏决赛 8 位运动员的关键运动学参数数据，包括触地时间、栏间时间和栏间速度。图 7-1 所示的是每位运动员在各个分段的速度变化，图 7-2 所示的是每位运动员在各个分段的时间变化。

表 7-2 全国田径大奖赛（1）女子 100 米栏决赛数据统计表

运动员	反应时（s）	指标	H1	H2	H3	H4	H5	H6	H7	H8	H9	H10	100m	道次/名次	H1-H4	H4-H7	H7-H10
施家莉	0.182	触地时间（s）	2.67	3.73	4.79	5.83	6.87	7.90	8.93	9.97	11.03	12.12	**13.35**	6/1			
		栏间时间（s）		1.06	1.06	1.04	1.04	1.03	1.03	1.04	1.06	1.09	1.23	**PB**	3.16	3.10	3.19
		栏间速度（m/s）	4.87	8.02	8.02	8.17	8.17	8.25	8.25	8.17	8.02	7.80	8.54	7.49	8.07	8.23	7.99
王逗	0.174	触地时间（s）	2.71	3.78	4.84	5.90	6.94	8.02	9.06	10.12	11.18	12.28	**13.47**	7/2			
		栏间时间（s）		1.07	1.06	1.06	1.04	1.08	1.04	1.06	1.06	1.10	1.19		3.19	3.16	3.22
		栏间速度（m/s）	4.80	7.94	8.02	8.02	8.17	7.87	8.17	8.02	8.02	7.73	8.82	7.42	7.99	8.07	7.92
吴艳妮	0.217	触地时间（s）	2.78	3.86	4.92	5.97	7.02	8.06	9.11	10.20	11.28	12.38	**13.63**	5/3			
		栏间时间（s）		1.08	1.06	1.05	1.05	1.04	1.05	1.09	1.08	1.10	1.25		3.19	3.14	3.27
		栏间速度（m/s）	4.68	7.87	8.02	8.10	8.10	8.17	8.10	7.80	7.87	7.73	8.40	7.34	7.99	8.12	7.80
虞佳如	0.242	触地时间（s）	2.77	3.85	4.94	5.99	7.04	8.12	9.18	10.24	11.34	12.44	**13.68**	9/4			
		栏间时间（s）		1.08	1.09	1.05	1.05	1.08	1.06	1.06	1.10	1.10	1.24		3.22	3.19	3.26
		栏间速度（m/s）	4.69	7.87	7.80	8.10	8.10	7.87	8.02	8.02	7.73	7.73	8.47	7.31	7.92	7.99	7.82

续表

运动员	反应时(s)		H1	H2	H3	H4	H5	H6	H7	H8	H9	H10	100m	道次/名次	H1–H4	H4–H7	H7–H10
陈佳敏	0.216	触地时间(s)	2.71	3.79	4.81	5.87	6.93	7.99	9.04	10.10	11.16	12.29	13.71	4/5			
		栏间时间(s)		1.08	1.02	1.06	1.06	1.06	1.05	1.06	1.06	1.13			3.16	3.17	3.25
		栏间速度(m/s)	4.80	7.87	8.33	8.02	8.02	8.02	8.10	8.02	8.02	7.52	7.29		8.07	8.04	7.85
												1.42	7.39				
罗显彦	0.167	触地时间(s)	2.72	3.84	4.93	6.00	7.06	8.14	9.21	10.30	11.41	12.49	13.76	3/6			
		栏间时间(s)		1.12	1.09	1.07	1.06	1.08	1.07	1.09	1.11	1.08			3.28	3.21	3.28
		栏间速度(m/s)	4.78	7.59	7.80	7.94	8.02	7.87	7.94	7.80	7.66	7.87	7.27		7.77	7.94	7.77
												1.27	8.27				
汪丽	0.179	触地时间(s)	2.73	3.80	4.88	5.96	7.04	8.13	9.22	10.32	11.43	12.56	13.81	2/7			
		栏间时间(s)		1.07	1.08	1.08	1.08	1.09	1.09	1.10	1.11	1.13			3.23	3.26	3.34
		栏间速度(m/s)	4.76	7.94	7.87	7.87	7.87	7.80	7.80	7.73	7.66	7.52	7.24		7.89	7.82	7.63
												1.25	8.40				
邓雪琳	0.234	触地时间(s)	2.76	3.84	4.89	5.94	7.00	8.04	9.09	10.20			DQ	8/–			
		栏间时间(s)		1.08	1.05	1.05	1.06	1.04	1.05	1.11					3.18	3.15	−9.09
		栏间速度(m/s)	4.71	7.87	8.10	8.10	8.02	8.17	8.10	7.66					8.02	8.10	−2.81

注：PB 为个人最好成绩；DQ 表示因犯规取消成绩。

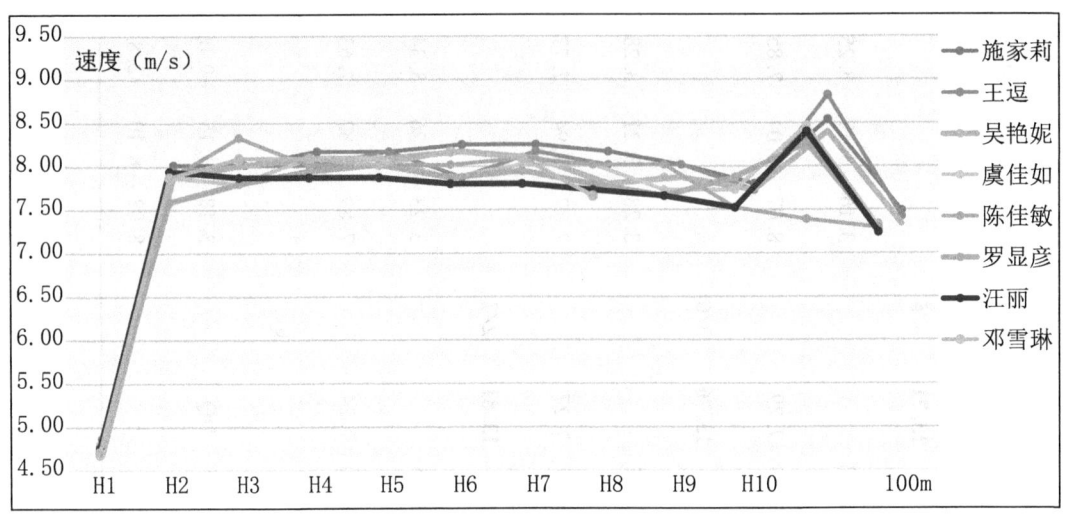

图 7-1　全国田径大奖赛（1）女子 100 米栏决赛分段速度折线图

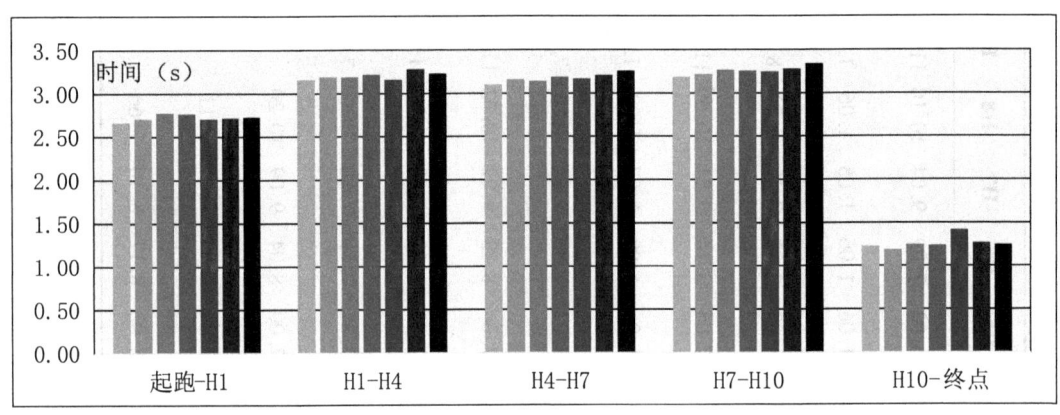

图 7-2　全国田径大奖赛（1）女子 100 米栏决赛分段时间柱状图

三、预赛运动学参数

表 7-3 所示的是全国大奖赛（1）广东肇庆站女子 100 米栏前 8 名运动员预赛中的相关运动学参数数据，包括触地时间、栏间时间和栏间速度。图 7-3 所示的是每位运动员在各个分段的速度变化，图 7-4 所示的是每位运动员在各个分段的时间变化。

第七章 2019年全国田径大奖赛(1)

表 7-3 全国田径大奖赛（1）女子 100 米栏预赛晋级运动员数据统计表

运动员	反应时（s）		H1	H2	H3	H4	H5	H6	H7	H8	H9	H10	100m	组次/名次	H1–H4	H4–H7	H7–H10
施家莉	0.191	触地时间（s）	2.64	3.73	4.79	5.84	6.87	7.92	8.98	10.03	11.12	12.20	13.42	3/1			
		栏间时间（s）		1.09	1.06	1.05	1.03	1.05	1.06	1.05	1.08	1.22			3.20	3.14	3.22
		栏间速度（m/s）	4.92	7.80	8.02	8.10	8.25	8.10	8.02	8.10	7.87	8.61	7.45		7.97	8.12	7.92
吴艳妮	0.184	触地时间（s）	2.73	3.79	4.86	5.90	6.93	7.98	9.04	10.10	11.17	12.27	13.51	1/1			
		栏间时间（s）		1.06	1.07	1.04	1.03	1.05	1.06	1.06	1.07	1.10	1.24		3.17	3.14	3.23
		栏间速度（m/s）	4.76	8.02	7.94	8.17	8.25	8.10	8.02	8.02	7.94	7.73	8.47		8.04	8.12	7.89
陈佳敏	0.176	触地时间（s）	2.62	3.67	4.73	5.79	6.86	7.91	9.00	10.09	11.16	12.27	13.56	4/1			
		栏间时间（s）		1.05	1.06	1.06	1.07	1.05	1.09	1.09	1.07	1.11	1.29		3.16	3.17	3.25
		栏间速度（m/s）	4.96	8.10	8.02	8.02	7.94	8.10	7.80	7.80	7.94	7.66	8.14		8.07	8.04	7.85
王逗	0.227	触地时间（s）	2.74	3.80	4.86	5.92	6.98	8.02	9.09	10.16	11.26	12.34	13.58	1/2			
		栏间时间（s）		1.06	1.06	1.06	1.06	1.04	1.07	1.07	1.10	1.08	1.24		3.18	3.17	3.25
		栏间速度（m/s）	4.74	8.02	8.02	8.02	8.02	8.17	7.94	7.94	7.73	7.87	8.47		8.02	8.04	7.85

续表

运动员	反应时 (s)		H1	H2	H3	H4	H5	H6	H7	H8	H9	H10	100m	组次/名次	H1–H4	H4–H7	H7–H10
虞佳如	0.207	触地时间(s)	2.78	3.85	4.92	5.99	7.03	8.09	9.17	10.24	11.30	12.41	**13.63**	3/2			
		栏间时间(s)		1.07	1.07	1.07	1.04	1.06	1.08	1.07	1.06	1.11			3.21	3.18	3.24
		栏间速度(m/s)	4.68	7.94	7.94	7.94	8.17	8.02	7.87	7.94	8.02	7.66	7.34		7.94	8.02	7.87
												1.22	8.61				
邓雪琳	0.232	触地时间(s)	2.72	3.81	4.87	5.91	6.97	8.04	9.13	10.22	11.31	12.44	**13.68**	2/1			
		栏间时间(s)		1.09	1.06	1.04	1.06	1.07	1.09	1.09	1.09	1.13			3.19	3.22	3.31
		栏间速度(m/s)	4.78	7.80	8.02	8.17	8.02	7.94	7.80	7.80	7.80	7.52	7.31		7.99	7.92	7.70
												1.24	8.47				
罗显彦	0.167	触地时间(s)	2.72	3.84	4.93	6.00	7.06	8.14	9.21	10.30	11.41	12.49	**13.76**	4/2			
		栏间时间(s)		1.12	1.09	1.07	1.06	1.08	1.07	1.09	1.11	1.08			3.28	3.21	3.28
		栏间速度(m/s)	4.78	7.59	7.80	7.94	8.02	7.87	7.94	7.80	7.66	7.87	7.27		7.77	7.94	7.77
												1.27	8.27				
汪丽	0.178	触地时间(s)	2.73	3.83	4.93	5.99	7.06	8.14	9.24	10.32	11.45	12.58	**13.83**	2/2			
		栏间时间(s)		1.10	1.10	1.06	1.07	1.08	1.10	1.08	1.13	1.13			3.26	3.25	3.34
		栏间速度(m/s)	4.76	7.73	7.73	8.02	7.94	7.87	7.73	7.87	7.52	7.52	7.23		7.82	7.85	7.63
												1.25	8.40				

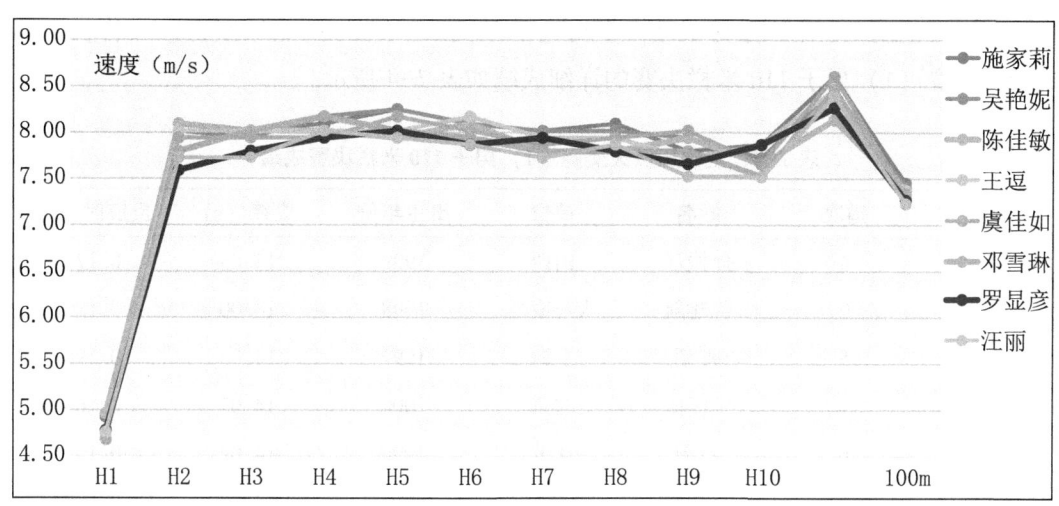

图7-3 全国田径大奖赛（1）女子100米栏预赛晋级运动员分段速度折线图

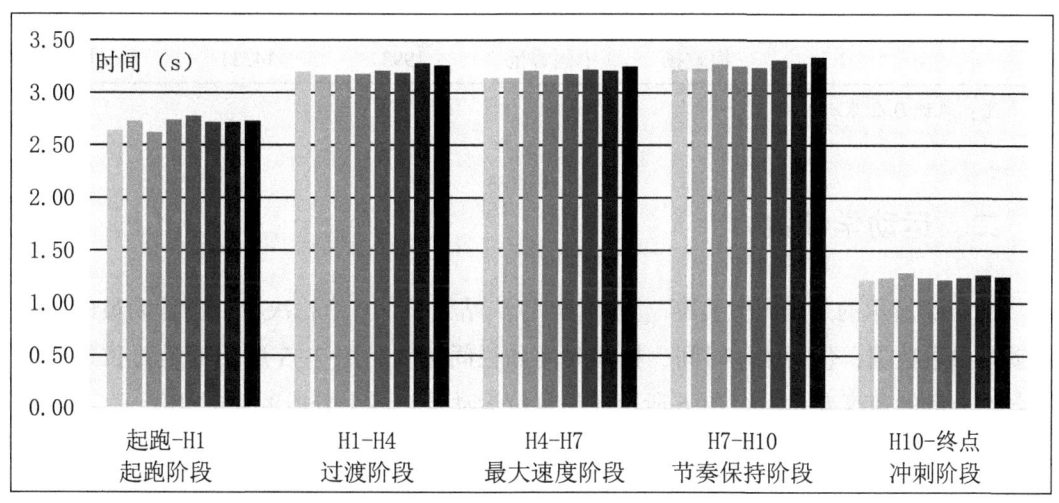

图7-4 全国田径大奖赛（1）女子100米栏预赛晋级运动员分段时间柱状图

第二节 男子110米栏

一、比赛介绍

全国田径大奖赛（1）男子110米栏决赛共有9位选手参加，其中来自中国香港的梅政扬因其测试赛的身份成绩，所以不纳入总排名。决赛中发生戏剧性的一幕，八一南昌的曾建航起初一路领先，但在第7个栏出现明显失误，丢掉了领先优势，好在他及时调整以14.00s的成绩第二个完成比赛。山西选手孙振江以13.83s的成绩获得本站冠军，同时也刷新了个人最好成绩。上海选手张韬以 14.03s 的成绩获得第三名。全国田径大奖赛（1）男子 110 米栏决赛的详细成绩如表 7-4 所示。

表 7-4　全国田径大奖赛（1）男子 110 米栏决赛成绩

名次	道次	姓名	单位	出生年份	成绩（s）	反应时（s）
1	4	孙振江	山西	1999	13.83	0.177
2	9	曾建航	八一南昌	1998	14.00	0.180
3	5	张韬	上海	1997	14.03	0.195
4	7	宁潇函	北京	2000	14.07	0.165
5	6	吕阳	江苏	1996	14.09	0.192
6	3	杨雨轩	江苏	2002	14.36	0.180
7	8	江帆	江苏	1989	14.65	0.209
8	2	马磊	北京	1989	14.87	0.328
	1	梅政扬	中国香港	1993	14.11	0.184

注：风速 0.2 米/秒。

二、运动学参数

表 7-5 所示的是全国大奖赛（1）广东肇庆站男子 110 米栏决赛 9 位运动员的关键运动学参数数据，包括触地时间、栏间时间和栏间速度。图 7-5 所示的是每位运动员在各个分段的速度变化，图 7-6 所示的是每位运动员在各个分段的时间变化。

表7-5 全国田径大奖赛（1）男子110米栏决赛数据统计表

运动员	反应时(s)		H1	H2	H3	H4	H5	H6	H7	H8	H9	H10	110m	道次/名次	H1-H4	H4-H7	H7-H10
孙振江	0.177	触地时间(s)	2.62	3.70	4.78	5.82	6.88	7.94	9.02	10.10	11.22	12.32	**13.83**	4/1			
		栏间时间(s)		1.08	1.08	1.04	1.06	1.06	1.08	1.08	1.12	1.10	**PB**		3.20	3.20	3.30
		栏间速度(m/s)	5.24	8.46	8.46	8.79	8.62	8.62	8.46	8.46	8.16	8.31	7.95		8.57	8.57	8.31
曾建航	0.180	触地时间(s)	2.58	3.65	4.70	5.73	6.77	7.80	8.96	10.22	11.35	12.51	**14.00**	9/2			
		栏间时间(s)		1.07	1.05	1.03	1.04	1.03	1.16	1.26	1.13	1.16	1.49		3.15	3.23	3.55
		栏间速度(m/s)	5.32	8.54	8.70	8.87	8.79	8.87	7.88	7.25	8.09	7.88	9.41		8.70	8.49	7.72
张韬	0.195	触地时间(s)	2.70	3.81	4.90	5.99	7.07	8.16	9.26	10.34	11.44	12.55	**14.03**	5/3			
		栏间时间(s)		1.11	1.09	1.09	1.08	1.09	1.10	1.08	1.10	1.11	1.48		3.29	3.27	3.29
		栏间速度(m/s)	5.08	8.23	8.39	8.39	8.46	8.39	8.31	8.46	8.31	8.23	9.47		8.33	8.39	8.33
宁谦函	0.165	触地时间(s)	2.64	3.71	4.81	5.89	6.98	8.05	9.16	10.26	11.38	12.52	**14.07**	7/4			
		栏间时间(s)		1.07	1.10	1.08	1.09	1.07	1.11	1.10	1.12	1.14	**PB**		3.25	3.27	3.36
		栏间速度(m/s)	5.20	8.54	8.31	8.46	8.39	8.54	8.23	8.31	8.16	8.02	1.55		8.44	8.39	8.16

注：最后一行栏间速度列的110m数值为9.05。

续表

运动员	反应时(s)		H1	H2	H3	H4	H5	H6	H7	H8	H9	H10	110m	道次/名次	H1-H4	H4-H7	H7-H10
吕阳	0.192	触地时间(s)	2.78	3.90	4.98	6.06	7.13	8.20	9.30	10.37	11.48	12.60	14.09	6/5			
		栏间时间(s)		1.12	1.08	1.08	1.07	1.07	1.10	1.07	1.11	1.12	1.49		3.28	3.24	3.30
		栏间速度(m/s)	4.94	8.16	8.46	8.46	8.54	8.54	8.31	8.54	8.23	8.16	9.41		8.36	8.46	8.31
梅政扬	0.184	触地时间(s)	2.68	3.79	4.88	6.00	7.10	8.20	9.27	10.41	11.52	12.66	14.11	1/9			
		栏间时间(s)		1.11	1.09	1.12	1.10	1.10	1.07	1.14	1.11	1.14	1.45		3.32	3.27	3.39
		栏间速度(m/s)	5.12	8.23	8.39	8.16	8.31	8.31	8.54	8.02	8.23	8.02	9.67		8.26	8.39	8.09
杨雨轩	0.180	触地时间(s)	2.76	3.88	4.98	6.08	7.18	8.26	9.38	10.52	11.66	12.82	14.36	3/6			
		栏间时间(s)		1.12	1.10	1.10	1.10	1.08	1.12	1.14	1.14	1.16	1.54		3.32	3.30	3.44
		栏间速度(m/s)	4.97	8.16	8.31	8.31	8.31	8.46	8.16	8.02	8.02	7.88	9.10		8.26	8.31	7.97
江帆	0.209	触地时间(s)	2.76	3.88	4.97	6.11	7.21	8.34	9.48	10.63	11.80	12.98	14.65	8/7			
		栏间时间(s)		1.12	1.09	1.14	1.10	1.13	1.14	1.15	1.17	1.18	1.63		3.40	3.37	3.53
		栏间速度(m/s)	4.67	7.88	8.16	8.16	8.16	8.09	8.16	7.88	7.81	7.62	8.60		8.06	8.14	7.77
马磊	0.328	触地时间(s)	2.94	4.10	5.22	6.34	7.46	8.59	9.71	10.87	12.04	13.24	14.87	2/8			

续表

运动员	反应时(s)		H1	H2	H3	H4	H5	H6	H7	H8	H9	H10	110m	道次/名次	H1-H4	H4-H7	H7-H10
	栏间时间(s)		1.16	1.12	1.12	1.12	1.12	1.13	1.12	1.16	1.17	1.20	1.63		3.40	3.37	3.53
	触地时间(s)		7.88	8.16	8.16	8.16	8.16	8.09	8.16	7.88	7.81	7.62	8.60		8.06	8.14	7.77
	速度(m/s)	4.67											7.40				

注：PB 为个人最好成绩。

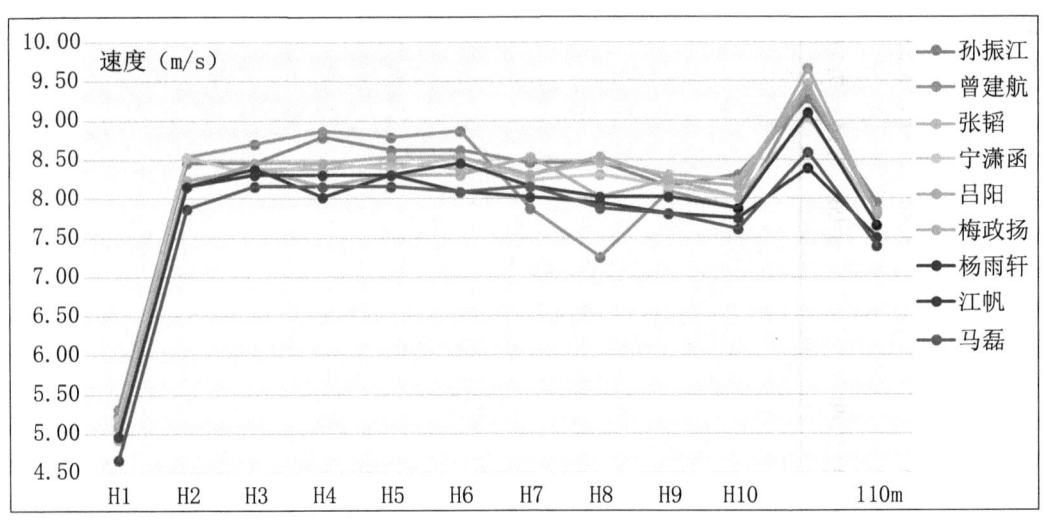

图 7-5　全国田径大奖赛（1）男子 110 米栏决赛分段速度折线图

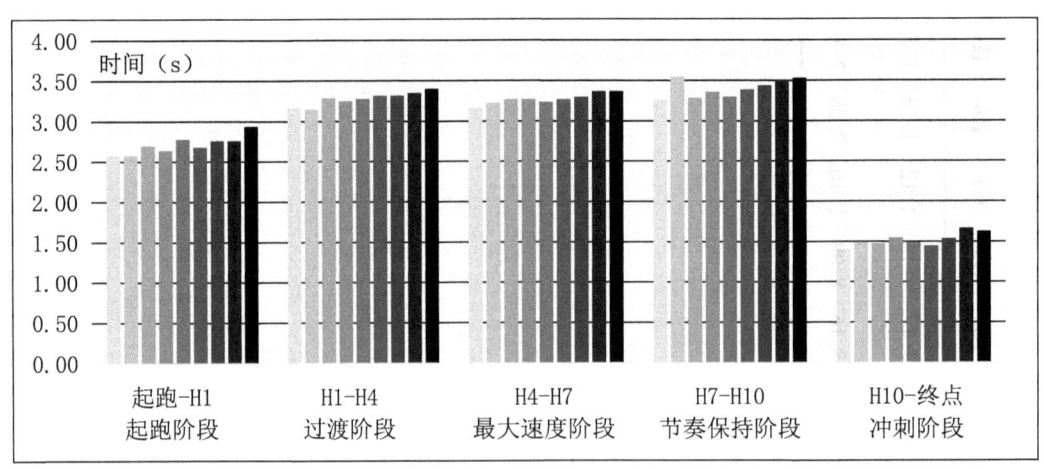

图 7-6　全国田径大奖赛（1）男子 110 米栏决赛分段时间柱状图

三、预赛运动学参数

表 7-6 所示的是全国大奖赛（1）广东肇庆站男子 110 米栏前 9 名运动员预赛中的相关运动学参数数据，包括触地时间、栏间时间和栏间速度。图 7-7 所示的是每位运动员在各个分段的速度变化，图 7-8 所示的是每位运动员在各个分段的时间变化。

表7-6 全国田径大奖赛（1）男子110米栏预赛暨晋级运动员数据统计表

运动员	反应时(s)		H1	H2	H3	H4	H5	H6	H7	H8	H9	H10	110m	组次/名次	H1-H4	H4-H7	H7-H10
孙振江	0.177	触地时间(s)	2.63	3.72	4.78	5.83	6.88	7.97	9.06	10.16	11.30	12.43	14.00	3/1			
		栏间时间(s)		1.09	1.06	1.05	1.05	1.09	1.09	1.10	1.14	1.13	PB				
		栏间速度(m/s)	5.22	8.39	8.62	8.70	8.70	8.39	8.39	8.31	8.02	8.09	7.95		3.20	3.23	3.37
															8.57	8.49	8.14
张韬	0.200	触地时间(s)	2.72	3.82	4.90	5.98	7.06	8.14	9.26	10.34	11.44	12.58	14.05	2/1			
		栏间时间(s)		1.10	1.08	1.08	1.08	1.08	1.12	1.08	1.10	1.14	1.47				
		栏间速度(m/s)	5.04	8.31	8.46	8.46	8.46	8.46	8.16	8.46	8.31	8.02	7.83		3.26	3.28	3.32
															8.41	8.36	8.26
吕阳	0.201	触地时间(s)	2.74	3.84	4.92	5.98	7.06	8.15	9.24	10.31	11.44	12.58	14.11	5/1			
		栏间时间(s)		1.10	1.08	1.06	1.08	1.09	1.09	1.07	1.13	1.14	1.53				
		栏间速度(m/s)	5.01	8.31	8.46	8.62	8.46	8.39	8.39	8.54	8.09	8.02	7.80		3.24	3.26	3.34
															8.46	8.41	8.21

续表

运动员	反应时(s)		H1	H2	H3	H4	H5	H6	H7	H8	H9	H10	110m	组次/名次	H1–H4	H4–H7	H7–H10
宁谦函	0.158	触地时间(s)	2.62	3.72	4.80	5.88	6.95	8.05	9.14	10.26	11.40	12.58	**14.17**	4/1			
		栏间时间(s)		1.10	1.08	1.08	1.07	1.10	1.09	1.12	1.14	1.18	1.59		3.26	3.26	3.44
		栏间速度(m/s)	5.24	8.31	8.46	8.46	8.54	8.31	8.39	8.16	8.02	7.75	8.82	7.76	8.41	8.41	7.97
曾建航	0.290	触地时间(s)	2.69	3.81	4.87	5.96	7.08	8.20	9.33	10.44	11.58	12.73	**14.31**	1/2			
		栏间时间(s)		1.12	1.06	1.09	1.12	1.12	1.13	1.11	1.14	1.15	1.58		3.27	3.37	3.40
		栏间速度(m/s)	5.10	8.16	8.62	8.39	8.16	8.16	8.09	8.23	8.02	7.95	8.87	7.69	8.39	8.14	8.06
江帆	0.176	触地时间(s)	2.71	3.85	4.95	6.05	7.15	8.26	9.38	10.50	11.65	12.79	**14.33** **PB**	2/2			
		栏间时间(s)		1.14	1.10	1.10	1.10	1.11	1.12	1.12	1.15	1.14	1.54		3.34	3.33	3.41
		栏间速度(m/s)	5.06	8.02	8.31	8.31	8.31	8.23	8.16	8.16	7.95	8.02	9.10	7.68	8.21	8.23	8.04

续表

运动员	反应时(s)		H1	H2	H3	H4	H5	H6	H7	H8	H9	H10	110m	组次/名次	H1–H4	H4–H7	H7–H10
杨雨轩	0.165	触地时间(s)	2.76	3.88	4.99	6.13	7.25	8.36	9.46	10.58	11.70	12.83	14.34	3/2			
		栏间时间(s)		1.12	1.11	1.14	1.12	1.11	1.10	1.12	1.12	1.13	PB		3.37	3.33	3.37
		栏间速度(m/s)	4.97	8.16	8.23	8.02	8.16	8.23	8.31	8.16	8.16	8.09	7.67		8.14	8.23	8.14
马磊	0.159	触地时间(s)	2.75	3.89	5.00	6.09	7.18	8.30	9.42	10.54	11.68	12.82	14.34	5/2			
		栏间时间(s)		1.14	1.11	1.09	1.09	1.12	1.12	1.12	1.14	1.14			3.34	3.33	3.40
		栏间速度(m/s)	4.99	8.02	8.23	8.39	8.39	8.16	8.16	8.16	8.02	8.02	7.67		8.21	8.23	8.06
梅政扬	0.172	触地时间(s)	2.68	3.77	4.85	5.91	7.01	8.09	9.21	10.31	11.47	12.62	14.09	2/3			
		栏间时间(s)		1.09	1.08	1.06	1.10	1.08	1.12	1.10	1.16	1.15	PB		3.23	3.30	3.41
		栏间速度(m/s)	5.12	8.39	8.46	8.62	8.31	8.46	8.16	8.31	7.88	7.95	7.81		8.49	8.31	8.04

注：PB 为个人最好成绩。

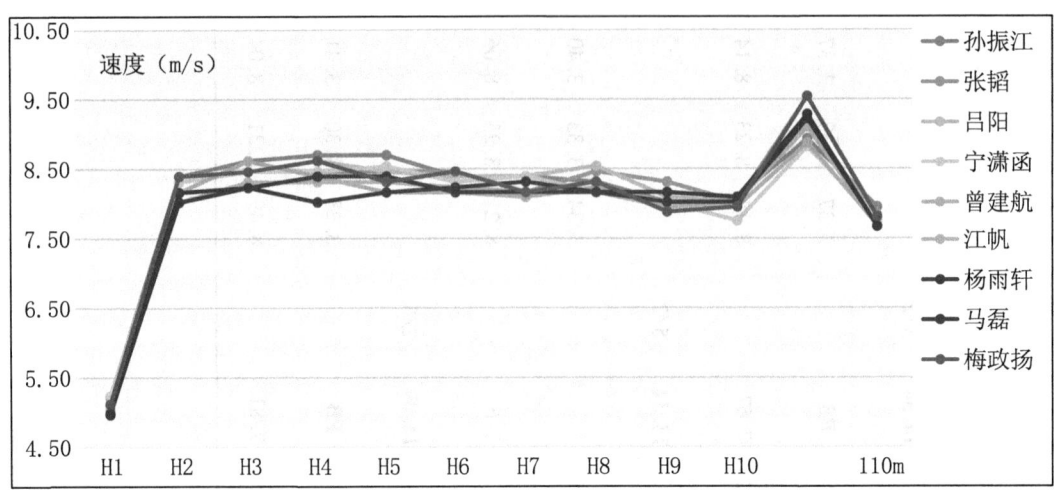

图 7-7　全国田径大奖赛（1）男子 110 米栏预赛晋级运动员分段速度折线图

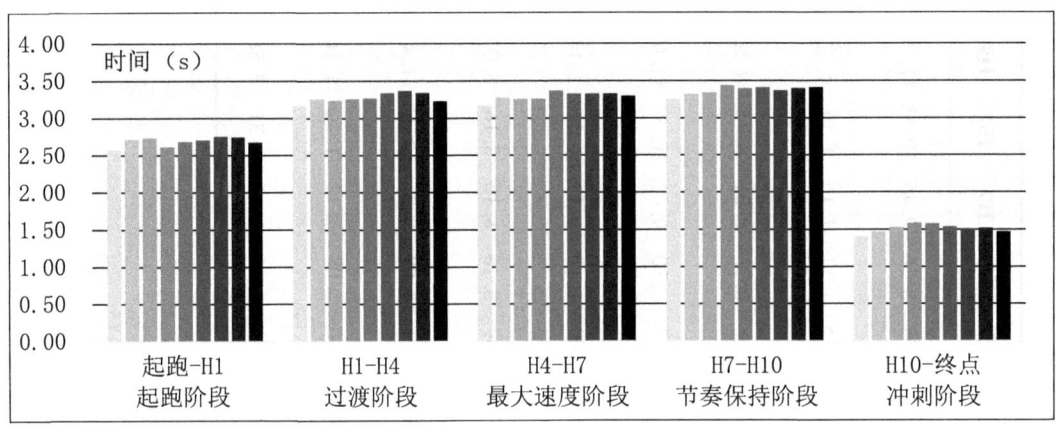

图 7-8　全国田径大奖赛（1）男子 110 米栏预赛晋级运动员分段时间柱状图

第三节　女子 400 米栏

一、比赛介绍

全国田径大奖赛（1）女子 400 米栏的参赛者大多数是 2000 年左右出生的运动员，反映了我国目前在这个项目上呈现年轻化趋势。决赛中，广东选手莫家蝶以 58.34s 的绝对优势获得冠军。两位来自江苏的选手陆长薇和刘红娟分别以 59.22s 和 59.65s 的成绩分获二、三名。全国田径大奖赛（1）女子 400 米栏决赛的详细成绩如表 7-7 所示。

表 7-7 全国田径大奖赛（1）女子 400 米栏决赛成绩

名次	道次	姓名	单位	出生年份	成绩（s）	反应时（s）
1	7	莫家蝶	广东	2000	58.34	0.283
2	6	陆长薇	江苏	2001	59.22	0.260
3	4	刘红娟	江苏	1996	59.65	0.250
4	3	姜李韵喆	福建	2002	60.80	0.194
5	9	兰天露	江西	1999	61.06	0.303
6	8	刘鑫	辽宁	1992	61.71	0.269
7	2	胡利红	四川	1999	62.02	0.191
8	5	翟呈倩	安徽	1999	63.58	0.197

二、运动学参数

表 7-8 所示的是全国大奖赛（1）广东肇庆站女子 400 米栏决赛 8 位运动员的关键运动学参数数据，包括触地时间、栏间时间和栏间速度。图 7-9 所示的是每位运动员在各个分段的速度变化，图 7-10 所示的是每位运动员在各个分段的时间变化（因技术原因，决赛第 8 名运动员翟呈倩部分数据有缺失）。

表7-8 全国田径大奖赛(1)女子400米栏决赛数据统计表

运动员	反应时(s)		H1	H2	H3	H4	H5	H6	H7	H8	H9	H10	400m	道次/名次	H1–H4	H4–H7	H7–H10
莫家蝶	0.283	触地时间(s)	6.84	11.31	15.88	20.62	25.44	30.44	35.58	40.87	46.68	52.12	**58.34**	7/1			
		栏间时间(s)		4.47	4.57	4.74	4.82	5.00	5.14	5.29	5.81	5.44	6.22				
		栏间速度(m/s)	6.58	7.83	7.66	7.38	7.26	7.00	6.81	6.62	6.02	6.43	6.86		13.78	14.96	16.54
		H1左腿攻栏 步数	24	16	16	16	16	17	17	17	18	18	21.5	196.5	7.62	7.02	6.35
陆长薇	0.260	触地时间(s)	6.91	11.44	16.03	20.75	25.71	30.84	36.08	41.48	47.21	52.88	**59.22**	6/2			
		栏间时间(s)		4.53	4.59	4.72	4.96	5.13	5.24	5.40	5.73	5.67	6.34	**PB**			
		栏间速度(m/s)	6.51	7.73	7.63	7.42	7.06	6.82	6.68	6.48	6.11	6.17	6.31		13.84	15.33	16.80
		H1右腿攻栏 步数	24	17	17	17	17	17	17	17	18	18	22	201	7.59	6.85	6.25
刘红娟	0.250	触地时间(s)	6.88	11.40	15.96	20.76	25.64	30.82	36.06	41.54	47.12	52.92	**59.65**	4/3			
		栏间时间(s)		4.52	4.56	4.80	4.88	5.18	5.24	5.48	5.58	5.80	6.73				
		栏间速度(m/s)	6.54	7.74	7.68	7.29	7.17	6.76	6.68	6.39	6.27	6.03	5.94		13.88	15.30	16.86
		H1左腿攻栏 步数	23	16	16	16	16	17	17	18	18	19	22.5	198.5	7.56	6.86	6.23

续表

运动员	反应时(s)		H1	H2	H3	H4	H5	H6	H7	H8	H9	H10	400m	道次/名次	H1-H4	H4-H7	H7-H10
姜李韵喆	0.194	触地时间(s)	6.72	11.30	16.00	20.83	25.86	30.94	36.26	41.76	47.71	53.88	**60.80**	3/4			
		栏间时间(s)		4.58	4.70	4.83	5.03	5.08	5.32	5.50	5.95	6.17	**PB**				
		栏间速度(m/s)	6.70	7.64	7.45	7.25	6.96	6.89	6.58	6.36	5.88	5.67	6.58		14.11	15.43	17.62
		步数	24	16	16	16	16	17	17	17	18	18	196.5		7.44	6.80	5.96
兰天露	H1左腿改栏 0.303	触地时间(s)	6.85	11.26	15.88	20.60	25.47	30.56	35.83	41.47	47.44	53.76	**61.06**	9/5			
		栏间时间(s)		4.41	4.62	4.72	4.87	5.09	5.27	5.64	5.97	6.32	7.30				
		栏间速度(m/s)	6.57	7.94	7.58	7.42	7.19	6.88	6.64	6.21	5.86	5.54	6.55		13.75	15.23	17.93
		步数	23	16	16	16	16	17	17	18	19	19	200		7.64	6.89	5.86
刘鑫	H1左腿改栏 0.269	触地时间(s)	7.16	11.85	16.68	21.53	26.66	32.06	37.48	43.04	48.78	54.65	**61.71**	8/6			
		栏间时间(s)		4.69	4.83	4.85	5.13	5.40	5.42	5.56	5.74	5.87	7.06				
		栏间速度(m/s)	6.28	7.46	7.25	7.22	6.82	6.48	6.46	6.29	6.10	5.96	6.48		14.37	15.95	17.17
		步数	25	17	17	17	18	18	19	19	19	20	213		7.31	6.58	6.12
胡利红		触地时间(s)	6.98	11.50	16.20	21.00	26.02	31.24	36.68	42.30	48.22	54.46	**62.02**	2/7			

续表

运动员	反应时(s)		H1	H2	H3	H4	H5	H6	H7	H8	H9	H10	400m	道次/名次	H1-H4	H4-H7	H7-H10
	0.191	栏间时间(s)		4.52	4.70	4.80	5.02	5.22	5.44	5.62	5.92	6.24	7.56		14.02	15.68	17.78
		栏间速度(m/s)	6.45	7.74	7.45	7.29	6.97	6.70	6.43	6.23	5.91	5.61	5.29		7.49	6.70	5.91
		H1左腿攻栏步数	23	16	16	16	16	17	17	17	17	17	22	194			
翟呈倩	0.197	触地时间(s)	6.88	11.50	16.26	21.24	26.42	31.86	37.50	43.26	49.56		63.58	5/8			
		栏间时间(s)		4.62	4.76	4.98	5.18	5.44	5.64	5.76	6.30				14.36	16.26	
		栏间速度(m/s)	6.54	7.58	7.35	7.03	6.76	6.43	6.21	6.08	5.56		6.29		7.31	6.46	
		H1左腿攻栏步数	23	16	16	16	16	17	17	17	19		157				

注：PB 为个人最好成绩。

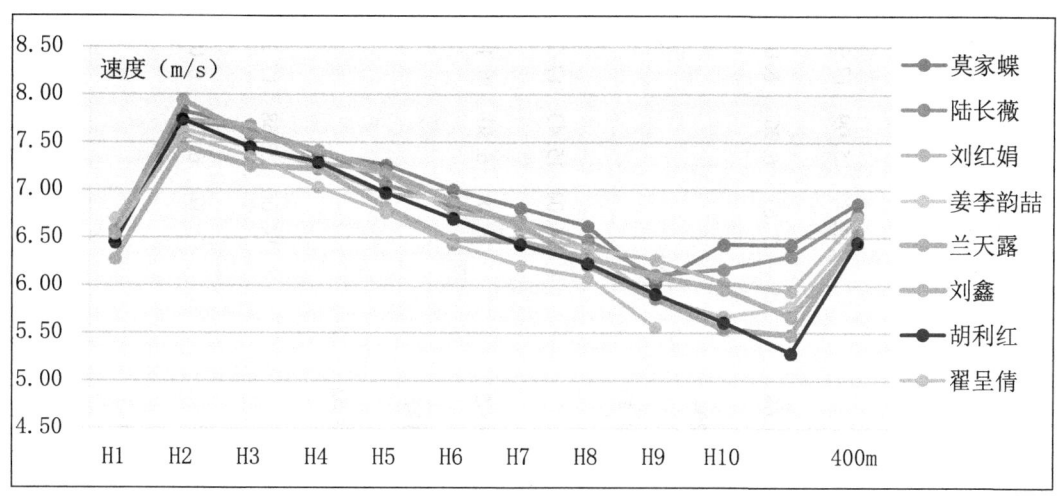

图 7-9　全国田径大奖赛（1）女子 400 米栏决赛分段速度折线图

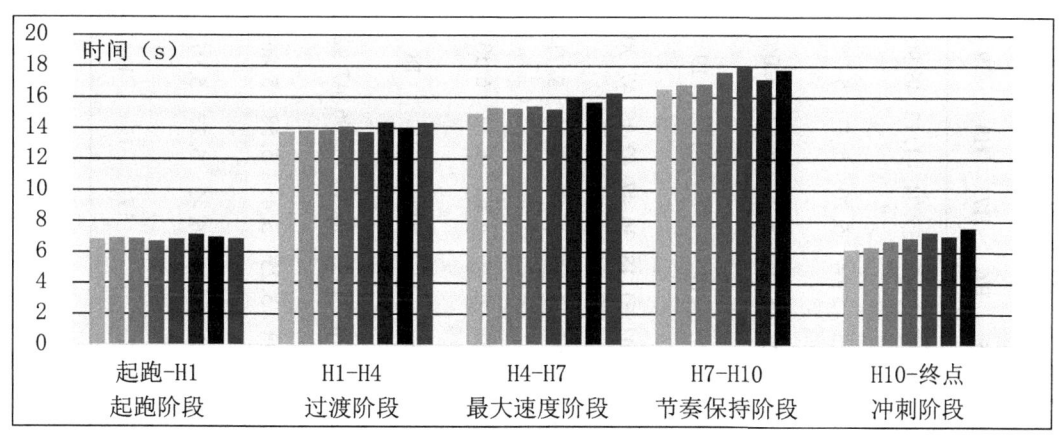

图 7-10　全国田径大奖赛（1）女子 400 米栏决赛分段时间柱状图

三、预赛运动学参数

表 7-9 所示的是全国大奖赛（1）广东肇庆站女子 400 米栏前 8 名运动员预赛中的相关运动学参数数据，包括触地时间、栏间时间和栏间速度。图 7-11 所示的是每位运动员在各个分段的速度变化，图 7-12 所示的是每位运动员在各个分段的时间变化。

表7-9 全国田径大奖赛(1)女子400米栏预赛晋级运动员数据统计表

运动员	反应时(s)		H1	H2	H3	H4	H5	H6	H7	H8	H9	H10	400m	组次/名次	H1–H4	H4–H7	H7–H10
陆长薇	0.220	触地时间(s)	6.85	11.38	15.96	20.62	25.47	30.51	35.71	41.12	46.90	53.02	**59.89**	4/1			
		栏间时间(s)		4.53	4.58	4.66	4.85	5.04	5.20	5.41	5.78	6.12	6.87		13.77	15.09	17.31
		栏间速度(m/s)	6.57	7.73	7.64	7.51	7.22	6.94	6.73	6.47	6.06	5.72	5.82		7.63	6.96	6.07
	H1右腿攻栏	步数	24	17	17	17	17	17	17	17	19	19	23	204			
莫家蝶	0.319	触地时间(s)	7.00	11.53	16.20	21.04	26.02	31.18	36.47	42.19	47.90	53.69	**60.19**	1/1			
		栏间时间(s)		4.53	4.67	4.84	4.98	5.16	5.29	5.72	5.71	5.79	6.50		14.04	15.43	17.22
		栏间速度(m/s)	6.43	7.73	7.49	7.23	7.03	6.78	6.62	6.12	6.13	6.04	6.15		7.48	6.80	6.10
	H1左腿攻栏	步数	24	16	16	16	16	17	17	17	18	18	21	197			
翟呈倩	0.273	触地时间(s)	6.74	11.33	16.03	20.80	25.78	31.03	36.48	42.06	47.92	53.75	**60.53**	2/1			
		栏间时间(s)		4.59	4.70	4.77	4.98	5.25	5.45	5.58	5.86	5.83	6.78		14.06	15.68	17.27
		栏间速度(m/s)	6.68	7.63	7.45	7.34	7.03	6.67	6.42	6.27	5.97	6.00	5.90		7.47	6.70	6.08
	H1左腿攻栏	步数	23	16	16	16	16	17	17	17	17	17	21	193			

续表

运动员	反应时(s)		H1	H2	H3	H4	H5	H6	H7	H8	H9	H10	400m	组次/名次	H1-H4	H4-H7	H7-H10
刘红娟	0.278	触地时间(s)	6.99	11.63	16.35	21.25	26.13	31.35	36.78	42.37	48.15	53.99	**60.55**	5/1	14.26	15.53	17.21
		栏间时间(s)		4.64	4.72	4.90	4.88	5.22	5.43	5.59	5.78	5.84	6.56				
		栏间速度(m/s)	6.44	7.54	7.42	7.14	7.17	6.70	6.45	6.26	6.06	5.99	5.84		7.36	6.76	6.10
	H1左腿攻栏	步数	23	16	16	16	17	18	18	19	19	22.5	200.5				
兰天露	0.256	触地时间(s)	6.97	11.62	16.48	21.25	26.10	31.18	36.67	42.39	48.23	54.03	**60.76**	4/2	14.28	15.42	17.36
		栏间时间(s)		4.65	4.86	4.77	4.85	5.08	5.49	5.72	5.84	5.80	6.73				
		栏间速度(m/s)	6.46	7.53	7.20	7.34	7.22	6.89	6.38	6.12	5.99	6.03	5.94		7.35	6.81	6.05
	H1左腿攻栏	步数	23	16	16	16	17	17	18	18	19	18	197				
刘鑫	0.247	触地时间(s)	7.14	11.86	16.75	21.62	26.63	31.75	37.00	42.49	48.13	54.00	**60.80**	5/2	14.48	15.38	17.00
		栏间时间(s)		4.72	4.89	4.87	5.01	5.12	5.25	5.49	5.64	5.87	6.80				
		栏间速度(m/s)	6.30	7.42	7.16	7.19	6.99	6.84	6.67	6.38	6.21	5.96	5.88		7.25	6.83	6.18
	H1左腿攻栏	步数	24	17	16	17	17	18	18	19	20	22	210				
胡利红		触地时间(s)	7.04	11.63	16.40	21.27	26.29	31.50	36.87	42.42	48.11	54.04	**60.94**	1/2			

续表

运动员	反应时(s)		H1	H2	H3	H4	H5	H6	H7	H8	H9	H10	400m	组次/名次	H1-H4	H4-H7	H7-H10
	0.186	栏间时间(s)		4.59	4.77	4.87	5.02	5.21	5.37	5.55	5.69	5.93	6.90		14.23	15.60	17.17
		栏间速度(m/s)	6.46	7.63	7.34	7.19	6.97	6.72	6.52	6.31	6.15	5.93	5.80	6.56	7.38	6.73	6.12
		H1左腿攻栏 步数	24	16	16	16	16	17	17	17	17	21	194				
姜李韵喆	0.217	触地时间(s)	6.84	11.62	16.37	21.30	26.36	31.68	37.07	42.59	48.52	54.45		1/3			
		栏间时间(s)		4.78	4.75	4.93	5.06	5.32	5.39	5.52	5.93	5.93	6.52	60.97	14.46	15.77	17.38
		栏间速度(m/s)	6.58	7.32	7.37	7.10	6.92	6.58	6.49	6.34	5.90	5.90	6.13	6.56	7.26	6.66	6.04
		H1左腿攻栏 步数	24	16	16	16	16	17	17	17	18	21	196	PB			

注：PB为个人最好成绩。

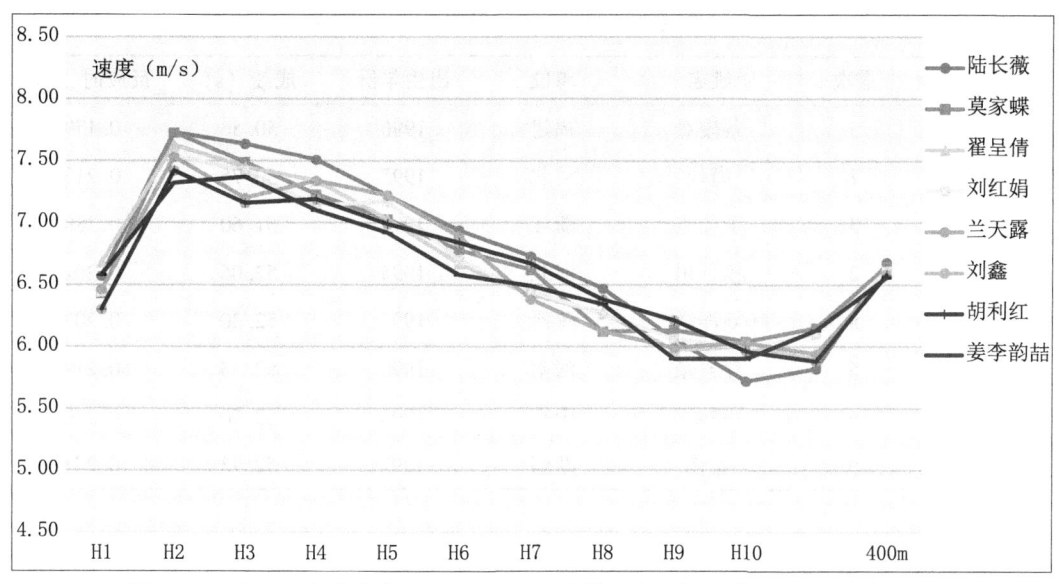

图 7-11 全国田径大奖赛（1）女子 400 米栏预赛晋级运动员分段速度折线图

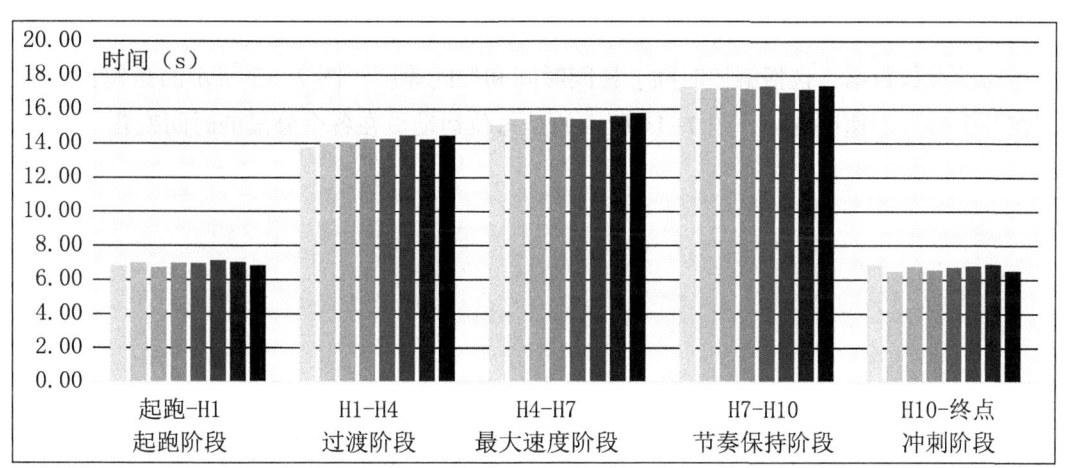

图 7-12 全国田径大奖赛（1）女子 400 米栏预赛晋级运动员分段时间柱状图

第四节 男子 400 米栏

一、比赛介绍

在全国田径大奖赛（1）男子 400 米栏的决赛中，福建的蔡俊奇以 50.56s 的成绩获得本站冠军。河北选手尚硕和浙江选手王艺杰分别以 50.75s 和 51.60s 的成绩分获二、三名。全国田径大奖赛（1）男子 400 米栏决赛的详细成绩如表 7-10 所示。

表 7-10　全国田径大奖赛（1）男子 400 米栏决赛成绩

名次	道次	姓名	单位	出生年份	成绩（s）	反应时（s）
1	5	蔡俊奇	福建	1996	50.56	0.179
2	7	尚硕	河北	1995	50.75	0.213
3	3	王艺杰	浙江	1997	51.60	0.280
4	2	杨百川	河北	1995	52.06	0.202
5	8	刘洋洋	陕西	1995	52.30	0.207
6	6	浮家豪	河南	1999	52.33	0.218
7	4	庄林霏	山东	1996	52.70	0.240
8	9	龙伟	新疆	1997	52.73	0.271

二、运动学参数

表 7-11 所示的是全国大奖赛（1）广东肇庆站男子 400 米栏决赛 8 位运动员的关键运动学参数数据，包括触地时间、栏间时间和栏间速度。图 7-13 所示的是每位运动员在各个分段的速度变化，图 7-14 所示的是每位运动员在各个分段的时间变化。

表 7-11 全国田径大奖赛（1）男子 400 米栏决赛数据统计表

运动员	反应时（s）		H1	H2	H3	H4	H5	H6	H7	H8	H9	H10	400m	道次/名次	H1–H4	H4–H7	H7–H10
蔡俊奇	0.179	触地时间（s）	6.22	10.30	14.50	18.68	22.94	27.20	31.56	36.04	40.56	45.18	**50.56**	5/1			
		栏间时间（s）		4.08	4.20	4.18	4.26	4.26	4.36	4.48	4.52	4.62			12.46	12.88	13.62
		栏间速度（m/s）	7.23	8.58	8.33	8.37	8.22	8.22	8.03	7.81	7.74	7.58	7.43					7.71
	H1左腿攻栏	步数	22	15	15	15	15	15	15	15	15	15	19	176		8.43	8.15	
尚硕	0.213	触地时间（s）	6.35	10.47	14.53	18.68	22.97	27.41	31.84	36.47	41.06	45.68	**50.75**	7/2			
		栏间时间（s）		4.12	4.06	4.15	4.29	4.44	4.43	4.63	4.59	4.62	5.07			12.33	13.16	13.84
		栏间速度（m/s）	7.09	8.50	8.62	8.43	8.16	7.88	7.90	7.56	7.63	7.58	7.89					7.59
	H1左腿攻栏	步数	22	15	16	16	16	16	16	15	15	15	18	180		8.52	7.98	
王艺杰	0.280	触地时间（s）	6.20	10.22	14.28	18.44	22.64	26.96	31.46	36.10	40.88	45.78	**51.60**	3/3			
		栏间时间（s）		4.02	4.06	4.16	4.20	4.32	4.50	4.64	4.78	4.90	5.82			12.24	13.02	14.32
		栏间速度（m/s）	7.26	8.71	8.62	8.41	8.33	8.10	7.78	7.54	7.32	7.14	6.87					7.33
	H1左腿攻栏	步数	21	16	16	16	16	15	15	15	15	15	18.5	178.5		8.58	8.06	7.75

运动员	反应时(s)		H1	H2	H3	H4	H5	H6	H7	H8	H9	H10	400m	道次/名次	H1-H4	H4-H7	H7-H10
杨百川	0.202	触地时间(s)	6.20	10.12	14.20	18.38	22.60	26.88	31.36	36.10	41.04	46.24	52.06	2/4			
		栏间时间(s)		3.92	4.08	4.18	4.22	4.28	4.48	4.74	4.94	5.20	5.82		12.18	12.98	14.88
		栏间速度(m/s)	7.26	8.93	8.58	8.37	8.29	8.18	7.81	7.38	7.09	6.73	6.87		8.62	8.09	7.06
	H1左腿攻栏	步数	23	15	15	15	15	15	15	15	15	16	20.5	179.5			
刘洋洋	0.207	触地时间(s)	6.52	10.51	15.15	19.59	24.06	28.71	33.41	38.02	42.62	47.26	52.30	8/5			
		栏间时间(s)		3.99	4.64	4.44	4.47	4.65	4.70	4.61	4.60	4.64	5.04		13.07	13.82	13.85
		栏间速度(m/s)	6.90	8.77	7.54	7.88	7.83	7.53	7.45	7.59	7.61	7.54	7.94		8.03	7.60	7.58
	H1左腿攻栏	步数	22	15	16	16	16	15	15	15	15	15	18	178			
浮家豪	0.218	触地时间(s)	6.44	10.51	14.73	18.88	23.19	27.64	32.26	36.93	41.79	46.86	52.33	6/6			
		栏间时间(s)		4.07	4.22	4.15	4.31	4.45	4.62	4.67	4.86	5.07	5.47		12.44	13.38	14.60
		栏间速度(m/s)	6.99	8.60	8.29	8.43	8.12	7.87	7.58	7.49	7.20	6.90	7.31		8.44	7.85	7.19
	H1左腿攻栏	步数	22	16	16	16	16	16	17	17	17	17	19.5	189.5			
庄林霏		触地时间(s)	6.32	10.30	14.36	18.48	22.74	27.18	31.82	36.70	41.70	46.84	52.70	4/7			

续表

运动员	反应时(s)		H1	H2	H3	H4	H5	H6	H7	H8	H9	H10	400m	道次/名次	H1-H4	H4-H7	H7-H10
	0.240	栏间时间(s)	7.12	3.98	4.06	4.12	4.26	4.44	4.64	4.88	5.00	5.14	5.86		12.16	13.34	15.02
		栏间速度(m/s)		8.79	8.62	8.50	8.22	7.88	7.54	7.17	7.00	6.81	6.83		8.63	7.87	6.99
		步数	21	16	16	16	16	15	15	15	15	15	19	179			
	H1左腿攻栏	触地时间(s)	6.21	10.29	14.46	18.68	22.97	27.44	32.08	36.90	41.82	46.86	52.73				
龙伟	0.271	栏间时间(s)	7.09	4.08	4.17	4.22	4.29	4.47	4.64	4.82	4.92	5.04	5.87	9/8	12.47	13.40	14.78
		栏间速度(m/s)		8.50	8.62	8.43	8.16	7.88	7.90	7.56	7.63	7.58	7.89		8.52	7.98	7.59
		步数	22	15	16	16	16	16	16	15	15	15	18	180			
	H1左腿攻栏																

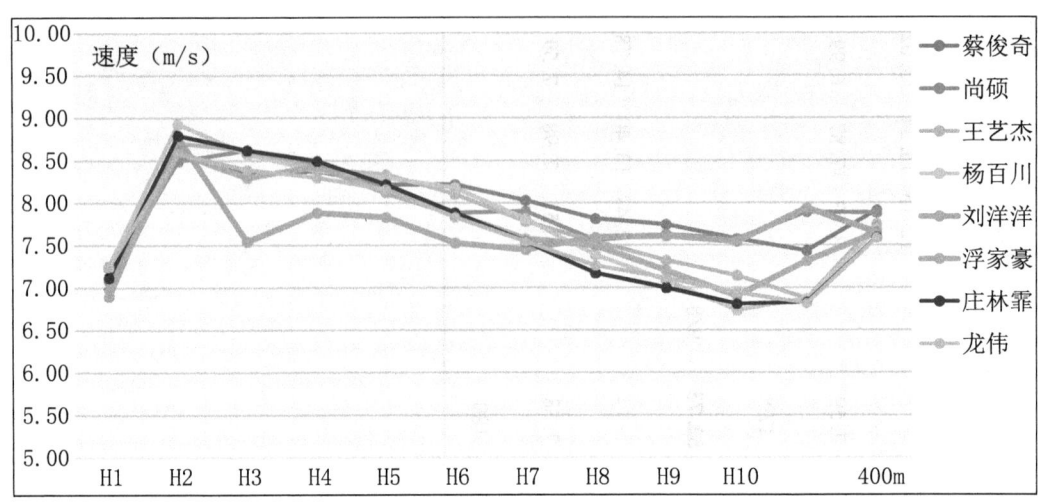

图 7-13 全国田径大奖赛（1）男子 400 米栏决赛分段速度折线图

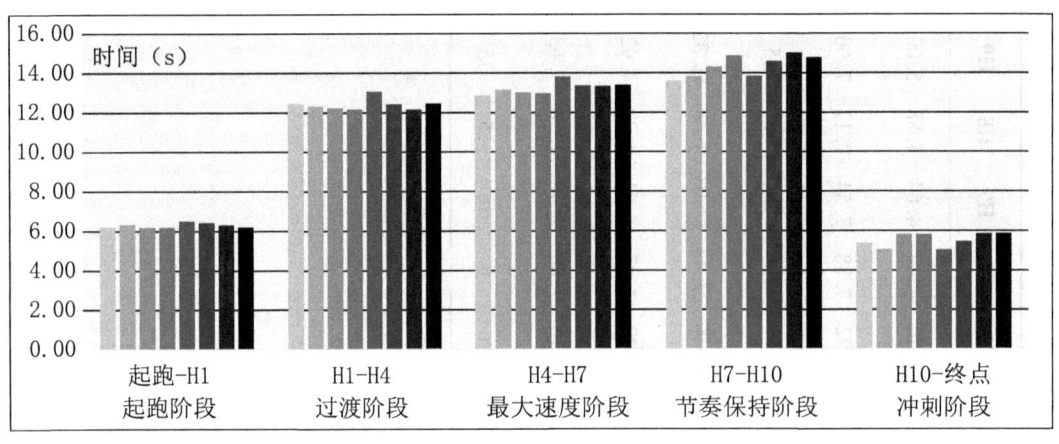

图 7-14 全国田径大奖赛（1）男子 400 米栏决赛分段时间柱状图

CHAPTER 08　第八章

2019年全国田径大奖赛(2)

湖北·黄石

比赛日期：2019 年 4 月 12—14 日

比赛地点：黄石奥林匹克体育中心体育场

本章所有彩色图片请扫二维码

第一节 女子 100 米栏

一、比赛介绍

全国田径大奖赛第二站在湖北黄石的奥林匹克体育中心开赛，在女子 100 米栏比赛中，2019 年的全国室内赛冠军河南选手陈佳敏最终以 13.35s 的成绩拿到了第一个室外赛的冠军，但她的夺冠之路并不轻松，肇庆站该项目的冠军广东选手施家莉跑出了 13.36s 的成绩，仅以 0.01s 的差距获得第二。第三名是来自浙江的虞佳如，成绩为 13.40s。全国田径大奖赛（2）女子 100 米栏决赛的成绩信息如表 8-1 所示。

表 8-1　全国田径大奖赛（2）女子 100 米栏决赛成绩

名次	道次	姓名	单位	出生年份	成绩（s）	反应时（s）
1	9	陈佳敏	河南	1996	13.35	0.181
2	5	施家莉	广东	1997	13.36	0.169
3	6	虞佳如	浙江	1999	13.40	0.183
4	3	王逗	江苏	1993	13.48	0.217
5	4	游娜	湖北	1993	13.52	0.202
6	7	罗显彦	广东	1997	13.55	0.174
7	2	戴仪茹	河南	2001	13.74	0.220
8	8	汪丽	江苏	1999	14.22	0.186

注：风速 0.3 米/秒。

二、运动学参数

表 8-2 所示的是全国大奖赛（2）湖北黄石站女子 100 米栏决赛 8 位运动员的关键运动学参数数据，包括触地时间、栏间时间和栏间速度。图 8-1 所示的是每位运动员在各个分段的速度变化，图 8-2 所示的是每位运动员在各个分段的时间变化。

表 8-2 全国田径大奖赛（2）女子 100 米栏决赛数据统计表

运动员	反应时（s）		H1	H2	H3	H4	H5	H6	H7	H8	H9	H10	100m	道次/名次	H1-H4	H4-H7	H7-H10
陈佳敏	0.181	触地时间（s）	2.68	3.74	4.79	5.83	6.87	7.91	8.94	10.00	11.06	12.14	**13.35**	9/1			
		栏间时间（s）		1.06	1.05	1.04	1.04	1.04	1.03	1.06	1.06	1.08			3.15	3.11	3.20
		栏间速度（m/s）	4.85	8.02	8.10	8.17	8.17	8.17	8.25	8.02	8.02	7.87	1.21		8.10	8.20	7.97
													8.68	7.49			
施家莉	0.169	触地时间（s）	2.61	3.68	4.71	5.75	6.80	7.83	8.88	9.95	11.03	12.13	**13.36**	5/2			
		栏间时间（s）		1.07	1.03	1.04	1.05	1.03	1.05	1.07	1.08	1.10			3.14	3.13	3.25
		栏间速度（m/s）	4.98	7.94	8.25	8.17	8.10	8.25	8.10	7.94	7.87	7.73	1.23		8.12	8.15	7.85
													8.54	7.49			
虞佳如	0.183	触地时间（s）	2.72	3.77	4.84	5.87	6.89	7.93	8.97	10.04	11.10	12.20	**13.40**	6/3			
		栏间时间（s）		1.05	1.07	1.03	1.02	1.04	1.04	1.07	1.06	1.10			3.15	3.10	3.23
		栏间速度（m/s）	4.78	8.10	7.94	8.25	8.33	8.17	8.17	7.94	8.02	7.73	1.20		8.10	8.23	7.89
													8.75	7.46			
王逗	0.217	触地时间（s）	2.71	3.80	4.84	5.88	6.94	8.00	9.06	10.13	11.20	12.30	**13.48**	3/4			
		栏间时间（s）		1.09	1.04	1.04	1.06	1.06	1.06	1.07	1.07	1.10			3.17	3.18	3.24
		栏间速度（m/s）	4.80	7.80	8.17	8.17	8.02	8.02	8.02	7.94	7.94	7.73	1.18		8.04	8.02	7.87
													8.90	7.42			

续表

运动员	反应时(s)		H1	H2	H3	H4	H5	H6	H7	H8	H9	H10	100m	道次/名次	H1-H4	H4-H7	H7-H10
游娜	0.202	触地时间(s)	2.66	3.74	4.79	5.82	6.87	7.91	9.00	10.09	11.15	12.27	13.52	4/5			
		栏间时间(s)		1.08	1.05	1.03	1.05	1.04	1.09	1.09	1.06	1.12	1.25		3.16	3.18	3.27
		栏间速度(m/s)	4.89	7.87	8.10	8.25	8.10	8.17	7.80	7.80	8.02	7.59	7.40		8.07	8.02	7.80
罗显彦	0.174	触地时间(s)	2.68	3.79	4.86	5.90	6.95	8.00	9.05	10.12	11.20	12.31	13.56	7/6			
		栏间时间(s)		1.11	1.07	1.04	1.05	1.05	1.05	1.07	1.08	1.11	1.25	PB	3.22	3.15	3.26
		栏间速度(m/s)	4.85	7.66	7.94	8.17	8.10	8.10	8.10	7.94	7.87	7.66	7.37		7.92	8.10	7.82
戴仪茹	0.220	触地时间(s)	2.67	3.75	4.82	5.89	6.95	8.01	9.08	10.17	11.30	12.43	13.74	2/7			
		栏间时间(s)		1.08	1.07	1.07	1.06	1.06	1.07	1.09	1.13	1.13	1.31	PB	3.22	3.19	3.35
		栏间速度(m/s)	4.87	7.87	7.94	7.94	8.02	8.02	7.94	7.80	7.52	7.52	7.28		7.92	7.99	7.61
汪丽	0.186	触地时间(s)	2.73	3.84	4.93	6.01	7.11	8.22	9.36	10.50	11.68	12.87	14.22	8/8			
		栏间时间(s)		1.11	1.09	1.08	1.10	1.11	1.14	1.14	1.18	1.19	1.35		3.28	3.35	3.51
		栏间速度(m/s)	4.76	7.66	7.80	7.87	7.73	7.66	7.46	7.46	7.20	7.14	7.03		7.77	7.61	7.26

注：PB为个人最好成绩。

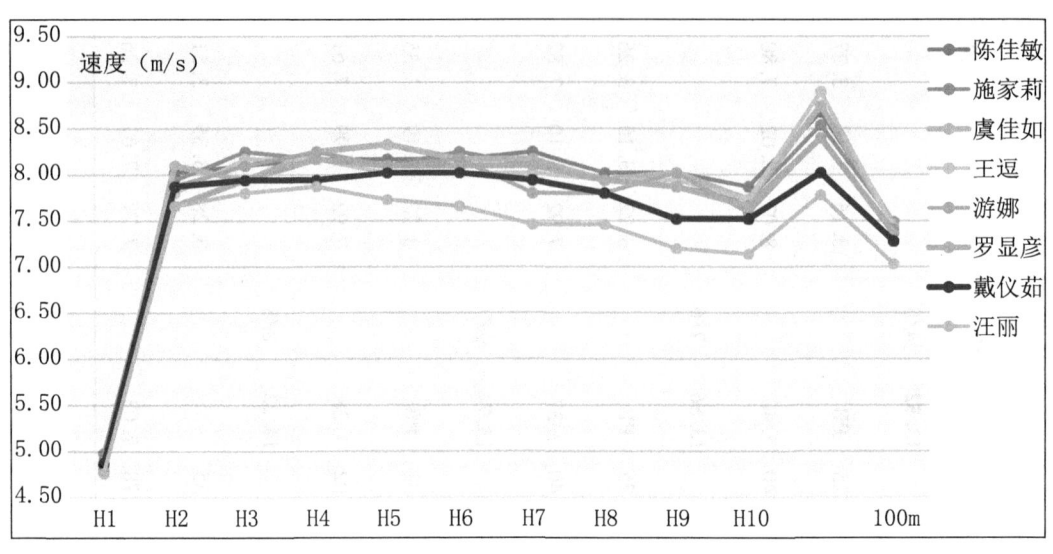

图 8-1　全国田径大奖赛（2）女子 100 米栏决赛分段速度折线图

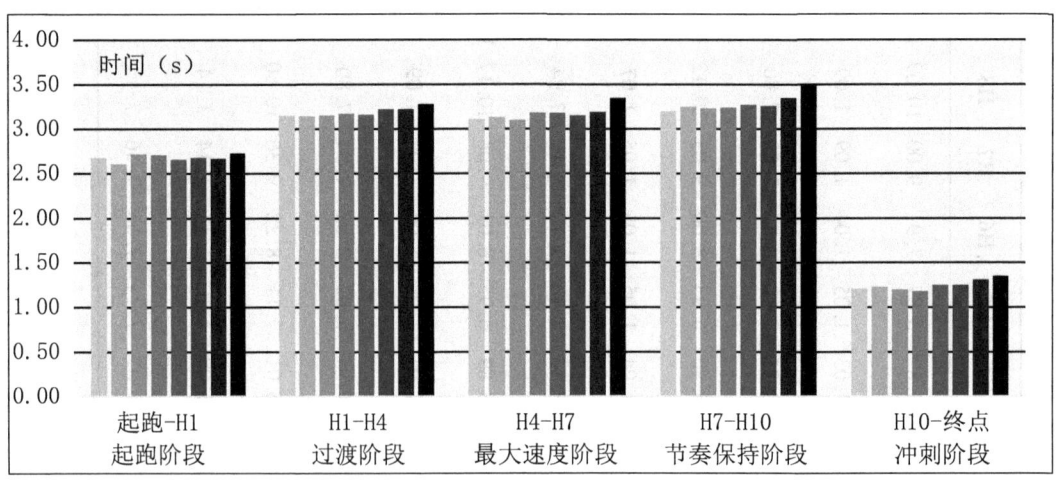

图 8-2　全国田径大奖赛（2）女子 100 米栏决赛分段时间柱状图

三、预赛运动学参数

表 8-3 所示的是全国大奖赛（2）湖北黄石站女子 100 米栏前 8 名运动员预赛中的相关运动学参数数据，包括触地时间、栏间时间和栏间速度。图 8-3 所示的是每位运动员在各个分段的速度变化，图 8-4 所示的是每位运动员在各个分段的时间变化。

表 8-3 全国田径大奖赛（2）女子 100 米栏预赛晋级运动员数据统计表

运动员	反应时 (s)		H1	H2	H3	H4	H5	H6	H7	H8	H9	H10	100m	组次/名次	H1-H4	H4-H7	H7-H10
虞佳如	0.195	触地时间 (s)	2.72	3.80	4.87	5.92	6.98	8.02	9.08	10.16	11.24	12.34	**13.57**	1/1			
		栏间时间 (s)		1.08	1.07	1.05	1.06	1.04	1.06	1.08	1.08	1.10			3.20	3.16	3.26
		栏间速度 (m/s)	4.78	7.87	7.94	8.10	8.02	8.17	8.02	7.87	7.87	7.73	1.23		7.97	8.07	7.82
													8.54				
罗显彦	0.158	触地时间 (s)	2.66	3.75	4.82	5.86	6.90	7.93	9.01	10.10	11.18	12.29	**13.58** PB	3/1			
		栏间时间 (s)		1.09	1.07	1.04	1.04	1.03	1.08	1.09	1.08	1.11	7.36		3.20	3.15	3.28
		栏间速度 (m/s)	4.89	7.80	7.94	8.10	8.17	8.25	7.87	7.80	7.87	7.66	8.14		7.97	8.10	7.77
施家莉	0.187	触地时间 (s)	2.66	3.73	4.79	5.84	6.89	7.94	9.01	10.09	11.19	12.30	**13.59** PB	2/1			
		栏间时间 (s)		1.07	1.06	1.05	1.05	1.05	1.07	1.08	1.10	1.11	7.36		3.18	3.17	3.29
		栏间速度 (m/s)	4.89	7.94	8.02	8.10	8.10	8.10	7.94	7.87	7.73	7.66	8.14		8.02	8.04	7.75
游娜	0.197	触地时间 (s)	2.74	3.82	4.89	5.93	7.02	8.07	9.15	10.24	11.34	12.47	**13.70**	1/2			
		栏间时间 (s)		1.08	1.07	1.04	1.09	1.05	1.08	1.09	1.10	1.13	7.30		3.19	3.22	3.32
		栏间速度 (m/s)	4.74	7.87	7.94	8.17	7.80	8.10	7.87	7.80	7.73	7.52	8.54		7.99	7.92	7.68

续表

运动员	反应时(s)		H1	H2	H3	H4	H5	H6	H7	H8	H9	H10	100m	组次/名次	H1–H4	H4–H7	H7–H10
陈佳敏	0.200	触地时间(s)	2.64	3.70	4.82	5.87	6.94	8.02	9.09	10.20	11.31	12.44	**13.71**	1/3			
		栏间时间(s)		1.06	1.12	1.05	1.07	1.08	1.07	1.11	1.13	1.27			3.23	3.22	3.35
		栏间速度(m/s)	4.92	8.02	7.59	8.10	7.94	7.87	7.94	7.66	7.52	8.27	7.29		7.89	7.92	7.61
汪丽	0.192	触地时间(s)	2.68	3.70	4.82	5.90	6.95	8.03	9.11	10.25	11.39	12.56	**13.86**	3/2			
		栏间时间(s)		1.02	1.12	1.08	1.05	1.08	1.08	1.14	1.17	1.30			3.22	3.21	3.45
		栏间速度(m/s)	4.85	8.33	7.59	7.87	8.10	7.87	7.87	7.46	7.26	8.08	7.22		7.92	7.94	7.39
戴仪茹	0.177	触地时间(s)	2.68	3.78	4.84	5.90	6.95	8.02	9.10	10.18	11.35	12.52	**13.86**	2/2			
		栏间时间(s)		1.10	1.06	1.06	1.05	1.07	1.08	1.08	1.17	1.34			3.22	3.20	3.42
		栏间速度(m/s)	4.85	7.73	8.02	8.02	8.10	7.94	7.87	7.87	7.26	7.84	7.22		7.92	7.97	7.46
王逗	0.222	触地时间(s)	2.78	3.86	4.94	6.02	7.08	8.16	9.28	10.38	11.51	12.66	**13.91**	2/3			
		栏间时间(s)		1.08	1.08	1.08	1.06	1.08	1.12	1.10	1.13	1.15	1.25		3.24	3.26	3.38
		栏间速度(m/s)	4.68	7.87	7.87	7.87	8.02	7.87	7.59	7.73	7.52	7.39	8.40	7.19	7.87	7.82	7.54

注：PB 为个人最好成绩。

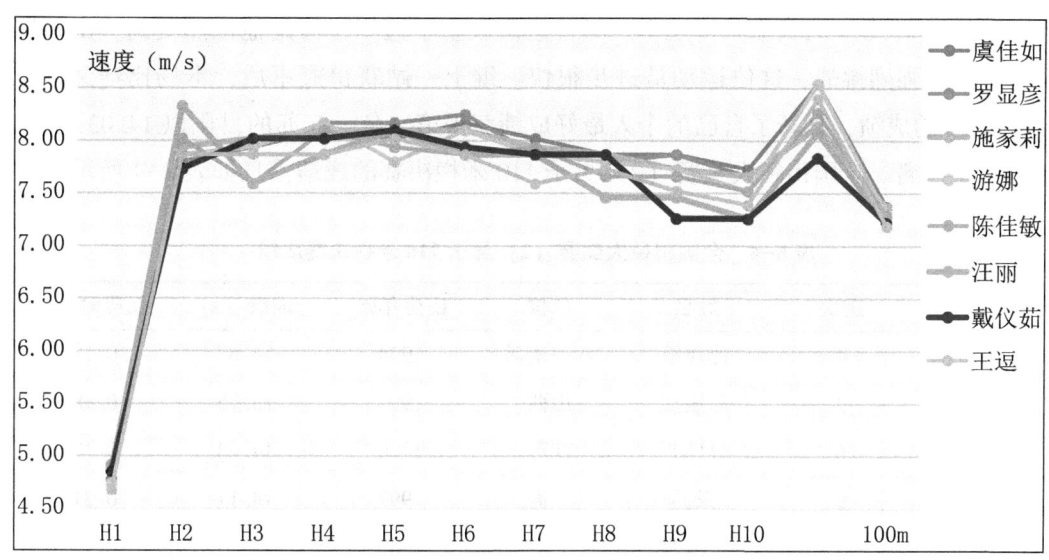

图 8-3　全国田径大奖赛（2）女子 100 米栏预赛晋级运动员分段速度折线图

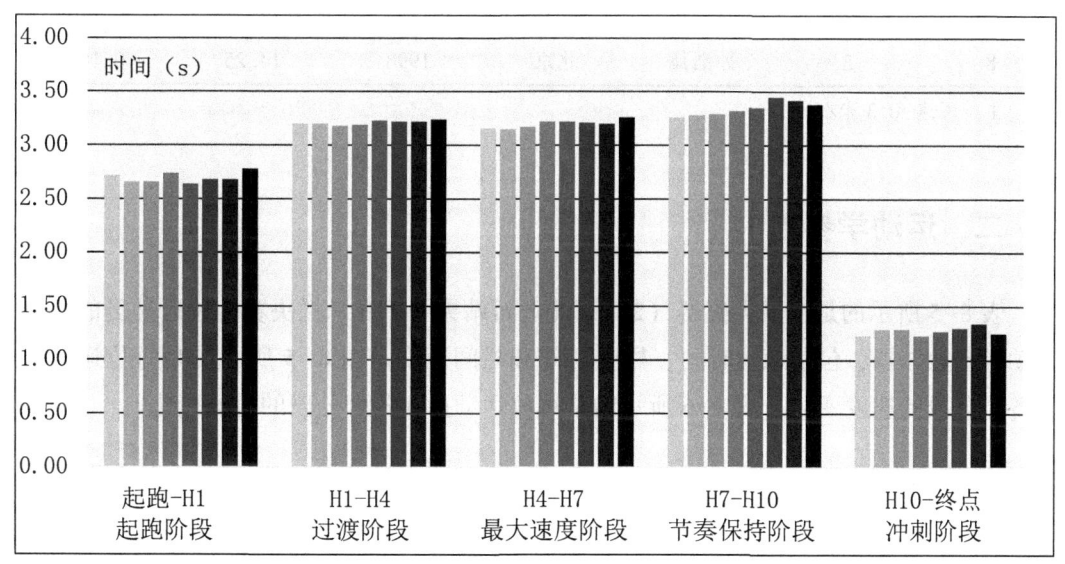

图 8-4　全国田径大奖赛（2）女子 100 米栏预赛晋级运动员分段时间柱状图

第二节　男子 110 米栏

一、比赛介绍

全国田径大奖赛（2）男子 110 米栏决赛的竞争相当激烈，在第一站比赛出现重大失误的八一南昌选手曾建航，这一次没有让失误重演，起跑后就一路领先并保持到终点，最终以 13.67s 的成绩获得冠军。尽管这次收获了冠军，但是他依然受到了山西选手孙振江的强烈挑战，这位运动员进步很快，继上一站获得冠军后，本场比赛又跑出了 13.75s 的成绩，刷新了自己的个人最好成绩获得第二名。江苏的吕阳以 14.03s 的成绩获得第三名。全国田径大奖赛（2）男子 110 米栏决赛的成绩信息如表 8-4 所示。

表 8-4 全国田径大奖赛（2）男子 110 米栏决赛成绩

名次	道次	姓名	单位	出生年份	成绩（s）	反应时（s）
1	4	曾建航	八一南昌	1998	13.67	0.186
2	2	孙振江	山西	1999	13.75	0.181
3	6	吕阳	江苏	1996	14.03	0.187
4	9	张韬	上海	1997	14.11	0.216
5	5	宁潇函	北京	2000	14.19	0.163
6	8	吴镇华	武汉	1998	14.19	0.178
7	7	赵棚川	成体	1993	14.24	0.176
8	3	孙浩儒	北京	1998	14.25	0.181

注：风速 -0.3 米/秒。

二、运动学参数

表 8-5 所示的是全国大奖赛（2）湖北黄石站男子 110 米栏决赛 8 位运动员的关键运动学参数数据，包括触地时间、栏间时间和栏间速度。图 8-5 所示的是每位运动员在各个分段的速度变化，图 8-6 所示的是每位运动员在各个分段的时间变化。

表 8-5　全国田径大奖赛（2）男子 110 米栏决赛数据统计表

运动员	反应时（s）		H1	H2	H3	H4	H5	H6	H7	H8	H9	H10	110m	道次/名次	H1-H4	H4-H7	H7-H10
曾建航	0.186	触地时间（s）	2.62	3.70	4.74	5.78	6.82	7.86	8.94	10.02	11.12	12.22	**13.67**	4/1			
		栏间时间（s）		1.08	1.04	1.04	1.04	1.04	1.08	1.08	1.10	1.10			3.16	3.16	3.28
		栏间速度（m/s）	5.24	8.46	8.79	8.79	8.79	8.79	8.46	8.46	8.31	8.31	9.67	8.05		8.68	8.68	8.36
孙振江	0.181	触地时间（s）	2.65	3.72	4.76	5.80	6.84	7.90	8.98	10.06	11.14	12.26	**13.75**	2/2			
		栏间时间（s）		1.07	1.04	1.04	1.04	1.06	1.08	1.08	1.08	1.12	**PB**		3.15	3.18	3.28
		栏间速度（m/s）	5.18	8.54	8.79	8.79	8.79	8.62	8.46	8.46	8.46	8.16	9.41	8.00		8.70	8.62	8.36
吕阳	0.187	触地时间（s）	2.74	3.86	4.92	6.00	7.06	8.14	9.22	10.32	11.42	12.56	**14.03**	6/3			
		栏间时间（s）		1.12	1.06	1.08	1.06	1.08	1.08	1.10	1.10	1.14	1.47		3.26	3.22	3.34
		栏间速度（m/s）	5.01	8.16	8.62	8.46	8.62	8.46	8.46	8.46	8.31	8.02	9.54	7.84		8.41	8.52	8.21
张韬	0.216	触地时间（s）	2.76	3.86	4.96	6.06	7.14	8.23	9.32	10.42	11.52	12.66	**14.11**	9/4			
		栏间时间（s）		1.10	1.10	1.10	1.08	1.09	1.09	1.10	1.10	1.14	1.45		3.30	3.26	3.34
		栏间速度（m/s）	4.97	8.31	8.31	8.31	8.46	8.39	8.39	8.31	8.31	8.02	9.67	7.80		8.31	8.41	8.21

续表

运动员	反应时(s)		H1	H2	H3	H4	H5	H6	H7	H8	H9	H10	110m	道次/名次	H1–H4	H4–H7	H7–H10
宁谦函	0.163	触地时间(s)	2.68	3.80	4.92	5.96	7.02	8.14	9.24	10.38	11.52	12.67	**14.19**	5/6			
		栏间时间(s)		1.12	1.12	1.04	1.06	1.12	1.10	1.14	1.14	1.15			3.28	3.28	3.43
		栏间速度(m/s)	5.12	8.16	8.16	8.79	8.62	8.16	8.31	8.02	8.02	7.95	7.75		8.36	8.36	7.99
吴镇华	0.178	触地时间(s)	2.72	3.81	4.92	6.03	7.10	8.19	9.34	10.45	11.57	12.73	**14.19**	8/6			
		栏间时间(s)		1.09	1.11	1.11	1.07	1.09	1.15	1.11	1.12	1.16	PB		3.31	3.31	3.39
		栏间速度(m/s)	5.04	8.39	8.23	8.23	8.54	8.39	7.95	8.23	8.16	7.88	9.60		8.28	8.28	8.09
赵鹏川	0.176	触地时间(s)	2.68	3.81	4.90	5.96	7.06	8.18	9.28	10.42	11.54	12.68	**14.24**	7/7			
		栏间时间(s)		1.13	1.09	1.06	1.10	1.12	1.10	1.14	1.12	1.14			3.28	3.32	3.40
		栏间速度(m/s)	5.12	8.09	8.39	8.62	8.31	8.16	8.31	8.02	8.16	8.02	8.99		8.36	8.26	8.06
孙浩儒	0.181	触地时间(s)	2.70	3.81	4.92	6.02	7.12	8.20	9.29	10.42	11.54	12.70	**14.25**	3/8			
		栏间时间(s)		1.11	1.11	1.10	1.10	1.08	1.09	1.13	1.12	1.16	PB		3.32	3.27	3.41
		栏间速度(m/s)	5.08	8.23	8.23	8.31	8.31	8.46	8.39	8.09	8.16	7.88	9.05		8.26	8.39	8.04

注：PB 为个人最好成绩。

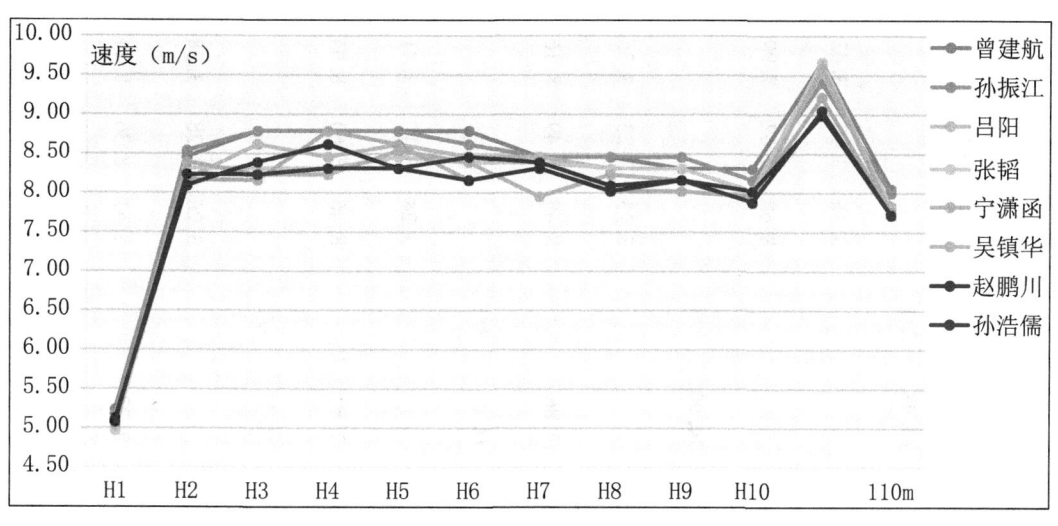

图 8-5　全国田径大奖赛（2）男子 110 米栏决赛分段速度折线图

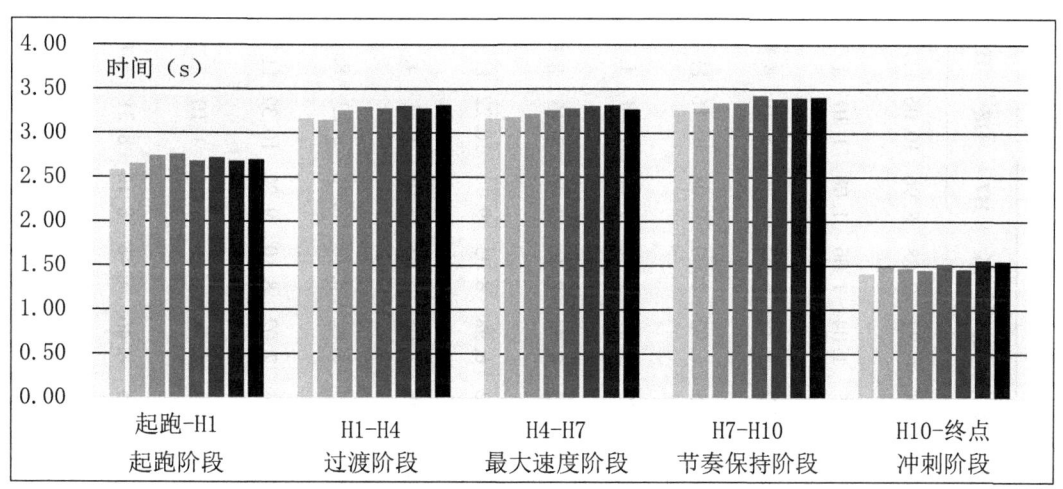

图 8-6　全国田径大奖赛（2）男子 110 米栏决赛分段时间柱状图

三、预赛运动学参数

表 8-6 所示的是全国大奖赛（2）湖北黄石站男子 110 米栏前 8 名运动员预赛中的相关运动学参数数据，包括触地时间、栏间时间和栏间速度。图 8-7 所示的是每位运动员在各个分段的速度变化，图 8-8 所示的是每位运动员在各个分段的时间变化。

表8-6 全国田径大奖赛(2)男子110米栏预赛晋级运动员数据统计表

运动员	反应时(s)	指标	H1	H2	H3	H4	H5	H6	H7	H8	H9	H10	110m	组次/名次	H1-H4	H4-H7	H7-H10
曾建航	0.176	触地时间(s)	2.62	3.67	4.73	5.78	6.82	7.88	8.96	10.06	11.20	12.39	**13.98**	2/1			
		栏间时间(s)		1.05	1.06	1.05	1.04	1.06	1.08	1.10	1.14	1.19	1.59		3.16	3.18	3.43
		栏间速度(m/s)	5.24	8.70	8.62	8.70	8.79	8.62	8.46	8.31	8.02	7.68	8.82		8.68	8.62	7.99
赵棚川	0.161	触地时间(s)	2.62	3.73	4.80	5.85	6.92	8.00	9.08	10.16	11.30	12.44	**14.00**	5/1			
		栏间时间(s)		1.11	1.07	1.05	1.07	1.08	1.08	1.08	1.14	1.14	1.56		3.23	3.23	3.36
		栏间速度(m/s)	5.24	8.23	8.54	8.70	8.54	8.46	8.46	8.46	8.02	8.02	8.99		8.49	8.49	8.16
吕阳	0.160	触地时间(s)	2.68	3.78	4.84	5.92	6.98	8.03	9.11	10.22	11.34	12.52	**14.07**	3/1			
		栏间时间(s)		1.10	1.06	1.08	1.06	1.05	1.08	1.11	1.12	1.18	1.55		3.24	3.19	3.41
		栏间速度(m/s)	5.12	8.31	8.54	8.46	8.62	8.70	8.46	8.23	8.16	7.75	9.05		8.46	8.60	8.04
宁潇函	0.145	触地时间(s)	2.68	3.78	4.86	5.94	7.02	8.10	9.22	10.32	11.45	12.60	**14.15**	3/2			
		栏间时间(s)		1.10	1.08	1.08	1.08	1.08	1.12	1.10	1.13	1.15	1.55		3.26	3.28	3.38
		栏间速度(m/s)	5.12	8.31	8.46	8.46	8.46	8.46	8.16	8.31	8.09	7.95	9.05		8.41	8.36	8.11

续表

运动员	反应时(s)		H1	H2	H3	H4	H5	H6	H7	H8	H9	H10	110m	组次/名次	H1-H4	H4-H7	H7-H10
张韬	0.198	触地时间(s)	2.72	3.82	4.90	5.98	7.06	8.16	9.26	10.40	11.52	12.68	14.16	3/3			
		栏间时间(s)		1.10	1.08	1.08	1.08	1.10	1.10	1.14	1.12	1.16			3.26	3.28	3.42
		栏间速度(m/s)	5.04	8.31	8.46	8.46	8.46	8.31	8.31	8.02	8.16	7.88	7.77		8.41	8.36	8.02
吴镇华	0.174	触地时间(s)	2.70	3.80	4.90	5.99	7.11	8.22	9.36	10.46	11.60	12.72	14.23	4/1			
		栏间时间(s)		1.10	1.10	1.09	1.12	1.11	1.14	1.10	1.14	1.12	PB		3.29	3.37	3.36
		触地速度(m/s)	5.08	8.31	8.31	8.39	8.16	8.23	8.02	8.31	8.02	8.16	9.28		8.33	8.14	8.16
孙振江	0.169	触地时间(s)	2.64	3.72	4.79	5.86	6.94	8.04	9.18	10.31	11.45	12.68	14.33	2/2			
		栏间时间(s)		1.08	1.07	1.07	1.08	1.10	1.14	1.13	1.14	1.23	1.65		3.22	3.32	3.50
		栏间速度(m/s)	5.20	8.46	8.54	8.54	8.46	8.31	8.02	8.09	8.02	7.43	8.50		8.52	8.26	7.83
孙浩儒	0.176	触地时间(s)	2.67	3.79	4.90	5.97	7.07	8.19	9.31	10.46	11.61	12.78	14.35	1/1			
		栏间时间(s)		1.12	1.11	1.07	1.10	1.12	1.12	1.15	1.15	1.17	1.57		3.30	3.34	3.47
		栏间速度(m/s)	5.14	8.16	8.23	8.54	8.31	8.16	8.16	7.95	7.95	7.81	8.93		8.31	8.21	7.90

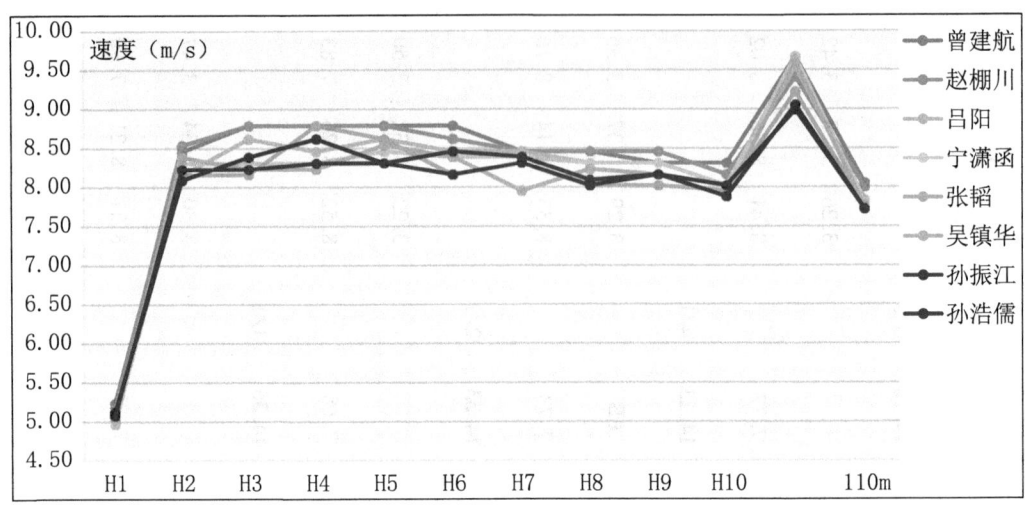

图 8-7 全国田径大奖赛（2）男子 110 米栏预赛晋级运动员分段速度折线图

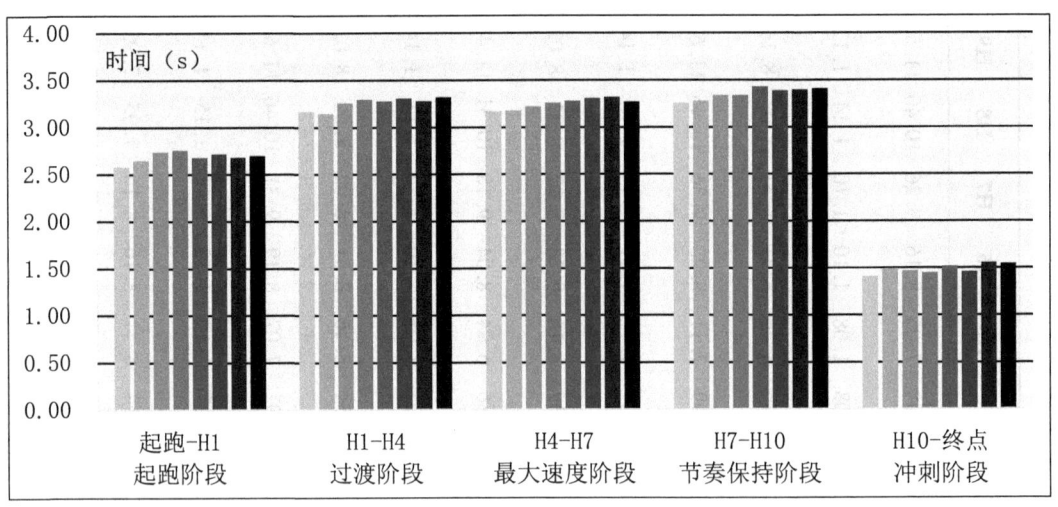

图 8-8 全国田径大奖赛（2）男子 110 米栏预赛晋级运动员分段时间柱状图

第三节 女子 400 米栏

一、比赛介绍

全国大奖赛（2）湖北黄石站女子 400 米栏的冠军是来自黑龙江的陶雪，成绩为 59.57s。来自福建的吴雪婷和来自辽宁的刘鑫分别以 60.925 和 60.975 的成绩分获二、三名。本站比赛中女子 400 米栏项目的选手们整体水平发挥得较低，从决赛成绩看并不理想，也反映了当前我国女子 400 米栏项目发展水平较差。全国田径大奖赛（2）女子400米栏决赛的详细成绩如表8-7所示。

表8-7 全国田径大奖赛（2）女子400米栏决赛成绩

名次	道次	姓名	单位	出生年份	成绩（s）	反应时（s）
1	6	陶雪	黑龙江	1999	59.57	0.287
2	4	吴雪婷	福建	1995	60.92	0.224
3	2	刘鑫	辽宁	1992	60.97	0.355
4	8	姜李韵喆	福建	2002	61.11	0.264
5	7	周瑜	山东	1999	61.11	0.205
6	5	刘红娟	江苏	1996	61.30	0.265
7	3	王佳琪	吉林	2000	61.96	0.300
8	9	陆长薇	江苏	2001	62.25	0.326

二、运动学参数

表8-8所示的是全国大奖赛（2）湖北黄石站女子400米栏决赛8位运动员的关键运动学参数数据，包括触地时间、栏间时间和栏间速度。图8-9所示的是每位运动员在各个分段的速度变化，图8-10所示的是每位运动员在各个分段的时间变化（因技术原因，决赛第8名运动员陆长薇的部分数据有缺失）。

表 8-8 全国田径大奖赛（1）女子 400 米栏决赛数据统计表

运动员	反应时（s）		H1	H2	H3	H4	H5	H6	H7	H8	H9	H10	400m	道次/名次	H1-H4	H4-H7	H7-H10
陶雪	0.287	触地时间（s）	7.12	11.66	16.35	21.14	26.04	31.16	36.47	41.89	47.36	53.04	**59.57**	6/1			
		栏间时间（s）		4.54	4.69	4.79	4.90	5.12	5.31	5.42	5.47	5.68			14.02	15.33	16.57
		栏间速度（m/s）	6.32	7.71	7.46	7.31	7.14	6.84	6.59	6.46	6.40	6.16	6.53		7.49	6.85	6.34
		步数	23	16	16	16	16	17	17	17	17	18	21.2	194.2			
	H1 左腿攻栏																
吴雪婷	0.224	触地时间（s）	7.00	11.52	16.34	21.24	26.30	31.44	36.88	42.70	48.50	54.42	**60.92**	4/2			
		栏间时间（s）		4.52	4.82	4.90	5.06	5.14	5.44	5.82	5.80	5.92			14.24	15.64	17.54
		栏间速度（m/s）	6.43	7.74	7.26	7.14	6.92	6.81	6.43	6.01	6.03	5.91	6.50		7.37	6.71	5.99
		步数	23	16	16	16	16	16	17	17	18	18	6.15	195			
	H1 右腿攻栏													21			
刘鑫	0.355	触地时间（s）	7.42	12.22	16.96	21.76	26.76	31.98	37.32	42.86	48.62	54.40	**60.97**	2/3			
		栏间时间（s）		4.80	4.74	4.80	5.00	5.22	5.34	5.54	5.76	5.78			14.34	15.56	17.08
		栏间速度（m/s）	6.06	7.29	7.38	7.29	7.00	6.70	6.55	6.32	6.08	6.06	6.57		7.32	6.75	6.15
		步数	25	17	17	17	17	18	18	19	19	19	23.5	209.5			
	H1 左腿攻栏																

续表

运动员	反应时（s）		H1	H2	H3	H4	H5	H6	H7	H8	H9	H10	400m	道次/名次	H1–H4	H4–H7	H7–H10
姜李韵喆	0.264	触地时间（s）	7.02	11.76	16.63	21.67	26.81	32.01	37.30	42.74	48.42	54.38	**61.11**	8/4	14.65	15.63	17.08
		栏间时间（s）		4.74	4.87	5.04	5.14	5.20	5.29	5.44	5.68	5.96					
		栏间速度（m/s）	6.41	7.38	7.19	6.94	6.81	6.73	6.62	6.43	6.16	5.87			7.17	6.72	6.15
	H1左腿攻栏	步数	24	16	16	16	16	17	17	17	17	18	21.2				
周瑜	0.205	触地时间（s）	6.95	11.63	16.40	21.29	26.24	31.38	36.60	41.97	47.53	53.40	**61.11**	7/5	14.34	15.31	16.80
		栏间时间（s）		4.68	4.77	4.89	4.95	5.14	5.22	5.37	5.56	5.87					
		栏间速度（m/s）	6.47	7.48	7.34	7.16	7.07	6.81	6.70	6.52	6.29	5.96			7.32	6.86	6.25
	H1左腿攻栏	步数	24	16	16	16	16	17	17	17	18	19	23				
刘红娟	0.265	触地时间（s）	6.98	11.57	16.34	21.30	26.32	31.58	37.18	42.92	48.72	54.62	**61.30**	5/6	14.32	15.88	17.44
		栏间时间（s）		4.59	4.77	4.96	5.02	5.26	5.60	5.74	5.80	5.90					
		栏间速度（m/s）	6.45	7.63	7.34	7.06	6.97	6.65	6.25	6.10	6.03	5.93			7.33	6.61	6.02
	H1左腿攻栏	步数	23	16	16	16	16	17	18	18	19	19	22.2				
王佳琪		触地时间（s）	7.20	11.74	16.42	21.24	26.46	31.88	37.50	43.34	49.20	55.24	**61.96**	3/7			

续表

运动员	反应时(s)		H1	H2	H3	H4	H5	H6	H7	H8	H9	H10	400m	道次/名次	H1-H4	H4-H7	H7-H10
陆长薇	0.300	栏间时间(s)		4.54	4.68	4.82	5.22	5.42	5.62	5.84	5.86	6.04	6.72		14.04	16.26	17.74
		栏间速度(m/s)	6.25	7.71	7.48	7.26	6.70	6.46	6.23	5.99	5.97	5.79	5.95		7.48	6.46	5.92
		步数	24	17	17	17	18	18	19	19	19	19	22.2				
		H1右腿攻栏											209.2				
	0.326	触地时间(s)	7.04	11.53					36.58	42.46	48.53	54.75		9/8	-7.04	36.58	18.17
		栏间时间(s)		4.49						5.88	6.07	6.22	7.50				
		栏间速度(m/s)	6.39	7.80						5.95	5.77	5.63	5.33		-14.91	2.87	5.78
		步数	24	17						19	19	19	23				
		H1右腿攻栏											121				

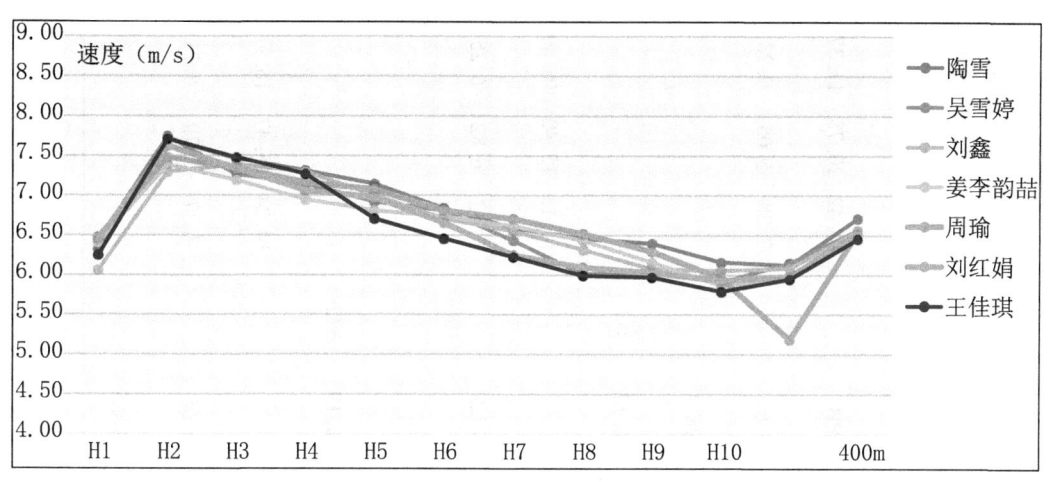

图 8-9　全国田径大奖赛（2）女子 400 米栏决赛分段速度折线图

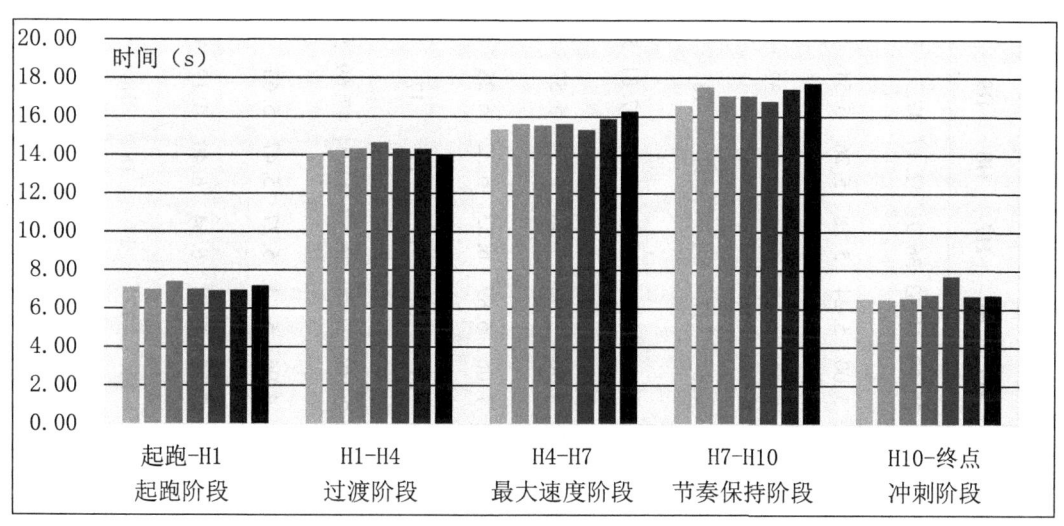

图 8-10　全国田径大奖赛（2）女子 400 米栏决赛分段时间柱状图

三、预赛运动学参数

表 8-9 所示的是全国大奖赛（2）湖北黄石站女子 400 米栏前 8 名运动员预赛中的相关运动学参数数据，包括触地时间、栏间时间和栏间速度。图 8-11 所示的是每位运动员在各个分段的速度变化，图 8-12 所示的是每位运动员在各个分段的时间变化。

表 8-9 全国田径大奖赛（2）女子 400 米栏预赛晋级运动员数据统计表

运动员	反应时(s)		H1	H2	H3	H4	H5	H6	H7	H8	H9	H10	400m	组次/名次	H1-H4	H4-H7	H7-H10
周瑜	0.252	触地时间(s)	6.97	11.66	16.50	21.39	26.39	31.63	36.91	42.17	47.71	53.54	**59.98**	3/1			
		栏间时间(s)		4.69	4.84	4.89	5.00	5.24	5.28	5.26	5.54	5.83	**PB**		14.42	20.78	11.37
		栏间速度(m/s)		7.46	7.23	7.16	7.00	6.68	6.63	6.65	6.32	6.00	6.44				
		步数	6.46										6.21		7.28	5.05	9.23
	H1左腿攻栏		24	16	16	16	16	17	17	17	18	19	22.2	198.2			
陶雪	0.349	触地时间(s)	7.17	11.77	16.55	21.30	26.26	31.34	36.70	42.24	47.81	53.50	**60.12**	4/1			
		栏间时间(s)		4.60	4.78	4.75	4.96	5.08	5.36	5.54	5.57	5.69			14.13	15.40	16.80
		栏间速度(m/s)		7.61	7.32	7.37	7.06	6.89	6.53	6.32	6.28	6.15	6.62				
		步数	6.28										6.04		7.43	6.82	6.25
	H1右腿攻栏		24	16	16	16	16	16	17	17	17	17	21.2	193.2			
刘红娟	0.227	触地时间(s)	6.86	11.43	16.19	21.10	26.06	31.30	36.57	42.04	47.69	53.48	**60.19**	3/2			
		栏间时间(s)		4.57	4.76	4.91	4.96	5.24	5.27	5.47	5.65	5.79			14.24	15.47	16.91
		栏间速度(m/s)		7.66	7.35	7.13	7.06	6.68	6.64	6.40	6.19	6.04	6.71				
		步数	6.56										5.96		7.37	6.79	6.21
	H1左腿攻栏		23	16	16	16	16	17	17	18	18	19	22.5	198.5			

续表

运动员	反应时(s)		H1	H2	H3	H4	H5	H6	H7	H8	H9	H10	400m	组次/名次	H1-H4	H4-H7	H7-H10
吴雪婷	0.309	触地时间(s)	7.03	11.63	16.47	21.40	26.51	31.73	37.12	42.76	48.63	54.54	**61.24**	2/1	14.37	15.72	17.42
		栏间时间(s)		4.60	4.84	4.93	5.11	5.22	5.39	5.64	5.87	5.91			7.31	6.68	6.03
		栏间速度(m/s)	6.40	7.61	7.23	7.10	6.85	6.70	6.49	6.21	5.96	5.92	6.53				
	H1左腿攻栏	步数	23	16	16	16	16	16	17	17	18	18	194.2				
陆长薇	0.237	触地时间(s)	6.98	11.52	16.12	20.84	25.74	30.94	36.56	42.20	48.04	54.20	**61.28**	2/2	13.86	15.72	17.64
		栏间时间(s)		4.54	4.60	4.72	4.90	5.20	5.62	5.64	5.84	5.91			7.58	6.68	5.95
		栏间速度(m/s)	6.45	7.71	7.61	7.42	7.14	6.73	6.23	6.21	5.99	5.97	6.53				
	H1右腿攻栏	步数		17	17	17	17	17	18	18	19	19	181.5				
姜孪韵喆	0.188	触地时间(s)	7.04	11.71	16.58	21.57	26.63	31.67	36.90	42.32	48.16	54.23	**61.37**	4/2	14.53	15.33	17.33
		栏间时间(s)		4.67	4.87	4.99	5.06	5.04	5.23	5.42	5.84	6.07			7.23	6.85	6.06
		栏间速度(m/s)	6.39	7.49	7.19	7.01	6.92	6.94	6.69	6.46	5.99	5.77	6.52				
	H1左腿攻栏	步数	24	16	16	16	16	17	17	17	18	18	197				
王佳琪		触地时间(s)	7.10	11.64	16.34	21.26	26.42	31.94	37.62	43.30	49.18	55.05	**61.69**	5/1			

续表

运动员	反应时(s)		H1	H2	H3	H4	H5	H6	H7	H8	H9	H10	400m	组次/名次	H1-H4	H4-H7	H7-H10
	0.265	栏间时间(s)		4.54	4.70	4.92	5.16	5.52	5.68	5.68	5.88	5.87	6.64		14.16	16.36	17.43
		栏间速度(m/s)	6.34	7.71	7.45	7.11	6.78	6.34	6.16	6.16	5.95	5.96	6.02		7.42	6.42	6.02
		步数		17	17	17	18	18	19	19	19	19	22.2	185.2			
刘鑫		触地时间(s)	7.09	11.71	16.55	21.52	26.72	32.25	37.77	43.36	49.20	55.07		**61.85**	5/2			
H1右腿攻栏	0.310	栏间时间(s)		4.62	4.84	4.97	5.20	5.53	5.52	5.59	5.84	5.87	6.78		14.43	16.25	17.30
		栏间速度(m/s)	6.35	7.58	7.23	7.04	6.73	6.33	6.34	6.26	5.99	5.96	5.90		7.28	6.46	6.07
		步数	25	17	17	17	18	19	19	19	20	20	24	215			
H1左腿攻栏																		

注：PB为个人最好成绩。

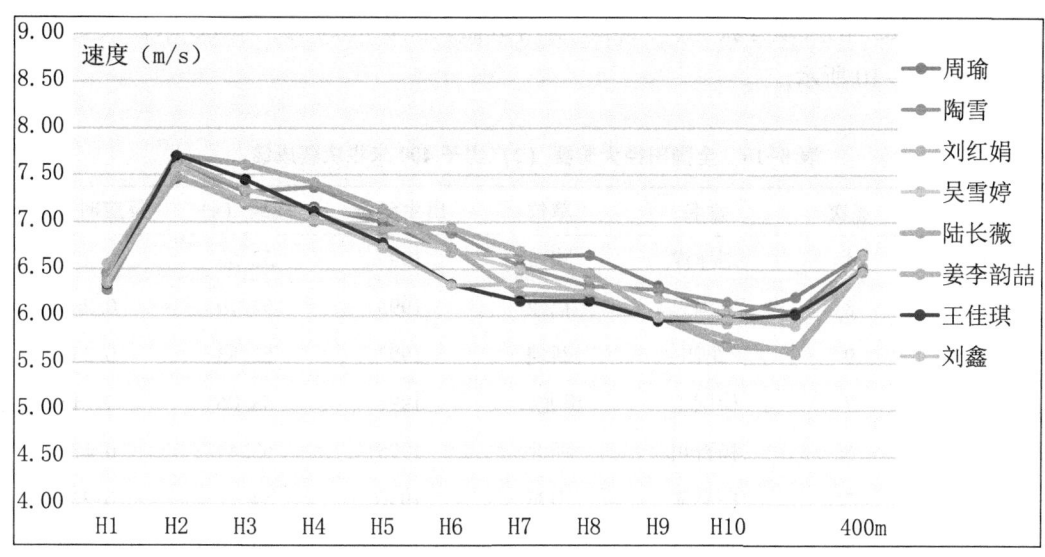

图 8-11 全国田径大奖赛（2）女子 400 米栏预赛晋级运动员分段速度折线图

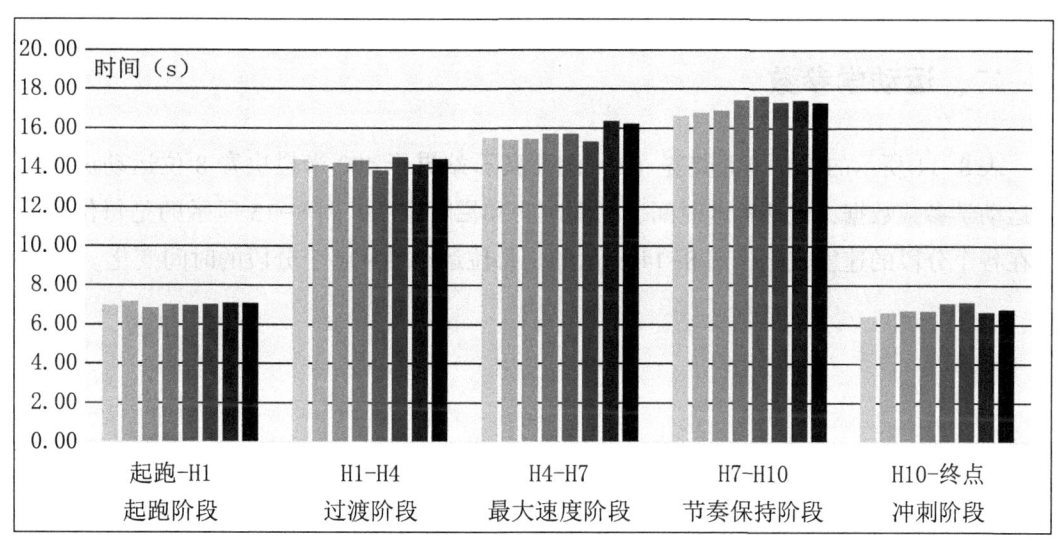

图 8-12 全国田径大奖赛（2）女子 400 米栏预赛晋级运动员分段时间柱状图

第四节 男子 400 米栏

一、比赛介绍

全国大奖赛（2）湖北黄石站男子 400 米栏决赛前三名的成绩都比较接近，最终冠军被陕西选手刘洋洋获得，成绩为 52.58s。福建选手王国忠和新疆选手龙伟分别以

52.79s 和 52.83s 的成绩分获二、三名。全国田径大奖赛（2）男子 400 米栏决赛的详细成绩如表 8-10 所示。

表 8-10　全国田径大奖赛（2）男子 400 米栏决赛成绩

名次	道次	姓名	单位	出生年份	成绩（s）	反应时（s）
1	4	刘洋洋	陕西	1995	52.58	0.204
2	8	王国忠	福建	1995	52.79	0.208
3	9	龙伟	新疆	1997	52.83	0.250
4	7	徐国玉	黑龙江	1997	53.06	0.215
5	5	杨百川	河北	1995	53.44	0.181
6	2	庄林霏	山东	1996	54.17	0.225
7	3	浮家豪	河南	1996	54.39	0.200
8	6	王子明	陕西	1994	56.18	0.242

二、运动学参数

表 8-11 所示的是全国大奖赛（2）湖北黄石站男子 400 米栏决赛 8 位运动员的关键运动学参数数据，包括触地时间、栏间时间和栏间速度。图 8-13 所示的是每位运动员在各个分段的速度变化，图 8-14 所示的是每位运动员在各个分段的时间变化。

表 8-11 全国田径大奖赛（2）男子 400 米栏决赛数据统计表

运动员	反应时(s)		H1	H2	H3	H4	H5	H6	H7	H8	H9	H10	400m	道次/名次	H1-H4	H4-H7	H7-H10
刘洋洋	0.204	触地时间(s)	6.50	10.68	15.10	19.58	24.10	28.70	33.36	38.06	42.76	47.46	**52.58**	4/1			
		栏间时间(s)		4.18	4.42	4.48	4.52	4.60	4.66	4.70	4.70	4.70			13.08	13.78	14.10
		栏间速度(m/s)	6.92	8.37	7.92	7.81	7.74	7.61	7.51	7.45	7.45	7.45	7.61		8.03	7.62	7.45
		步数	21	15	15	15	15	15	15	15	15	15	19.2				
	H1左腿攻栏																
王国忠	0.208	触地时间(s)	6.24	10.38	14.71	19.19	23.77	28.31	33.00	37.70	42.43	47.26	**52.79**	8/2			
		栏间时间(s)		4.14	4.33	4.48	4.58	4.54	4.69	4.70	4.73	4.83			12.95	13.81	14.26
		栏间速度(m/s)	7.21	8.45	8.08	7.81	7.64	7.71	7.46	7.45	7.40	7.25	7.58		8.11	7.60	7.36
		步数	21	15	15	15	15	15	15	15	15	15	19.5				
	H1左腿攻栏																
龙伟	0.250	触地时间(s)	6.19	10.22	14.45	18.71	23.14	27.68	32.30	37.09	42.04	47.06	**52.83**	9/3			
		栏间时间(s)		4.03	4.23	4.26	4.43	4.54	4.62	4.79	4.95	5.02			12.52	13.59	14.76
		栏间速度(m/s)	7.27	8.68	8.27	8.22	7.90	7.71	7.58	7.31	7.07	6.93	7.57		8.39	7.73	7.11
		步数	21	15	15	15	15	15	15	15	15	15	19				
	H1左腿攻栏																

续表

运动员	反应时(s)		H1	H2	H3	H4	H5	H6	H7	H8	H9	H10	400m	道次/名次	H1-H4	H4-H7	H7-H10
徐国玉	0.215	触地时间(s)	6.38	10.59	14.80	19.19	23.71	28.38	33.10	37.90	42.71	47.51	53.06	7/4			
		栏间时间(s)		4.21	4.21	4.39	4.52	4.67	4.72	4.80	4.81	4.80			12.81	13.91	14.41
		栏间速度(m/s)	7.05	8.31	8.31	7.97	7.74	7.49	7.42	7.29	7.28	7.29			8.20	7.55	7.29
	H1右腿攻栏	步数	21	15	15	15	15	15	15	15	16	21	178				5.55
杨百川	0.181	触地时间(s)	6.27	10.41	14.71	19.05	23.44	27.93	32.47	37.14	42.08	47.46	53.44	5/5			
		栏间时间(s)		4.14	4.30	4.34	4.39	4.49	4.54	4.67	4.94	5.38			12.78	13.42	14.99
		栏间速度(m/s)	7.18	8.45	8.14	8.06	7.97	7.80	7.71	7.49	7.09	6.51			8.22	7.82	7.00
	H1左腿攻栏	步数	21	15	15	15	15	15	15	15	15	17	178				5.98
庄林霖	0.225	触地时间(s)	6.48	10.54	14.82	19.22	23.76	28.38	33.26	38.18	43.18	48.48	54.17	2/6			
		栏间时间(s)		4.06	4.28	4.40	4.54	4.62	4.88	4.92	5.00	5.30			12.74	14.04	15.22
		栏间速度(m/s)	6.94	8.62	8.18	7.95	7.71	7.58	7.17	7.11	7.00	6.60			8.24	7.48	6.90
	H1左腿攻栏	步数	21	16	16	16	16	16	16	15	15	19	182				5.69
浮家豪		触地时间(s)	6.60	10.84	15.16	19.62	24.20	28.90	33.78	38.58	43.36	48.62	54.39	3/7			

— 110 —

续表

运动员	反应时(s)	指标	H1	H2	H3	H4	H5	H6	H7	H8	H9	H10	跑完	400m	道次/名次	H1-H4	H4-H7	H7-H10
	0.200	栏间时间(s)	6.82	4.24	4.32	4.46	4.58	4.70	4.88	4.80	4.78	5.26	5.77			13.02	14.16	14.84
		栏间速度(m/s)		8.25	8.10	7.85	7.64	7.45	7.17	7.29	7.32	6.65	6.93	7.35		8.06	7.42	7.08
		H1左腿攻栏步数	21	16	16	16	16	15	15	15	15	15	19.2	179.2				
王子明	0.242	触地时间(s)	6.37	10.51	14.75	19.09	23.66	28.48	33.44	38.54	43.81	49.30		**56.18**	6/8			
		栏间时间(s)		4.14	4.24	4.34	4.57	4.82	4.96	5.10	5.27	5.49	6.88			12.72	14.35	15.86
		栏间速度(m/s)	7.06	8.45	8.25	8.06	7.66	7.26	7.06	6.86	6.64	6.38	5.81	7.12		8.25	7.32	6.62
		H1左腿攻栏步数	21	16	16	16	16	15	16	16	16	16	18.7	182.7				

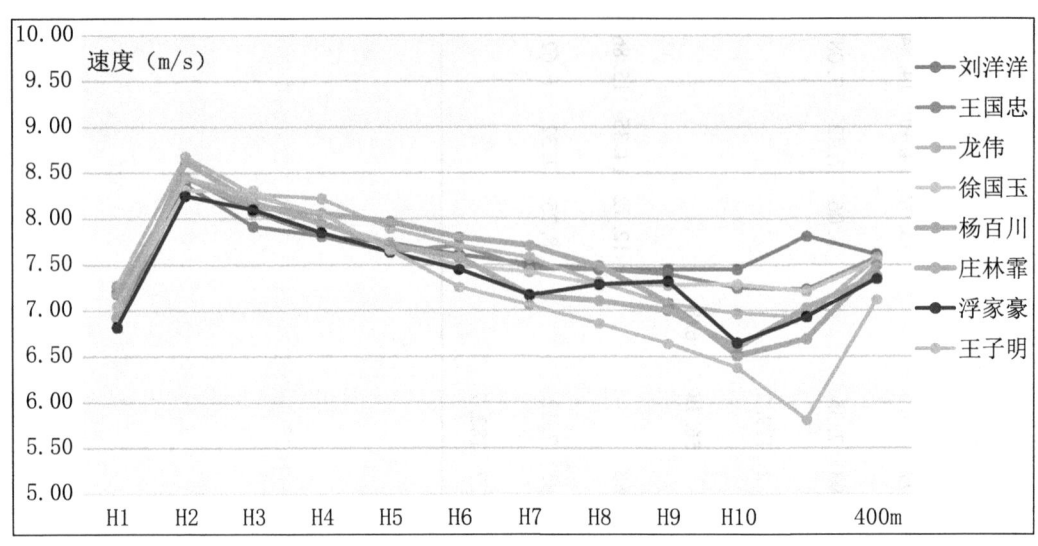

图 8-13 全国田径大奖赛（2）男子 400 米栏决赛分段速度折线图

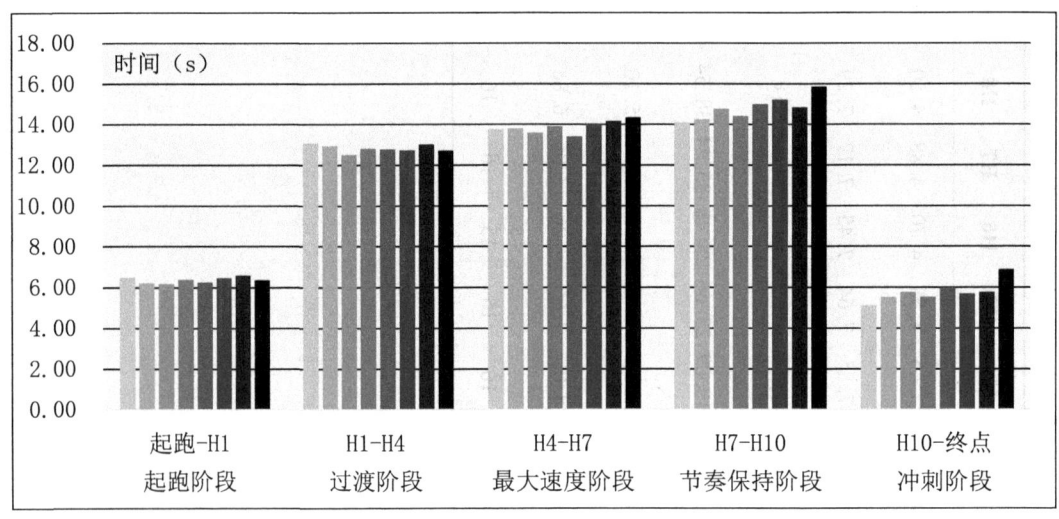

图 8-14 全国田径大奖赛（2）男子 400 米栏决赛分段时间柱状图

CHAPTER 09 | 第九章

2019年亚洲田径锦标赛

卡塔尔·多哈

比赛日期：2019 年 4 月 21—24 日
比赛地点：哈利法国际体育场

本章所有彩色图片请扫二维码

第一节 女子 100 米栏

一、比赛介绍

2019 年 4 月 21 日，第 23 届亚洲田径锦标赛在卡塔尔多哈的哈利法国际体育场开幕，在女子 100 米栏项目上，中国队派出陈佳敏和吴艳妮两位选手参赛。决赛中两位选手都有很好的发挥，陈佳敏以 13.24s 的成绩收获银牌，吴艳妮跑出 13.33s 的成绩获得第五名。冠军是来自日本的木村文子，成绩是 13.13s。另一位日本选手青木益未获得第三名。中国香港选手吕丽瑶跑出了 13.32s，创造了中国香港的纪录，最终排在第四位。亚洲田径锦标赛女子 100 米栏决赛的成绩信息如表 9-1 所示。

表 9-1 亚洲田径锦标赛女子 100 米栏决赛成绩

名次	道次	姓名	国家/地区	出生年份	成绩（s）	反应时（s）
1	9	木村文子	日本	1988	13.13	0.148
2	5	陈佳敏	中国	1996	13.24	0.150
3	6	青木益未	日本	1994	13.28	0.156
4	3	吕丽瑶	中国香港	1994	13.32	0.132
5	4	吴艳妮	中国	1997	13.33	0.152
6	7	谢海恩	中国台北	1994	13.37	0.146
7	2	郑慧琳	韩国	1987	13.50	0.136
8	8	艾格里姆	哈萨克斯坦	1992	14.50	0.132

注：风速 1.3 米/秒。

二、运动学参数

表 9-2 所示的是亚洲田径锦标赛女子 100 米栏决赛 8 位运动员的关键运动学参数数据，包括触地时间、栏间时间和栏间速度。图 9-1 所示的是每位运动员在各个分段的速度变化，图 9-2 所示的是每位运动员在各个分段的时间变化。

我国跨栏项目优秀运动员关键运动技术特征研究

表 9-2　亚洲田径锦标赛女子 100 米栏决赛数据统计表

运动员	反应时(s)		H1	H2	H3	H4	H5	H6	H7	H8	H9	H10	100m	道次/名次	H1-H4	H4-H7	H7-H10
木村文子	0.148	触地时间(s)	2.56	3.61	4.63	5.64	6.65	7.68	8.71	9.76	10.82	11.89	**13.13**	9/1			
		栏间时间(s)		1.05	1.02	1.01	1.01	1.03	1.03	1.05	1.06	1.07	1.24		3.08	3.07	3.18
		栏间速度(m/s)	5.08	8.10	8.33	8.42	8.42	8.25	8.25	8.10	7.94	7.94	8.47	7.62	8.28	8.31	8.02
陈佳敏	0.150	触地时间(s)	2.62	3.67	4.69	5.72	6.74	7.76	8.80	9.86	10.96	12.06	**13.24**	5/2			
		栏间时间(s)		1.05	1.02	1.03	1.02	1.02	1.04	1.06	1.10	1.10	1.18	**PB**	3.10	3.08	3.26
		栏间速度(m/s)	4.96	8.10	8.33	8.17	8.33	8.33	8.17	8.02	7.73	7.73	8.90	7.55	8.23	8.28	7.82
青木益未	0.156	触地时间(s)	2.63	3.69	4.73	5.77	6.79	7.82	8.87	9.94	11.00	12.10	**13.28**	6/3			
		栏间时间(s)		1.06	1.04	1.04	1.02	1.03	1.05	1.07	1.06	1.10	1.18		3.14	3.10	3.23
		栏间速度(m/s)	4.94	8.02	8.17	8.17	8.33	8.25	8.10	7.94	8.02	7.73	8.90	7.53	8.12	8.23	7.89
吕丽瑶	0.132	触地时间(s)	2.62	3.65	4.68	5.72	6.74	7.79	8.84	9.89	10.99	12.09	**13.32**	3/4			
		栏间时间(s)		1.03	1.03	1.04	1.02	1.05	1.05	1.05	1.10	1.10	1.23	**PB**	3.10	3.12	3.25
		栏间速度(m/s)	4.96	8.25	8.25	8.17	8.33	8.10	8.10	8.10	7.73	7.73	8.54	7.51	8.23	8.17	7.85

续表

运动员	反应时(s)		H1	H2	H3	H4	H5	H6	H7	H8	H9	H10	100m	道次/名次	H1-H4	H4-H7	H7-H10
吴艳妮	0.152	触地时间(s)	2.74	3.79	4.83	5.86	6.89	7.91	8.93	9.97	11.03	12.11	13.33	4/5			
		栏间时间(s)		1.05	1.04	1.03	1.03	1.02	1.02	1.04	1.06	1.08			3.12	3.07	3.18
		栏间速度(m/s)	4.74	8.10	8.17	8.25	8.25	8.33	8.33	8.17	8.02	7.87	7.50		8.17	8.31	8.02
谢海恩	0.146	触地时间(s)	2.64	3.68	4.74	5.78	6.81	7.86	8.89	9.96	11.02	12.13	13.37	7/6			
		栏间时间(s)		1.04	1.06	1.04	1.03	1.05	1.03	1.07	1.06	1.11	PB		3.14	3.11	3.24
		栏间速度(m/s)	4.92	8.17	8.02	8.17	8.25	8.10	8.25	7.94	8.02	7.66	7.48		8.12	8.20	7.87
郑慧琳	0.136	触地时间(s)	2.62	3.69	4.73	5.77	6.82	7.89	8.96	10.04	11.14	12.24	13.50	2/7			
		栏间时间(s)		1.07	1.04	1.04	1.05	1.07	1.07	1.08	1.10	1.10			3.15	3.19	3.28
		栏间速度(m/s)	4.96	7.94	8.17	8.17	8.10	7.94	7.94	7.87	7.73	7.73	7.41		8.10	7.99	7.77
艾格里姆	0.132	触地时间(s)	2.68	3.77	4.83	5.87	6.94	7.98	9.05	10.12	11.19	12.29	14.50	8/8			
		栏间时间(s)		1.09	1.06	1.04	1.07	1.04	1.07	1.07	1.07	1.10			3.19	3.18	3.24
		栏间速度(m/s)	4.85	7.80	8.02	8.17	7.94	8.17	7.94	7.94	7.94	7.73	7.41		7.99	8.02	7.87

注：PB 为个人最好成绩。

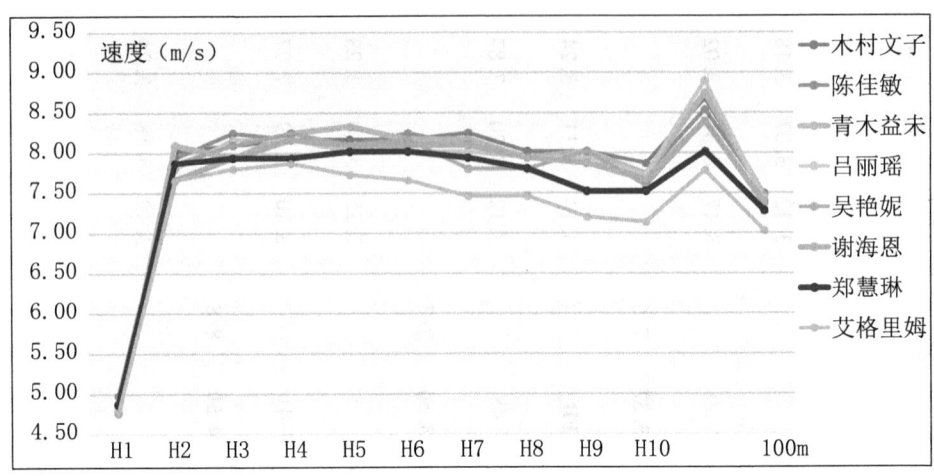

图 9-1 亚洲田径锦标赛女子 100 米栏决赛分段速度折线图

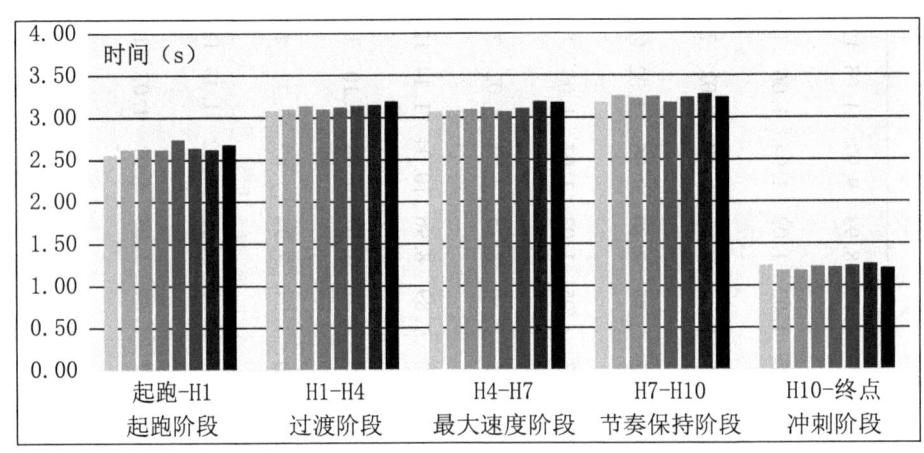

图 9-2 亚洲田径锦标赛女子 100 米栏决赛分段时间柱状图

三、重点运动员分析

表 9-3 所示的是我国跨栏运动员陈佳敏在 2019 年亚洲田径锦标赛女子 100 米栏决赛中的相关运动学参数数据。陈佳敏是来自河南的运动员，此前个人最好成绩是 13.26s，在该次比赛中发挥出色，以 13.24s 刷新个人最好成绩，收获了该届亚锦赛女子 100 米栏的亚军。图 9-3 所示的是陈佳敏在各个阶段的速度变化，以及对应的分段时间的变化特征。

表 9-4 所示的是我国跨栏运动员吴艳妮在 2019 年亚洲田径锦标赛女子 100 米栏决赛中的相关运动学参数数据。吴艳妮是来自四川的运动员，本次比赛跑出 13.33s 是她个人赛季的最好成绩，她收获了该届亚锦赛女子 100 米栏的第五名。图 9-4 所示的是吴艳妮在各个阶段的速度变化，以及对应的分段时间的变化特征。

表9-3 陈佳敏亚洲田径锦标赛女子100米栏决赛个人数据统计表

运动员	成绩(s)	道次/名次	平均栏间用时(s)	最小栏间用时(s)	最大栏间用时(s)	反应时(s)	起跑上栏步数(步)	起跑-H1(s)	H1-H4(s)	H4-H7(s)	H7-H10(s)	H10-终点(s)
陈佳敏	13.24	5/2	1.05	1.02	1.10	0.150	8	2.62	3.10	3.08	3.26	1.18

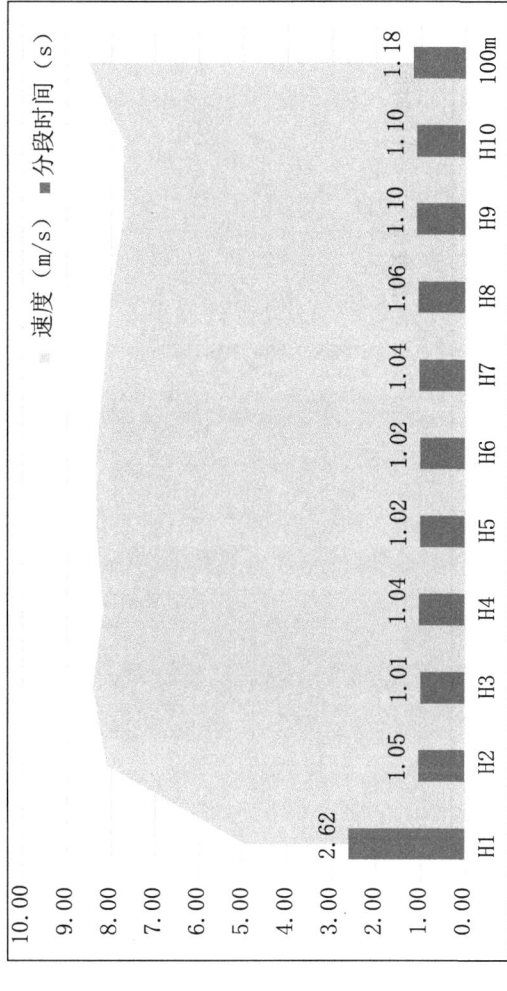

图9-3 陈佳敏亚洲田径锦标赛女子100米栏决赛分段速度与时间变化图

表9-4 吴艳妮亚洲田径锦标赛女子100米栏决赛个人数据统计表

运动员	成绩(s)	道次/名次	平均栏间用时(s)	最小栏间用时(s)	最大栏间用时(s)	反应时(s)	起跑上栏步数(步)	起跑-H1(s)	H1-H4(s)	H4-H7(s)	H7-H10(s)	H10-终点(s)
吴艳妮	13.33	4/5	1.04	1.02	1.08	0.152	8	2.74	3.12	3.07	3.18	1.22

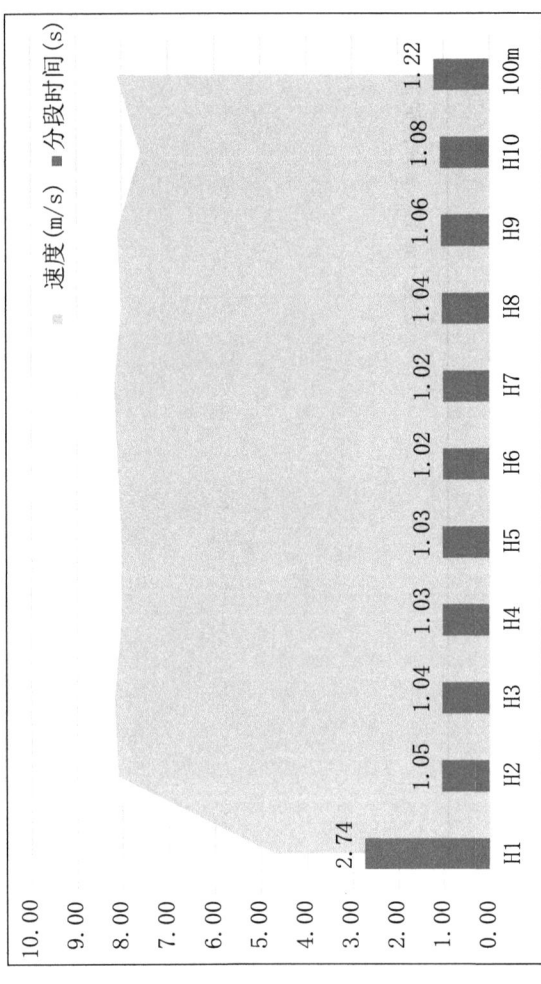

图9-4 吴艳妮亚洲田径锦标赛女子100米栏决赛分段速度与时间变化图

第二节 男子110米栏

一、比赛介绍

亚洲田径锦标赛男子110米栏的比赛可谓是强手如林，决赛中共4位选手创造了新的个人最好成绩。本次比赛，中国队派出了谢文骏和曾建航两位运动员参赛，最终谢文骏表现出色，不仅以13.21s的成绩夺冠，还打破了由中国名将刘翔保持的13.22s的赛会纪录。另一位中国选手曾建航在最后一个栏出现严重失误，最后仅以13.85s的成绩第七名完赛。阿联酋选手阿尔尤哈和中国台北选手陈奎儒分别以13.35s和13.39s的成绩获二、三名，两个人也都跑出了个人最好成绩。亚洲田径锦标赛男子110米栏决赛的成绩信息如表9-5所示。

表9-5 亚洲田径锦标赛男子110米栏决赛成绩

名次	道次	姓名	国家/地区	出生年份	成绩（s）	反应时（s）
1	7	谢文俊	中国	1990	13.21	0.151
2	6	阿尔尤哈	阿联酋	1993	13.35	0.120
3	5	陈奎儒	中国台北	1993	13.39	0.137
4	4	高山舜也	日本	1994	13.59	0.145
5	9	金井泰奥	日本	1995	13.64	0.138
6	3	埃菲莫夫	哈萨克斯坦	1999	13.83	0.168
7	2	曾建航	中国	1998	13.85	0.152
8	8	梅政扬	中国香港	1993	13.96	0.151

注：风速1.7米/秒。

二、运动学参数

表9-6所示的是亚洲田径锦标赛男子110米栏决赛8位运动员的关键运动学参数数据，包括触地时间、栏间时间和栏间速度。图9-5所示的是每位运动员在各个分段的速度变化，图9-6所示的是每位运动员在各个分段的时间变化。

表 9-6 亚洲田径锦标赛男子 110 米栏决赛数据统计表

运动员	反应时(s)		H1	H2	H3	H4	H5	H6	H7	H8	H9	H10	100m 道次/名次	H1-H4	H4-H7	H7-H10
谢文俊	0.151	触地时间(s)	2.55	3.58	4.63	5.63	6.64	7.65	8.65	9.67	10.72	11.79	13.21			
		栏间时间(s)		1.03	1.05	1.00	1.01	1.01	1.00	1.02	1.05	1.07	**PB**	3.08	3.07	3.18
		栏间速度(m/s)	5.38	8.87	8.70	9.14	9.05	9.05	9.14	8.96	8.70	8.54	1.42	8.28	8.31	8.02
													8.33			
阿尔尤哈	0.120	触地时间(s)	2.51	3.56	4.58	5.60	6.62	7.64	8.69	9.74	10.82	11.91	13.35			
		栏间时间(s)		1.05	1.02	1.02	1.02	1.02	1.05	1.05	1.08	1.09	**PB**	3.10	3.08	3.26
		栏间速度(m/s)	5.47	8.70	8.96	8.96	8.96	8.96	8.70	8.70	8.46	8.39	1.44	8.23	8.28	7.82
													8.24			
陈奎儒	0.137	触地时间(s)	2.53	3.58	4.60	5.63	6.65	7.69	8.74	9.79	10.84	11.94	13.39			
		栏间时间(s)		1.05	1.02	1.03	1.02	1.04	1.05	1.05	1.05	1.10	**PB**	3.14	3.10	3.23
		栏间速度(m/s)	5.42	8.70	8.96	8.87	8.96	8.79	8.70	8.70	8.70	8.31	1.45	8.12	8.23	7.89
													9.67			
高山舜也	0.145	触地时间(s)	2.57	3.59	4.65	5.69	6.75	7.82	8.89	9.98	11.08	12.16	13.59			
		栏间时间(s)		1.02	1.06	1.04	1.06	1.07	1.07	1.09	1.10	1.08		3.10	3.12	3.25
		栏间速度(m/s)	5.34	8.96	8.62	8.79	8.62	8.54	8.54	8.39	8.31	8.46	1.43	8.23	8.17	7.85
													9.80			
													8.09			

续表

运动员	反应时(s)		H1	H2	H3	H4	H5	H6	H7	H8	H9	H10	100m	道次/名次	H1-H4	H4-H7	H7-H10
金井奎奥	0.138	触地时间(s)	2.58	3.64	4.70	5.73	6.80	7.87	8.94	10.02	11.11	12.21	13.64	9/5			
		栏间时间(s)		1.06	1.06	1.03	1.07	1.07	1.07	1.08	1.09	1.10	1.43		3.12	3.07	3.18
		栏间速度(m/s)	5.32	8.62	8.62	8.87	8.54	8.54	8.54	8.46	8.39	8.31	9.80		8.17	8.31	8.02
埃菲莫夫	0.168	触地时间(s)	2.65	3.72	4.76	5.81	6.82	7.89	8.96	10.03	11.13	12.25	13.83	3/6			
		栏间时间(s)		1.07	1.04	1.05	1.01	1.07	1.07	1.07	1.10	1.12	1.58	PB	3.14	3.11	3.24
		栏间速度(m/s)	5.18	8.54	8.79	8.70	9.05	8.54	8.54	8.54	8.31	8.16	8.87	7.95	8.12	8.20	7.87
曾建航	0.152	触地时间(s)	2.59	3.63	4.67	5.72	6.75	7.81	8.85	9.92	11.03	12.03	13.85	2/7			
		栏间时间(s)		1.04	1.04	1.05	1.03	1.06	1.04	1.07	1.11	1.00	1.82		3.15	3.19	3.28
		栏间速度(m/s)	5.30	8.79	8.79	8.70	8.87	8.62	8.79	8.54	8.23	9.14	7.70	7.94	8.10	7.99	7.77
梅政扬	0.151	触地时间(s)	2.63	3.71	4.78	5.84	6.92	7.97	9.10	10.22	11.36	12.51	13.96	8/8			
		栏间时间(s)		1.08	1.07	1.06	1.08	1.05	1.13	1.12	1.14	1.15	1.45		3.19	3.18	3.24
		栏间速度(m/s)	5.22	8.46	8.54	8.62	8.46	8.70	8.09	8.16	8.02	7.95	9.67	7.88	7.99	8.02	7.87

注：PB 为个人最好成绩。

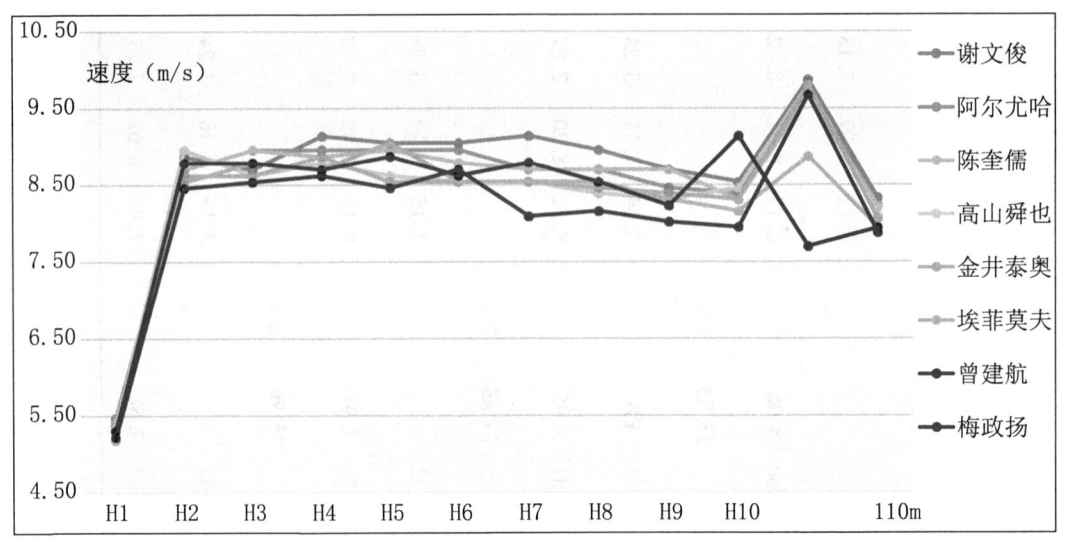

图 9-5　亚洲田径锦标赛男子 110 米栏决赛分段速度折线图

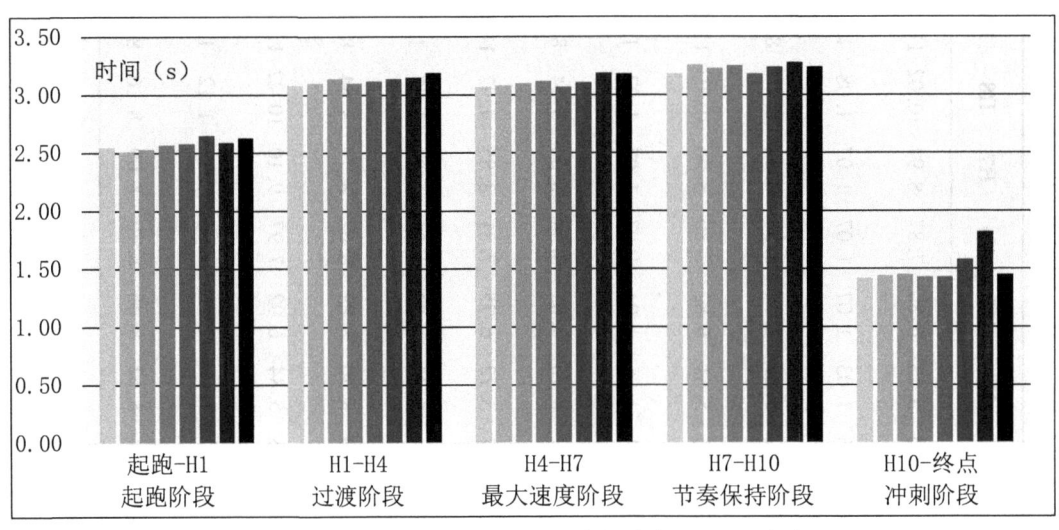

图 9-6　亚洲田径锦标赛男子 110 米栏决赛分段时间柱状图

三、重点运动员分析

表 9-7 所示的是我国跨栏运动员谢文骏在 2019 年亚洲田径锦标赛男子 110 米栏决赛中的相关运动学参数数据。来自上海的谢文骏是目前我国男子 110 米栏的领军人物，肩负着继承中国男子 110 米栏项目光辉历史的使命。在该场比赛中他发挥非常出色，13.21s 的成绩不仅收获了该届亚锦赛男子 110 米栏的冠军，更是打破了由刘翔在 2011 年创下的 13.22s 的赛会纪录。图 9-7 所示的是谢文骏各个阶段速度的变化，以及对应的分段时间的变化特征。

表 9-8 所示的是我国跨栏运动员曾建航在 2019 年亚洲田径锦标赛男子 110 米栏决赛中的相关运动学参数数据。1998 年出生的曾建航一直以来被寄予厚望，该赛季初他的表现也非常出色，获得了室内 60 米栏的全国冠军。但是他的状态不稳定，本赛季第一站室外赛他就出现了在比赛后半段"打栏"失误而丢掉大好领先优势。该场比赛他一度在比赛中处于前三名的优势，但是在最后一个栏再次出现严重失误，最后以 13.85s 的成绩完赛，名次也下滑到第七名。图 9-8 所示的是曾建航在各个阶段的速度变化，以及对应的分段时间的变化特征。

表9-7 谢文骏亚洲田径锦标赛男子110米栏决赛个人数据统计表

运动员	成绩(s)	道次/名次	平均栏间用时(s)	最小栏间用时(s)	最大栏间用时(s)	反应时(s)	起跑上栏步数(步)	起跑-H1(s)	H1-H4(s)	H4-H7(s)	H7-H10(s)	H10-终点(s)
谢文骏	13.21	7/1	1.03	1.00	1.07	0.151	7	2.55	3.08	3.02	3.14	1.42

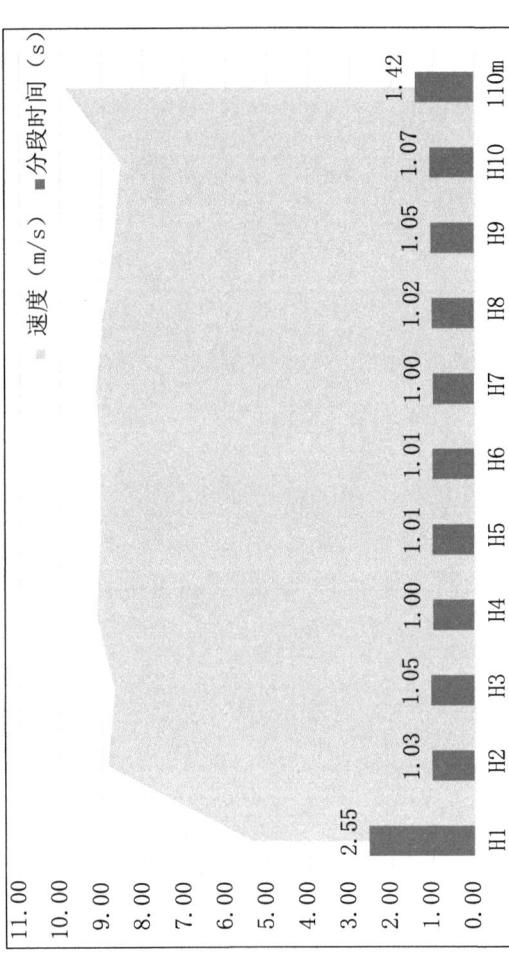

图9-7 谢文骏亚洲田径锦标赛男子110米栏决赛分段速度与时间变化图

表9-8 曾建航亚洲田径锦标赛男子110米栏决赛个人数据统计表

运动员	成绩(s)	道次/名次	平均栏间用时(s)	最小栏间用时(s)	最大栏间用时(s)	反应时(s)	起跑上栏步数(步)	起跑-H1(s)	H1-H4(s)	H4-H7(s)	H7-H10(s)	H10-终点(s)
曾建航	13.85	2/7	1.05	1.03	1.11	0.152	8	2.59	3.13	3.13	3.18	1.82

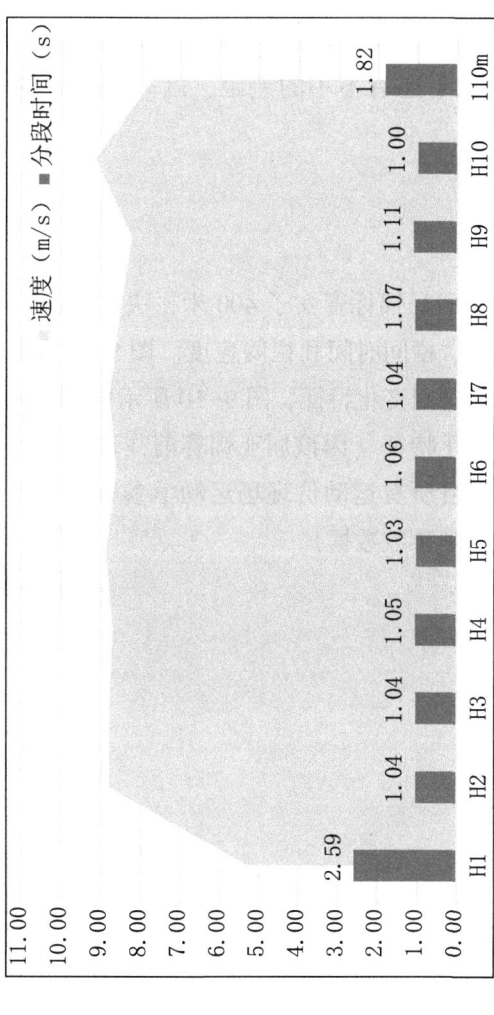

图9-8 曾建航亚洲田径锦标赛男子110米栏决赛分段速度与时间变化图

第三节 女子 400 米栏

一、比赛介绍

在亚洲田径锦标赛女子 400 米栏项目上我国两位选手都进入了决赛，最终黄妍以 58.29s 获得第七名，莫家蝶以 59.20s 的成绩获得第八名。在女子 400 米栏项目上我国选手水平与亚洲的顶尖水平还有不小的差距，冠军被来自越南的郭氏兰获得，成绩为 56.10s。

二、运动学参数

表 9-9 所示的是亚洲田径锦标赛女子 400 米栏决赛我国两位运动员的关键运动学参数数据，包括触地时间、栏间时间和栏间速度。图 9-9 所示的是女子 400 米栏决赛第七名黄妍的分段速度与时间变化特征，图 9-10 所示的是女子 400 米栏决赛第八名莫家蝶的分段速度与时间变化特征（因该届亚锦赛前往多哈进行现场调研的科研人员较少，无法满足 400 米栏项目所有运动员现场运动学参数的采集与解析，只重点采集和解析了中国运动员的运动学参数数据）。

表9-9 亚洲田径锦标赛女子400米栏决赛我国运动员数据统计表

运动员	反应时(s)		H1	H2	H3	H4	H5	H6	H7	H8	H9	H10	400m	道次/名次	H1-H4	H4-H7	H7-H10
黄妍	0.194	触地时间(s)	6.80	11.33	16.01	20.73	25.61	30.72	36.00	41.27	46.64	52.06	58.29	8/7			
		栏间时间(s)		4.53	4.68	4.72	4.88	5.11	5.28	5.27	5.37	5.42	6.23		13.93	15.27	16.06
		栏间速度(m/s)	6.62	7.73	7.48	7.42	7.17	6.85	6.63	6.64	6.52	6.46	6.42	6.86		7.54	6.88	6.54
		步数	24	17	17	17	17	18	18	18	18	18	22	204				
	H1左腿攻栏																	
莫家蝶	0.181	触地时间(s)	6.89	11.39	15.96	20.72	25.55	30.53	35.68	41.04	46.78	52.56	59.20	9/8			
		栏间时间(s)		4.50	4.57	4.76	4.83	4.98	5.15	5.36	5.74	5.78	6.64		13.83	14.96	16.88
		栏间速度(m/s)	6.53	7.78	7.66	7.35	7.25	7.03	6.80	6.53	6.10	6.06	6.02	6.76		7.59	7.02	6.22
		步数	24	16	16	16	16	17	17	18	18	18	21.5	197.5				
	H1左腿攻栏																	

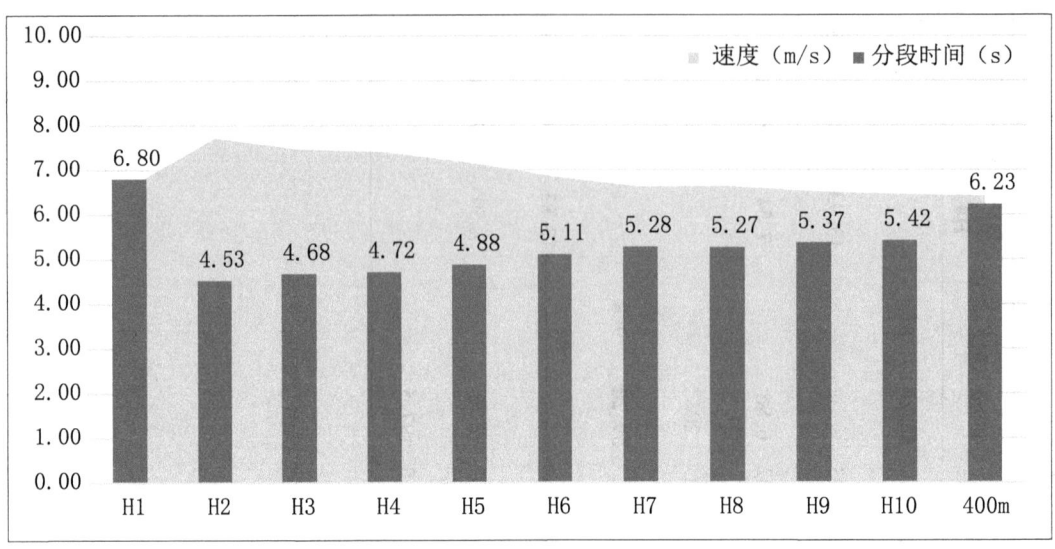

图 9-9 黄妍亚洲田径锦标赛女子 400 米栏决赛分段速度与时间变化图

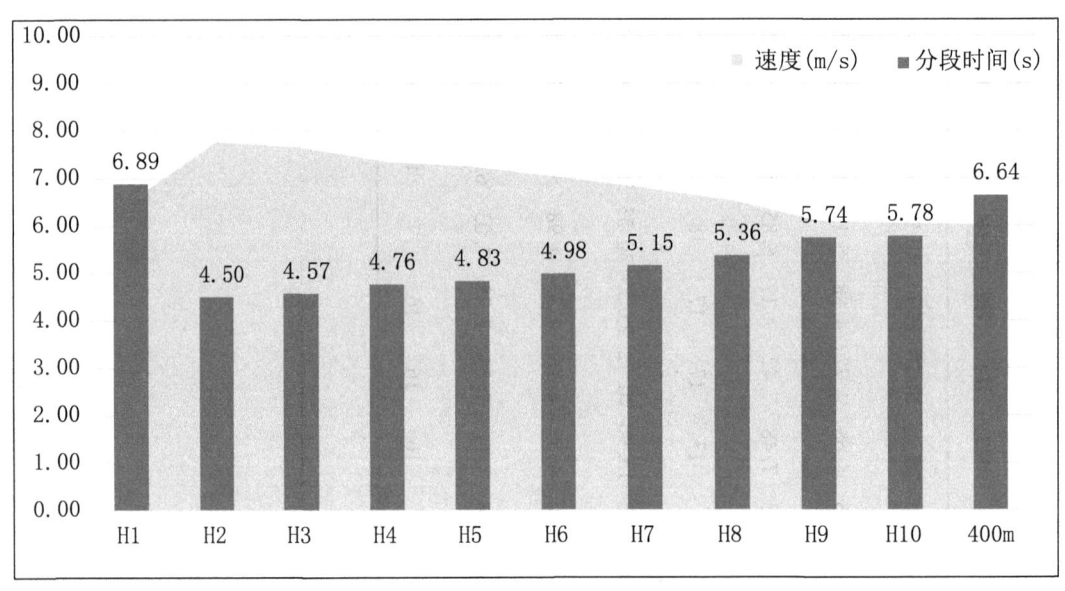

图 9-10 莫家蝶亚洲田径锦标赛女子 400 米栏决赛分段速度与时间变化图

第四节 男子 400 米栏

一、比赛介绍

在亚洲田径锦标赛男子 400 米栏项目中,我国没有运动员能够进入决赛,代表我国在这个项目上参赛的是冯志强和龚德滨。冯志强在预赛中跑了50.71s，龚德滨跑了50.96s，两人都未能晋级决赛。决赛中卡塔尔名将萨姆巴以47.51s夺冠，中国台北队的陈杰跑出48.92s获得亚军。在男子400米栏项目上，已有亚洲选手具备代表世界顶尖水平的实力，但我国在这个项目上的发展比较缓慢，目前在亚洲范围内的竞争力已明显不足。

二、运动学参数

表9-10所示的是参加亚洲田径锦标赛男子400米栏项目的我国两位运动员在预赛中的关键运动学参数数据，包括触地时间、栏间时间和栏间速度。图9-11所示的是我国选手冯志强在男子400米栏预赛的分段速度与时间变化特征，图9-12所示的是我国选手龚德滨在男子400米栏预赛的分段速度与时间变化特征（因本届亚锦赛前往多哈进行现场调研的科研人员较少，无法满足400米栏项目所有运动员现场运动学参数的采集与解析，只重点采集和解析了中国运动员的运动学数据）。

表 9-110 亚洲田径锦标赛男子 400 米栏预赛我国运动员数据统计表

运动员	反应时 (s)		H1	H2	H3	H4	H5	H6	H7	H8	H9	H10	400m	道次/名次	H1-H4	H4-H7	H7-H10
冯志强	0.199	触地时间 (s)	5.99	9.91	13.83	17.88	22.10	26.51	31.09	35.68	40.36	45.15	**50.71**	7/6			
		栏间时间 (s)		3.92	3.92	4.05	4.22	4.41	4.58	4.59	4.68	4.79					
		栏间速度 (m/s)		8.93	8.93	8.64	8.29	7.94	7.64	7.63	7.48	7.31					
		栏间速度 (m/s)	7.51														
													5.56		11.89	13.21	14.06
	H1左腿攻栏	步数	20	13	13	13	13	13	14	14	15	15	17.5	160.5	8.83	7.95	7.47
龚德滨	0.182	触地时间 (s)	5.96	9.81	13.63	17.68	21.81	26.19	30.81	35.55	40.27	45.12	**50.96**	1/4			
		栏间时间 (s)		3.85	3.82	4.05	4.13	4.38	4.62	4.74	4.72	4.85			11.72	13.13	14.31
		栏间时间 (s)		9.09	9.16	8.64	8.47	7.99	7.58	7.38	7.42	7.22	6.85	7.85	8.96	8.00	7.34
		栏间速度 (m/s)	7.55										18.7	170.7			
	H1左腿攻栏	步数	21	14	14	14	14	15	15	15	15	15					

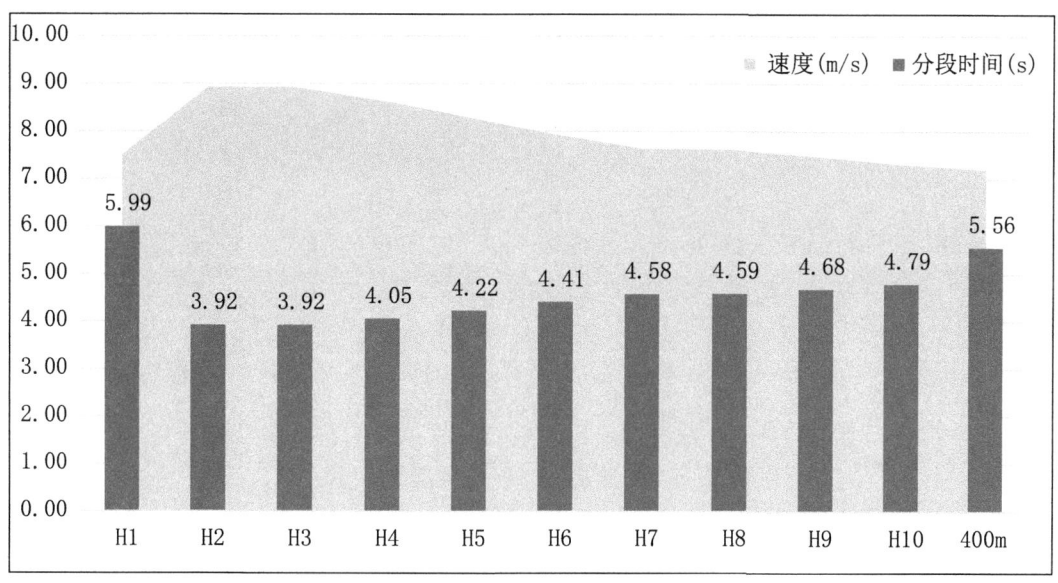

图 9-11 冯志强亚洲田径锦标赛男子 400 米栏预赛分段速度与时间变化图

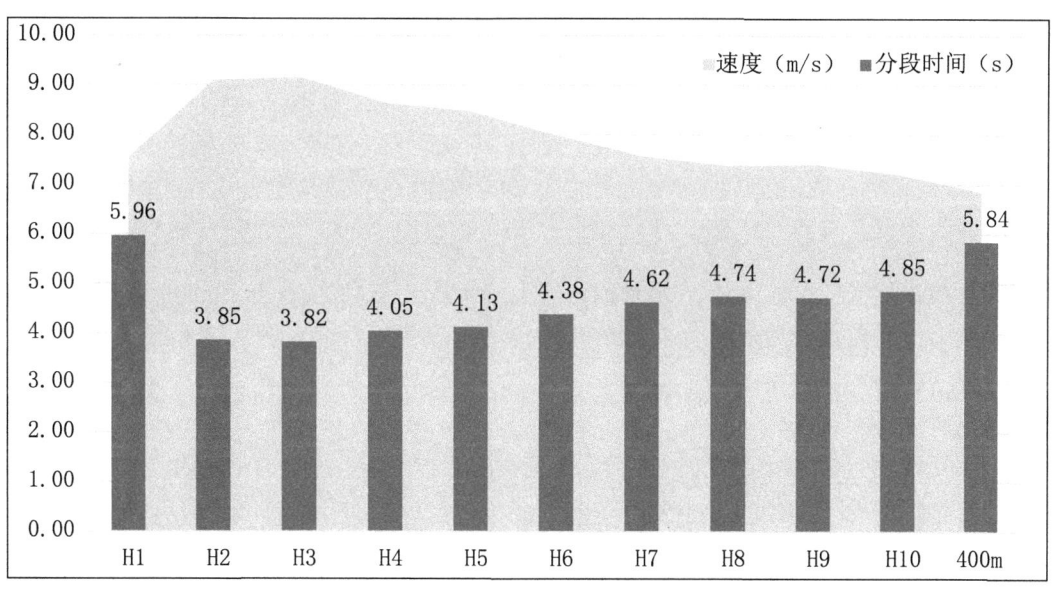

图 9-12 龚德滨亚洲田径锦标赛男子 400 米栏预赛分段速度与时间变化图

CHAPTER 10　第十章

国际田联钻石联赛上海站

比赛日期：2019 年 5 月 18 日
比赛地点：上海体育场

本章所有彩色图片请扫二维码

第一节 男子110米栏

一、比赛介绍

国际田联钻石联赛已连续多年在上海设有分站,其中最受人瞩目的当属男子110米栏的比赛。上海站的男子110米栏项目几乎每年都会吸引国内外多位好手参加。最可喜的是我国选手谢文骏在该站跑出了13.17s的个人最好成绩,这个成绩使谢文骏成为中国男子110米栏历史上第二快的运动员!但13.17s的成绩并不足以在该站夺冠,牙买加名将麦克劳德跑出了13.12s勇夺本站冠军,谢文骏获得第二名。以中立选手身份参加的名将舒本科夫以13.28s获得第三名,另一位中国选手曾建航跑出13.71s最终列第九名。该站比赛男子110米栏项目的竞争相当激烈,前七名运动员都跑出了个人赛季最好成绩,最终的详细成绩信息如表10-1所示。

表10-1 国际田联钻石联赛上海站男子110米栏成绩

名次	道次	姓名	国家	出生年份	成绩（s）	反应时（s）
1	4	麦克劳德	牙买加	1994	13.12	0.149
2	3	谢文骏	中国	1990	13.17	0.146
3	5	舒本科夫	中立	1990	13.28	0.126
4	6	奥特加	西班牙	1991	13.28	0.154
5	8	克里滕登	美国	1994	13.36	0.151
6	7	波齐	英国	1992	13.39	0.133
7	9	特拉伊科维奇	塞浦路斯	1992	13.41	0.145
8	2	阿尔卡纳	南非	1990	13.47	0.132
9	1	曾建航	中国	1998	13.71	0.154

注：风速0.7米/秒。

二、运动学参数

表10-2所示的是国际田联钻石联赛上海站男子110米栏决赛9位运动员的关键运动学参数数据,包括触地时间、栏间时间和栏间速度。图10-1所示的是每位运动员在各个分段的速度变化,图10-2所示的是每位运动员在各个分段的时间变化。

表 10-2　国际田联钻石联赛上海站男子 110 米栏数据统计表

运动员	反应时(s)		H1	H2	H3	H4	H5	H6	H7	H8	H9	H10	100m	道次/名次	H1-H4	H4-H7	H7-H10
麦克劳德	0.149	触地时间(s)	2.52	3.56	4.58	5.56	6.56	7.58	8.60	9.62	10.68	11.76	**13.12**	4/1			
		栏间时间(s)		1.04	1.02	0.98	1.00	1.02	1.02	1.02	1.06	1.08	1.47				
		栏间速度(m/s)	5.44	8.79	8.96	9.33	9.14	8.96	8.96	8.96	8.62	8.46	9.54 8.31		3.04	3.04	3.16
谢文骏	0.146	触地时间(s)	2.58	3.62	4.62	5.64	6.62	7.64	8.64	9.68	10.70	11.78	**13.17**	3/2			
		栏间时间(s)		1.04	1.00	1.02	0.98	1.02	1.00	1.04	1.02	1.08	1.39				
		栏间速度(m/s)	5.32	8.79	9.14	8.96	9.33	8.96	9.14	8.79	8.96	8.46	10.09 8.35	PB	3.06	3.00	3.14
舒本科夫	0.126	触地时间(s)	2.60	3.66	4.68	5.66	6.66	7.68	8.74	9.76	10.82	11.90	**13.28**	5/3			
		栏间时间(s)		1.06	1.02	0.98	1.00	1.02	1.06	1.02	1.06	1.08	1.38				
		栏间速度(m/s)	5.28	8.62	8.96	9.33	9.14	8.96	8.62	8.96	8.62	8.46	10.16 8.28		3.06	3.08	3.16
奥特加	0.154	触地时间(s)	2.58	3.62	4.64	5.64	6.66	7.68	8.70	9.74	10.80	11.86	**13.28**	6/4			
		栏间时间(s)		1.04	1.02	1.00	1.02	1.02	1.02	1.04	1.06	1.06	1.42				
		栏间速度(m/s)	5.32	8.79	8.96	9.14	8.96	8.96	8.96	8.79	8.62	8.62	9.87 8.28		3.06	2.96	3.16

续表

运动员	反应时(s)		H1	H2	H3	H4	H5	H6	H7	H8	H9	H10	100m	道次/名次	H1-H4	H4-H7	H7-H10
克里滕登	0.151	触地时间(s)	2.58	3.64	4.68	5.70	6.72	7.76	8.78	9.82	10.86	11.94	13.36	8/5			
		栏间时间(s)		1.06	1.04	1.02	1.02	1.04	1.02	1.04	1.04	1.08	1.42		3.12	3.08	3.16
		栏间速度(m/s)	5.32	8.62	8.79	8.96	8.96	8.79	8.96	8.79	8.79	8.46	9.87		8.79	8.90	8.68
波齐	0.133	触地时间(s)	2.52	3.58	4.58	5.62	6.62	7.66	8.70	9.74	10.82	11.92	13.39	7/6			
		栏间时间(s)		1.06	1.00	1.04	1.00	1.04	1.04	1.04	1.08	1.10	1.47		3.10	3.08	3.22
		栏间速度(m/s)	5.44	8.62	9.14	8.79	9.14	8.79	8.79	8.79	8.46	8.31	9.54		8.85	8.90	8.52
特拉伊科维奇	0.145	触地时间(s)	2.60	3.68	4.70	5.70	6.72	7.74	8.76	9.80	10.84	11.94	13.41	9/7			
		栏间时间(s)		1.08	1.02	1.00	1.02	1.02	1.02	1.04	1.04	1.10	1.47		3.10	3.06	3.18
		栏间速度(m/s)	5.28	8.46	8.96	9.14	8.96	8.96	8.96	8.79	8.79	8.31	9.54		8.85	8.96	8.62
阿尔卡纳	0.132	触地时间(s)	2.54	3.60	4.68	5.72	6.76	7.78	8.82	9.86	10.92	12.02	13.47	2/8			
		栏间时间(s)		1.06	1.08	1.04	1.04	1.02	1.04	1.04	1.06	1.10	1.45		3.18	3.10	3.20
		栏间速度(m/s)	5.40	8.62	8.46	8.79	8.79	8.96	8.79	8.79	8.62	8.31	9.67		8.62	8.85	8.57
曾建航		触地时间(s)	2.58	3.68	4.72	5.78	6.82	7.88	8.96	10.02	11.12	12.24	13.71	1/9			

续表

运动员	反应时(s)		H1	H2	H3	H4	H5	H6	H7	H8	H9	H10	100m 道次/名次	H1–H4	H4–H7	H7–H10
	0.154	栏间时间(s)		1.10	1.04	1.06	1.04	1.06	1.08	1.06	1.10	1.12	1.47	3.20	3.18	3.28
		栏间速度(m/s)	5.32	8.31	8.79	8.62	8.79	8.62	8.46	8.62	8.31	8.16	9.54 8.02	8.57	8.62	8.36

注：PB 为个人最好成绩。

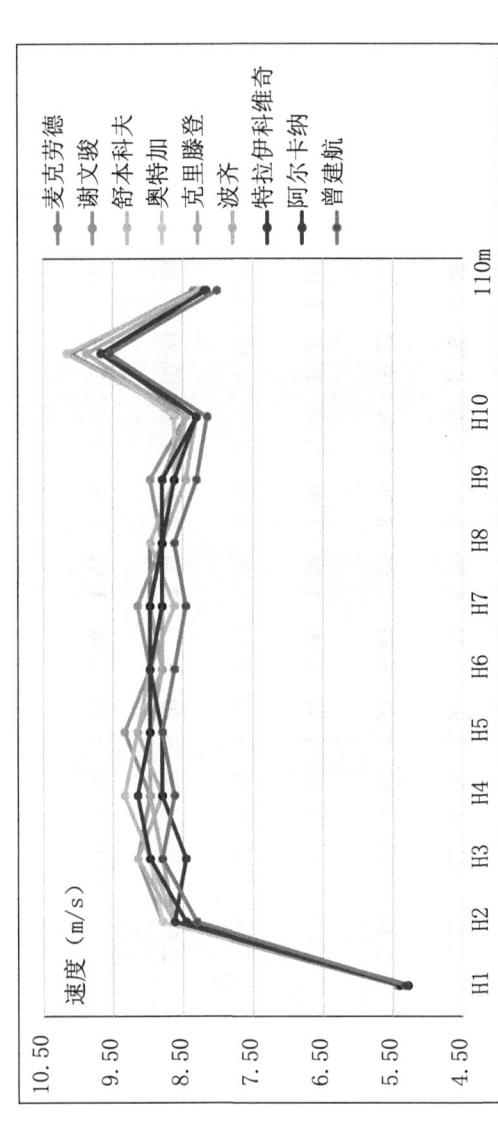

图10-1 国际田联钻石联赛上海站男子110米栏分段速度折线图

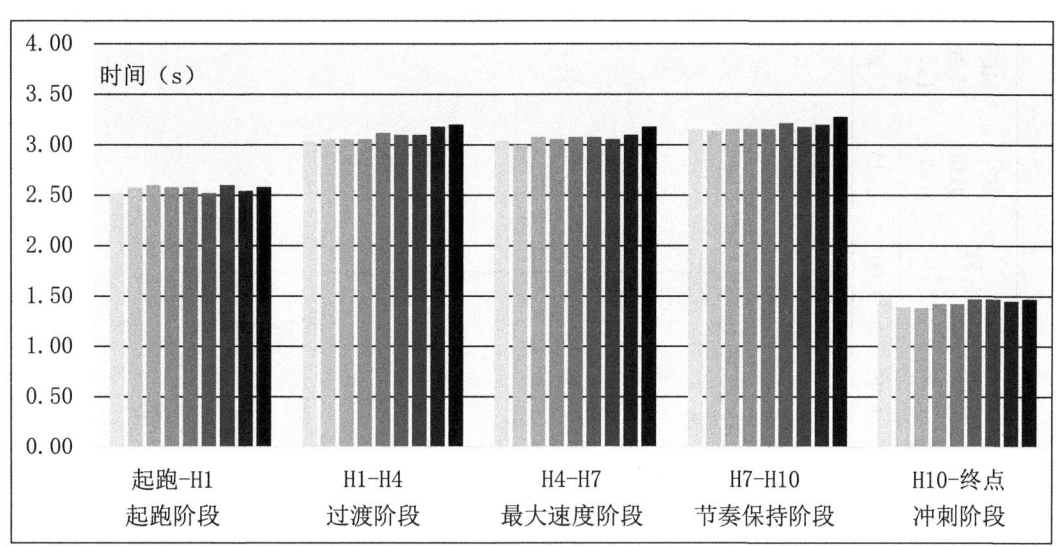

图 10-2 国际田联钻石联赛上海站男子 110 米栏分段时间柱状图

三、重点运动员分析

表 10-3 所示的是我国跨栏运动员谢文骏在 2019 年国际田联钻石联赛上海站男子 110 米栏比赛中的相关运动学参数数据。该场比赛谢文骏展现出了良好的竞技状态，最终以 13.17s 的成绩收获了亚军。图 10-3 所示的是谢文骏各个阶段速度的变化，以及对应的分段时间的变化特征。

表 10-4 所示的是我国跨栏运动员曾建航在国际田联钻石联赛上海站男子 110 米栏决赛中的相关运动学参数数据。该场比赛他的状态依旧不算好，较他之前最好的水平还有所差距，13.71s 的成绩也是参赛的 9 位运动员中最慢的一个，他需要尽快找到自己舒服的比赛方式。图 10-4 所示的是曾建航在各个阶段的速度变化，以及对应的分段时间的变化特征。

表10-3 谢文骏国际田联钻石联赛上海站男子110米栏数据统计表

运动员	成绩(s)	道次/名次	平均栏间用时(s)	最小栏间用时(s)	最大栏间用时(s)	反应时(s)	起跑上栏步数(步)	起跑-H1(s)	H1-H4(s)	H4-H7(s)	H7-H10(s)	H10-终点(s)
谢文骏	13.17	3/2	1.02	0.98	1.08	0.145	7	2.58	3.06	3.00	3.14	1.39

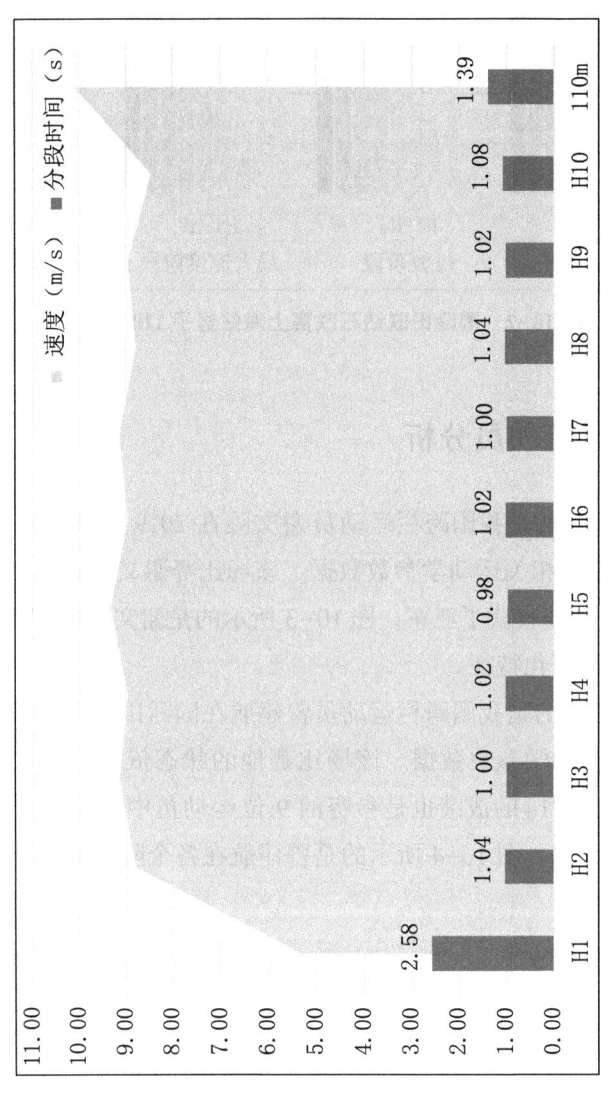

图10-3 谢文骏国际田联钻石联赛上海站男子110米栏分段速度与时间变化图

表 10-4 曾建航国际田联钻石联赛上海站男子 110 米栏数据统计表

运动员	成绩 (s)	道次/名次	平均栏间用时 (s)	最小栏间用时 (s)	最大栏间用时 (s)	反应时 (s)	起跑上栏步数 (步)	起跑−H1 (s)	H1−H4 (s)	H4−H7 (s)	H7−H10 (s)	H10−终点 (s)
曾建航	13.71	1/9	1.07	1.04	1.12	0.154	8	2.58	3.20	3.18	3.28	1.47

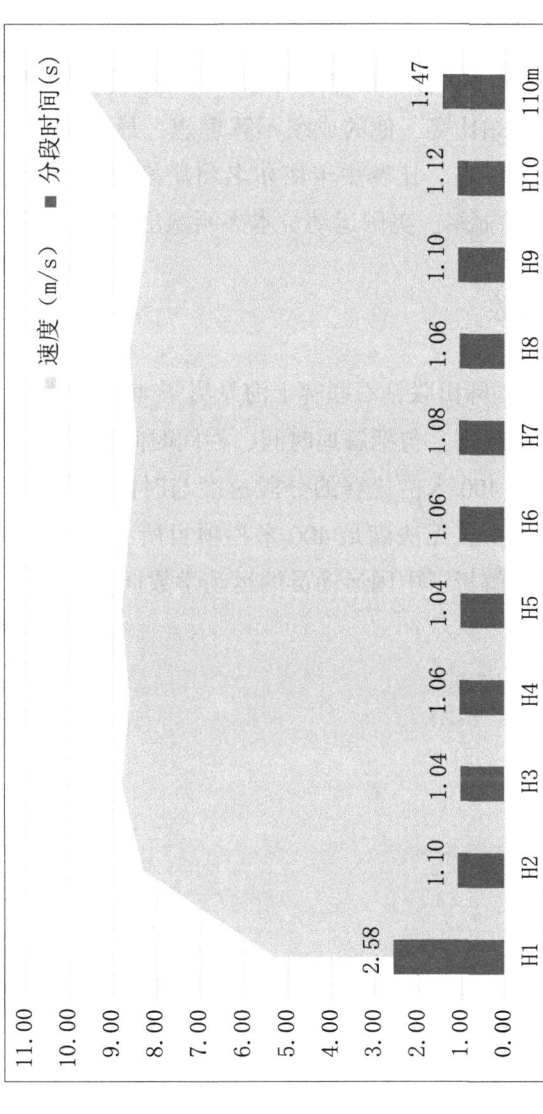

图10-4 曾建航国际田联钻石联赛上海站男子110米栏分段速度与时间变化图

第二节 男子400米栏

一、比赛介绍

国际田联钻石联赛上海站的跨栏项目中还设有男子400米栏，受邀参赛的运动员水平也很高，包括2019年状态最好的两位选手卡塔尔的萨姆巴和美国的本杰明。我国选手冯志强也参加了该站比赛，他的成绩不算理想，最终是以52.11s的成绩完赛，位列8名运动员中的最后一名。比赛中卡塔尔名将萨姆巴继续着他2019年强势的表现，最终以47.27s获得该站冠军，美国运动员本杰明跑出47.80s获得亚军。

二、运动学参数

表10-5所示的是国际田联钻石联赛上海站男子400米栏项目中我国参赛运动员冯志强的关键运动学参数数据，包括触地时间、栏间时间和栏间速度。图10-5所示的是我国选手冯志强在男子400米栏比赛的分段速度与时间变化特征（因为本场比赛参与现场调研的科研人员较少，无法满足400米栏项目所有运动员现场运动学参数的采集与解析，只重点采集和解析了中国运动员的运动学数据）。

表 10-5 冯志强国际田联钻石联赛上海站男子 400 米栏数据统计表

运动员	反应时 (s)		H1	H2	H3	H4	H5	H6	H7	H8	H9	H10	400m	道次/名次	H1-H4	H4-H7	H7-H10
冯志强	0.195	触地时间 (s)	6.20	10.12	14.19	18.29	22.63	27.19	31.93	36.70	41.70	46.63	52.11	2/8			
		栏间时间 (s)		3.92	4.07	4.10	4.34	4.56	4.74	4.77	5.00	4.93	5.48		12.09	13.64	14.70
		栏间速度 (m/s)	7.26	8.93	8.60	8.54	8.06	7.68	7.38	7.34	7.00	7.10	7.30		8.68	7.70	7.14
		步数	21	13	13	13	13	13	14	14	15	15	17	161			
H1 左腿攻栏																	

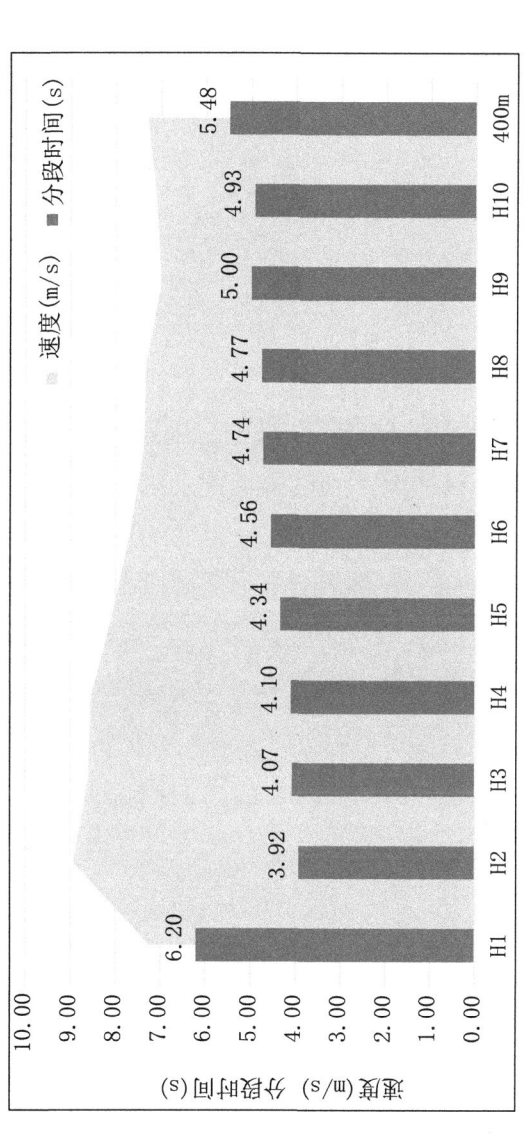

图 10-5 冯志强国际田联钻石联赛上海站男子 400 米栏分段速度与时间变化

CHAPTER 11 第十一章

国际田联世界挑战赛南京站

比赛日期：2019 年 5 月 21 日
比赛地点：南京奥林匹克体育中心体育场

本章所有彩色图片请扫二维码

第一节 女子100米栏

一、比赛介绍

2019年国际田联世界挑战赛在江苏南京设立了分站,在女子100米栏项目上吸引了国内外众多好手参加。我国派出了吴艳妮和陈佳敏出战该项赛事,最终两人分别以13.44s和13.72s获得第七名和第八名。前四名都是来自美国的运动员,其中麦克尼尔以12.78s的成绩获得本站冠军。女子100米栏的详细成绩信息见表11-1。

表11-1 国际田联世界挑战赛南京站女子100米栏成绩

名次	道次	姓名	国家	出生年份	成绩（s）	反应时（s）
1	5	麦克尼尔	美国	1991	12.78	0.173
2	2	阿里	美国	1988	12.78	0.153
3	6	克勒蒙斯	美国	1990	12.79	0.131
4	3	哈里森	美国	1988	12.80	0.162
5	7	佩德里亚	巴哈马	1995	12.83	0.149
6	4	劳德辛迪	德国	1989	12.94	0.138
7	8	卡斯特琳	美国	1988	13.10	0.154
8	10	吴艳妮	中国	1997	13.44	0.173
9	1	陈佳敏	中国	1996	13.72	0.162
10	9	查尔顿	巴哈马	1995	14.08	0.172

注：风速-0.1米/秒。

二、运动学参数

表11-2所示的是国际田联世界挑战赛南京站女子100米栏决赛10位运动员的关键运动学参数数据,包括触地时间、栏间时间和栏间速度。图11-1所示的是每位运动员在各个分段的速度变化,图11-2所示的是每位运动员在各个分段的时间变化（因现场拍摄技术原因,巴哈马选手查尔顿的部分数据有缺失）。

表11-2 国际田联世界挑战赛南京站女子100米栏数据统计表

运动员	反应时(s)		H1	H2	H3	H4	H5	H6	H7	H8	H9	H10	100m	道次/名次	H1-H4	H4-H7	H7-H10
麦克尼尔	0.173	触地时间(s)	2.57	3.60	4.60	5.58	6.57	7.52	8.55	9.56	10.58	11.62	**12.78**	5/1			
		栏间时间(s)		1.03	1.00	0.98	0.99	0.95	1.03	1.01	1.02	1.04			3.01	2.97	3.07
		栏间速度(m/s)	5.06	8.25	8.50	8.67	8.59	8.95	8.25	8.42	8.33	8.17	7.82		8.47	8.59	8.31
阿里	0.153	触地时间(s)	2.55	3.59	4.58	5.59	6.58	7.56	8.56	9.58	10.59	11.62	**12.78**	2/2			
		栏间时间(s)		1.04	0.99	1.01	0.99	0.98	1.00	1.02	1.01	1.03			3.04	2.97	3.06
		栏间速度(m/s)	5.10	8.17	8.59	8.42	8.59	8.67	8.50	8.33	8.42	8.25	7.82		8.39	8.59	8.33
克勒蒙斯	0.131	触地时间(s)	2.53	3.53	4.56	5.55	6.53	7.55	8.52	9.55	10.56	11.62	**12.79**	6/3			
		栏间时间(s)		1.00	1.03	0.99	0.98	1.02	0.97	1.03	1.01	1.06			3.02	2.97	3.10
		栏间速度(m/s)	5.14	8.50	8.25	8.59	8.67	8.33	8.76	8.25	8.42	8.02	8.97		8.44	8.59	8.23
哈里森	0.162	触地时间(s)	2.59	3.62	4.64	5.64	6.61	7.61	8.60	9.61	10.62	11.67	**12.80**	3/4			
		栏间时间(s)		1.03	1.02	1.00	0.97	1.00	0.99	1.01	1.01	1.05	1.13		3.05	2.96	3.07
		栏间速度(m/s)	5.02	8.25	8.33	8.50	8.76	8.50	8.59	8.42	8.42	8.10	9.29		8.36	8.61	8.31

第十一章 国际田联世界挑战赛南京站

续表

运动员	反应时(s)		H1	H2	H3	H4	H5	H6	H7	H8	H9	H10		100m	道次/名次	H1-H4	H4-H7	H7-H10
佩德里亚	0.149	触地时间(s)	2.56	3.61	4.64	5.64	6.65	7.64	8.64	9.63	10.62	11.67		12.83	7/5			
		栏间时间(s)		1.05	1.03	1.00	1.01	0.99	1.00	0.99	0.99	1.05	1.16			3.08	3.00	3.03
		栏间速度(m/s)	5.08	8.10	8.25	8.50	8.42	8.59	8.50	8.59	8.59	8.10	9.05	7.79		8.28	8.50	8.42
劳德辛迪	0.138	触地时间(s)	2.65	3.67	4.69	5.69	6.70	7.70	8.70	9.72	10.75	11.79		12.94	4/6			
		栏间时间(s)		1.02	1.02	1.00	1.01	1.00	1.00	1.02	1.03	1.04	1.15			3.04	3.01	3.09
		栏间速度(m/s)	4.91	8.33	8.33	8.50	8.42	8.50	8.50	8.33	8.25	8.17	9.13	7.73		8.39	8.47	8.25
卡斯特琳	0.154	触地时间(s)	2.65	3.67	4.71	5.66	6.72	7.71	8.75	9.75	10.79	11.85		13.10	8/7			
		栏间时间(s)		1.02	1.04	0.95	1.06	0.99	1.04	1.00	1.04	1.06	1.25			3.01	3.09	3.10
		栏间速度(m/s)	4.91	8.33	8.17	8.95	8.02	8.59	8.17	8.50	8.17	8.02	8.40	7.63		8.47	8.25	8.23
吴艳妮	0.173	触地时间(s)	2.73	3.78	4.83	5.88	6.93	7.97	9.02	10.07	11.12	12.18		13.44	10/8			
		栏间时间(s)		1.05	1.05	1.05	1.05	1.04	1.05	1.05	1.05	1.06	1.26			3.15	3.14	3.16
		栏间速度(m/s)	4.76	8.10	8.10	8.10	8.10	8.17	8.10	8.10	8.10	8.02	8.33	7.44		8.10	8.12	8.07
陈佳敏		触地时间(s)	2.67	3.73	4.80	5.87	6.96	8.08	9.15	10.24	11.36	12.46		13.72	1/9			

续表

运动员	反应时(s)		H1	H2	H3	H4	H5	H6	H7	H8	H9	H10	100m	道次/名次	H1–H4	H4–H7	H7–H10
	0.162	栏间时间(s)		1.06	1.07	1.07	1.09	1.12	1.07	1.09	1.12	1.10	1.26			3.20	3.28	3.31
		栏间速度(m/s)	4.87	8.02	7.94	7.94	7.80	7.59	7.94	7.80	7.59	7.73	8.33	7.29		7.97	7.77	7.70
查尔顿		触地时间(s)	2.62	3.71	4.78	5.84	6.93	8.00	9.09	10.21				14.08	9/10			
	0.172	栏间时间(s)		1.09	1.07	1.06	1.09	1.07	1.09	1.12						3.22	3.25	
		栏间速度(m/s)	4.96	7.80	7.94	8.02	7.80	7.94	7.80	7.59				7.10		7.92	7.85	

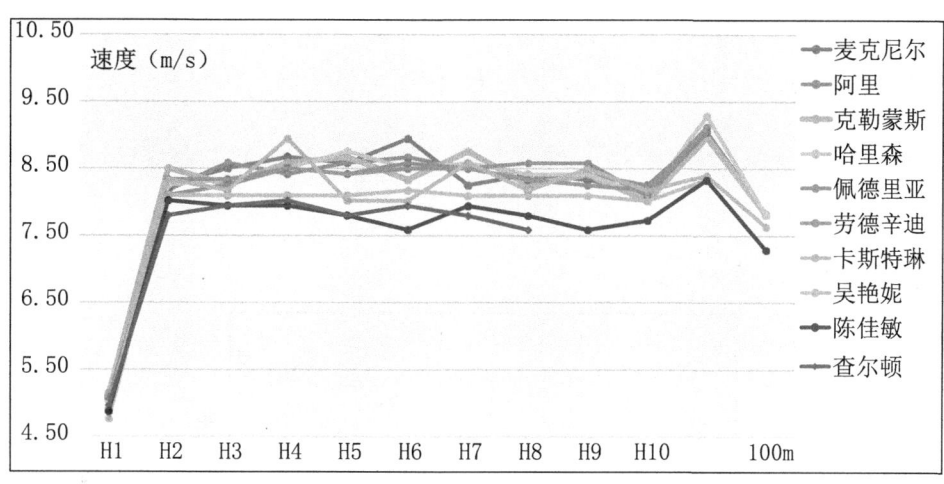

图 11-1　国际田联世界挑战赛南京站女子 100 米栏分段速度折线图

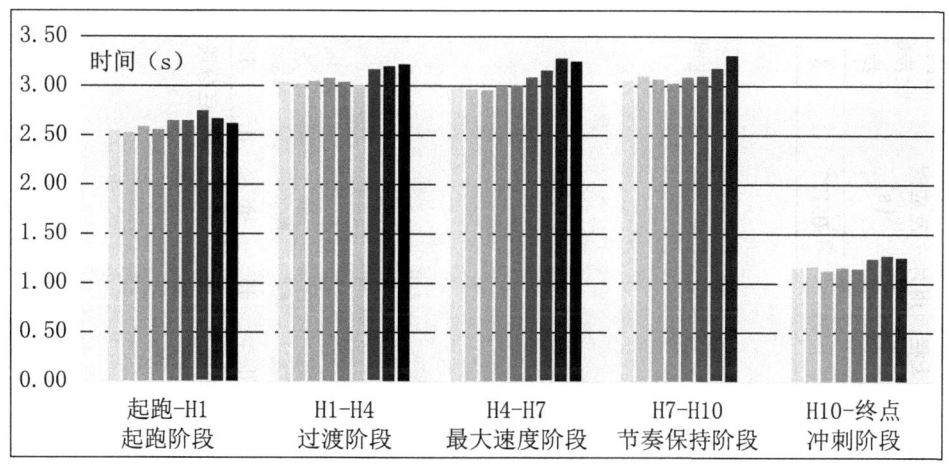

图 11-2　国际田联世界挑战赛南京站女子 100 米栏分段时间柱状图

三、重点运动员分析

表 11-3 所示的是我国跨栏运动员吴艳妮在 2019 年国际田联世界挑战赛南京站女子 100 米栏比赛中的相关运动学参数数据。该场比赛吴艳妮基本表现出她的水平，最终以 13.44s 的成绩获得了第九名。图 11-3 所示的是吴艳妮各个阶段速度的变化，以及对应的分段时间的变化特征。

表 11-4 所示的是我国跨栏运动员陈佳敏在 2019 年国际田联世界挑战赛南京站女子 100 米栏比赛中的相关运动学参数数据。该场比赛她并没有展现出自己的全部能力，13.72s 的成绩与她个人最好的成绩有很大的差距。图 11-4 所示的是陈佳敏在各个阶段的速度变化，以及对应的分段时间的变化特征。

表11-3 吴艳妮国际田联世界挑战赛南京站女子100米栏数据统计表

运动员	成绩(s)	道次/名次	平均栏间用时(s)	最小栏间用时(s)	最大栏间用时(s)	反应时(s)	起跑上栏步数(步)	起跑-H1(s)	H1-H4(s)	H4-H7(s)	H7-H10(s)	H10-终点(s)
吴艳妮	13.44	10/8	1.05	1.04	1.05	0.173	8	2.73	3.15	3.14	3.16	1.26

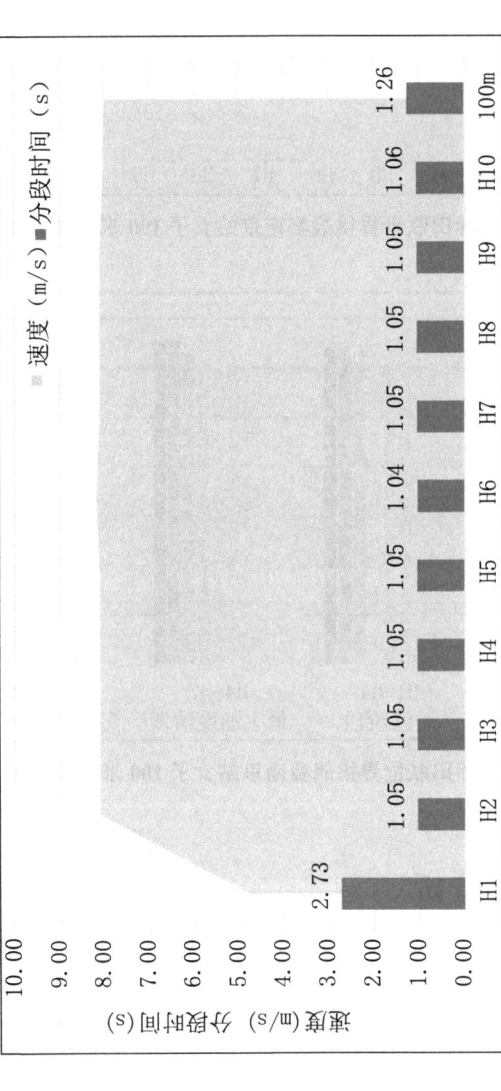

图11-3 吴艳妮国际田联世界挑战赛南京站女子100米栏分段速度与时间变化图

第十一章 国际田联世界挑战赛南京站

表11—4 陈佳敏国际田联世界挑战赛南京站女子100米栏数据统计表

运动员	成绩(s)	道次/名次	平均栏间用时(s)	最小栏间用时(s)	最大栏间用时(s)	反应时(s)	起跑上栏步数(步)	起跑—H1(s)	H1—H4(s)	H4—H7(s)	H7—H10(s)	H10—终点(s)
陈佳敏	13.72	1/9	1.09	1.06	1.12	0.303	8	2.67	3.20	3.28	3.31	1.26

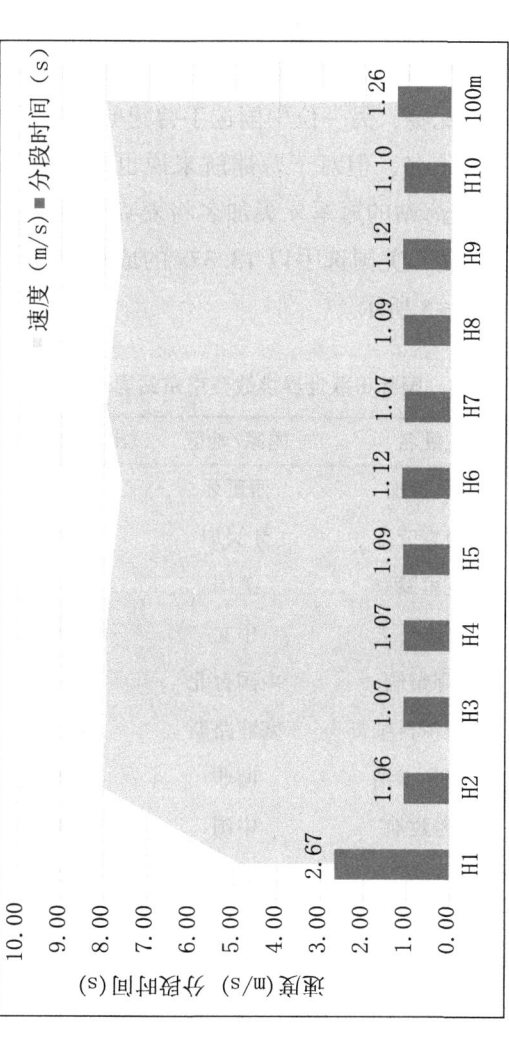

图11—4 陈佳敏国际田联世界挑战赛南京站女子100米栏速度与时间变化图

第二节 男子 110 米栏

一、比赛介绍

国际田联世界挑战赛南京站设有男子 110 米栏的比赛，可能是与刚刚结束的国际田联钻石联赛上海站的比赛接近，近乎在上海参加完比赛的运动员都来到了南京。我国选手谢文骏放弃了该站比赛，另一位中国选手曾建航跑出了 13.62s 的个人最好成绩，尽管这个成绩只获得了第八名，但对于曾建航来说也是不小的进步。西班牙的奥特加以 13.27s 的成绩战胜了上海站的冠军牙买加名将麦克劳德，获得该站冠军。麦克劳德以 0.01s 的劣势获得第二名，美国选手以 13.37s 的成绩获得第三名，男子 110 米栏项目的最终成绩信息如表 11-5 所示。

表 11-5 国际田联世界挑战赛南京站男子 110 米栏成绩

名次	道次	姓名	国家/地区	出生年份	成绩（s）	反应时（s）
1	5	奥特加	西班牙	1991	13.27	0.145
2	6	麦克劳德	牙买加	1994	13.28	0.152
3	9	克里滕登	美国	1994	13.37	0.137
4	7	舒本科夫	中立	1990	13.37	0.165
5	2	陈奎儒	中国台北	1994	13.49	0.169
6	4	特拉伊科维奇	塞浦路斯	1992	13.56	0.192
7	3	阿尔卡纳	南非	1990	13.61	0.140
8	10	曾建航	中国	1998	13.62	0.146
9	8	波齐	英国	1992	13.66	0.146

注：风速 0.1 米/秒。

二、运动学参数

表 11-6 所示的是国际田联世界挑战赛南京站男子 110 米栏决赛 9 位运动员的关键运动学参数数据，包括触地时间、栏间时间和栏间速度。图 11-5 所示的是每位运动员在各个分段的速度变化，图 11-6 所示的是每位运动员在各个分段的时间变化。

表 11-6 国际田联世界挑战赛南京站男子 110 米栏数据统计表

运动员	反应时 (s)		H1	H2	H3	H4	H5	H6	H7	H8	H9	H10	110m	道次/名次	H1-H4	H4-H7	H7-H10
奥特加	0.145	触地时间 (s)	2.57	3.63	4.65	5.68	6.68	7.72	8.74	9.78	10.81	11.87	**13.27**	5/1			
		栏间时间 (s)		1.06	1.02	1.03	1.00	1.04	1.02	1.04	1.03	1.06	1.40		3.11	3.06	3.13
		栏间速度 (m/s)	5.34	8.62	8.96	8.87	9.14	8.79	8.96	8.79	8.87	8.62	10.01		8.82	8.96	8.76
麦克劳德	0.152	触地时间 (s)	2.55	3.57	4.58	5.60	6.64	7.66	8.71	9.75	10.79	11.89	**13.28**	6/2			
		栏间时间 (s)		1.02	1.01	1.02	1.04	1.02	1.05	1.04	1.04	1.10	1.39		3.05	3.11	3.18
		栏间速度 (m/s)	5.38	8.96	9.05	8.96	8.79	8.96	8.70	8.79	8.79	8.31	10.09		8.99	8.82	8.62
克里滕登	0.137	触地时间 (s)	2.55	3.59	4.64	5.69	6.71	7.74	8.78	9.83	10.88	11.96	**13.37**	9/3			
		栏间时间 (s)		1.04	1.05	1.05	1.02	1.03	1.04	1.05	1.05	1.08	1.41		3.14	3.09	3.18
		栏间速度 (m/s)	5.38	8.79	8.70	8.70	8.96	8.87	8.79	8.70	8.70	8.46	9.94		8.73	8.87	8.62
舒本科夫	0.165	触地时间 (s)	2.62	3.66	4.68	5.68	6.71	7.73	8.76	9.79	10.85	11.94	**13.37**	7/4			
		栏间时间 (s)		1.04	1.02	1.00	1.03	1.02	1.03	1.03	1.06	1.09	1.43		3.06	3.08	3.18
		栏间速度 (m/s)	5.24	8.79	8.96	9.14	8.87	8.96	8.87	8.87	8.62	8.39	9.80		8.96	8.90	8.62

续表

运动员	反应时(s)		H1	H2	H3	H4	H5	H6	H7	H8	H9	H10	110m	道次/名次	H1-H4	H4-H7	H7-H10
陈奎儒	0.169	触地时间(s)	2.56	3.62	4.64	5.66	6.70	7.74	8.80	9.87	10.94	12.01	13.49	2/5			
		栏间时间(s)		1.06	1.02		1.04	1.04	1.06	1.07	1.07	1.48					
		栏间速度(m/s)	5.36	8.62	8.96	8.96	8.79	8.79	8.62	8.54	8.54	8.15	9.47				
特拉伊科维奇	0.192	触地时间(s)	2.62	3.67	4.73	5.76	6.79	7.85	8.90	9.96	11.02	12.11	13.56	4/6	3.10	3.14	3.21
		栏间时间(s)		1.05	1.06	1.03	1.03	1.06	1.05	1.06	1.06	1.09	1.45		8.85	8.73	8.54
		栏间速度(m/s)	5.24	8.70	8.62	8.87	8.87	8.62	8.70	8.62	8.62	8.39	8.11	9.70			
阿尔卡纳	0.140	触地时间(s)	2.55	3.60	4.66	5.72	6.76	7.81	8.87	9.95	11.03	12.14	13.61	3/7	3.14	3.14	3.21
		栏间时间(s)		1.05	1.06	1.06	1.04	1.05	1.06	1.08	1.08	1.11	1.47		8.73	8.73	8.54
		栏间速度(m/s)	5.38	8.70	8.62	8.62	8.79	8.70	8.62	8.46	8.46	8.23	8.08	9.54			
曾建航	0.146	触地时间(s)	2.59	3.64	4.70	5.73	6.76	7.82	8.87	9.95	11.04	12.16	13.62	10/8	3.17	3.15	3.27
		栏间时间(s)		1.05	1.06	1.03	1.03	1.06	1.05	1.08	1.09	1.12	1.46	PB	8.65	8.70	8.39
		栏间速度(m/s)	5.30	8.70	8.62	8.87	8.87	8.62	8.70	8.46	8.39	8.16	8.08	9.60			
波齐		触地时间(s)	2.57	3.60	4.60	5.61	6.64	7.67	8.73	9.78	10.88	12.02	13.66	8/9	3.14	3.14	3.29

续表

运动员	反应时(s)		H1	H2	H3	H4	H5	H6	H7	H8	H9	H10	110m	道次/名次	H1–H4	H4–H7	H7–H10
	0.146	栏间时间(s)	1.03	1.00	1.01	1.03	1.03	1.06	1.05	1.10	1.14	1.64			3.04	3.12	3.29
		栏间速度(m/s)	5.34	8.87	9.14	9.05	8.87	8.87	8.62	8.70	8.31	8.02	8.55	8.05	9.02	8.79	8.33

注：PB 为个人最好成绩。

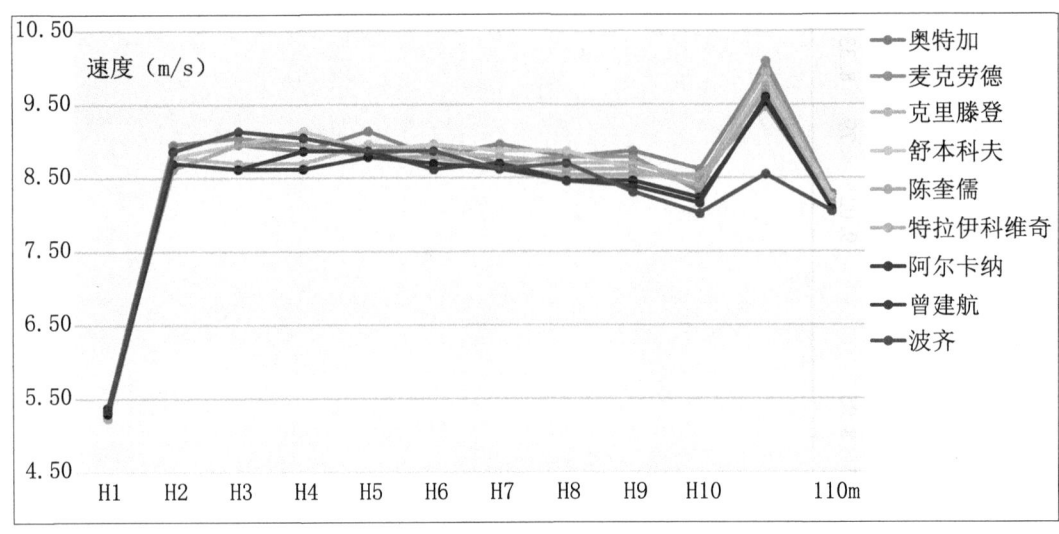

图 11-5 国际田联世界挑战赛南京站男子 110 米栏分段速度折线图

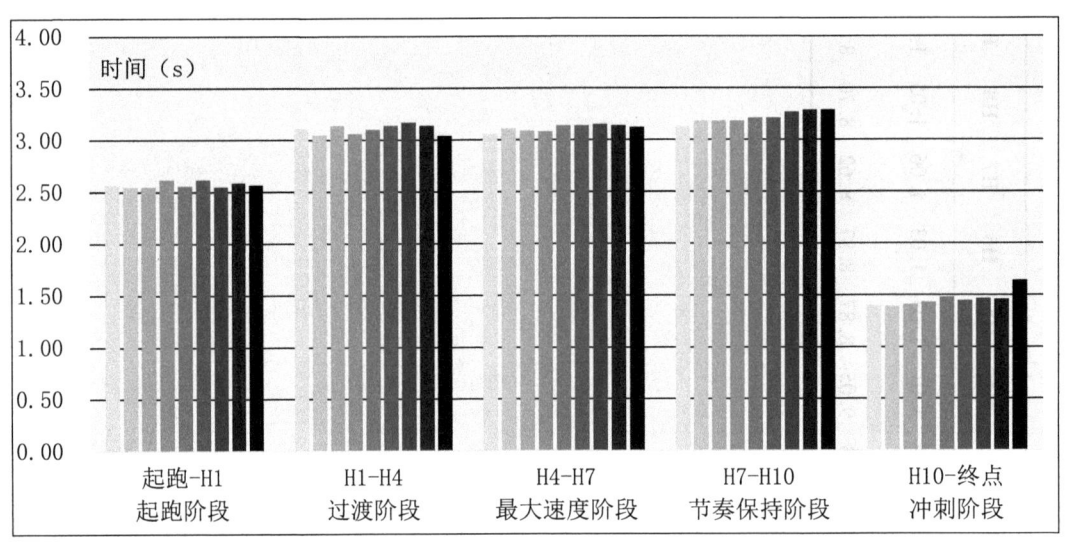

图 11-6 国际田联世界挑战赛南京站男子 110 米栏分段时间柱状图

三、重点运动员分析

表 11-7 所示的是我国跨栏运动员曾建航在 2019 年国际田联世界挑战赛南京站男子 110 米栏比赛中的相关运动学参数数据。该场比赛，曾建航展现出了他最好的竞技状态，最终以 13.62s 的成绩获得了该站比赛男子 110 米栏项目的第八名。尽管名次上看并不突出，但 13.62s 的成绩是他个人的最好成绩。图 11-7 所示的是曾建航在各个阶段的速度变化，以及对应的分段时间的变化特征。

表11-7 曾建航国际田联世界挑战赛南京站男子110米栏个人数据统计表

运动员	成绩(s)	道次/名次	平均栏间用时(s)	最小栏间用时(s)	最大栏间用时(s)	反应时(s)	起跑上栏步数(步)	起跑-H1(s)	H1-H4(s)	H4-H7(s)	H7-H10(s)	H10-终点(s)
曾建航	13.62	10/8	1.06	1.03	1.12	0.146	8	2.59	3.14	3.14	3.29	1.46

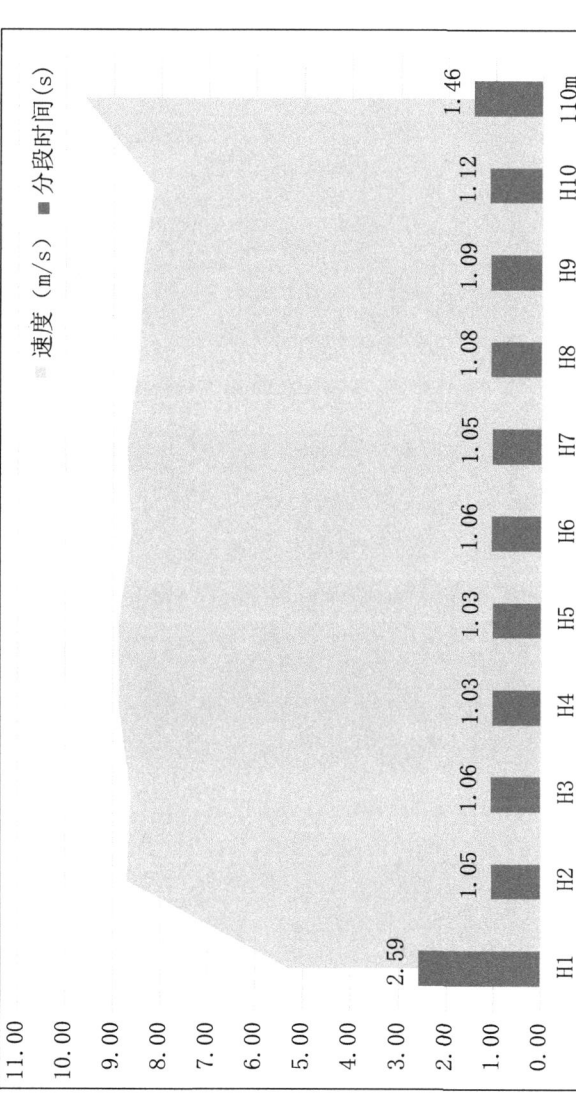

图11-7 曾建航国际田联世界挑战赛南京站男子110米栏分段速度与时间变化图

CHAPTER 12 第十二章

2019年全国田径大奖赛(3)

浙江·金华

比赛日期：2019年5月24—26日
比赛地点：金华体育中心体育场

本章所有彩色图片请扫二维码

第一节 女子 100 米栏

一、比赛介绍

全国田径大奖赛第三站于 2019 年 5 月 24 日在浙江金华的金华体育中心开赛。在女子 100 米栏比赛中，广东选手罗显彦跑出了 13.36s 的好成绩，拿到了该站的冠军，这个成绩也大幅度刷新了她的个人最好成绩。福建选手邓雪琳和浙江选手虞佳如分别跑出了 13.41s 和 13.42s 的成绩分列二、三名。全国田径大奖赛（3）浙江金华站女子100 米栏决赛的成绩信息如表 12-1 所示。

表 12-1 全国田径大奖赛（3）女子 100 米栏决赛成绩

名次	道次	姓名	单位	出生年份	成绩（s）	反应时（s）
1	5	罗显彦	广东	1997	13.36	0.149
2	6	邓雪琳	福建	1998	13.41	0.222
3	7	虞佳如	浙江	1999	13.42	0.185
4	9	王逗	江苏	1993	13.53	0.207
5	4	肖秀菊	江西	1998	13.67	0.197
6	8	施家莉	广东	1997	13.68	0.176
7	3	汪丽	江苏	1999	13.75	0.179
8	2	陈银凤	云南	1998	14.21	0.264

注：风速 0.4 米/秒。

二、运动学参数

表 12-2 所示的是全国大奖赛（3）浙江金华站女子 100 米栏决赛 8 位运动员的关键运动学参数数据，包括触地时间、栏间时间和栏间速度。图 12-1 所示的是每位运动员在各个分段的速度变化，图 12-2 所示的是每位运动员在各个分段的时间变化。

表 12-2 全国田径大奖赛（3）女子 100 米栏决赛数据统计表

运动员	反应时(s)		H1	H2	H3	H4	H5	H6	H7	H8	H9	H10	100m	道次/名次	H1-H4	H4-H7	H7-H10
罗显彦	0.149	触地时间(s)	2.66	3.74	4.80	5.82	6.88	7.94	8.98	10.02	11.08	12.16	13.36	5/1			
		栏间时间(s)		1.08	1.06	1.02	1.06	1.06	1.04	1.04	1.06	1.08	PB		3.16	3.16	3.18
		栏间速度(m/s)		7.87	8.02	8.33	8.02	8.02	8.17	8.17	8.02	7.87			8.07	8.07	8.02
		速度(m/s)	4.89										7.49		8.75	1.20	
邓雪琳	0.222	触地时间(s)	2.72	3.78	4.82	5.86	6.90	7.94	8.98	10.04	11.12	12.22	13.41	6/2			
		栏间时间(s)		1.06	1.04	1.04	1.04	1.04	1.04	1.06	1.08	1.10	1.19		3.14	3.12	3.24
		栏间速度(m/s)		8.02	8.17	8.17	8.17	8.17	8.17	8.02	7.87	7.73			8.12	8.17	7.87
		速度(m/s)	4.78										7.46		8.82		
虞佳如	0.185	触地时间(s)	2.72	3.78	4.84	5.88	6.92	7.98	9.04	10.10	11.16	12.24	13.42	7/3			
		栏间时间(s)		1.06	1.06	1.04	1.04	1.06	1.06	1.06	1.06	1.08	1.18		3.16	3.16	3.20
		栏间速度(m/s)		8.02	8.02	8.17	8.17	8.02	8.02	8.02	8.02	7.87			8.07	8.07	7.97
		速度(m/s)	4.78										7.45		8.90		
王逗	0.207	触地时间(s)	2.76	3.82	4.88	5.92	6.98	8.04	9.10	10.16	11.26	12.34	13.53	9/4			
		栏间时间(s)		1.06	1.06	1.04	1.06	1.06	1.06	1.06	1.10	1.08	1.19		3.16	3.18	3.24
		栏间速度(m/s)		8.02	8.02	8.17	8.02	8.02	8.02	8.02	7.73	7.87			8.07	8.02	7.87
		速度(m/s)	4.71										7.39		8.82		

续表

运动员	反应时(s)		H1	H2	H3	H4	H5	H6	H7	H8	H9	H10	100m	道次/名次	H1-H4	H4-H7	H7-H10
肖菊秀	0.197	触地时间(s)	2.72	3.82	4.90	5.96	7.02	8.10	9.18	10.26	11.36	12.48	13.67	4/5			
		栏间时间(s)		1.10	1.08	1.06	1.06	1.08	1.08	1.08	1.10	1.12			3.24	3.22	3.30
		栏间速度(m/s)		7.73	7.87	8.02	8.02	7.87	7.87	7.87	7.73	7.59			7.87	7.92	7.73
			4.78										1.19				
													8.82				
													7.32				
施家莉	0.176	触地时间(s)	2.68	3.76	4.84	5.88	6.94	8.02	9.08	10.16	11.28	12.40	13.68	8/6			
		栏间时间(s)		1.08	1.08	1.04	1.06	1.08	1.06	1.08	1.12	1.12			3.20	3.20	3.32
		栏间速度(m/s)		7.87	7.87	8.17	8.02	7.87	8.02	7.87	7.59	7.59			7.97	7.97	7.68
			4.85										1.28				
													8.20				
													7.31				
汪丽	0.179	触地时间(s)	2.70	3.80	4.86	5.92	6.98	8.04	9.14	10.22	11.32	12.46	13.75	3/7			
		栏间时间(s)		1.10	1.06	1.06	1.06	1.06	1.10	1.08	1.10	1.14			3.22	3.22	3.32
		栏间速度(m/s)		7.73	7.87	8.02	8.02	8.02	7.73	7.87	7.73	7.46			7.92	7.92	7.68
			4.81										1.29				
													8.14				
													7.27				
陈银凤	0.264	触地时间(s)	2.80	3.94	5.04	6.12	7.22	8.32	9.42	10.56	11.70	12.88	14.21	2/8			
		栏间时间(s)		1.14	1.10	1.08	1.10	1.10	1.10	1.14	1.14	1.18			3.32	3.30	3.46
		栏间速度(m/s)		7.46	7.73	7.87	7.73	7.73	7.73	7.46	7.46	7.20			7.68	7.73	7.37
			4.64										1.33				
													7.89				
													7.04				

注：PB为个人最好成绩。

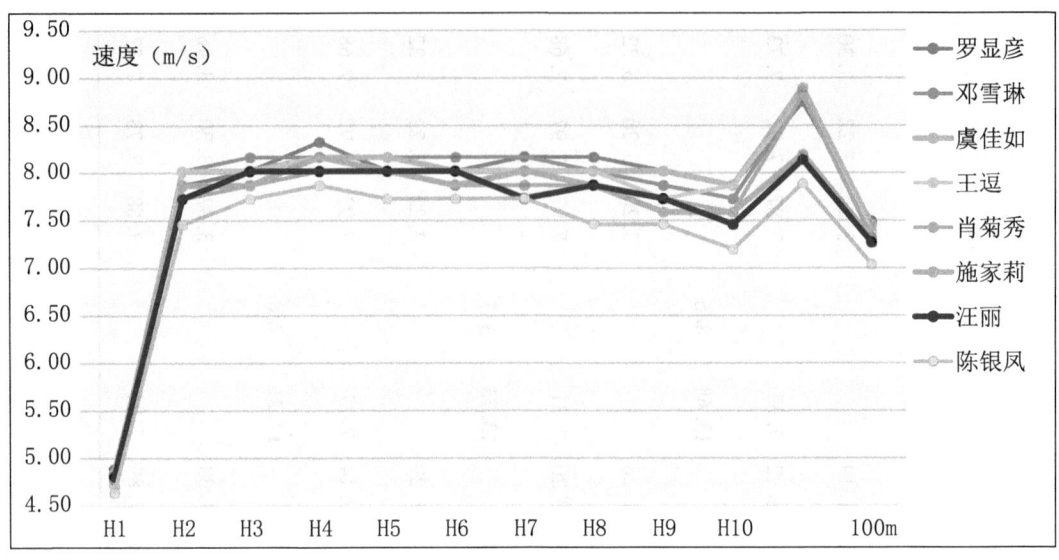

图 12-1　全国田径大奖赛（3）女子 100 米栏决赛分段速度折线图

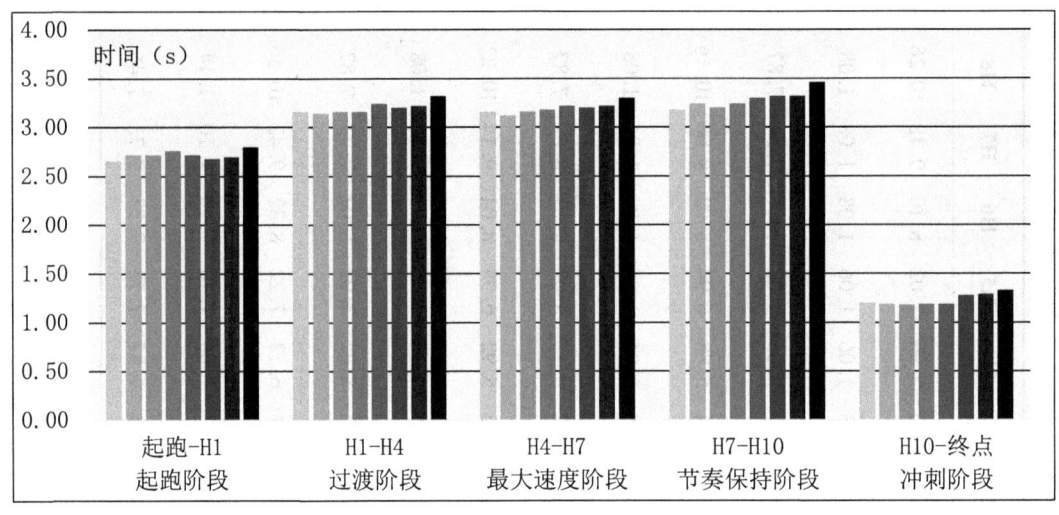

图 12-2　全国田径大奖赛（3）女子 100 米栏决赛分段时间柱状图

第二节　男子 110 米栏

一、比赛介绍

全国田径大奖赛（3）金华站男子 110 米栏的决赛中，广东肇庆站的冠军山西选手孙振江以 13.71s 的成绩获得了该站冠军。上海选手潘梓杰以 13.83s 的成绩获得第二名，来自江苏的李继明跑出 13.89s 的成绩获得第三名。全国田径大奖赛（3）浙江金华站男子110米栏决赛的成绩信息如表12-3所示。

表12-3 全国田径大奖赛（3）男子110米栏决赛成绩

名次	道次	姓名	单位	出生年份	成绩（s）	反应时（s）
1	4	孙振江	山西	1999	13.71	0.179
2	2	潘梓杰	上海	1995	13.83	0.182
3	6	李继明	江苏	1996	13.89	0.181
4	9	马磊	北京	1989	13.91	0.158
5	5	杨雨轩	江苏	2002	13.94	0.166
6	8	张韬	上海	1997	13.99	0.174
7	7	孙浩儒	北京	1998	14.13	0.231
8	3	郭钟杰	上海	2001	14.25	0.219

注：风速2.5米/秒。

二、运动学参数

表12-4所示的是全国大奖赛（3）浙江金华站男子110米栏决赛8位运动员的关键运动学参数数据，包括触地时间、栏间时间和栏间速度。图12-3所示的是每位运动员在各个分段的速度变化，图12-4所示的是每位运动员在各个分段的时间变化。

表12-4 全国田径大奖赛（3）男子110米栏决赛数据统计表

运动员	反应时(s)		H1	H2	H3	H4	H5	H6	H7	H8	H9	H10	110m	道次/名次	H1-H4	H4-H7	H7-H10
孙振江	0.179	触地时间(s)	2.62	3.68	4.74	5.78	6.82	7.90	8.96	10.02	11.12	12.22	**13.71**	4/1			
		栏间时间(s)		1.06	1.06	1.04	1.04	1.08	1.06	1.06	1.10	1.10			3.16	3.18	3.26
		栏间速度(m/s)	5.24	8.62	8.62	8.79	8.79	8.46	8.62	8.62	8.31	8.31	8.02		8.68	8.62	8.41
												1.49	9.41				
潘梓杰	0.182	触地时间(s)	2.68	3.76	4.84	5.92	7.00	8.08	9.14	10.20	11.30	12.38	**13.83**	2/2			
		栏间时间(s)		1.08	1.08	1.08	1.08	1.08	1.06	1.06	1.10	1.08			3.24	3.22	3.24
		栏间速度(m/s)	5.12	8.46	8.46	8.46	8.46	8.46	8.62	8.62	8.31	8.46	7.95		8.46	8.52	8.46
												1.45	9.67				
李继明	0.181	触地时间(s)	2.66	3.74	4.80	5.88	6.92	8.02	9.08	10.16	11.28	12.40	**13.89**	6/3			
		栏间时间(s)		1.08	1.06	1.08	1.04	1.10	1.06	1.08	1.12	1.12			3.22	3.20	3.32
		栏间速度(m/s)	5.16	8.46	8.62	8.46	8.79	8.31	8.62	8.46	8.16	8.16	7.92		8.52	8.57	8.26
												1.49	9.41				
马磊	0.158	触地时间(s)	2.68	3.78	4.86	5.92	6.98	8.06	9.14	10.22	11.32	12.42	**13.91**	9/4			
		栏间时间(s)		1.10	1.08	1.06	1.06	1.08	1.08	1.08	1.10	1.10			3.24	3.22	3.28
		栏间速度(m/s)	5.12	8.31	8.46	8.62	8.62	8.46	8.46	8.46	8.31	8.31	7.91		8.46	8.52	8.36
												1.49	9.41				

续表

运动员	反应时(s)		H1	H2	H3	H4	H5	H6	H7	H8	H9	H10	110m	道次/名次	H1-H4	H4-H7	H7-H10
杨雨轩	0.166	触地时间(s)	2.70	3.82	4.90	5.98	7.06	8.12	9.22	10.30	11.38	12.50	13.94	5/5			
		栏间时间(s)		1.12	1.08	1.08	1.08	1.06	1.10	1.08	1.08	1.12	1.44		3.28	3.24	3.28
		栏间速度(m/s)	5.08	8.16	8.46	8.46	8.46	8.62	8.31	8.46	8.16	8.16	9.74		8.36	8.46	8.36
张韬	0.174	触地时间(s)	2.70	3.82	4.92	6.00	7.08	8.16	9.22	10.32	11.42	12.52	13.99	8/6			
		栏间时间(s)		1.12	1.08	1.08	1.08	1.08	1.06	1.10	1.10	1.10	1.47		3.30	3.22	3.30
		栏间速度(m/s)	5.08	8.16	8.31	8.46	8.46	8.46	8.62	8.31	8.31	8.31	9.54		8.31	8.52	8.31
孙浩儒	0.231	触地时间(s)	2.70	3.82	4.92	6.00	7.08	8.20	9.28	10.38	11.50	12.60	14.13	7/7			
		栏间时间(s)		1.12	1.10	1.08	1.08	1.12	1.08	1.10	1.12	1.10	1.53		3.30	3.28	3.32
		栏间速度(m/s)	5.08	8.16	8.31	8.46	8.46	8.16	8.46	8.31	8.16	8.31	9.16		8.31	8.36	8.26
郭钟杰	0.219	触地时间(s)	2.74	3.82	4.88	5.94	7.02	8.12	9.22	10.32	11.46	12.66	14.25	3/8			
		栏间时间(s)		1.08	1.06	1.06	1.08	1.10	1.10	1.10	1.14	1.20	1.59		3.20	3.28	3.44
		栏间速度(m/s)	5.01	8.46	8.62	8.62	8.46	8.31	8.31	8.31	8.02	7.62	8.82		8.57	8.36	7.97

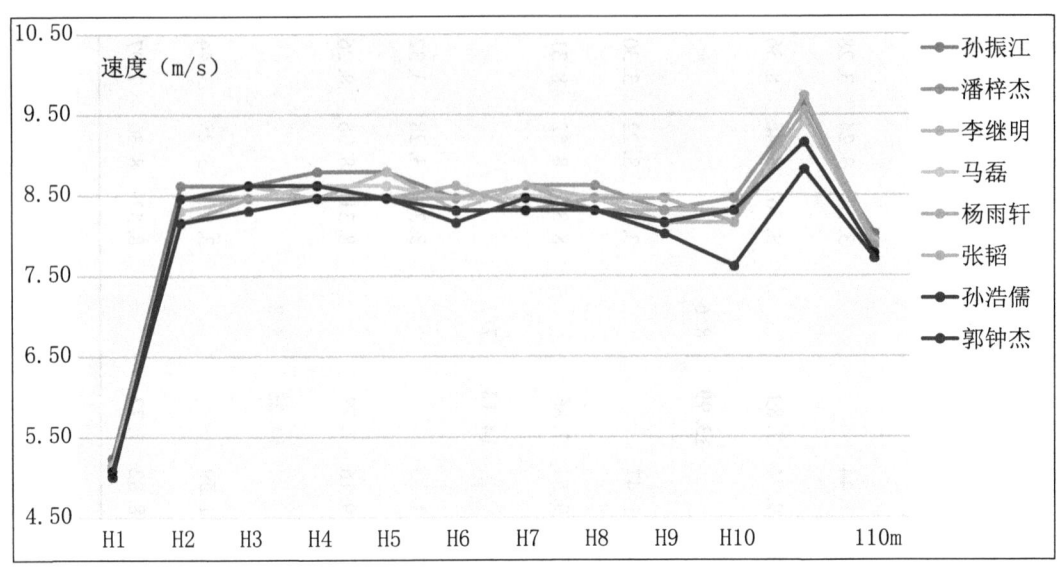

图12-3　全国田径大奖赛（3）男子110米栏决赛分段速度折线图

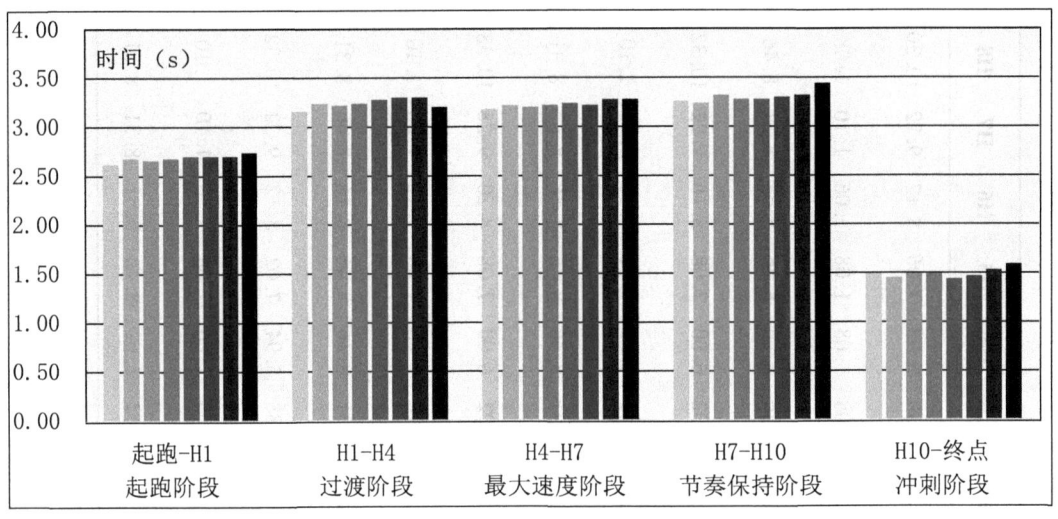

图12-4　全国田径大奖赛（3）男子110米栏决赛分段时间柱状图

CHAPTER 13 第十三章

2019年全国田径大奖赛(4)

河南·洛阳

比赛日期：2019 年 5 月 29—31 日

比赛地点：洛阳新区体育场

本章所有彩色图片请扫二维码

第一节 女子100米栏

一、比赛介绍

全国田径大奖赛第四站于2019年5月29日在河南省洛阳新区体育场开赛,该站赛事是大奖赛系列赛的最后一站比赛,该站结束后各个项目会产生进入大奖赛总决赛的名单。在女子100米栏决赛中,福建选手邓雪琳最终以13.48s的成绩获得该站的冠军。江苏选手汪丽和来自河南的陈佳敏分别跑出了13.51s和13.64s的成绩获得第二、三名。全国田径大奖赛(4)河南洛阳站女子100米栏决赛的成绩信息如表13-1所示。

表13-1 全国田径大奖赛(4)女子100米栏决赛成绩

名次	道次	姓名	单位	出生年份	成绩(s)	反应时(s)
1	3	邓雪琳	福建	1998	13.48	0.207
2	8	汪丽	江苏	1999	13.51	0.170
3	7	陈佳敏	河南	1996	13.64	0.180
4	6	肖菊秀	江西	1998	13.65	0.168
5	5	戴仪茹	河南	2001	13.74	0.200
6	4	游娜	湖北	1996	13.80	0.180
7	1	解志茂	北京	1998	14.59	0.149
8	2	霍宣伊	河北	1998	14.73	0.183

注:风速-0.1米/秒。

二、运动学参数

表13-2所示的是全国大奖赛(4)河南洛阳站女子100米栏决赛8位运动员的关键运动学参数数据,包括触地时间、栏间时间和栏间速度。图13-1所示的是每位运动员在各个分段的速度变化,图13-2所示的是每位运动员在各个分段的时间变化。

表 13-2 全国田径大奖赛（4）女子 100 米栏决赛数据统计表

运动员	反应时(s)		H1	H2	H3	H4	H5	H6	H7	H8	H9	H10	100m	道次/名次	H1-H4	H4-H7	H7-H10
邓雪琳	0.207	触地时间(s)	2.75	3.82	4.87	5.91	6.97	8.02	9.08	10.14	11.21	12.32	**13.48**	3/1			
		栏间时间(s)		1.07	1.05	1.04	1.06	1.05	1.06	1.06	1.07	1.11	1.16		3.16	3.17	3.24
		栏间速度(m/s)	4.73	7.94	8.10	8.17	8.02	8.10	8.02	8.02	7.94	7.66	9.05	7.42	8.07	8.04	7.87
汪丽	0.170	触地时间(s)	2.68	3.77	4.83	5.88	6.92	7.97	9.04	10.12	11.18	12.31	**13.51**	8/2			
		栏间时间(s)		1.09	1.06	1.05	1.04	1.05	1.07	1.08	1.06	1.13	1.20	PB	3.20	3.16	3.27
		栏间速度(m/s)	4.85	7.80	8.02	7.87	8.17	8.10	7.94	7.87	8.02	7.52	8.75	7.40	7.97	8.07	7.80
陈佳敏	0.180	触地时间(s)	2.68	3.75	4.80	5.88	6.92	8.04	9.12	10.21	11.31	12.43	**13.64**	7/3			
		栏间时间(s)		1.07	1.05	1.08	1.04	1.12	1.08	1.09	1.10	1.12	1.21		3.20	3.24	3.31
		栏间速度(m/s)	4.85	7.94	8.10	7.87	8.17	7.59	7.87	7.80	7.73	7.59	8.68	7.33	7.97	7.87	7.70
肖菊秀	0.168	触地时间(s)	2.68	3.80	4.85	5.90	6.96	8.04	9.14	10.22	11.32	12.46	**13.65**	6/4			
		栏间时间(s)		1.12	1.05	1.05	1.06	1.08	1.10	1.08	1.10	1.14	1.19		3.22	3.24	3.32
		栏间速度(m/s)	4.85	7.59	8.10	8.10	8.02	7.87	7.73	7.87	7.73	7.46	8.82	7.33	7.92	7.87	7.68

续表

运动员	反应时(s)		H1	H2	H3	H4	H5	H6	H7	H8	H9	H10	100m	道次/名次	H1-H4	H4-H7	H7-H10
戴仪茹	0.200	触地时间(s)	2.74	3.82	4.92	5.97	7.00	8.07	9.12	10.24	11.38	12.52	13.74	5/5			
		栏间时间(s)		1.08	1.10	1.05	1.03	1.07	1.05	1.12	1.14	1.14	PB		3.23	3.15	3.40
		栏间速度(m/s)	4.74	7.87	7.73	8.10	8.25	7.94	8.10	7.59	7.46	7.46	7.28		7.89	8.10	7.50
游娜	0.180	触地时间(s)	2.73	3.82	4.92	5.95	7.02	8.09	9.19	10.31	11.42	12.58	13.80	4/6			
		栏间时间(s)		1.09	1.10	1.03	1.07	1.07	1.10	1.12	1.11	1.16			3.22	3.24	3.39
		栏间速度(m/s)	4.76	7.80	7.73	8.25	7.94	7.94	7.73	7.59	7.66	7.33	7.25		7.92	7.87	7.52
解志茂	0.149	触地时间(s)	2.80	3.95	5.09	6.26	7.41	8.56	9.72	10.91	12.09	13.29	14.59	1/7			
		栏间时间(s)		1.15	1.14	1.17	1.15	1.15	1.16	1.19	1.18	1.20			3.46	3.46	3.57
		栏间速度(m/s)	4.64	7.39	7.46	7.26	7.39	7.39	7.33	7.14	7.20	7.08	6.85		7.37	7.37	7.14
霍宣伊	0.183	触地时间(s)	2.88	4.02	5.15	6.32	7.46	8.61	9.78	10.97	12.16	13.39	14.73	2/8			
		栏间时间(s)		1.14	1.13	1.17	1.14	1.15	1.17	1.19	1.19	1.23			3.44	3.46	3.61
		栏间速度(m/s)	4.51	7.46	7.52	7.26	7.46	7.39	7.26	7.14	7.14	6.91	6.79		7.41	7.37	7.06

注：PB为个人最好成绩。

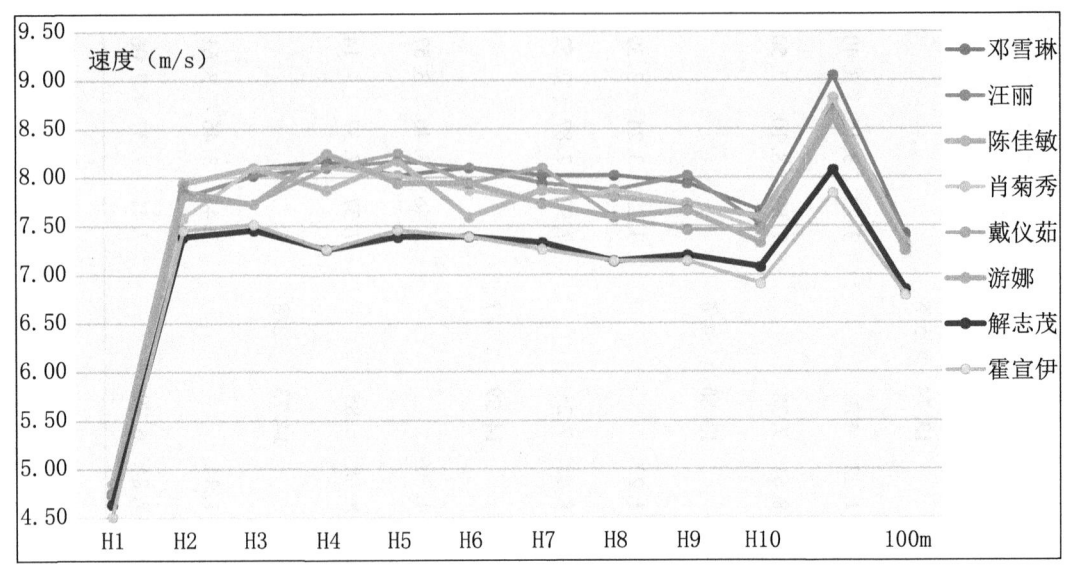

图 13-1　全国田径大奖赛（4）女子 100 米栏决赛分段速度折线图

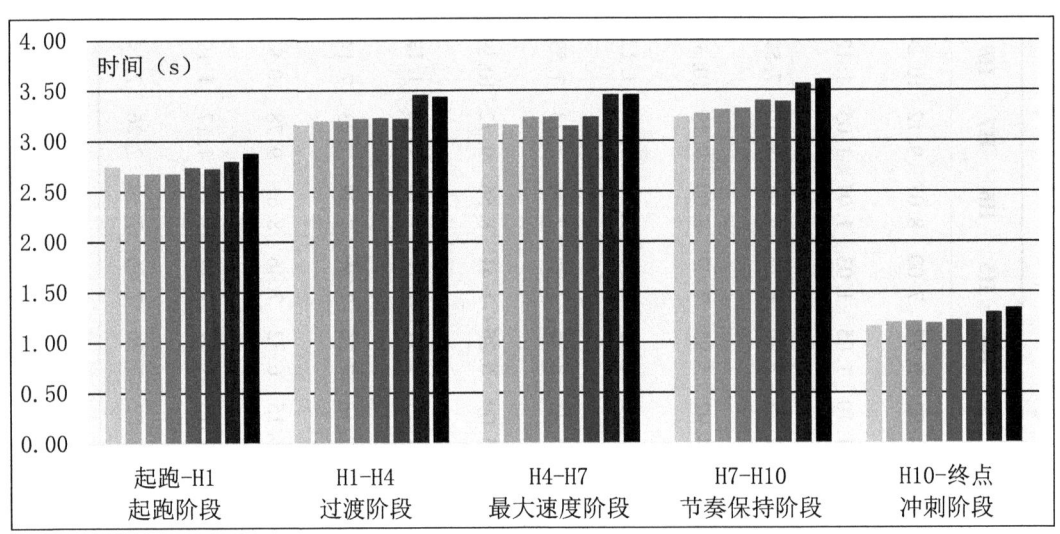

图 13-2　全国田径大奖赛（4）女子 100 米栏决赛分段时间柱状图

第二节　男子 110 米栏

一、比赛介绍

在全国田径大奖赛（4）男子 110 米栏的决赛中，代表成都体育学院参赛的赵棚川以 13.94s 的成绩获得了该站冠军。来自江苏的李继明和湖北的朱胜龙分别以 14.00s 和

14.01s 的成绩获得第二、三名。该站的男子 110 米栏项目整体成绩都不高，与一些参赛队比较有实力的运动员没有参赛有关。全国田径大奖赛（4）河南洛阳站男子 110 米栏决赛的成绩信息如表 13-3 所示。

表 13-3 全国田径大奖赛（4）男子 110 米栏决赛成绩

名次	道次	姓名	单位	出生年份	成绩（s）	反应时（s）
1	6	赵棚川	成都体院	1993	13.94	0.165
2	5	李继明	江苏	1996	14.00	0.183
3	8	朱胜龙	湖北	2000	14.01	0.171
4	2	潘梓杰	上海	1995	14.03	0.177
5	7	吴镇华	湖北	1998	14.09	0.145
6	3	孙振江	山西	1999	14.15	0.173
7	1	郭钟杰	上海	2001	14.22	0.192
8	4	张帅	北京	1996	14.27	0.174

注：风速 0.0 米/秒。

二、运动学参数

表 13-4 所示的是全国大奖赛（4）河南洛阳站男子 110 米栏决赛 8 位运动员的关键运动学参数数据，包括触地时间、栏间时间和栏间速度。图 13-3 所示的是每位运动员在各个分段的速度变化，图 13-4 所示的是每位运动员在各个分段的时间变化。

表13-4 全国田径大奖赛（4）男子110米栏决赛数据统计表

运动员	反应时(s)		H1	H2	H3	H4	H5	H6	H7	H8	H9	H10	110m	道次/名次	H1-H4	H4-H7	H7-H10
赵棚川	0.165	触地时间(s)	2.67	3.77	4.84	5.93	6.99	8.07	9.16	10.26	11.35	12.46	13.94	6/1			
		栏间时间(s)		1.10	1.07	1.09	1.06	1.08	1.09	1.10	1.09	1.11			3.26	3.23	3.30
		栏间速度(m/s)		8.31	8.54	8.39	8.62	8.46	8.39	8.31	8.39	8.23			8.41	8.49	8.31
			5.14										1.48	7.89			
													9.47				
李继明	0.183	触地时间(s)	2.70	3.78	4.86	5.92	7.00	8.06	9.17	10.26	11.36	12.47	14.00	5/2			
		栏间时间(s)		1.08	1.08	1.06	1.08	1.06	1.11	1.09	1.10	1.11			3.22	3.25	3.30
		栏间速度(m/s)		8.46	8.46	8.62	8.46	8.62	8.23	8.39	8.31	8.23			8.52	8.44	8.31
			5.08										1.53	7.86			
													9.16				
朱胜龙	0.171	触地时间(s)	2.71	3.80	4.89	5.96	7.03	8.09	9.16	10.26	11.37	12.51	14.01	8/3			
		栏间时间(s)		1.09	1.09	1.07	1.07	1.06	1.07	1.10	1.11	1.14			3.25	3.20	3.35
		栏间速度(m/s)		8.39	8.39	8.54	8.54	8.62	8.54	8.39	8.23	8.02			8.44	8.57	8.19
			5.06										1.50	7.85	PB		
													9.35				
潘梓杰	0.177	触地时间(s)	2.64	3.72	4.82	5.89	6.97	8.05	9.14	10.24	11.34	12.51	14.03	2/4			
		栏间时间(s)		1.08	1.10	1.07	1.08	1.08	1.09	1.10	1.10	1.17			3.25	3.25	3.37
		栏间速度(m/s)		8.46	8.31	8.54	8.46	8.46	8.39	8.31	8.31	7.81			8.44	8.44	8.14
			5.20										1.52	7.84			
													9.22				

续表

运动员	反应时(s)		H1	H2	H3	H4	H5	H6	H7	H8	H9	H10	110m	道次/名次	H1-H4	H4-H7	H7-H10
吴镇华	0.145	触地时间(s)	2.67	3.78	4.87	5.97	7.06	8.17	9.27	10.36	11.46	12.63	14.09	7/5			3.36
		栏间时间(s)		1.11	1.09	1.10	1.09	1.11	1.10	1.09	1.10	1.17	**PB**		3.30	3.30	
		栏间速度(m/s)	5.14	8.23	8.39	8.31	8.39	8.23	8.31	8.39	8.31	7.81			8.31	8.31	8.16
												1.46					
												9.60	7.81				
孙振江	0.173	触地时间(s)	2.62	3.70	4.74	5.80	6.86	7.93	9.02	10.11	11.22	12.38	14.15	3/6			3.36
		栏间时间(s)		1.08	1.04	1.06	1.06	1.07	1.09	1.09	1.11	1.16			3.18	3.22	
		栏间速度(m/s)	5.24	8.46	8.79	8.62	8.62	8.54	8.39	8.39	8.23	7.88			8.62	8.52	8.16
												1.77					
												7.92	7.77				
郭钟杰	0.192	触地时间(s)	2.68	3.77	4.87	5.96	7.05	8.12	9.24	10.36	11.53	12.68	14.22	1/7			3.44
		栏间时间(s)		1.09	1.10	1.09	1.09	1.07	1.12	1.12	1.17	1.15			3.28	3.28	
		栏间速度(m/s)	5.12	8.39	8.31	8.39	8.39	8.54	8.16	8.16	7.81	7.95			8.36	8.36	7.97
												1.54					
												9.10	7.74				
张帅	0.174	触地时间(s)	2.68	3.78	4.88	5.97	7.07	8.19	9.30	10.41	11.54	12.72	14.27	4/8			3.42
		栏间时间(s)		1.10	1.09	1.09	1.10	1.12	1.11	1.11	1.13	1.18			3.29	3.33	
		栏间速度(m/s)	5.12	8.31	8.31	8.39	8.31	8.16	8.23	8.23	8.09	7.75			8.33	8.23	8.02
												1.55					
												9.05	7.71				

注:PB 为个人最好成绩。

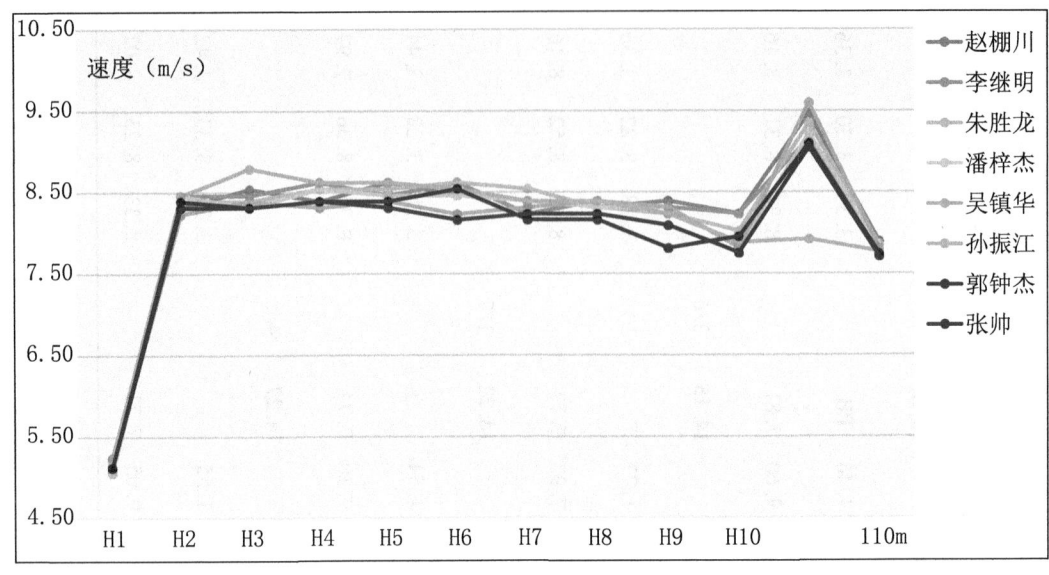

图 13-3　全国田径大奖赛（4）男子 110 米栏决赛分段速度折线图

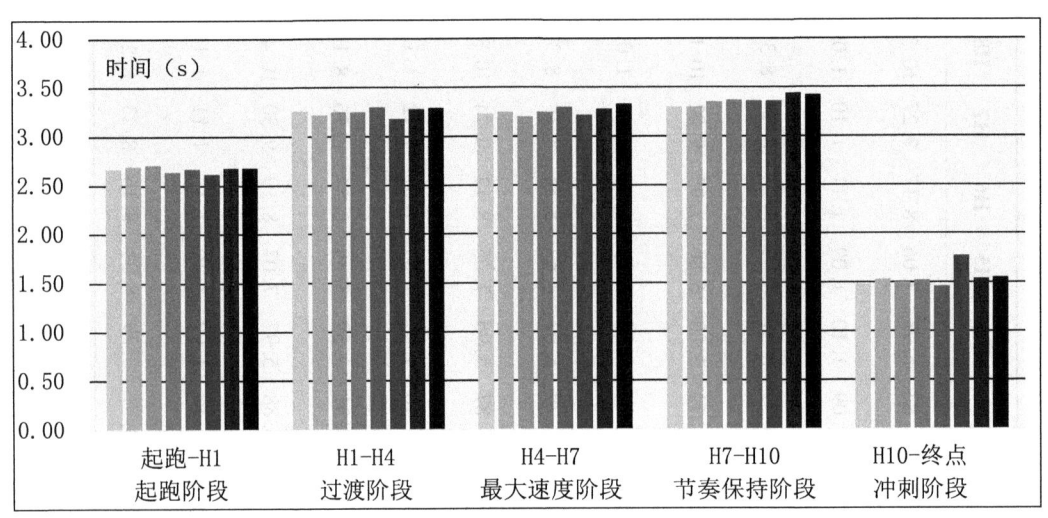

图 13-4　全国田径大奖赛（4）男子 110 米栏决赛分段时间柱状图

第三节　女子 400 米栏

一、比赛介绍

全国大奖赛（4）河南洛阳站女子 400 米栏的冠军是来自山东的运动员周瑜，决赛中她跑出了 58.48s 的成绩，在获得冠军的同时也创造了个人最好成绩。来自福建的欧莹和来自四川的胡利红分别以 59.71s 和 61.75s 的成绩获得二、三名。在女子 400 米栏决赛中，因有选手失误导致中途退赛等原因，最终只有 6 名运动员完赛。全国田径大奖赛（4）女子 400 米栏决赛的详细成绩如下表 13-5 所示。

表 13-5　全国田径大奖赛（4）女子 400 米栏决赛成绩

名次	道次	姓名	单位	出生年份	成绩（s）	反应时（s）
1	6	周瑜	山东	1999	58.48	0.195
2	4	欧莹	福建	2001	59.71	0.267
3	5	胡利红	四川	1999	60.75	0.214
4	7	陈丽莹	天津	1994	60.83	0.184
5	8	吴芳芳	江西	1997	61.76	0.205
6	2	庄冬梅	广东	2000	61.94	0.265
	1	陶雪	黑龙江	1999	DNF	
	3	肖霞	江苏	1991	DNF	

注：DNF 表示赛前退赛或未完成比赛。

二、运动学参数

表 13-6 全国田径大奖赛（4）女子 400 米栏河南洛阳站女子 400 米栏决赛 6 位运动员的关键运动学参数数据，包括触地时间、栏间时间和栏间速度。图 13-5 所示的是每位运动员在各个分段的速度变化，图 13-6 所示的是每位运动员在各个分段的时间变化（陶雪和肖霞退赛）。

我国跨栏项目优秀运动员关键运动技术特征研究

表13-6 全国田径大奖赛（4）女子400米栏决赛数据统计表

运动员	反应时(s)		H1	H2	H3	H4	H5	H6	H7	H8	H9	H10	400m	道次/名次	H1-H4	H4-H7	H7-H10
周瑜	0.195	触地时间(s)	6.95	11.52	16.14	20.77	25.57	30.54	35.83	41.27	46.74	52.33	58.48	6/1			
		栏间时间(s)		4.57	4.62	4.63	4.80	4.97	5.29	5.44	5.47	5.59	PB		13.82	15.06	16.50
		栏间速度(m/s)	6.47	7.66	7.58	7.56	7.29	7.04	6.62	6.43	6.40	6.26	6.84		7.60	6.97	6.36
		步数	24	16	16	16	16	16	17	17	18	18	195.2				
		H1左腿攻栏										6.15	6.50			21.2	
殷莹	0.267	触地时间(s)	7.07	11.73	16.48	21.27	26.32	31.56	36.88	42.31	47.88	53.55	59.71	4/2			
		栏间时间(s)		4.66	4.75	4.79	5.05	5.24	5.32	5.43	5.57	5.67			14.20	15.61	16.67
		栏间速度(m/s)	6.36	7.51	7.37	7.31	6.93	6.68	6.58	6.45	6.28	6.17	6.70		7.39	6.73	6.30
		步数	24	16	16	17	17	17	17	17	18	18	200				
		H1左腿攻栏										6.16	6.49			21	
胡利红	0.214	触地时间(s)	7.02	11.64	16.35	21.27	26.17	31.33	36.7	42.12	47.86	53.87	60.75	5/3			
		栏间时间(s)		4.62	4.71	4.92	4.90	5.16	5.37	5.42	5.74	6.01			14.25	15.43	17.17
		栏间速度(m/s)	6.41	7.58	7.43	7.11	7.14	6.78	6.52	6.46	6.10	5.82	6.58		7.37	6.80	6.12
		步数	23	16	16	16	16	17	17	17	17	17	192.7				
		H1左腿攻栏										6.88	5.81			20.7	

续表

运动员	反应时(s)		H1	H2	H3	H4	H5	H6	H7	H8	H9	H10	400m	道次/名次	H1-H4	H4-H7	H7-H10
陈丽莹	0.184	触地时间(s)	7.05	11.61	16.28	20.95	25.97	30.88	36.28	42.01	47.86	53.95	**60.83**	7/4			
		栏间时间(s)		4.56	4.67	4.67	5.02	4.91	5.40	5.73	5.85	6.09	6.88		13.90	15.33	17.67
		栏间速度(m/s)	6.38	7.68	7.49	7.49	6.97	7.13	6.48	6.11	5.98	5.75	5.81		7.55	6.85	5.94
		H1右腿攻栏步数	24	16	16	16	16	17	17	19	18	19	22	200			
吴芳芳	0.205	触地时间(s)	7.29	11.99	16.71	21.58	26.59	31.86	37.38	43.06	48.9	55.18	**61.76**	8/5			
		栏间时间(s)		4.70	4.72	4.87	5.01	5.27	5.52	5.68	5.84	6.28	6.58		14.29	15.80	17.80
		栏间速度(m/s)	6.17	7.45	7.42	7.19	6.99	6.64	6.34	6.16	5.99	5.57	6.08		7.35	6.65	5.90
		H1左腿攻栏步数	24	16	16	17	16	17	17	17	17	17	19	21.2	197.2		
庄冬梅	0.265	触地时间(s)	6.82	11.42	16.06	20.82	25.88	31.09	36.57	42.42	48.78	55.30	**61.94**	2/6			
		栏间时间(s)		4.60	4.64	4.76	5.06	5.21	5.48	5.85	6.36	6.52	6.64		14.00	15.75	18.73
		栏间速度(m/s)	6.60	7.61	7.54	7.35	6.92	6.72	6.39	5.98	5.50	5.37	6.02		7.50	6.67	5.61
		H1左腿攻栏步数	24	17	17	17	17	17	17	19	20	20	22.2	207.2			

注：PB为个人最好成绩。

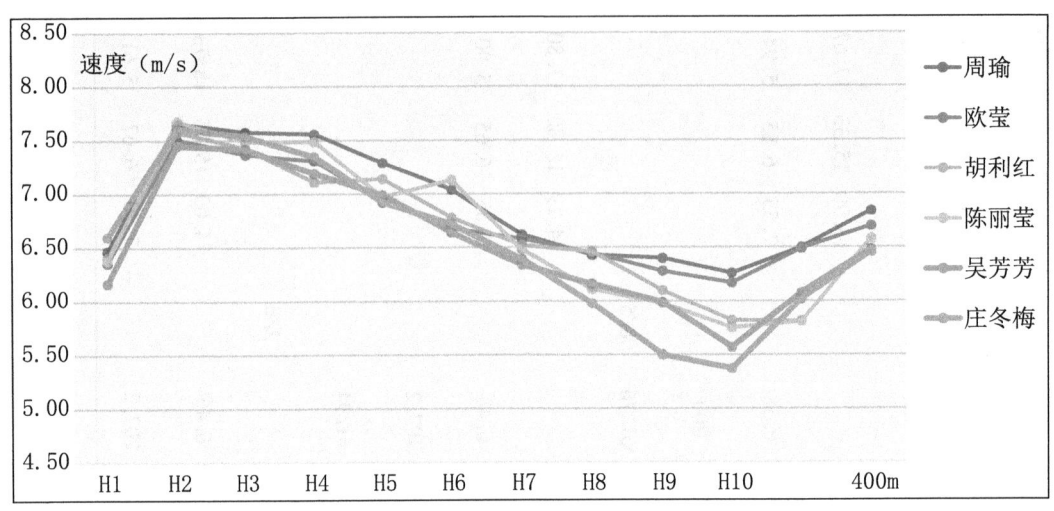

图 13-5　全国田径大奖赛（4）女子 400 米栏决赛分段速度折线图

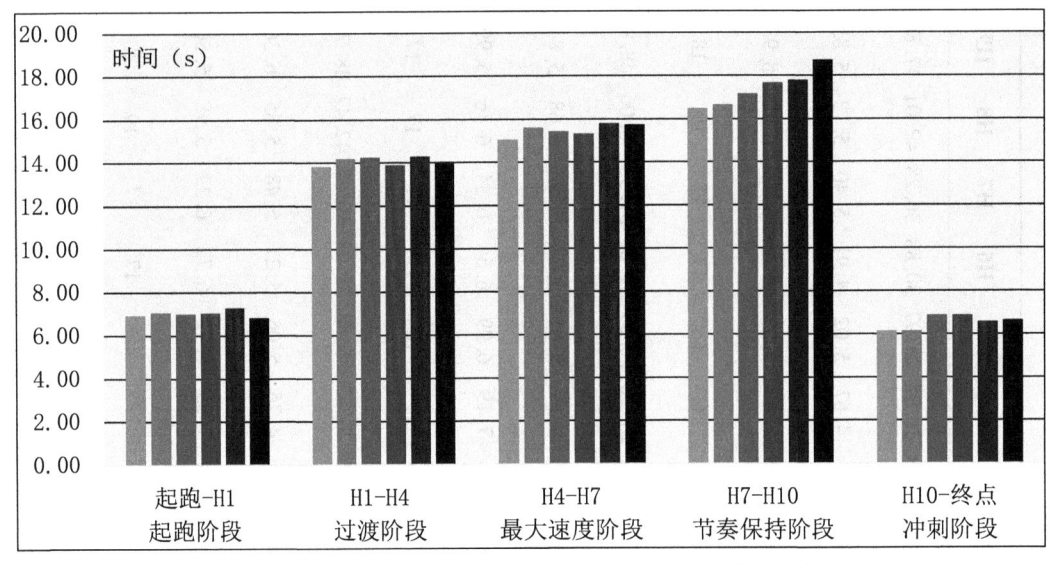

图 13-6　全国田径大奖赛（4）女子 400 米栏决赛分段时间柱状图

第四节　男子 400 米栏

一、比赛介绍

全国田径大奖赛（4）男子 400 米栏河南洛阳站决赛因有选手退赛的原因，最终只有 6 名运动员完赛，冠军被河北选手尚硕获得，成绩为 52.82s。浙江选手王艺杰和新疆选手龙伟分别以 51.60s 和 51.87s 的成绩获得二、三名。全国田径大奖赛（4）男子

400米栏决赛的详细成绩如表13-7所示。

表13-7 全国田径大奖赛（4）男子400米栏决赛成绩

名次	道次	姓名	单位	出生年份	成绩（s）	反应时（s）
1	4	尚硕	河北	1995	50.82	0.267
2	7	王艺杰	浙江	1997	51.60	0.260
3	2	龙伟	新疆	1997	51.87	0.208
4	5	崔才壮	河南	1995	52.55	0.195
5	8	庄林霏	山东	1996	52.76	0.298
6	1	浮家豪	河南	1999	54.71	0.208
	3	谢智宇	河南	2000	DNF	
	6	徐志航	吉林	1997	DNF	

注：DNF表示赛前退赛或未完成比赛。

二、运动学参数

表13-8所示的是全国大奖赛（4）河南洛阳站男子400米栏决赛6位运动员的关键运动学参数数据，包括触地时间、栏间时间和栏间速度。图13-7所示的是每位运动员在各个分段的速度变化，图13-8所示的是每位运动员在各个分段的时间变化。

表 13-8 全国大奖赛（4）男子 400 米栏决赛数据统计表

运动员	反应时 (s)		H1	H2	H3	H4	H5	H6	H7	H8	H9	H10	400m	道次/名次	H1-H4	H4-H7	H7-H10
尚硕	0.267	触地时间 (s)	6.50	10.61	14.68	18.88	23.25	27.71	32.16	36.67	41.22	45.77	**50.82**	4/1			
		栏间时间 (s)		4.11	4.07	4.20	4.37	4.46	4.45	4.51	4.55	4.55	5.05		12.38	13.28	13.61
		栏间速度 (m/s)	6.92	8.52	8.60	8.33	8.01	7.85	7.87	7.76	7.69	7.69	7.92					
		H1左腿攻栏 步数	22	14	14	14	14	14	14	15	15	15	17.7	168.7	8.48	7.91	7.71
王艺杰	0.260	触地时间 (s)	6.20	10.14	14.18	18.35	22.68	27.14	31.66	36.22	41.04	45.86	**51.60**	7/2			
		栏间时间 (s)		3.94	4.04	4.17	4.33	4.46	4.52	4.56	4.82	4.82	5.74		12.15	13.31	14.20
		栏间速度 (m/s)	7.26	8.88	8.66	8.39	8.08	7.85	7.74	7.68	7.26	7.26	6.97					
		H1左腿攻栏 步数	22	14	14	14	14	15	15	15	15	15	18.5	171.5	8.64	7.89	7.39
龙伟	0.208	触地时间 (s)	6.22	10.21	14.36	18.58	22.92	27.42	32.04	36.70	41.47	46.34	**51.87**	2/3			
		栏间时间 (s)		3.99	4.15	4.22	4.34	4.50	4.62	4.66	4.77	4.87	5.53	**PB**	12.36	13.46	14.30
		栏间速度 (m/s)	7.23	8.77	8.43	8.29	8.06	7.78	7.58	7.51	7.34	7.19	7.23	7.71				
		H1左腿攻栏 步数	23	15	15	15	15	15	15	15	15	15	18.2	176.2	8.50	7.80	7.34

续表

运动员	反应时(s)		H1	H2	H3	H4	H5	H6	H7	H8	H9	H10	400m	道次/名次	H1-H4	H4-H7	H7-H10
崔才壮	0.195	触地时间(s)	6.22	10.24	14.36	18.55	22.89	27.44	32.13	36.83	41.77	46.84	**52.55**	5/4			
		栏间时间(s)		4.02	4.12	4.19	4.34	4.55	4.69	4.70	4.94	5.07	5.71		12.33	13.58	14.71
		栏间速度(m/s)	7.23	8.71	8.50	8.35	8.06	7.69	7.46	7.45	7.09	6.90	7.01	7.61	8.52	7.73	7.14
	H1右腿攻栏	步数		22	14	14	14	15	15	15	15	15	18.5	171.5			
庄林辜	0.298	触地时间(s)	6.42	10.46	14.76	18.86	23.34	27.95	32.64	37.43	42.35	47.28	**52.76**	8/5			
		栏间时间(s)		4.04	4.30	4.10	4.48	4.61	4.69	4.79	4.92	4.93	5.48		12.44	13.78	14.64
		栏间速度(m/s)	7.01	8.66	8.14	8.54	7.81	7.59	7.46	7.31	7.11	7.10	7.30	7.58	8.44	7.62	7.17
	H1左腿攻栏	步数		21	14	14	15	15	15	15	15	15	18	171			
浮家豪	0.208	触地时间(s)	6.67	11.05	15.45	19.80	24.34	29.02	33.76	38.52	43.47	48.88	**54.71**	1/6			
		栏间时间(s)		4.38	4.40	4.35	4.54	4.68	4.74	4.76	4.95	5.41	5.83		13.13	13.96	15.12
		栏间速度(m/s)	6.75	7.99	7.95	8.05	7.71	7.48	7.38	7.35	7.07	6.47	6.86	7.31	8.00	7.52	6.94
	H1左腿攻栏	步数		22	14	14	14	15	15	15	15	17	19.5	174.5			

注：PB为个人最好成绩。

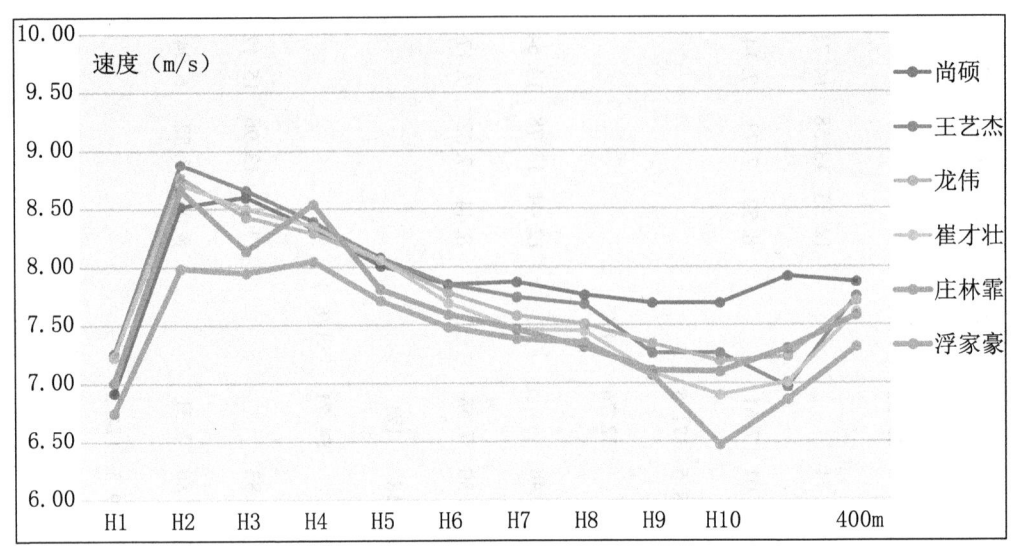

图13-7 全国田径大奖赛（4）男子400米栏决赛分段速度折线图

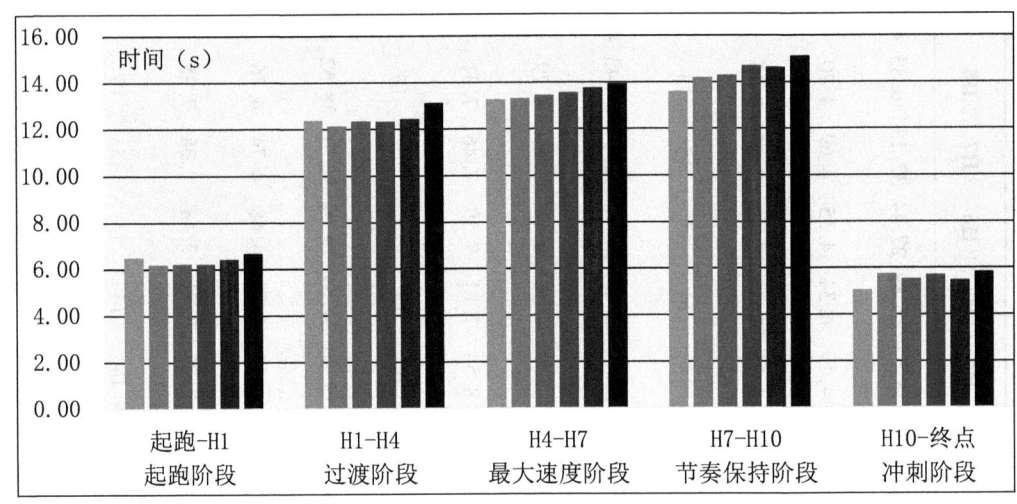

图13-8 全国田径大奖赛（4）男子400米栏决赛分段时间柱状图

CHAPTER 14 第十四章

2019年亚洲田径大奖赛系列赛(1)
重庆·江津

比赛日期：2019年6月4日
比赛地点：重庆江津区体育场

本章所有彩色图片请扫二维码

第一节 女子 100 米栏

一、比赛介绍

2019 年亚洲田径大奖赛系列赛来到中国重庆，第一站比赛于 2019 年 6 月 4 日在重庆江津区体育场开赛。该站比赛吸引了亚洲范围内的不少好手参加。女子 100 米栏的比赛。中国队派出亚锦赛该项目亚军陈佳敏，和广东运动员施家莉参赛。最终，施家莉跑出了 13.53s 的成绩，获得该站比赛的第三名，陈佳敏跑出了 13.60s 的成绩，排在第四。冠军被日本的紫村仁美夺走，成绩为 13.31s。同样参加过 2019 年亚锦赛的中国香港选手吕丽瑶以 13.42s 的成绩获得第二名。亚洲田径大奖赛系列赛（1）女子 100 米栏详细比赛成绩信息如表 14-1 所示。

表 14-1 亚洲田径大奖赛系列赛（1）女子 100 米栏比赛成绩

名次	道次	姓名	国家/地区	出生年份	成绩（s）	反应时（s）
1	4	紫村仁美	日本	1990	13.31	0.145
2	3	吕丽瑶	中国香港	1994	13.42	0.151
3	8	施家莉	中国	1997	13.53	0.156
4	5	陈佳敏	中国	1996	13.60	0.143
5	6	德兰蒂延华	越南	1990	13.67	0.167
6	7	埃格丽姆	哈萨克斯坦	1992	13.91	0.147
7	2	米斯里苏差达	泰国	1994	14.44	0.171

注：风速-1.2 米/秒。

二、运动学参数

表 14-2 所示的是亚洲田径大奖赛系列赛（1）女子 100 米栏决赛 7 位运动员的关键运动学参数数据，包括触地时间、栏间时间和栏间速度。图 14-1 所示的是每位运动员在各个分段的速度变化，图 14-2 所示的是每位运动员在各个分段的时间变化（因技术问题米斯里苏差达的部分数据有缺失）。

表 14-2 亚洲田径大奖赛系列赛（1）女子 100 米栏决赛数据统计表

运动员	反应时（s）		H1	H2	H3	H4	H5	H6	H7	H8	H9	H10	100m	道次/名次	H1-H4	H4-H7	H7-H10
紫村仁美	0.145	触地时间（s）	2.61	3.70	4.73	5.77	6.82	7.85	8.92	9.97	11.06	12.13	**13.31**	4/1			
		栏间时间（s）		1.09	1.03	1.04	1.05	1.03	1.07	1.05	1.09	1.07			3.16	3.15	3.21
		栏间速度（m/s）	4.98	7.80	8.25	8.17	8.10	8.25	7.94	8.10	7.80	7.94	8.90	1.18	7.51	8.07	8.10	7.94
吕丽瑶	0.151	触地时间（s）	2.65	3.73	4.78	5.82	6.87	7.90	8.99	10.04	11.11	12.21	**13.42**	3/2			
		栏间时间（s）		1.08	1.05	1.04	1.05	1.03	1.09	1.05	1.07	1.10			3.17	3.17	3.22
		栏间速度（m/s）	4.91	7.87	8.10	8.17	8.10	8.25	7.80	8.10	7.94	7.73	8.68	1.21	7.45	8.04	8.04	7.92
施家莉	0.156	触地时间（s）	2.65	3.73	4.78	5.83	6.87	7.94	8.99	10.06	11.16	12.27	**13.53**	8/3			
		栏间时间（s）		1.08	1.05	1.05	1.04	1.07	1.05	1.07	1.10	1.11			3.18	3.16	3.28
		栏间速度（m/s）	4.91	7.87	8.10	8.10	8.17	7.94	8.10	7.94	7.73	7.66	8.33	1.26	7.39	8.02	8.07	7.77
陈佳敏	0.143	触地时间（s）	2.61	3.69	4.73	5.79	6.85	7.92	9.00	10.11	11.24	12.38	**13.60**	5/4			
		栏间时间（s）		1.08	1.04	1.06	1.06	1.07	1.08	1.11	1.13	1.14			3.18	3.21	3.38
		栏间速度（m/s）	4.98	7.87	8.17	8.02	8.02	7.94	7.87	7.66	7.52	7.46	8.61	1.22	7.35	8.02	7.94	7.54

续表

运动员	反应时(s)		H1	H2	H3	H4	H5	H6	H7	H8	H9	H10	100m	道次/名次	H1-H4	H4-H7	H7-H10
德兰蒂延华	0.167	触地时间(s)	2.61	3.71	4.80	5.87	6.95	8.04	9.12	10.22	11.32	12.47	13.67	6/5			
		栏间时间(s)		1.10	1.09	1.07	1.08	1.09	1.08	1.10	1.10	1.15	1.20		3.26	3.25	3.35
		栏间速度(m/s)	4.98	7.73	7.80	7.94	7.87	7.80	7.87	7.73	7.73	7.39	7.32		7.82	7.85	7.61
埃格丽姆	0.147	触地时间(s)	2.75	3.85	4.95	6.03	7.12	8.20	9.29	10.39	11.51	12.62	13.91	7/6			
		栏间时间(s)		1.10	1.10	1.08	1.09	1.08	1.09	1.10	1.12	1.11	1.29		3.28	3.26	3.33
		栏间速度(m/s)	4.73	7.73	7.73	7.87	7.80	7.87	7.80	7.73	7.59	7.66	8.14		7.77	7.82	7.66
米斯里苏差达	0.171	触地时间(s)	2.68	3.78	4.87	5.97	7.19	8.37	9.56	10.74			14.44	2/7			
		栏间时间(s)		1.10	1.09	1.10	1.22	1.18	1.19	1.18					3.29	3.59	
		栏间速度(m/s)	4.85	7.73	7.80	7.73	6.97	7.20	7.14	7.20			6.93		7.75	7.10	

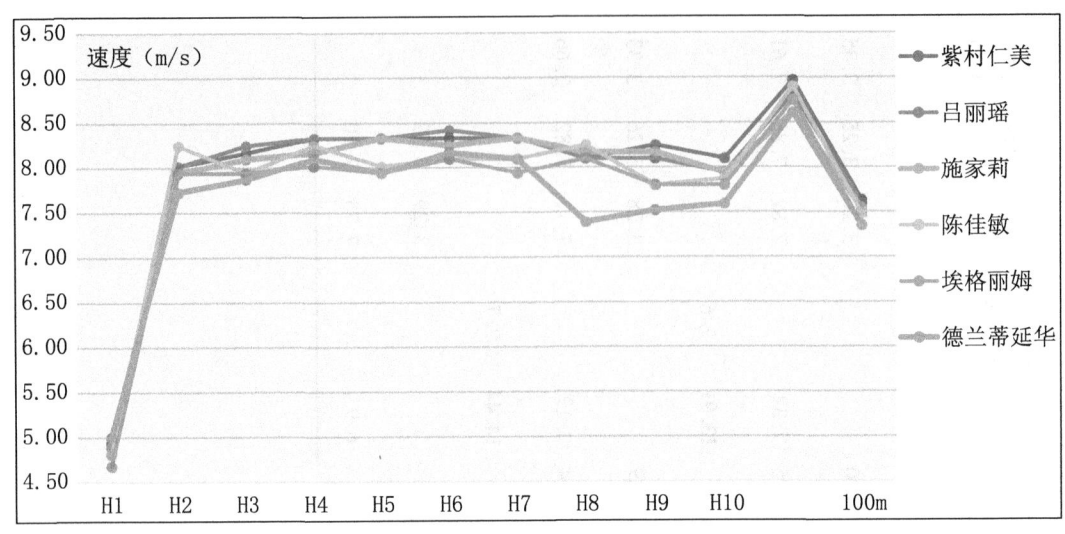

图 14-1 亚洲田径大奖赛系列赛（1）女子 100 米栏分段速度折线图

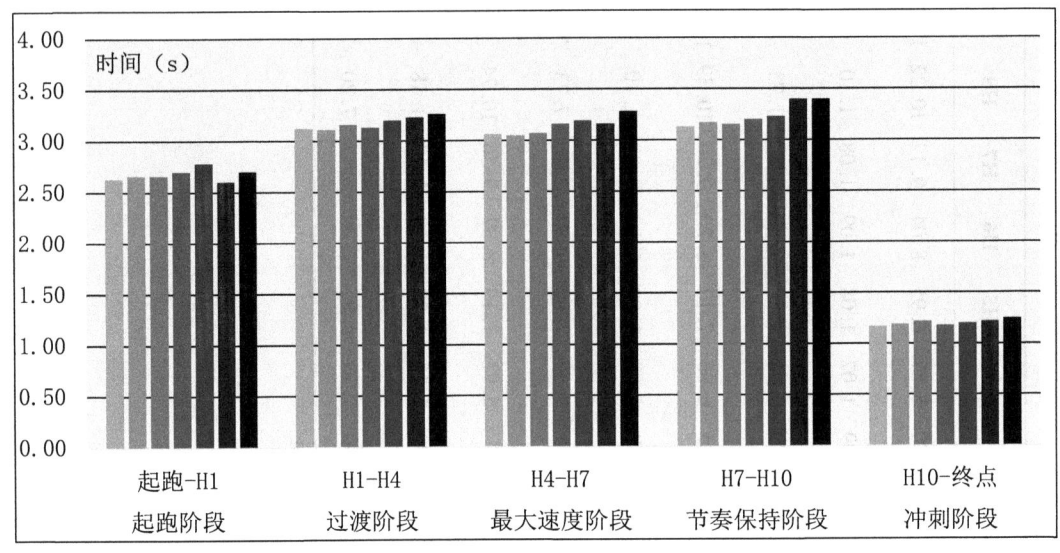

图 14-2 亚洲田径大奖赛系列赛（1）女子 100 米栏分段时间柱状图

第二节 男子 110 米栏

一、比赛介绍

2019 年亚洲田径大奖赛系列赛（1）男子 110 米栏的比赛，中国队原本派出曾建航和孙振江两位年轻选手参赛，但是孙振江在全国大奖赛洛阳站的比赛中不幸受伤，只能缺席该项赛事。最终，来自中国台北的陈奎儒跑出了 13.58s 的成绩，获得该站冠军。

我国选手曾建航跑出了 13.72s 的成绩排名第二，中国香港的陈仲泓以 13.75s 的成绩获得第三名。亚洲田径大奖赛系列赛（1）男子 110 米栏的详细比赛成绩信息如表 14-3 所示。

表 14-3　亚洲田径大奖赛系列赛（1）男子 110 米栏比赛成绩

名次	道次	姓名	国家/地区	出生年份	成绩（s）	反应时（s）
1	4	陈奎儒	中国台北	1993	13.58	0.187
2	6	曾建航	中国	1998	13.72	0.159
3	7	陈仲泓	中国香港	1991	13.75	0.149
4	9	叶夫列莫夫	哈萨克斯坦	1995	13.91	0.174
5	5	尾形晃广	日本	1993	13.94	0.173
6	2	金斯利	菲律宾	1992	14.22	0.169
	8	孙振江	中国	1999	DNF	
	3	栗城	日本	1996	DNF	

注：风速 -0.3 米/秒；DNF 表示赛前退赛或未完成比赛。

二、运动学参数

表 14-4 所示的是亚洲田径大奖赛系列赛（1）男子 110 米栏决赛 6 位运动员的关键运动学参数数据，包括触地时间、栏间时间和栏间速度。图 14-3 所示的是每位运动员在各个分段的速度变化，图 14-4 所示的是每位运动员在各个分段的时间变化。

表 14-4 亚洲田径大奖赛系列赛（1）男子 110 米栏决赛数据统计表

运动员	反应时 (s)		H1	H2	H3	H4	H5	H6	H7	H8	H9	H10	110m	道次/名次	H1-H4	H4-H7	H7-H10
陈奎儒	0.187	触地时间 (s)	2.61	3.67	4.70	5.74	6.79	7.84	8.90	9.96	11.02	12.13	**13.58**	4/1			
		栏间时间 (s)		1.06	1.03	1.04	1.05	1.05	1.06	1.06	1.06	1.11	1.45		3.13	3.16	3.23
		栏间速度 (m/s)	5.26	8.62	8.87	8.79	8.70	8.70	8.62	8.62	8.62	8.23	9.67	8.10		8.76	8.68	8.49
曾建航	0.159	触地时间 (s)	2.58	3.65	4.70	5.75	6.83	7.90	8.95	10.05	11.16	12.26	**13.72**	6/2			
		栏间时间 (s)		1.07	1.05	1.05	1.08	1.07	1.05	1.10	1.11	1.10	1.46		3.17	3.20	3.31
		栏间速度 (m/s)	5.32	8.54	8.70	8.70	8.46	8.54	8.70	8.31	8.23	8.31	9.60	8.02		8.65	8.57	8.28
陈仲泓	0.149	触地时间 (s)	2.65	3.73	4.78	5.85	6.89	7.94	9.04	10.11	11.20	12.29	**13.75**	7/3			
		栏间时间 (s)		1.08	1.05	1.07	1.04	1.05	1.10	1.07	1.09	1.09	1.46		3.20	3.19	3.25
		栏间速度 (m/s)	5.18	8.46	8.70	8.54	8.79	8.70	8.31	8.54	8.39	8.39	9.60	8.00		8.57	8.60	8.44
叶夫列莫夫	0.174	触地时间 (s)	2.65	3.70	4.77	5.79	6.87	7.95	9.05	10.16	11.26	12.39	**13.91**	9/4			
		栏间时间 (s)		1.05	1.07	1.02	1.08	1.08	1.10	1.11	1.10	1.13	1.52		3.14	3.26	3.34
		栏间速度 (m/s)	5.18	8.70	8.54	8.96	8.46	8.46	8.31	8.23	8.31	8.09	9.22	7.91		8.73	8.41	8.21

续表

运动员	反应时(s)		H1	H2	H3	H4	H5	H6	H7	H8	H9	H10	110m	道次/名次	H1-H4	H4-H7	H7-H10
尾形晃广	0.173	触地时间(s)	2.65	3.73	4.82	5.90	6.95	8.04	9.12	10.22	11.34	12.44	**13.94**	5/5			
		栏间时间(s)		1.08	1.09	1.08	1.05	1.09	1.08	1.10	1.12	1.10			3.25	3.22	3.32
		栏间速度(m/s)	5.18	8.46	8.39	8.46	8.70	8.39	8.46	8.31	8.16	8.31	7.89		8.44	8.52	8.26
金斯利	0.169	触地时间(s)	2.60	3.70	4.80	5.88	6.99	8.10	9.25	10.41	11.57	12.72	**14.22**	2/6			
		栏间时间(s)		1.10	1.10	1.08	1.11	1.11	1.15	1.16	1.16	1.15	1.50		3.28	3.37	3.47
		栏间速度(m/s)	5.28	8.31	8.31	8.46	8.23	8.23	7.95	7.88	7.88	7.95	7.74		8.36	8.14	7.90

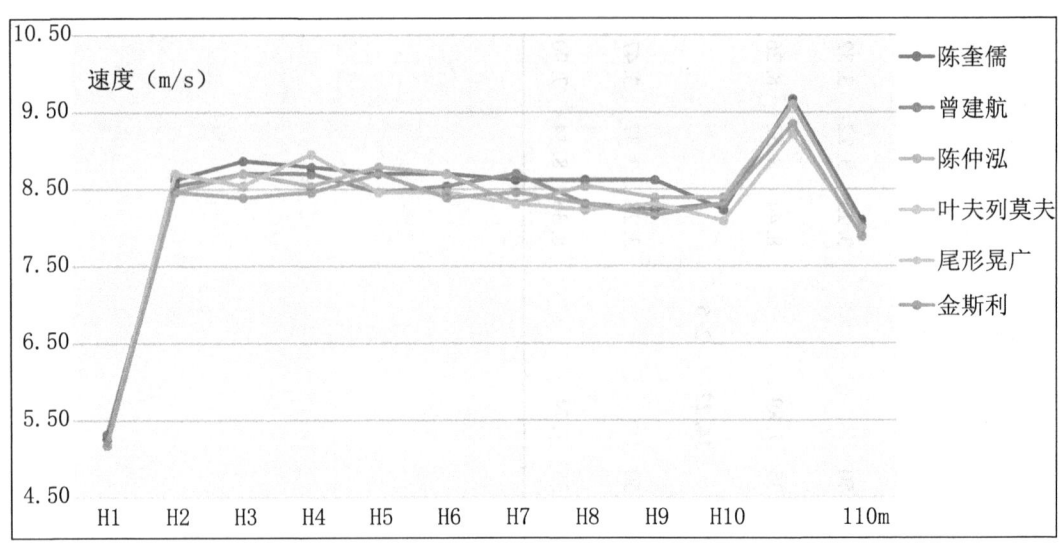

图14-3 亚洲田径大奖赛系列赛（1）男子110米栏分段速度折线图

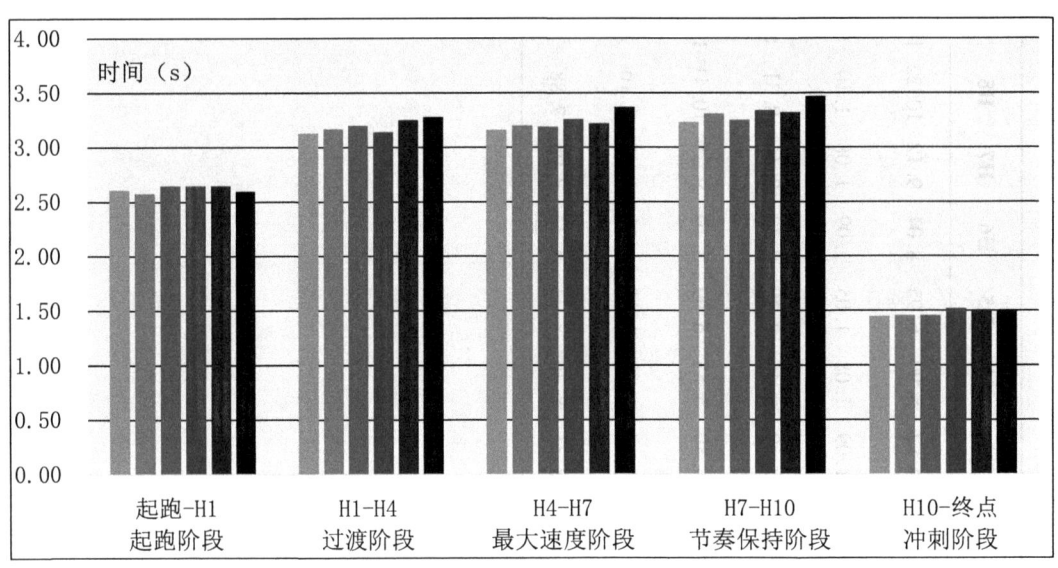

图14-4 亚洲田径大奖赛系列赛（1）男子110米栏分段时间柱状图

CHAPTER 15 第十五章

2019年亚洲田径大奖赛系列赛(2)

比赛日期：2019年6月7日
比赛地点：重庆奥林匹克体育中心

本章所有彩色图片请扫二维码

第一节 女子 100 米栏

一、比赛介绍

2019 年亚洲田径大奖赛系列赛第二站继续在重庆进行，参赛的运动员与第一站没有变化，只是比赛地点改到了重庆奥林匹克中心体育场。女子 100 米栏的比赛中，日本选手紫村仁美以 13.11s 成绩再次夺冠。中国香港选手吕丽瑶跑出 13.18s 的成绩，获得第二名，我国运动员施家莉跑出了 13.26s 的成绩，获得第三名，只可惜现场风速是 2.3m/s 略微超了风速，否则这将是施家莉新的个人最好成绩。亚洲田径大奖赛系列赛（2）女子 100 米栏详细比赛成绩信息如表 15-1 所示。

表 15-1 亚洲田径大奖赛系列赛（2）女子 100 米栏比赛成绩

名次	道次	姓名	国家/地区	出生年份	成绩（s）	反应时（s）
1	5	紫村仁美	日本	1990	13.11	0.183
2	7	吕丽瑶	中国香港	1994	13.18	0.180
3	3	施家莉	中国	1997	13.26	0.190
4	4	陈佳敏	中国	1996	13.37	0.193
5	8	埃格丽姆	哈萨克斯坦	1992	13.60	0.186
6	6	德兰蒂延华	越南	1990	13.61	0.165
7	2	米斯里苏差达	泰国	1994	13.89	0.180

注：风速 2.3 米/秒。

二、运动学参数

表 15-2 所示的是亚洲田径大奖赛系列赛（2）女子 100 米栏决赛 7 位运动员的关键运动学参数数据，包括触地时间、栏间时间和栏间速度。图 15-1 所示的是每位运动员在各个分段的速度变化，图 15-2 所示的是每位运动员在各个分段的时间变化（因技术问题米斯里苏差达的部分数据有缺失）。

表15-2 亚洲田径大奖赛系列赛（2）女子100米栏决赛数据统计表

运动员	反应时 (s)		H1	H2	H3	H4	H5	H6	H7	H8	H9	H10	100m	道次/名次	H1-H4	H4-H7	H7-H10
紫村仁美	0.183	触地时间 (s)	2.63	3.69	4.73	5.75	6.77	7.79	8.81	9.86	10.89	11.94	13.11	5/1			
		栏间时间 (s)		1.06	1.04	1.02	1.02	1.02	1.02	1.05	1.03	1.05			3.12	3.06	3.13
		栏间速度 (m/s)	4.94	8.02	8.17	8.33	8.33	8.33	8.33	8.10	8.25	8.10	7.63		8.17	8.33	8.15
																	1.17
																	8.97
吕丽瑶	0.180	触地时间 (s)	2.66	3.72	4.75	5.77	6.79	7.80	8.82	9.87	10.92	11.99	13.18	7/2			
		栏间时间 (s)		1.06	1.03	1.02	1.02	1.01	1.02	1.05	1.05	1.07			3.11	3.05	3.17
		栏间速度 (m/s)	4.89	8.02	8.25	8.33	8.33	8.42	8.33	8.10	8.10	7.94	7.59		8.20	8.36	8.04
																	1.19
																	8.82
施家莉	0.190	触地时间 (s)	2.66	3.73	4.78	5.82	6.84	7.87	8.89	9.93	10.97	12.04	13.26	3/3			
		栏间时间 (s)		1.07	1.05	1.04	1.02	1.03	1.02	1.04	1.04	1.07			3.16	3.07	3.15
		栏间速度 (m/s)	4.89	7.94	8.10	8.17	8.33	8.25	8.33	8.17	8.17	7.94	7.54		8.07	8.31	8.10
																	1.22
																	8.61
陈佳敏	0.193	触地时间 (s)	2.70	3.73	4.80	5.83	6.89	7.94	8.99	10.02	11.11	12.19	13.37	4/4			
		栏间时间 (s)		1.03	1.07	1.03	1.06	1.05	1.05	1.03	1.09	1.08			3.13	3.16	3.20
		栏间速度 (m/s)	4.81	8.25	7.94	8.25	8.02	8.10	8.10	8.25	7.80	7.87	7.48		8.15	8.07	7.97
																	1.18
																	8.90

续表

运动员	反应时(s)		H1	H2	H3	H4	H5	H6	H7	H8	H9	H10	100m	道次/名次	H1-H4	H4-H7	H7-H10
埃格丽姆	0.186	触地时间(s)	2.78	3.85	4.92	5.98	7.05	8.10	9.17	10.22	11.31	12.40	**13.60**	8/5			
		栏间时间(s)		1.07	1.07	1.06	1.07	1.05	1.07	1.05	1.09	1.09			3.20	3.19	3.23
		栏间速度(m/s)	4.68	7.94	7.94	8.02	7.94	8.10	7.94	8.10	7.80	7.80	7.35		7.97	7.99	7.89
德兰蒂延华	0.165	触地时间(s)	2.60	3.70	4.78	5.83	6.90	7.94	8.99	10.14	11.27	12.39	**13.61**	6/6			
		栏间时间(s)		1.10	1.08	1.05	1.07	1.04	1.05	1.15	1.13	1.12	1.22		3.23	3.16	3.40
		栏间速度(m/s)	5.00	7.73	7.87	8.10	7.94	8.17	8.10	7.39	7.52	7.59	8.61		7.89	8.07	7.50
米斯里里苏差达	0.180	触地时间(s)	2.70	3.78	4.87	5.96	7.04	8.14	9.24	10.37	11.49	12.64	**13.89**	2/7			
		栏间时间(s)		1.08	1.09	1.09	1.08	1.10	1.10	1.13	1.12	1.15	1.25		3.26	3.28	3.40
		栏间速度(m/s)	4.81	7.87	7.80	7.80	7.87	7.73	7.73	7.52	7.59	7.39	8.40		7.82	7.77	7.50

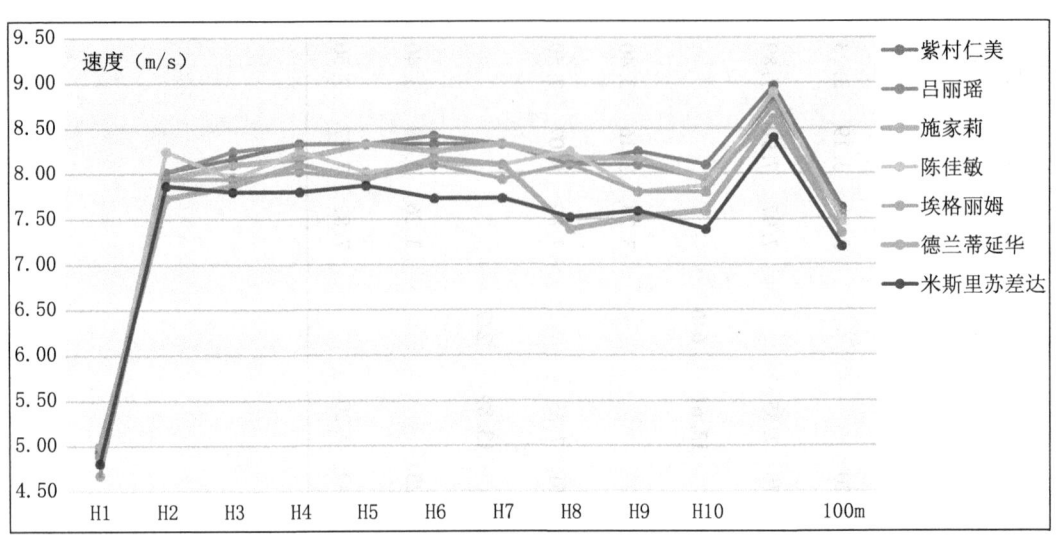

图 15-1 亚洲田径大奖赛系列赛（2）女子 100 米栏分段速度折线图

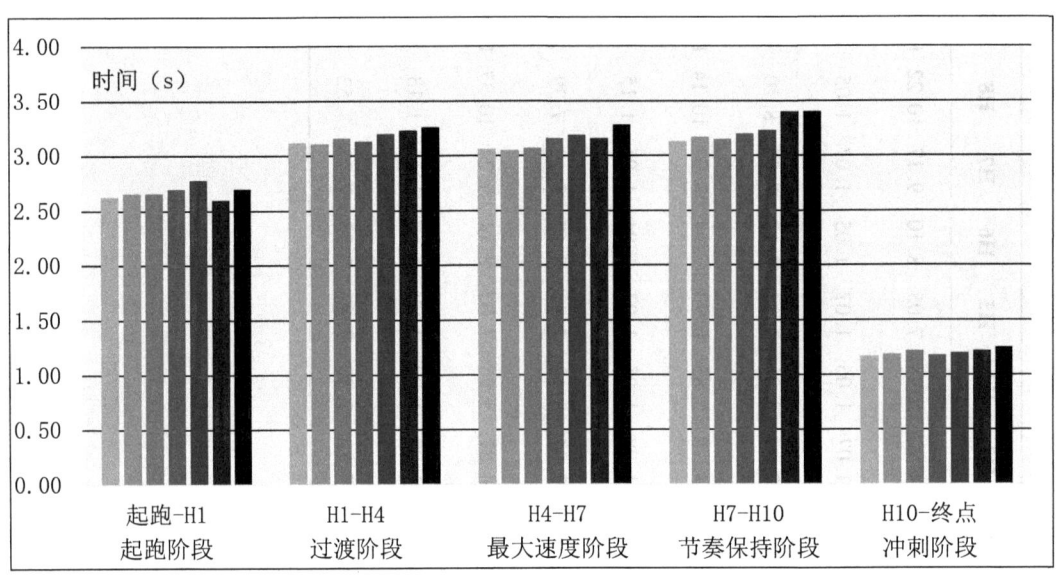

图 15-2 亚洲田径大奖赛系列赛（2）女子 100 米栏分段时间柱状图

第二节 男子 110 米栏

一、比赛介绍

2019 年亚洲田径大奖赛系列赛（2）男子 110 米栏的比赛中，中国选手曾建航跑出了 13.45s 的好成绩，不仅大幅度提高了他个人最好成绩，并且达到了 2019 年田径世锦赛的达标线。但是在该站比赛中曾建航并没有拿到冠军,来自中国台北的陈奎儒跑出了13.43s率先撞线,曾建航获得第二名。日本选手栗城以13.62s的成绩获得第三名。亚洲田径大奖赛系列赛（2）男子110米栏的详细比赛成绩信息如表15-3所示。

表15-3 亚洲田径大奖赛系列赛（2）男子110米栏比赛成绩

名次	道次	姓名	国家/地区	出生年份	成绩（s）	反应时（s）
1	4	陈奎儒	中国台北	1993	13.43	0.164
2	6	曾建航	中国	1998	13.45	0.168
3	7	栗城	日本	1996	13.62	0.130
4	9	叶夫列莫夫	哈萨克斯坦	1995	13.81	0.186
5	5	尾形晃广	日本	1993	13.90	0.201
6	2	陈仲泓	中国香港	1991	14.07	0.158
7	8	金斯利	菲律宾	1992	14.13	0.180

注：风速1.2米/秒。

二、运动学参数

表15-4所示的是亚洲田径大奖赛系列赛（2）男子110米栏决赛6位运动员的关键运动学参数数据，包括触地时间、栏间时间和栏间速度。图15-3所示的是每位运动员在各个分段的速度变化，图15-4所示的是每位运动员在各个分段的时间变化。

表 15-4 亚洲田径大奖赛系列赛（2）男子 110 米栏决赛数据统计表

运动员	反应时 (s)		H1	H2	H3	H4	H5	H6	H7	H8	H9	H10	110m	道次/名次	H1-H4	H4-H7	H7-H10
陈奎儒	0.164	触地时间 (s)	2.58	3.63	4.67	5.69	6.72	7.75	8.79	9.84	10.91	11.99	**13.43**	4/1			
		栏间时间 (s)		1.05	1.04	1.02	1.03	1.03	1.04	1.05	1.07	1.08			3.11	3.10	3.20
		栏间速度 (m/s)	5.32	8.70	8.79	8.96	8.87	8.87	8.79	8.70	8.54	8.46	9.74	1.44	8.82	8.85	8.57
曾建航	0.168	触地时间 (s)	2.58	3.62	4.66	5.67	6.70	7.72	8.76	9.80	10.92	12.03	**13.45**	6/2			
		栏间时间 (s)		1.04	1.04	1.01	1.03	1.02	1.04	1.04	1.12	1.11	PB		3.09	3.09	3.27
		栏间速度 (m/s)	5.32	8.70	8.79	9.05	8.87	8.96	8.79	8.79	8.16	8.23	9.87	1.42	8.87	8.87	8.39
栗城	0.130	触地时间 (s)	2.60	3.70	4.74	5.79	6.82	7.86	8.92	9.99	11.07	12.17	**13.62**	7/3			
		栏间时间 (s)		1.10	1.04	1.05	1.03	1.04	1.06	1.07	1.08	1.10			3.19	3.13	3.25
		栏间速度 (m/s)	5.28	8.31	8.79	8.70	8.87	8.79	8.62	8.54	8.46	8.31	8.08	1.45	8.60	8.76	8.44
叶夫列莫夫	0.186	触地时间 (s)	2.66	3.75	4.78	5.84	6.90	7.95	9.02	10.12	11.20	12.32	**13.81**	9/4			
		栏间时间 (s)		1.09	1.03	1.06	1.06	1.05	1.07	1.10	1.08	1.12	PB		3.18	3.18	3.30
		栏间速度 (m/s)	5.16	8.39	8.87	8.62	8.62	8.70	8.54	8.31	8.46	8.16	7.97	1.49	8.62	8.62	8.31

续表

运动员	反应时(s)		H1	H2	H3	H4	H5	H6	H7	H8	H9	H10	110m	道次/名次	H1-H4	H4-H7	H7-H10
尾形晃广		触地时间(s)	2.66	3.75	4.80	5.87	6.92	7.98	9.07	10.16	11.27	12.41	**13.90**	5/5			
	0.201	栏间时间(s)		1.09	1.05	1.07	1.05	1.06	1.09	1.09	1.11	1.14	1.49		3.21	3.20	3.34
		栏间速度(m/s)	5.16	8.39	8.70	8.54	8.70	8.62	8.39	8.39	8.23	8.02	9.41		8.54	8.57	8.21
陈仲泓		触地时间(s)	2.70	3.78	4.85	5.91	6.96	8.02	9.07	10.16	11.31	12.49	**14.07**	2/6			
	0.158	栏间时间(s)		1.08	1.07	1.06	1.05	1.06	1.05	1.09	1.15	1.18	1.58		3.21	3.16	3.42
		栏间速度(m/s)	5.08	8.46	8.54	8.62	8.70	8.62	8.70	8.39	7.95	7.75	8.87		8.54	8.68	8.02
金斯利		触地时间(s)	2.65	3.77	4.87	5.99	7.07	8.17	9.29	10.41	11.52	12.67	**14.13**	8/7			
	0.180	栏间时间(s)		1.12	1.10	1.12	1.08	1.10	1.12	1.12	1.11	1.15	1.46	PB	3.34	3.30	3.38
		栏间速度(m/s)	5.18	8.16	8.31	8.16	8.46	8.31	8.16	8.16	8.23	7.95	9.60	7.78	8.21	8.31	8.11

注：PB为个人最好成绩。

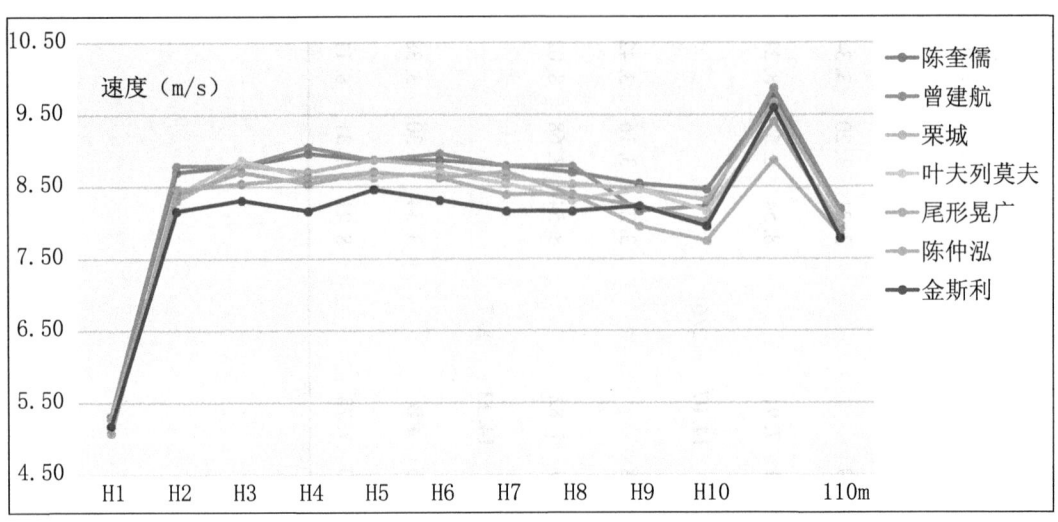

图15-3 亚洲田径大奖赛系列赛（2）男子110米栏分段速度折线图

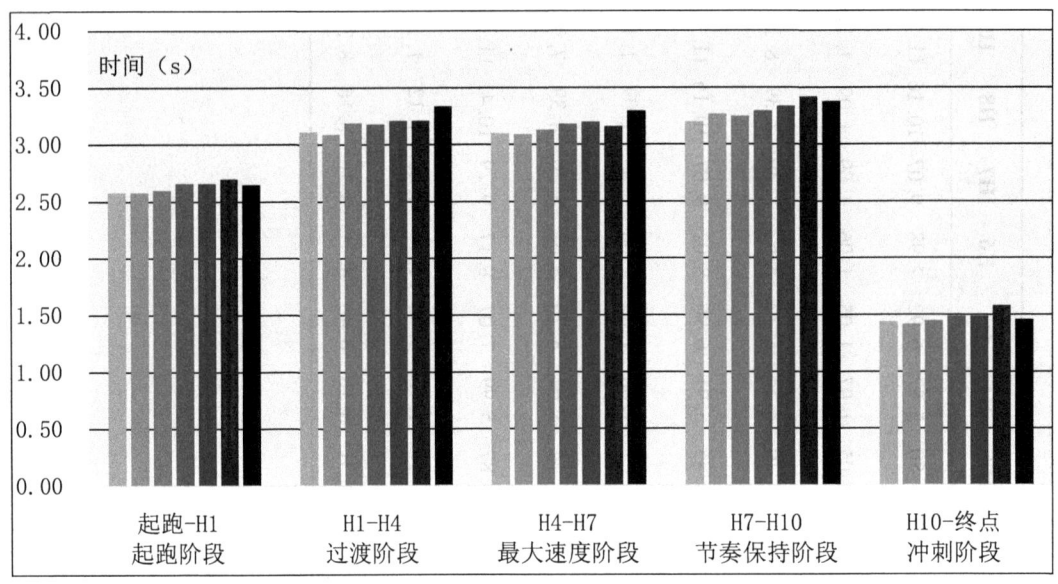

图15-4 亚洲田径大奖赛系列赛（2）男子110米栏分段时间柱状图

CHAPTER 16 第十六章

2019年全国田径锦标赛

辽宁·沈阳

比赛日期：2019年7月8—11日
比赛地点：沈阳奥林匹克体育中心

本章所有彩色图片请扫二维码

第一节　女子100米栏

一、比赛介绍

2019年全国田径锦标赛于7月8日在沈阳奥林匹克体育中心开幕，作为一年一度的国内高水平赛事，全国田径锦标赛在非全运会年里是各省市田径队最重视的赛事。在女子100米栏项目中，河南选手陈佳敏以13.25s的成绩获得了冠军。亚军是来自福建的邓雪琳，成绩为13.36s。湖北选手游娜以13.38s的成绩紧随其后，获得第三名。2019年全国田径锦标赛女子100米栏决赛的成绩信息如表16-1所示。

表16-1　全国田径锦标赛女子100米栏决赛成绩

名次	道次	姓名	单位	出生年份	成绩（s）	反应时（s）
1	5	陈佳敏	河南	1996	13.25	0.166
2	3	邓雪琳	福建	1998	13.36	0.243
3	4	游娜	湖北	1993	13.38	0.170
4	6	汪丽	江苏	1999	13.46	0.174
5	8	施家莉	广东	1997	13.46	0.161
6	2	虞佳如	浙江	1999	13.57	0.203
7	1	戴仪茹	河南	2001	13.58	0.197
8	7	林雨薇	福建	1999	13.83	0.143

注：风速0.2米/秒。

二、运动学参数

表16-2所示的是全国田径锦标赛女子100米栏决赛8位运动员的关键运动学参数数据，包括触地时间、栏间时间和栏间速度。图16-1所示的是每位运动员在各个分段的速度变化，图16-2所示的是每位运动员在各个分段的时间变化。

表16-2 全国田径锦标赛女子100米栏决赛数据统计表

运动员	反应时(s)		H1	H2	H3	H4	H5	H6	H7	H8	H9	H10	100m	道次/名次	H1-H4	H4-H7	H7-H10
陈佳敏	0.166	触地时间(s)	2.66	3.70	4.74	5.77	6.77	7.82	8.86	9.91	10.97	12.06	**13.25**	5/1			
		栏间时间(s)		1.04	1.04	1.03	1.00	1.05	1.04	1.05	1.06	1.09			3.11	3.09	3.20
		栏间速度(m/s)	4.89	8.17	8.17	8.25	8.50	8.10	8.17	8.10	8.02	7.80	1.19 8.82		8.20	8.25	7.97
邓雪琳	0.243	触地时间(s)	2.73	3.78	4.82	5.87	6.89	7.94	8.97	10.04	11.09	12.17	**13.36**	3/2			
		栏间时间(s)		1.05	1.04	1.05	1.02	1.05	1.03	1.07	1.05	1.08	PB		3.14	3.10	3.20
		栏间速度(m/s)	4.76	8.10	8.17	8.10	8.33	8.10	8.25	7.94	8.10	7.87	1.19 8.82		8.12	8.23	7.97
游娜	0.170	触地时间(s)	2.68	3.72	4.77	5.81	6.85	7.89	8.92	10.01	11.08	12.18	**13.38**	4/3			
		栏间时间(s)		1.04	1.05	1.04	1.04	1.04	1.03	1.09	1.07	1.10	PB		3.13	3.11	3.26
		栏间速度(m/s)	4.85	8.17	8.10	8.17	8.17	8.17	8.25	7.80	7.94	7.73	1.20 8.75		8.15	8.20	7.82
汪丽	0.174	触地时间(s)	2.70	3.75	4.80	5.84	6.89	7.94	9.01	10.09	11.18	12.28	**13.46**	6/4			
		栏间时间(s)		1.05	1.05	1.04	1.05	1.05	1.07	1.08	1.09	1.10	PB		3.14	3.17	3.27
		栏间速度(m/s)	4.81	8.10	8.10	8.17	8.10	8.10	7.94	7.87	7.80	7.73	1.18 8.90		8.12	8.04	7.80

续表

运动员	反应时(s)		H1	H2	H3	H4	H5	H6	H7	H8	H9	H10	100m	道次/名次	H1-H4	H4-H7	H7-H10
施家莉	0.161	触地时间(s)	2.65	3.71	4.78	5.83	6.88	7.92	8.97	10.04	11.11	12.23	**13.46**	8/5			
		栏间时间(s)		1.06	1.07	1.05	1.05	1.04	1.05	1.07	1.07	1.12	**PB**		3.18	3.14	3.26
		栏间速度(m/s)	4.91	8.02	7.94	8.10	8.10	8.17	8.10	7.94	7.94	7.59	7.43		8.02	8.12	7.82
虞佳如	0.203	触地时间(s)	2.75	3.83	4.91	5.96	7.00	8.06	9.12	10.19	11.28	12.38	**13.57**	2/6			
		栏间时间(s)		1.08	1.08	1.05	1.04	1.06	1.06	1.07	1.09	1.10			3.21	3.16	3.26
		栏间速度(m/s)	4.73	7.87	8.02	8.10	8.17	8.17	8.02	7.94	7.80	7.73	8.54		7.94	8.07	7.82
戴仪茹	0.197	触地时间(s)	2.67	3.79	4.85	5.91	6.96	8.00	9.09	10.17	11.27	12.36	**13.58**	1/7			
		栏间时间(s)		1.12	1.06	1.06	1.05	1.04	1.09	1.08	1.10	1.09	**PB**		3.24	3.18	3.27
		栏间速度(m/s)	4.87	7.59	8.02	8.02	8.10	8.17	7.80	7.87	7.73	7.80	8.82		7.87	8.02	7.80
林雨薇	0.143	触地时间(s)	2.73	3.81	4.89	5.98	7.06	8.15	9.24	10.36	11.46	12.60	**13.83**	7/8			
		栏间时间(s)		1.08	1.08	1.09	1.08	1.09	1.09	1.12	1.10	1.14			3.25	3.18	3.36
		栏间速度(m/s)	4.76	7.87	7.87	7.80	7.87	7.80	7.80	7.59	7.73	7.46	8.61		7.85	7.82	7.59
													7.36				
													7.23				

注：PB为个人最好成绩。

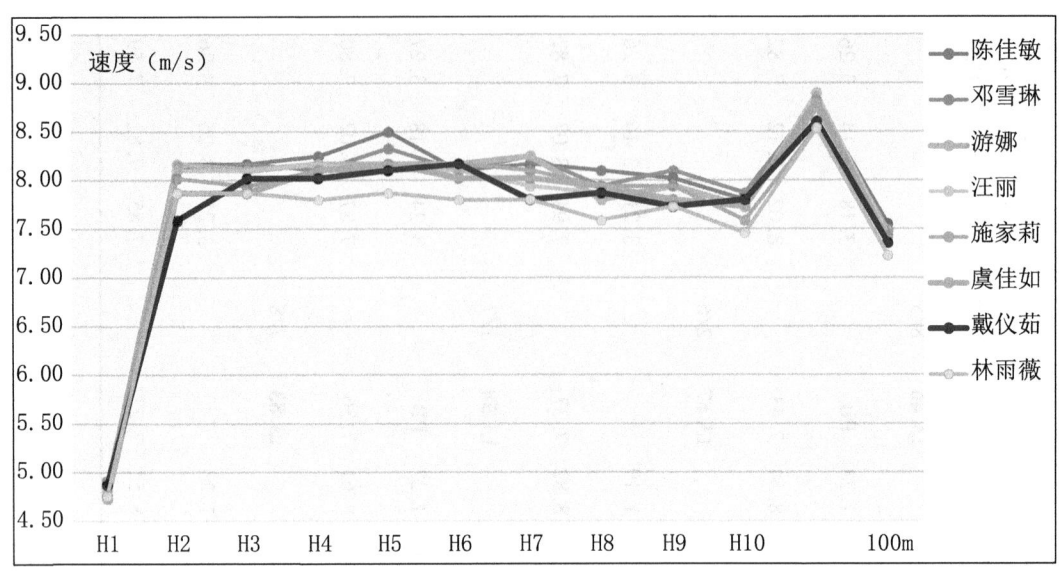

图 16-1　全国田径锦标赛女子 100 米栏决赛分段速度折线图

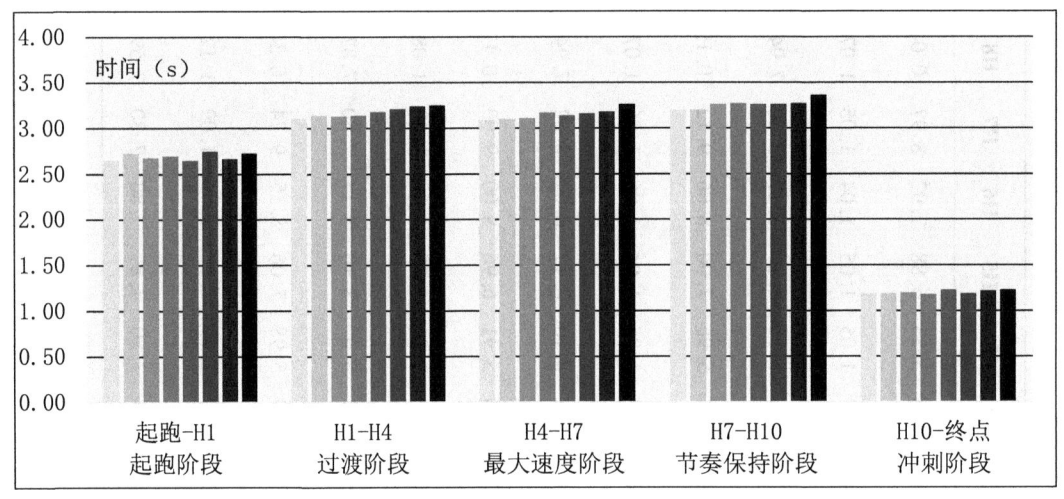

图 16-2　全国田径锦标赛女子 100 米栏决赛分段时间柱状图

三、预赛运动学参数

表 16-3 所示的是 2019 年全国田径锦标赛女子 100 米栏前 8 名运动员预赛中的相关运动学参数数据，包括触地时间、栏间时间和栏间速度。图 16-3 所示的是每位运动员在各个分段的速度变化，图 16-4 所示的是每位运动员在各个分段的时间变化。

表 16-3 全国田径锦标赛女子 100 米栏预赛晋级运动员数据统计表

运动员	反应时（s）		H1	H2	H3	H4	H5	H6	H7	H8	H9	H10	100m	组次/名次	H1-H4	H4-H7	H7-H10
游娜	0.165	触地时间（s）	2.68	3.72	4.77	5.82	6.86	7.90	8.94	9.99	11.10	12.22	**13.44**	3/1			
		栏间时间（s）		1.04	1.05	1.05	1.04	1.04	1.04	1.05	1.11	1.12	PB		3.14	3.12	3.28
		栏间速度（m/s）	4.85	8.17	8.10	8.10	8.17	8.17	8.17	8.10	7.66	7.59	7.44		8.12	8.17	7.77
邓雪琳	0.235	触地时间（s）	2.72	3.79	4.88	5.94	6.98	8.02	9.08	10.12	11.16	12.26	**13.46**	3/2			
		栏间时间（s）		1.07	1.09	1.06	1.04	1.04	1.06	1.04	1.04	1.10			3.22	3.14	3.18
		栏间速度（m/s）	4.78	7.94	7.80	8.02	8.17	8.17	8.02	8.17	8.17	7.73			7.92	8.12	8.02
汪丽	0.178	触地时间（s）	2.70	3.76	4.82	5.88	6.92	7.97	9.02	10.10	11.20	12.32	**13.56**	1/1			
		栏间时间（s）		1.06	1.06	1.06	1.04	1.05	1.05	1.08	1.10	1.12			3.18	3.14	3.30
		栏间速度（m/s）	4.81	8.02	8.02	8.02	8.17	8.10	8.10	7.87	7.73	7.59	7.43		8.02	8.12	7.73
戴仪茹	0.199	触地时间（s）	2.72	3.82	4.88	5.92	7.00	8.05	9.12	10.18	11.28	12.38	**13.60**	3/3			
		栏间时间（s）		1.10	1.06	1.04	1.08	1.05	1.07	1.06	1.10	1.10	PB		3.20	3.20	3.26
		栏间速度（m/s）	4.78	7.73	8.02	8.17	7.87	8.10	7.94	8.02	7.73	7.73	7.35		7.97	7.97	7.82

续表

运动员	反应时 (s)		H1	H2	H3	H4	H5	H6	H7	H8	H9	H10	100m	组次/名次	H1-H4	H4-H7	H7-H10
施家莉	0.220	触地时间 (s)	2.72	3.80	4.86	5.91	6.96	8.03	9.08	10.18	11.26	12.40	13.64	1/2			
		栏间时间 (s)		1.08	1.06	1.05	1.05	1.07	1.05	1.10	1.08	1.14			3.19	3.17	3.32
		栏间速度 (m/s)	4.78	7.87	8.02	8.10	8.10	7.94	8.10	7.73	7.87	7.46	7.33		7.99	8.04	7.68
													1.24	8.47			
陈佳敏	0.179	触地时间 (s)	2.72	3.78	4.82	5.86	6.92	7.98	9.06	10.15	11.25	12.36	13.65	2/1			
		栏间时间 (s)		1.06	1.04	1.04	1.06	1.06	1.08	1.09	1.10	1.11			3.14	3.20	3.30
		栏间速度 (m/s)	4.78	8.02	8.17	8.17	8.02	8.02	7.87	7.80	7.73	7.66	7.33		8.12	7.97	7.73
													1.29	8.14			
虞佳如	0.285	触地时间 (s)	2.80	3.88	4.98	6.04	7.10	8.16	9.24	10.32	11.40	12.50	13.71	1/3			
		栏间时间 (s)		1.08	1.10	1.06	1.06	1.06	1.08	1.08	1.08	1.10			3.24	3.20	3.26
		栏间速度 (m/s)	4.64	7.87	7.73	8.02	8.02	8.02	7.87	7.87	7.87	7.73	7.29		7.87	7.97	7.82
													1.21	8.68			
林雨薇	0.163	触地时间 (s)	2.74	3.84	4.91	6.00	7.06	8.13	9.22	10.30	11.42	12.56	13.78	2/2			
		栏间时间 (s)		1.10	1.07	1.09	1.06	1.07	1.09	1.08	1.12	1.14			3.26	3.22	3.34
		栏间速度 (m/s)	4.74	7.73	7.94	7.80	8.02	7.94	7.80	7.87	7.59	7.46	7.26		7.82	7.92	7.63
													1.22	8.61			

注：PB 为个人最好成绩。

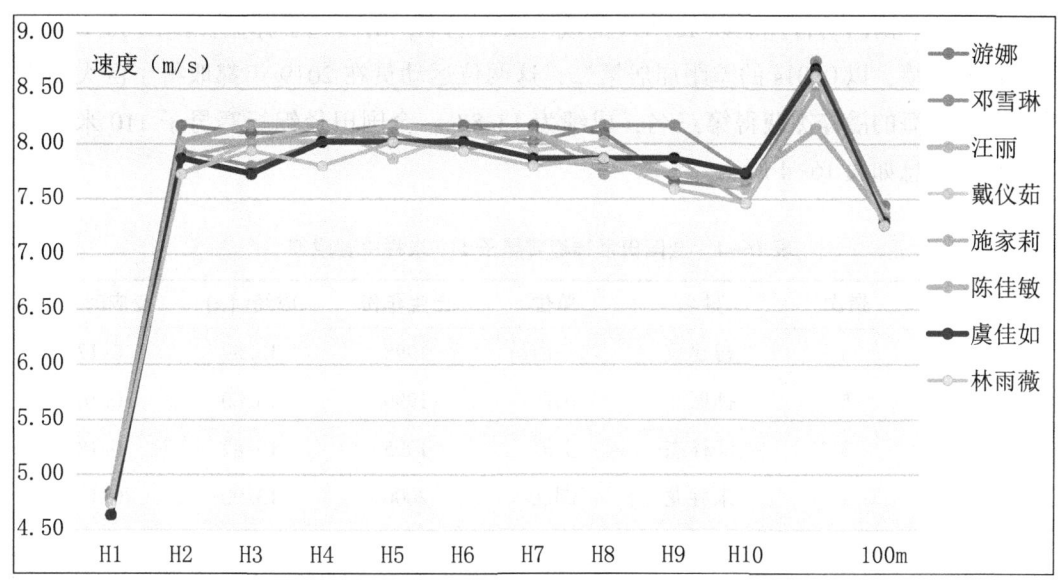

图 16-3　全国田径锦标赛女子 100 米栏预赛晋级运动员分段速度折线图

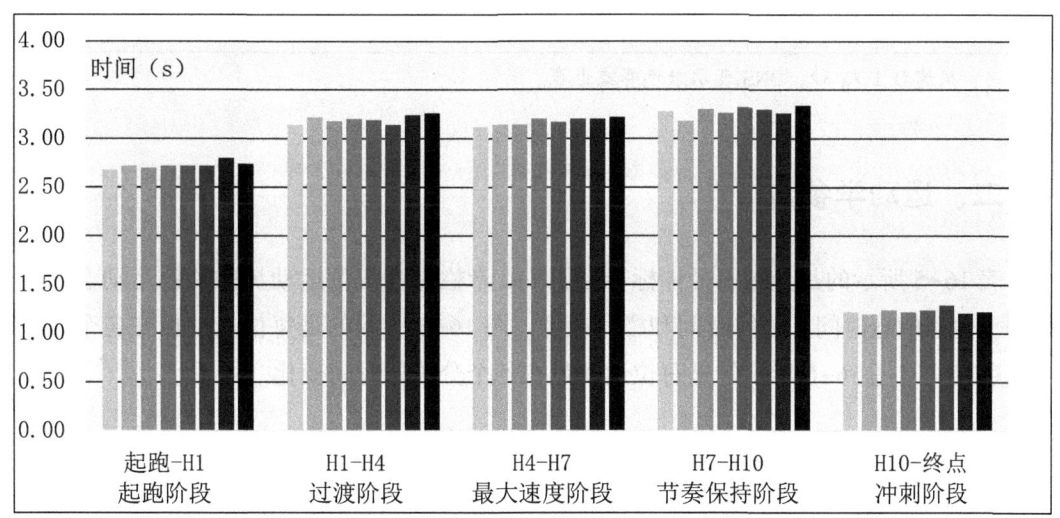

图 16-4　全国田径锦标赛女子 100 米栏预赛晋级运动员分段时间柱状图

第二节　男子 110 米栏

一、比赛介绍

全国田径锦标赛男子 110 米栏的比赛云集了国内众多好手，除了亚锦赛冠军谢文骏没有参赛以外，像 2019 年发挥出色的曾建航和孙振江等选手都发挥出了较高的水平。最终八一南昌的曾建航以13.59s的成绩获得冠军,山西选手孙振江跑出13.60s的个人最好成绩,以0.01s的差距屈居第二,这两位运动员在2019年都取得了巨大的进步。来自上海的潘梓杰获得第三名,成绩为13.87s。全国田径锦标赛男子110米栏决赛的成绩信息如表16-4所示。

表16-4 全国田径锦标赛男子110米栏决赛成绩

名次	道次	姓名	单位	出生年份	成绩(s)	反应时(s)
1	8	曾建航	八一南昌	1998	13.59	0.174
2	5	孙振江	山西	1999	13.60	0.164
3	3	潘梓杰	上海	1995	13.87	0.187
4	2	朱胜龙	湖北	2000	13.90	0.170
5	7	江帆	江苏	1986	13.96	0.143
6	1	李继明	江苏	1996	13.96	0.180
7	4	赵棚川	四川	1993	14.04	0.164
	6	张韬	上海	1997	DNS	

注:风速0.1米/秒;DNS表示未参赛或退赛。

二、运动学参数

表16-5所示的是全国田径锦标赛男子110米栏决赛7位运动员的关键运动学参数数据,包括触地时间、栏间时间和栏间速度。图16-5所示的是每位运动员在各个分段的速度变化,图16-6所示的是每位运动员在各个分段的时间变化。

表16-5 全国田径锦标赛男子110米栏决赛数据统计表

运动员	反应时(s)		H1	H2	H3	H4	H5	H6	H7	H8	H9	H10	110m	道次/名次	H1-H4	H4-H7	H7-H10
曾建航	0.174	触地时间(s)	2.58	3.65	4.70	5.75	6.77	7.86	8.92	9.99	11.09	12.18	13.59	8/1			
		栏间时间(s)		1.07	1.05	1.05	1.02	1.09	1.06	1.07	1.10	1.09			3.17	3.17	3.26
		栏间速度(m/s)	5.32	8.54	8.70	8.70	8.96	8.39	8.62	8.54	8.31	8.39	8.09		8.65	8.65	8.41
孙振江	0.164	触地时间(s)	2.58	3.64	4.69	5.72	6.77	7.82	8.88	9.96	11.04	12.13	13.60	5/2			
		栏间时间(s)		1.06	1.05	1.03	1.05	1.05	1.06	1.08	1.08	1.09	PB		3.14	3.16	3.25
		栏间速度(m/s)	5.32	8.62	8.70	8.87	8.70	8.70	8.62	8.46	8.46	8.39	8.09		8.73	8.68	8.44
潘梓杰	0.187	触地时间(s)	2.63	3.70	4.80	5.87	6.96	8.02	9.11	10.21	11.31	12.41	13.87	3/3			
		栏间时间(s)		1.07	1.10	1.07	1.09	1.06	1.09	1.10	1.10	1.10			3.24	3.24	3.30
		栏间速度(m/s)	5.22	8.54	8.31	8.54	8.39	8.62	8.39	8.31	8.31	8.31	7.93		8.46	8.46	8.31
朱胜龙	0.170	触地时间(s)	2.72	3.80	4.87	5.92	6.99	8.04	9.09	10.18	11.29	12.40	13.90	2/4			
		栏间时间(s)		1.08	1.07	1.05	1.07	1.05	1.05	1.09	1.11	1.11	PB		3.20	3.17	3.31
		栏间速度(m/s)	5.04	8.46	8.54	8.70	8.54	8.70	8.70	8.39	8.23	8.23	7.91		8.57	8.65	8.28

续表

运动员	反应时(s)		H1	H2	H3	H4	H5	H6	H7	H8	H9	H10	110m	道次/名次	H1-H4	H4-H7	H7-H10
江帆	0.143	触地时间(s)	2.63	3.73	4.80	5.89	6.97	8.06	9.15	10.24	11.34	12.48	13.96	7/5			
		栏间时间(s)		1.10	1.07	1.09	1.08	1.09	1.09	1.09	1.10	1.14	1.48		3.26	3.26	3.33
		栏间速度(m/s)	5.22	8.31	8.54	8.39	8.46	8.39	8.39	8.39	8.31	8.02	9.47		8.41	8.41	8.23
李继明	0.180	触地时间(s)	2.65	3.74	4.80	5.87	6.95	8.02	9.12	10.21	11.31	12.46	13.96	1/6			
		栏间时间(s)		1.09	1.06	1.07	1.08	1.07	1.10	1.09	1.10	1.15	1.50		3.22	3.25	3.34
		栏间速度(m/s)	5.18	8.39	8.62	8.54	8.46	8.54	8.31	8.39	8.31	7.95	9.35		8.52	8.44	8.21
赵棚川	0.164	触地时间(s)	2.67	3.77	4.84	5.90	6.96	8.02	9.11	10.22	11.35	12.46	14.04	4/7			
		栏间时间(s)		1.10	1.07	1.06	1.06	1.06	1.09	1.11	1.13	1.11	1.58		3.23	3.21	3.35
		栏间速度(m/s)	5.14	8.31	8.54	8.62	8.62	8.62	8.39	8.23	8.09	8.23	8.87		8.49	8.54	8.19

注：PB为个人最好成绩。

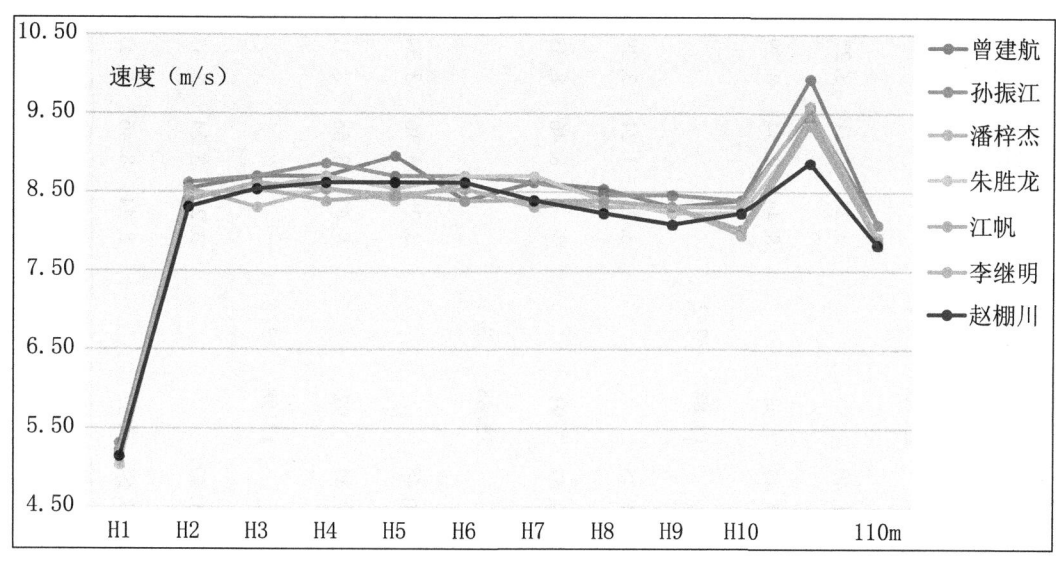

图 16-5　全国田径锦标赛男子 110 米栏决赛分段速度折线图

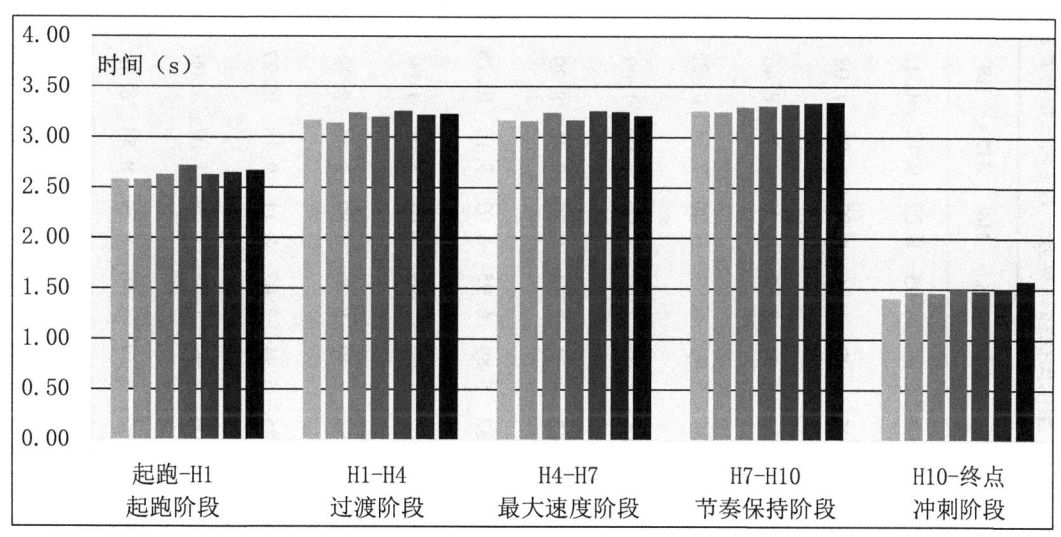

图 16-6　全国田径锦标赛男子 110 米栏决赛分段时间柱状图

三、预赛运动学参数

表 16-6 所示的是全国田径锦标赛男子 110 米栏前 8 名运动员预赛中的相关运动学参数数据，包括触地时间、栏间时间和栏间速度。图 16-7 所示的是每位运动员在各个分段的速度变化，图 16-8 所示的是每位运动员在各个分段的时间变化。

表 16-6 全国田径锦标赛男子 110 米栏预赛晋级运动员数据统计表

运动员	反应时 (s)		H1	H2	H3	H4	H5	H6	H7	H8	H9	H10	110m	组次/名次	H1-H4	H4-H7	H7-H10
赵棚川	0.168	触地时间 (s)	2.65	3.77	4.82	5.89	6.95	8.02	9.10	10.18	11.26	12.37	**13.85**	2/1			
		栏间时间 (s)		1.12	1.05	1.07	1.06	1.07	1.08	1.08	1.08	1.11			3.24	3.21	3.27
		栏间速度 (m/s)	5.18	8.16	8.70	8.54	8.62	8.54	8.46	8.46	8.46	8.23	9.47	1.48	8.46	8.54	8.39
潘梓杰	0.191	触地时间 (s)	2.65	3.77	4.83	5.90	6.97	8.06	9.14	10.23	11.33	12.43	**13.88**	2/2			
		栏间时间 (s)		1.12	1.06	1.07	1.07	1.09	1.08	1.09	1.10	1.10			3.25	3.24	3.29
		栏间速度 (m/s)	5.18	8.16	8.62	8.54	8.54	8.39	8.46	8.39	8.31	8.31	9.67	1.45	8.44	8.46	8.33
张韬	0.158	触地时间 (s)	2.65	3.77	4.82	5.89	6.95	8.02	9.10	10.18	11.26	12.37	**13.85**	3/1			
		栏间时间 (s)		1.10	1.07	1.09	1.05	1.03	1.08	1.09	1.10	1.15			3.26	3.16	3.34
		栏间速度 (m/s)	5.18	8.31	8.54	8.39	8.70	8.87	8.46	8.39	8.31	7.95	9.47	1.48	8.41	8.68	8.21
曾建航	0.204	触地时间 (s)	2.69	3.79	4.85	5.94	7.02	8.11	9.18	10.27	11.39	12.51	**13.98**	3/2			
		栏间时间 (s)		1.10	1.06	1.09	1.08	1.09	1.07	1.09	1.12	1.12			3.25	3.24	3.33
		栏间速度 (m/s)	5.10	8.31	8.62	8.39	8.46	8.39	8.54	8.39	8.16	8.16	9.54	1.47	8.44	8.46	8.23

续表

运动员	反应时(s)		H1	H2	H3	H4	H5	H6	H7	H8	H9	H10	110m	组次/名次	H1-H4	H4-H7	H7-H10
孙振江	0.163	触地时间(s)	2.60	3.70	4.76	5.86	6.94	8.05	9.13	10.24	11.34	12.47	13.96	1/1			
		栏间时间(s)		1.10	1.06	1.10	1.08	1.11	1.08	1.11	1.10	1.13	1.49		3.26	3.27	3.34
		栏间速度(m/s)	5.28	8.31	8.62	8.31	8.46	8.23	8.46	8.23	8.31	8.09	9.41		8.41	8.39	8.21
李继明	0.182	触地时间(s)	2.65	3.75	4.80	5.87	6.94	8.01	9.09	10.21	11.34	12.48	14.03	2/3			
		栏间时间(s)		1.10	1.05	1.07	1.07	1.07	1.08	1.12	1.13	1.14	1.55		3.22	3.22	3.39
		栏间速度(m/s)	5.18	8.31	8.70	8.54	8.54	8.54	8.46	8.16	8.09	8.02	9.05		8.52	8.52	8.09
朱胜龙	0.169	触地时间(s)	2.71	3.80	4.89	5.95	7.02	8.09	9.20	10.31	11.43	12.57	14.08	3/3			
		栏间时间(s)		1.09	1.09	1.06	1.07	1.07	1.11	1.11	1.12	1.14	1.51		3.24	3.25	3.37
		栏间速度(m/s)	5.06	8.39	8.39	8.62	8.54	8.54	8.23	8.23	8.16	8.02	9.28		8.46	8.44	8.14
江帆	0.150	触地时间(s)	2.69	3.80	4.87	5.95	7.05	8.12	9.22	10.34	11.44	12.59	14.12	1/2			
		栏间时间(s)		1.11	1.07	1.08	1.10	1.07	1.10	1.12	1.10	1.15	1.53		3.26	3.27	3.37
		栏间速度(m/s)	5.10	8.23	8.54	8.46	8.31	8.54	8.31	8.16	8.31	7.95	9.16		8.41	8.39	8.14

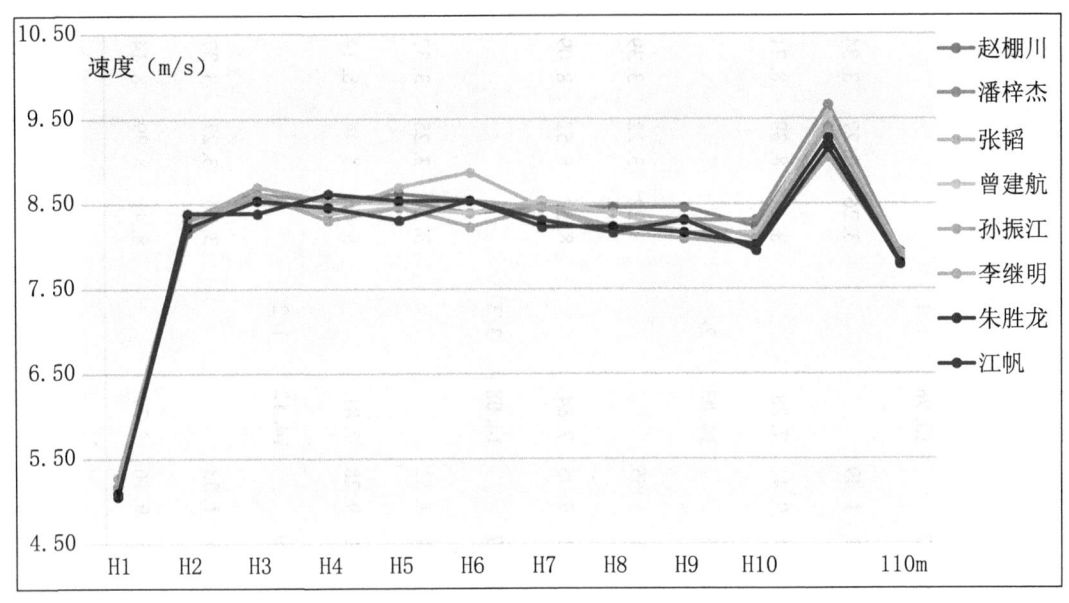

图16-7　全国田径锦标赛男子110米栏预赛晋级运动员分段速度折线图

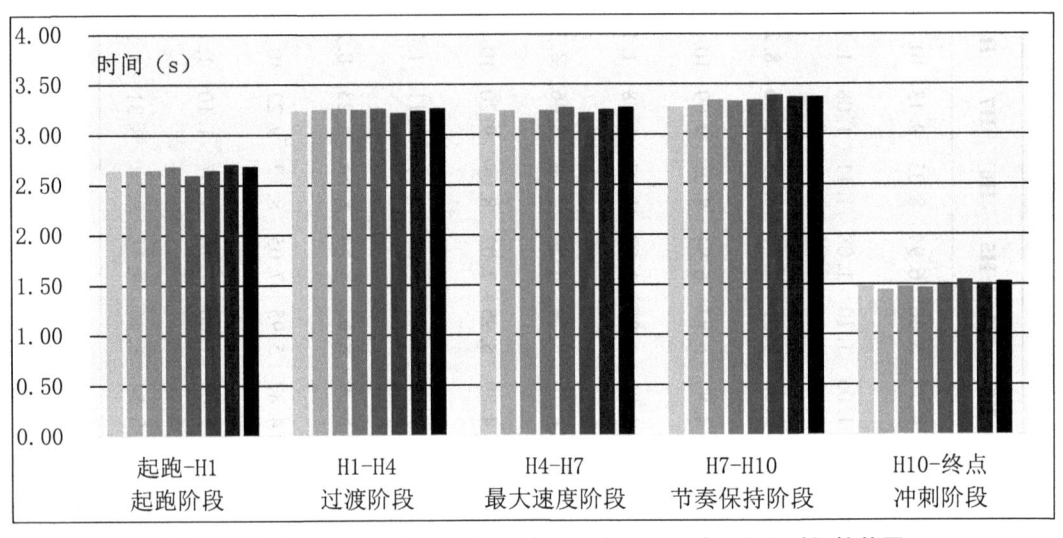

图16-8　全国田径锦标赛男子110米栏预赛晋级运动员分段时间柱状图

第三节　女子400米栏

一、比赛介绍

2019年全国田径锦标赛女子400米栏比赛的争夺相当激烈，2019年几站室外赛发挥不错的选手全都晋级了决赛。决赛中，来自广东的莫家蝶发挥非常出色，她跑出了

56.70s 的个人最好成绩并以较大的优势获得冠军。来自山东的周瑜和江苏选手黄妍分别以 58.04s 和 58.11s 的成绩获得二、三名。参加女子 400 米栏决赛的 8 位选手中，共有 5 人跑出了个人最好成绩，全国田径锦标赛女子 400 米栏决赛的详细成绩如表 16-7 所示。

表 16-7　全国田径锦标赛女子 400 米栏决赛成绩

名次	道次	姓名	单位	出生年份	成绩（s）	反应时（s）
1	3	莫家蝶	广东	2000	56.70	0.293
2	5	周瑜	山东	1999	58.04	0.210
3	4	黄妍	江苏	1996	58.11	0.199
4	6	兰天露	江西	1999	58.79	0.264
5	1	吴芳芳	江西	1997	58.84	0.205
6	2	陆长薇	江苏	2001	59.05	0.265
7	7	欧莹	福建	2001	59.30	0.300
8	8	刘鑫	辽宁	1992	64.88	0.428

二、运动学参数

表 16-8 所示的是全国田径锦标赛女子 400 米栏决赛 8 位运动员的关键运动学参数数据，包括触地时间、栏间时间和栏间速度。图 16-9 所示的是每位运动员在各个分段的速度变化，图 16-10 所示的是每位运动员在各个分段的时间变化（因技术原因，决赛第 8 名运动员刘鑫的部分数据有缺失）。

表16-8 全国田径锦标赛女子400米栏决赛数据统计表

运动员	反应时（s）		H1	H2	H3	H4	H5	H6	H7	H8	H9	H10	400m	道次/名次	H1-H4	H4-H7	H7-H10
莫家蝶	0.293	触地时间（s）	6.61	10.89	15.28	19.87	24.55	29.46	34.47	39.59	44.93	50.61	**56.70**	3/1			
		栏间时间（s）		4.28	4.39	4.59	4.68	4.91	5.01	5.12	5.34	5.68	**PB**		13.26	14.60	16.14
		栏间速度（m/s）	6.81	8.18	7.97	7.63	7.48	7.13	6.99	6.84	6.55	6.16	7.05		7.92	7.19	6.51
		H1左腿攻栏 步数	24	16	16	16	16	17	17	17	18	18	21.5	196.5			
周瑜	0.210	触地时间（s）	6.72	11.14	15.80	20.53	25.39	30.30	35.35	40.52	46.00	51.60	**58.04**	5/2			
		栏间时间（s）		4.42	4.66	4.73	4.86	4.91	5.05	5.17	5.48	5.60	**PB**		13.81	14.82	16.25
		栏间速度（m/s）	6.70	7.92	7.51	7.40	7.20	7.13	6.93	6.77	6.39	6.25	6.89		7.60	7.09	6.46
		H1左腿攻栏 步数	24	16	16	16	16	16	17	17	18	18	22.2	196.2			
黄妍	0.199	触地时间（s）	6.77	11.26	15.83	20.45	25.21	30.08	35.05	40.32	45.88	51.53	**58.11**	4/3			
		栏间时间（s）		4.49	4.57	4.62	4.76	4.87	4.97	5.27	5.56	5.65	6.58		13.68	14.60	16.48
		栏间速度（m/s）	6.65	7.80	7.66	7.58	7.35	7.19	7.04	6.64	6.29	6.19	6.88		7.68	7.19	6.37
		H1左腿攻栏 步数	24	17	17	17	17	17	17	18	19	19	23.2	205.2			

续表

运动员	反应时(s)		H1	H2	H3	H4	H5	H6	H7	H8	H9	H10	400m	道次/名次	H1-H4	H4-H7	H7-H10
兰天露	0.264	触地时间(s)	6.87	11.47	16.10	20.73	25.52	30.56	35.67	40.97	46.41	52.25	58.79	6/4			
		栏间时间(s)		4.60	4.63	4.63	4.79	5.04	5.11	5.30	5.44	5.84	6.54	PB	13.86	14.94	16.58
		栏间速度(m/s)		7.61	7.56	7.56	7.31	6.94	6.85	6.60	6.43	5.99	6.12	6.80	7.58	7.03	6.33
		H1左腿攻栏 步数	23	16	16	16	17	17	17	17	18	18	21.7	194.7			
吴芳芳	0.205	触地时间(s)	6.92	11.51	16.15	20.90	25.72	30.78	35.98	41.34	46.79	52.45	58.84	1/5			
		栏间时间(s)		4.59	4.64	4.75	4.82	5.06	5.20	5.36	5.45	5.66	6.39	PB	13.98	15.08	16.47
		栏间速度(m/s)		7.63	7.54	7.37	7.26	6.92	6.73	6.53	6.42	6.18	6.26	6.80	7.51	6.96	6.38
		H1左腿攻栏 步数	24	16	16	16	16	17	17	17	17	17	22	195			
陆长徽	0.265	触地时间(s)	6.84	11.24	15.85	20.58	25.44	30.48	35.67	41.02	46.70	52.48	59.05	2/6			
		栏间时间(s)		4.40	4.61	4.73	4.86	5.04	5.19	5.35	5.68	5.78	6.57	PB	13.74	15.09	16.81
		栏间速度(m/s)		7.95	7.59	7.40	7.20	6.94	6.74	6.54	6.16	6.06	6.09	6.77	7.64	6.96	6.25
		H1右腿攻栏 步数	24	17	16	16	17	17	17	17	17	18	22.5	201.5			
欧莹		触地时间(s)	6.94	11.52	16.18	20.94	25.89	31.06	36.37	41.77	47.26	52.93	59.30	7/7			

续表

运动员	反应时(s)		H1	H2	H3	H4	H5	H6	H7	H8	H9	H10	400m	道次/名次	H1-H4	H4-H7	H7-H10
	0.300	栏间时间(s)		4.58	4.66	4.76	4.95	5.17	5.31	5.40	5.49	5.67	6.37		14.00	15.43	16.56
		栏间速度(m/s)	6.48	7.64	7.51	7.35	7.07	6.77	6.59	6.48	6.38	6.17	6.28		7.50	6.80	6.34
		步数	24	17	17	17	17	17	17	17	17	18	21.2				
		H1左腿攻栏											6.75 / 199.2				
刘鑫	0.428	触地时间(s)	7.20	11.86	16.82	21.95	27.32	33.01	38.72	44.56			64.88	8/8	14.75	16.77	
		栏间时间(s)		4.66	4.96	5.13	5.37	5.69	5.71	5.84							
		栏间速度(m/s)	6.25	7.51	7.06	6.82	6.52	6.15	6.13	5.99			6.17		7.12	6.26	
		步数	25	17	17	17	18	18	19	19			150				
		H1左腿攻栏															

注：PB 为个人最好成绩。

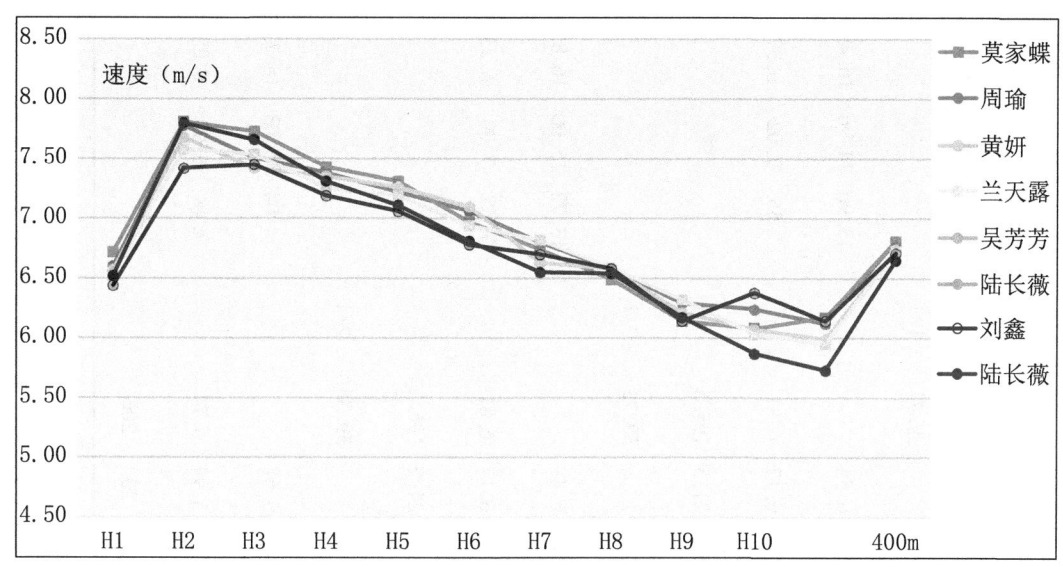

图 16-9　全国田径锦标赛女子 400 米栏决赛分段速度折线图

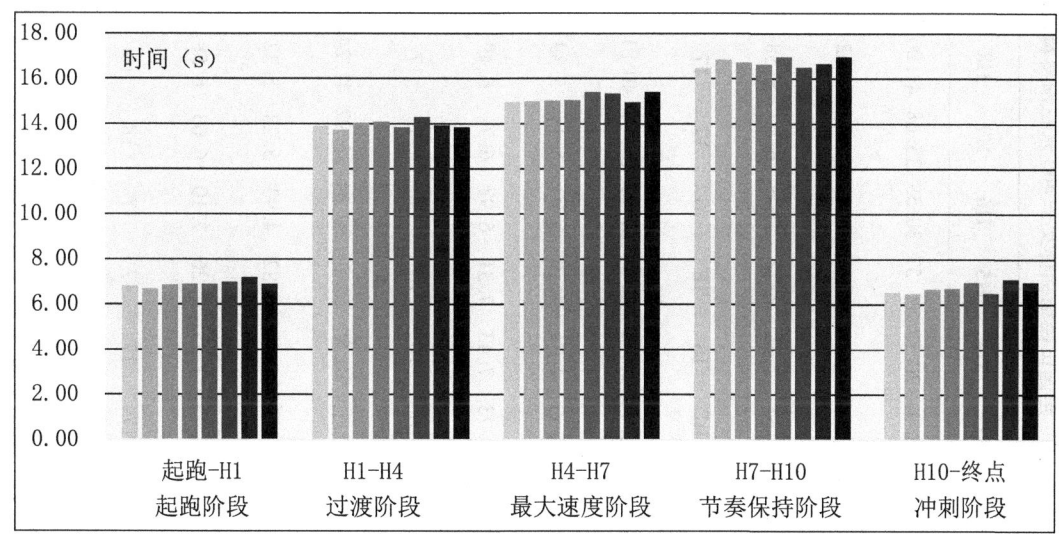

图 16-10　全国田径锦标赛女子 400 米栏决赛分段时间柱状图

三、预赛运动学参数

表 16-9 所示的是全国田径锦标赛女子 400 米栏前 8 名运动员预赛中的相关运动学参数数据，包括触地时间、栏间时间和栏间速度。图 16-11 所示的是每位运动员在各个分段的速度变化，图 16-12 所示的是每位运动员在各个分段的时间变化。

— 231 —

表 16-9 全国田径锦标赛女子 400 米栏预赛晋级运动员数据统计表

运动员	反应时(s)		H1	H2	H3	H4	H5	H6	H7	H8	H9	H10		400m	组次/名次	H1-H4	H4-H7	H7-H10
周瑜	0.239	触地时间(s)	6.82	11.32	15.98	20.72	25.57	30.53	35.68	41.00	46.56	52.17		**58.71**	1/1			
		栏间时间(s)		4.50	4.66	4.74	4.85	4.96	5.15	5.32	5.56	5.61	6.54			13.90	14.96	16.49
		栏间速度(m/s)		7.78	7.51	7.38	7.22	7.06	6.80	6.58	6.29	6.24	6.12			7.55	7.02	6.37
	H1左腿攻栏	步数	6.60	16	16	16	16	16	17	17	18	18	21.5	195.5				
			24															
莫家蝶	0.225	触地时间(s)	6.70	11.18	15.71	20.42	25.21	30.23	35.42	40.81	46.51	52.27		**58.75**	3/1			
		栏间时间(s)		4.48	4.53	4.71	4.79	5.02	5.19	5.39	5.70	5.76	6.48			13.72	15.00	16.85
		栏间速度(m/s)		7.81	7.73	7.43	7.31	6.97	6.74	6.49	6.14	6.08	6.17			7.65	7.00	6.23
	H1左腿攻栏	步数	6.72	16	16	16	16	17	17	17	18	18	21.2	196.2				
			24															
黄妍	0.228	触地时间(s)	6.85	11.41	16.13	20.89	25.71	30.64	35.92	41.24	46.88	52.65		**59.33**	2/1			
		栏间时间(s)		4.56	4.72	4.76	4.82	4.93	5.28	5.32	5.64	5.77	6.68			14.04	15.03	16.73
		栏间速度(m/s)		7.68	7.42	7.35	7.26	7.10	6.63	6.58	6.21	6.07	5.99			7.48	6.99	6.28
	H1左腿攻栏	步数	6.57	17	17	17	17	17	18	18	19	19	23	206				
			24															

续表

运动员	反应时(s)		H1	H2	H3	H4	H5	H6	H7	H8	H9	H10	400m	组次/名次	H1-H4	H4-H7	H7-H10
兰天露	0.226	触地时间(s)	6.90	11.52	16.16	20.99	25.86	30.90	36.03	41.34	46.88	52.68	**59.40**	2/2			
		栏间时间(s)		4.62	4.64	4.83	4.87	5.04	5.13	5.31	5.54	5.80	**PB**		14.09	15.04	16.65
		栏间速度(m/s)	6.52	7.58	7.25	7.19	6.94	6.82	6.59	6.32	6.03	5.95	6.73		7.45	6.98	6.31
		步数 (H1左腿攻栏)	23	16	16	16	16	17	17	17	18	18	21.5	194.5			
欧莹	0.299	触地时间(s)	7.19	11.86	16.65	21.52	26.57	31.80	37.03	42.34	47.81	53.40	**59.61**	3/2			
		栏间时间(s)		4.67	4.79	4.87	5.05	5.23	5.23	5.31	5.47	5.59			14.33	15.51	16.37
		栏间速度(m/s)	7.49	7.31	7.19	6.93	6.69	6.69	6.59	6.40	6.26	6.21	6.71		7.33	6.77	6.41
		步数 (H1左腿攻栏)	24	17	17	17	17	17	17	17	18	18	21.2	199.2			
吴芳芳	0.226	触地时间(s)	6.99	11.71	16.41	21.28	26.24	31.40	36.62	41.94	47.64	53.13	**59.64**	3/3			
		栏间时间(s)		4.72	4.70	4.87	4.96	5.16	5.22	5.32	5.70	5.49			14.29	15.34	16.51
		栏间速度(m/s)	7.42	7.45	7.19	7.06	6.78	6.70	6.58	6.14	6.38	6.51	6.71		7.35	6.84	6.36
		步数 (H1左腿攻栏)	24	17	16	16	16	17	17	17	17	17	21.5	194.5			
刘鑫	0.228	触地时间(s)	7.19	11.78	16.40	21.12	25.92	30.93	36.07	41.39	46.96	52.75	**59.86**	1/2			

续表

运动员	反应时(s)		H1	H2	H3	H4	H5	H6	H7	H8	H9	H10	400m	组次/名次	H1-H4	H4-H7	H7-H10
		栏间时间(s)		4.59	4.62	4.72	4.80	5.01	5.14	5.32	5.57	5.79			13.93	14.95	16.68
		栏间速度(m/s)	6.26	7.63	7.58	7.42	7.29	6.99	6.81	6.58	6.28	6.04	5.63	6.68		7.54	7.02	6.29
		步数	25	17	17	17	17	18	18	19	19	19	24	210				
陆长薇	0.244	触地时间(s)	6.90	11.39	15.96	20.75	25.67	30.81	36.15	41.50	47.17	53.13		60.11	3/4			
H1左腿攻栏		栏间时间(s)		4.49	4.57	4.79	4.92	5.14	5.34	5.35	5.67	5.96	7.11			13.85	15.40	16.98
		栏间速度(m/s)	6.52	7.80	7.66	7.31	7.11	6.81	6.55	6.54	6.17	5.87	5.73	6.65		7.58	6.82	6.18
H1左腿攻栏		步数	24	17	17	17	17	17	17	17	18	19	23	203				

注:PB为个人最好成绩。

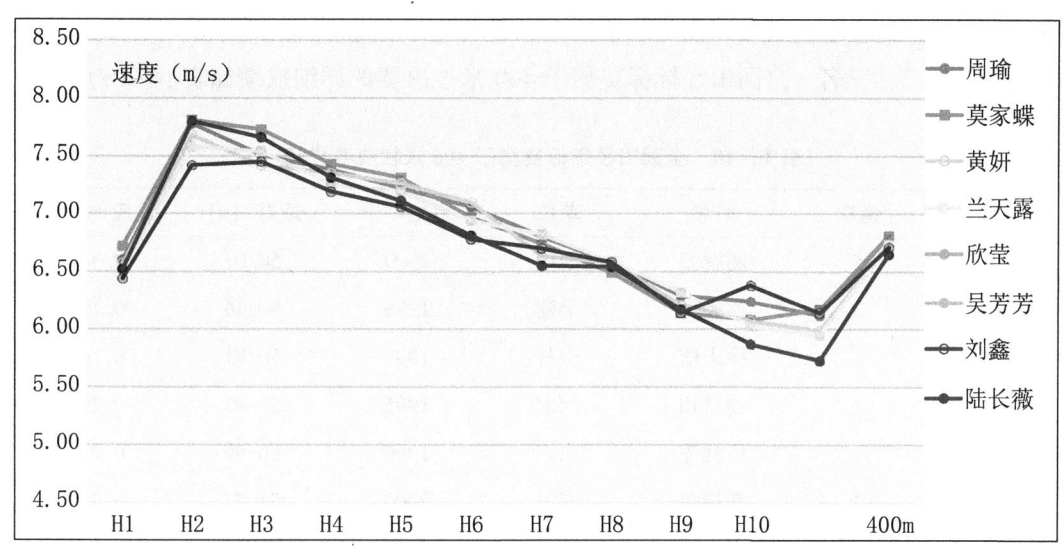

图16-11　全国田径锦标赛女子400米栏预赛晋级运动员分段速度折线图

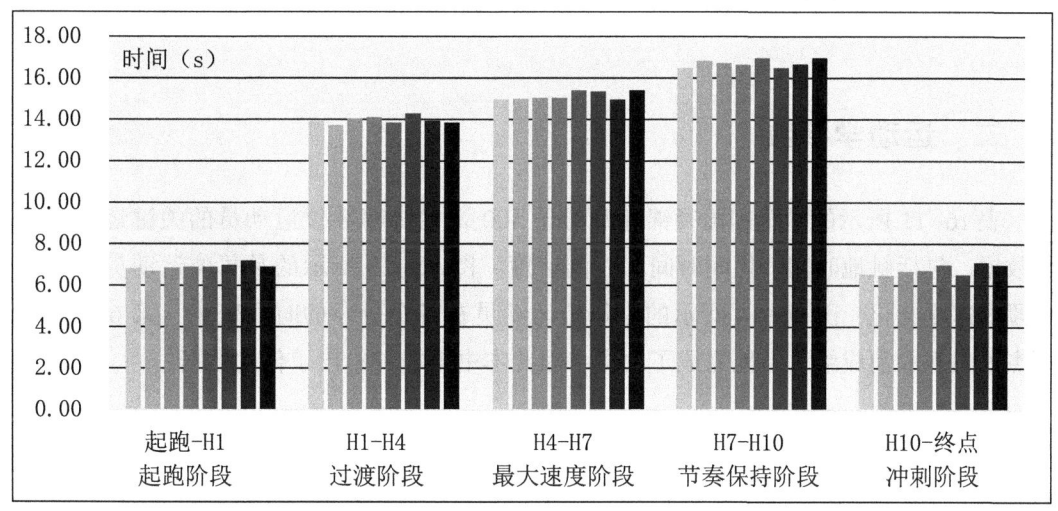

图16-12　全国田径锦标赛女子400米栏预赛晋级运动员分段时间柱状图

第四节　男子400米栏

一、比赛介绍

全国田径锦标赛男子400米栏决赛的竞争相当激烈，最终由来自河南2000年出生的运动员谢智宇以50.01s的成绩夺冠。在该赛季中发挥非常不错的浙江选手王艺杰本以50.04s紧随谢智宇冲过终点线，但赛后经其他省份参赛队的教练申诉他在比赛中有犯规现象，因此被取消成绩。福建的蔡俊奇和吉林选手徐志航最终以 50.46s 和 50.81s 的成绩分获二、三名。全国田径锦标赛男子 400 米栏决赛的详细成绩如表 16-10 所示。

表 16-10　全国田径锦标赛男子 400 米栏决赛成绩

名次	道次	姓名	单位	出生年份	成绩（s）	反应时（s）
1	5	谢智宇	河南	2000	50.01	0.304
2	3	蔡俊奇	福建	1996	50.46	0.196
3	4	徐志航	吉林	1997	50.81	0.167
4	1	杨百川	河北	1995	50.93	0.206
5	7	庄林霏	山东	1996	50.99	0.250
6	2	汪道俊	安徽	2000	51.23	0.216
7	8	刘洋洋	陕西	1995	52.00	0.313
	6	王艺杰	浙江	1997	DQ	0.175

注：DQ 表示因犯规取消成绩。

二、运动学参数

表 16-11 所示的是全国田径锦标赛男子 400 米栏决赛 8 位运动员的关键运动学参数数据，包括触地时间、栏间时间和栏间速度。图 16-13 所示的是每位运动员在各个分段的速度变化，图 16-14 所示的是每位运动员在各个分段的时间变化（第 6 道的王艺杰因犯规取消成绩，但他完成了比赛，因此本书解析并给出了他的数据）。

表16-11 全国田径锦标赛男子400米栏决赛数据统计表

运动员	反应时(s)	指标	H1	H2	H3	H4	H5	H6	H7	H8	H9	H10	400m	道次/名次	H1-H4	H4-H7	H7-H10
谢智宇	0.304	触地时间(s)	6.27	10.14	14.03	18.00	22.05	26.26	30.80	35.25	39.97	44.69	**50.01**	5/1			
		栏间时间(s)		3.87	3.89	3.97	4.05	4.21	4.54	4.45	4.72	4.72	5.32	PB	11.73	12.80	13.89
		栏间速度(m/s)	7.18	9.04	9.00	8.82	8.64	8.31	7.71	7.87	7.42	7.42	7.52	8.00	8.95	8.20	7.56
		H1左腿攻栏 步数	22	13	13	13	13	13	14	14	14	14	17.5	160.5			
王艺杰	0.175	触地时间(s)	6.02	9.93	13.84	17.92	22.08	26.44	30.85	35.39	39.97	44.69	**50.04**	6/-			
		栏间时间(s)		3.91	3.91	4.08	4.16	4.36	4.41	4.54	4.58	4.72	5.35	DQ	11.90	12.93	13.84
		栏间速度(m/s)	7.48	8.95	8.95	8.58	8.41	8.03	7.94	7.71	7.64	7.42	7.48	7.99	8.82	8.12	7.59
		H1左腿攻栏 步数	22	14	14	14	14	15	15	15	15	15	17.5	170.5			
蔡俊奇	0.196	触地时间(s)	6.24	10.21	14.36	18.40	22.50	26.74	31.05	35.47	40.03	44.86	**50.46**	3/2			
		栏间时间(s)		3.97	4.15	4.04	4.10	4.24	4.31	4.42	4.56	4.83	5.60		12.16	12.65	13.81
		栏间速度(m/s)	7.21	8.82	8.43	8.66	8.54	8.25	8.12	7.92	7.68	7.25	7.14	7.93	8.63	8.30	7.60
		H1左腿攻栏 步数	22	15	15	15	15	15	15	15	15	15	19.5	176.5			

续表

运动员	反应时(s)		H1	H2	H3	H4	H5	H6	H7	H8	H9	H10	400m	道次/名次	H1-H4	H4-H7	H7-H10
徐志航	0.167	触地时间(s)	6.26	10.26	14.37	18.48	22.65	27.06	31.56	36.17	40.82	45.55	**50.81**	4/3			
		栏间时间(s)		4.00	4.11	4.11	4.17	4.41	4.50	4.61	4.65	4.73	5.26		12.22	13.08	13.99
		栏间速度(m/s)	7.19	8.75	8.52	8.52	8.39	7.94	7.78	7.59	7.53	7.40	7.60	7.87	8.59	8.03	7.51
		H1左腿攻栏 步数	21	14	14	14	14	15	15	15	15	15	18	170			
杨百川	0.206	触地时间(s)	6.12	9.96	13.97	18.04	22.19	26.44	30.88	35.47	40.24	45.30	**50.93**	1/4			
		栏间时间(s)		3.84	4.01	4.07	4.15	4.25	4.44	4.59	4.77	5.06	5.63		11.92	12.84	14.42
		栏间速度(m/s)	7.35	9.11	8.73	8.60	8.43	8.24	7.88	7.63	7.34	6.92	7.10	7.85	8.81	8.18	7.28
		H1左腿攻栏 步数	23	15	15	15	15	15	15	15	15	15	20.5	178.5			
庄林霏	0.250	触地时间(s)	6.20	10.08	14.02	18.06	22.21	26.60	31.08	35.76	40.56	45.45	**50.99**	7/5			
		栏间时间(s)		3.88	3.94	4.04	4.15	4.39	4.48	4.68	4.80	4.89	5.54		11.86	13.02	14.37
		栏间速度(m/s)	7.26	9.02	8.88	8.66	8.43	7.97	7.81	7.48	7.29	7.16	7.22	7.84	8.85	8.06	7.31
		H1左腿攻栏 步数	21	13	13	14	14	14	14	15	15	15	17.8	165.8			
汪道俊		触地时间(s)	6.12	10.17	14.25	18.40	22.59	26.96	31.56	36.22	40.94	45.70	**51.23**	2/6			

续表

运动员	反应时(s)		H1	H2	H3	H4	H5	H6	H7	H8	H9	H10	400m	道次/名次	H1-H4	H4-H7	H7-H10
	0.216	栏间时间(s)	7.35	4.05	4.08	4.15	4.19	4.37	4.60	4.66	4.72	4.76			12.28	13.16	14.14
		栏间速度(m/s)		8.64	8.58	8.43	8.35	8.01	7.61	7.51	7.42	7.35	7.23		8.55	7.98	7.43
		H1左腿攻栏 步数	22	15	15	15	14	15	15	15	15	15	18.3	173.3			
刘洋洋	0.313	触地时间(s)	6.45	10.56	14.80	19.22	23.70	28.28	32.83	37.46	42.06	46.70	52.00	8/7			
		栏间时间(s)		4.11	4.24	4.42	4.48	4.58	4.55	4.63	4.60	4.64	5.30		12.77	13.61	13.87
		栏间速度(m/s)	6.98	8.52	8.25	7.92	7.81	7.64	7.69	7.56	7.61	7.54	7.55		8.22	7.71	7.57
		H1左腿攻栏 步数	22	15	15	15	15	15	15	15	15	15	17.8	174.8			

注:PB 为个人最好成绩;DQ 表示因犯规取消比赛成绩。

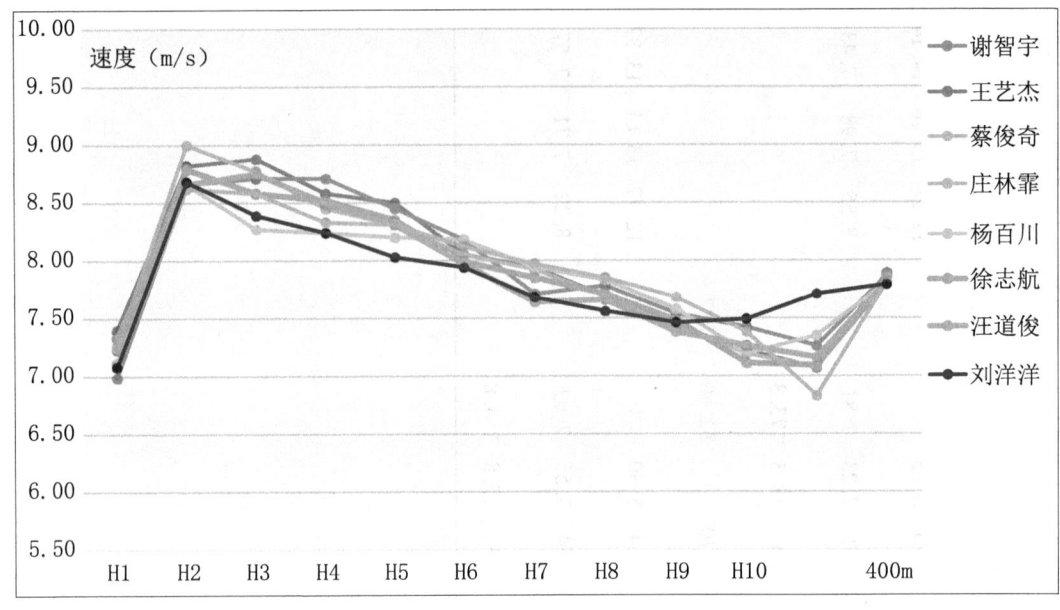

图 16-13　全国田径锦标赛男子 400 米栏决赛分段速度折线图

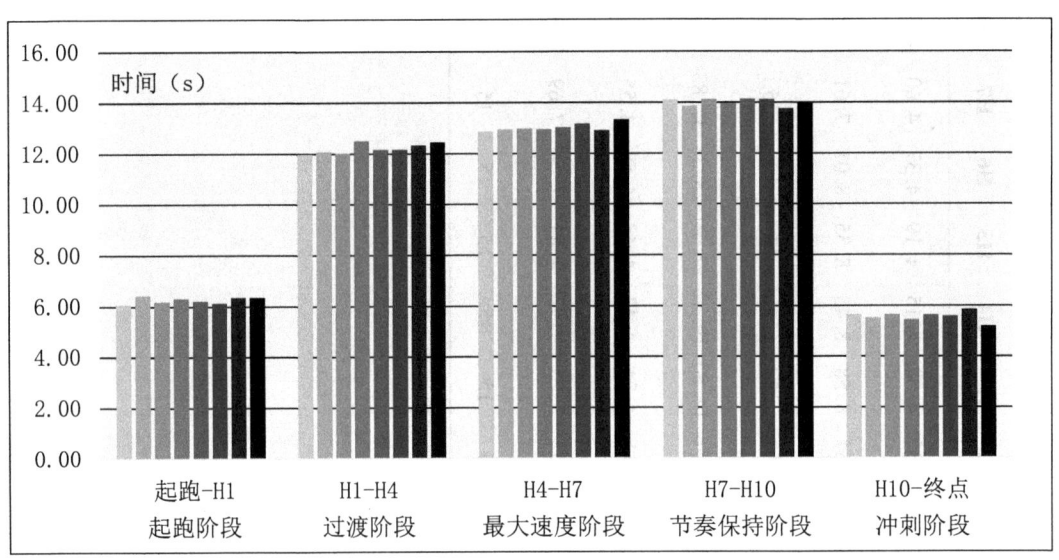

图 16-14　全国田径锦标赛男子 400 米栏决赛分段时间柱状图

三、预赛运动学参数

表 16-12 所示的是全国田径锦标赛男子 400 米栏前 8 名运动员预赛中的相关运动学参数数据，包括触地时间、栏间时间和栏间速度。图 16-15 所示的是每位运动员在各个分段的速度变化，图 16-16 所示的是每位运动员在各个分段的时间变化。

表16-12 全国田径锦标赛男子400米栏预赛晋级运动员数据统计表

运动员	反应时(s)		H1	H2	H3	H4	H5	H6	H7	H8	H9	H10	400m	组次/名次	H1-H4	H4-H7	H7-H10
王艺杰	0.166	触地时间(s)	6.08	10.05	13.99	18.07	22.19	26.54	30.95	35.50	40.21	45.06	**50.72**	1/1			
		栏间时间(s)		3.97	3.94	4.08	4.12	4.35	4.41	4.55	4.71	4.85	**PB**		11.99	12.88	14.11
		栏间速度(m/s)		8.82	8.88	8.58	8.50	8.05	7.94	7.69	7.43	7.22	5.66		8.76	8.15	7.44
		步数	7.40	14	14	14	14	15	15	15	15	15	7.07				
	H1左腿攻栏		22										18.8				
													171.8				
谢智宇	0.293	触地时间(s)	6.44	10.48	14.50	18.52	22.66	26.94	31.48	35.98	40.62	45.34	**50.85**	1/2			
		栏间时间(s)		4.04	4.02	4.02	4.14	4.28	4.54	4.50	4.64	4.72	**PB**		12.08	12.96	13.86
		栏间速度(m/s)		8.66	8.71	8.71	8.45	8.18	7.71	7.78	7.54	7.42	5.51		8.69	8.10	7.58
		步数	6.99	13	13	13	13	14	14	14	14	14	7.26				
	H1左腿攻栏		22										17.5				
													160.5				
庄林霏	0.199	触地时间(s)	6.20	10.09	14.08	18.22	22.43	26.78	31.20	35.75	40.46	45.33	**50.98**	1/3			
		栏间时间(s)		3.89	3.99	4.14	4.21	4.35	4.42	4.55	4.71	4.87	**PB**		12.02	12.98	14.13
		栏间速度(m/s)		9.00	8.77	8.45	8.31	8.05	7.92	7.69	7.43	7.19	5.65		8.74	8.09	7.43
		步数	7.26	14	14	14	14	14	14	15	15	15	7.08				
	H1左腿攻栏		21										19				
													169				

续表

运动员	反应时(s)		H1	H2	H3	H4	H5	H6	H7	H8	H9	H10	400m	组次/名次	H1-H4	H4-H7	H7-H10
杨百川	0.218	栏间时间(s)	6.32	10.36	14.59	18.84	23.11	27.39	31.80	36.27	40.89	45.76	**51.20**	1/4			
		栏间时间(s)		4.04	4.23	4.25	4.27	4.28	4.41	4.47	4.62	4.87	5.44		12.52	12.96	13.96
		栏间速度(m/s)	7.12	8.66	8.27	8.24	8.20	8.18	7.94	7.83	7.58	7.19	7.35		8.39	8.10	7.52
		步数	23	15	15	15	15	15	15	15	15	15	20.3	178.3			
		H1左腿攻栏 触地时间(s)	7.12														
徐志航	0.158	栏间时间(s)	6.22	10.20	14.28	18.39	22.58	26.96	31.42	35.96	40.64	45.56	**51.20**	2/1			
		栏间时间(s)		3.98	4.08	4.11	4.19	4.38	4.46	4.54	4.68	4.92	5.64		12.17	13.03	14.14
		栏间速度(m/s)	7.23	8.79	8.58	8.52	8.35	7.99	7.85	7.71	7.48	7.11	7.09		8.63	8.06	7.43
		步数	21	14	14	14	14	15	15	15	15	15	19	172			
		H1左腿攻栏 触地时间(s)	7.33														
汪道俊	0.218	栏间时间(s)	6.14	10.18	14.18	18.30	22.51	26.90	31.48	36.05	40.79	45.61	**51.20**	1/5			
		栏间时间(s)		4.04	4.00	4.12	4.21	4.39	4.58	4.57	4.74	4.82	5.59		12.16	13.18	14.13
		栏间速度(m/s)	7.33	8.66	8.75	8.50	8.31	7.97	7.64	7.66	7.38	7.26	7.16		8.63	7.97	7.43
		步数	21	14	14	14	14	15	15	15	15	15	18.5	170.5			
		H1左腿攻栏 触地时间(s)	6.35														
蔡俊奇		栏间时间(s)	6.35	10.41	14.49	18.69	22.90	27.21	31.60	36.06	40.62	45.36	**51.22**	2/2			

续表

运动员	反应时(s)		H1	H2	H3	H4	H5	H6	H7	H8	H9	H10	400m	组次/名次	H1-H4	H4-H7	H7-H10
	0.189	栏间时间(s)		4.06	4.08	4.20	4.21	4.31	4.39	4.46	4.56	4.74	5.86		12.34	12.91	13.76
		栏间速度(m/s)	7.09	8.62	8.58	8.33	8.31	8.12	7.97	7.85	7.68	7.38	6.83		8.51	8.13	7.63
		H1左腿攻栏步数	22									19.5	7.81				
													176.5				
刘洋洋	0.216	触地时间(s)	6.36	10.39	14.56	18.81	23.17	27.58	32.14	36.77	41.46	46.13	51.32	2/3			
		栏间时间(s)		4.03	4.17	4.25	4.36	4.41	4.56	4.63	4.69	4.67	5.19	PB	12.45	13.33	13.99
		栏间速度(m/s)	7.08	8.68	8.39	8.24	8.03	7.94	7.68	7.56	7.46	7.49	7.71		8.43	7.88	7.51
		H1左腿攻栏步数	22									18.5	7.79				
													175.5				

注：PB为个人最好成绩。

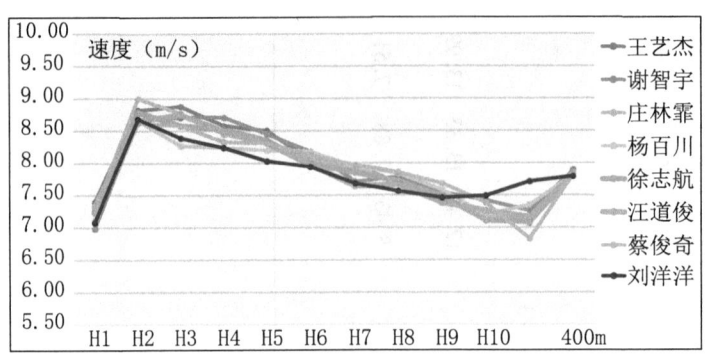

图 16-15　全国田径锦标赛男子 400 米栏预赛晋级运动员分段速度折线图

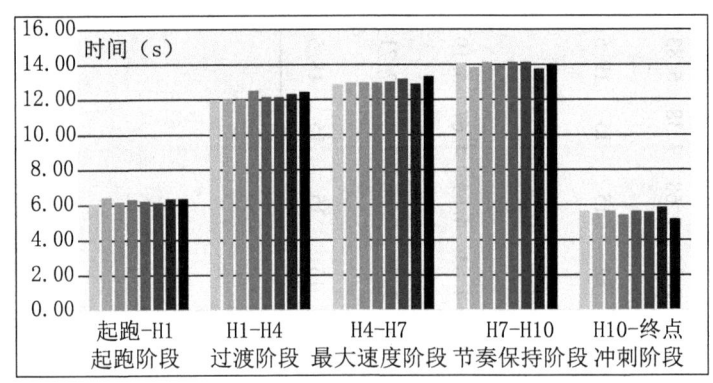

图 16-16　全国田径锦标赛男子 400 米栏预赛晋级运动员分段时间柱状图

第五节　女子七项全能 100 米栏分项

一、比赛介绍

2019 年全国田径锦标赛是 2019 年国内最高水平赛事，女子七项全能项目的参赛选手代表着国内这个项目的最高水平。100 米栏项目是女子七项全能中重要的分项，因同属跨栏项目范畴，本节对 2019 年全国田径锦标赛女子七项全能的 100 米栏分项进行技术解析，希望相关的技术参数数据能够为女子全能项目运动员跨栏方向的训练提供帮助。

二、运动学参数

表 16-13 所示的是全国田径锦标赛女子七项全能之 100 米栏项目第一组运动员的关键运动学参数数据，包括触地时间、栏间时间和栏间速度。图 16-17 所示的是每位运动员在各个分段的速度变化，图 16-18 所示的是每位运动员在各个分段的时间变化。

表 16-13 全国田径锦标赛女子七项全能之 100 米栏第一组数据统计表

运动员	反应时（s）		H1	H2	H3	H4	H5	H6	H7	H8	H9	H10	100m	道次/名次	H1-H4	H4-H7	H7-H10
王美晴	0.186	触地时间（s）	2.78	3.94	5.05	6.14	7.29	8.44	9.62	10.79	11.98	13.20	14.47	5/1			
		栏间时间（s）		1.16	1.11	1.09	1.15	1.15	1.18	1.17	1.19	1.22	PB		3.36	3.48	3.58
		栏间速度（m/s）	4.68	7.33	7.66	7.80	7.39	7.39	7.20	7.26	7.14	6.97	6.91	8.27	7.59	7.33	7.12
沈沐含	0.230	触地时间（s）	2.83	4.00	5.12	6.24	7.36	8.49	9.64	10.79	12.00	13.23	14.57	8/2			
		栏间时间（s）		1.17	1.12	1.12	1.12	1.13	1.15	1.15	1.21	1.23			3.41	3.40	3.59
		栏间速度（m/s）	4.59	7.26	7.59	7.59	7.59	7.52	7.39	7.39	7.02	6.91	6.86	7.84	7.48	7.50	7.10
金东华	0.261	触地时间（s）	2.93	4.09	5.27	6.42	7.59	8.77	9.94	11.14	12.34	13.58	14.85	2/3			
		栏间时间（s）		1.16	1.18	1.15	1.17	1.18	1.17	1.20	1.20	1.24	PB		3.49	3.52	3.64
		栏间速度（m/s）	4.44	7.33	7.20	7.39	7.26	7.20	7.26	7.08	7.08	6.85	6.73	8.27	7.31	7.24	7.01
任世美	0.224	触地时间（s）	2.85	4.02	5.19	6.36	7.51	8.69	9.86	11.09	12.31	13.56	14.92	6/4			
		栏间时间（s）		1.17	1.17	1.17	1.15	1.18	1.17	1.23	1.22	1.25	PB		3.51	3.50	3.70
		栏间速度（m/s）	4.56	7.26	7.26	7.26	7.39	7.20	7.26	6.91	6.97	6.80	6.70	7.72	7.26	7.29	6.89

续表

运动员	反应时(s)		H1	H2	H3	H4	H5	H6	H7	H8	H9	H10	100m	道次/名次	H1-H4	H4-H7	H7-H10
李菁华	0.214	触地时间(s)	2.88	4.04	5.20	6.35	7.52	8.71	9.91	11.12	12.36	13.61	14.98	7/5			
		栏间时间(s)		1.16	1.16	1.15	1.17	1.19	1.20	1.21	1.24	1.25			3.47	3.56	3.70
		栏间速度(m/s)	4.51	7.33	7.33	7.38	7.28	7.14	7.08	7.02	6.85	6.80	1.37		7.34	7.17	6.89
周晶晶	0.221	触地时间(s)	2.91	4.07	5.24	6.39	7.56	8.71	9.88	11.09	12.33	13.58	15.00	1/6			
		栏间时间(s)		1.16	1.17	1.15	1.17	1.15	1.17	1.21	1.24	1.25			3.48	3.49	3.70
		栏间速度(m/s)	4.47	7.33	7.26	7.39	7.26	7.39	7.26	7.02	6.85	6.80	1.42		7.33	7.31	6.89
刘静逸	0.167	触地时间(s)	2.83	4.00	5.17	6.36	7.54	8.72	9.96	11.22	12.51	13.83	15.31	3/7			
		栏间时间(s)		1.17	1.17	1.19	1.18	1.18	1.24	1.26	1.29	1.32			3.53	3.60	3.87
		栏间速度(m/s)	4.59	7.26	7.26	7.14	7.20	7.20	6.85	6.75	6.59	6.44	1.48		7.22	7.08	6.59
尹欣怡	0.176	触地时间(s)	2.95	4.17	5.37	6.57	7.81	9.06	10.31	11.63	12.93	14.31	15.81	4/8			
		栏间时间(s)		1.22	1.20	1.20	1.24	1.25	1.25	1.32	1.30	1.38	PB		3.62	3.74	4.00
		栏间速度(m/s)	4.41	6.97	7.08	7.08	6.85	6.80	6.80	6.44	6.54	6.16	1.50	6.33	7.04	6.82	6.38

注：风速0.8m/s；PB为个人最好成绩。

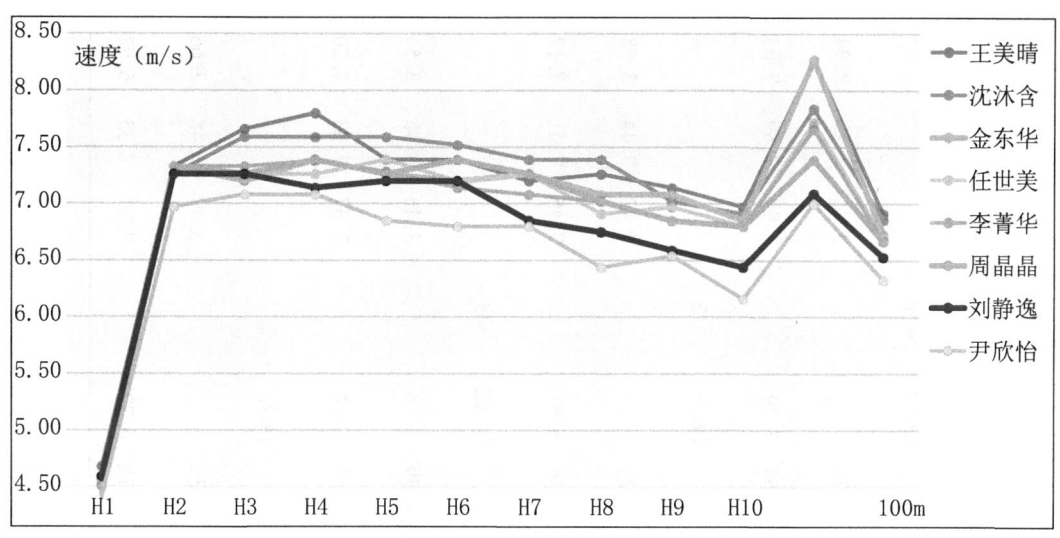

图 16-17 全国田径锦标赛女子七项全能之 100 米栏第一组分段速度折线图

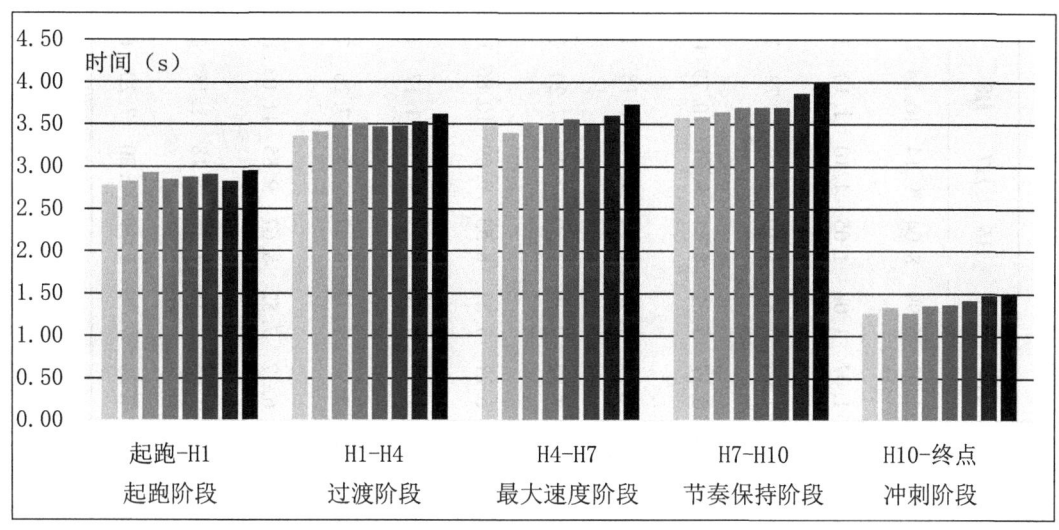

图 16-18 全国田径锦标赛女子七项全能之 100 米栏第一组分段时间柱状图

表 16-14 所示的是全国田径锦标赛女子七项全能之 100 米栏项目第二组运动员的关键运动学参数数据,包括触地时间、栏间时间和栏间速度。图 16-19 所示的是每位运动员在各个分段的速度变化,图 16-20 所示的是每位运动员在各个分段的时间变化。

我国跨栏项目优秀运动员关键运动技术特征研究

表 16-14 全国田径锦标赛女子七项全能之 100 米栏第二组数据统计表

运动员	反应时 (s)		H1	H2	H3	H4	H5	H6	H7	H8	H9	H10	100m	道次/名次	H1-H4	H4-H7	H7-H10
王庆铃	0.189	触地时间 (s)	2.70	3.77	4.84	5.91	6.99	8.04	9.14	10.24	11.34	12.48	**13.71**	4/1			
		栏间时间 (s)		1.07	1.07	1.07	1.08	1.05	1.10	1.10	1.14	1.23			3.21	3.23	3.34
		栏间速度 (m/s)	4.81	7.94	7.94	7.94	7.87	8.10	7.73	7.73	7.46	8.54	7.29		7.94	7.89	7.63
高淼	0.154	触地时间 (s)	2.75	3.91	5.04	6.17	7.32	8.44	9.61	10.79	11.98	13.19	**14.48**	1/2			
		栏间时间 (s)		1.16	1.13	1.13	1.15	1.12	1.17	1.18	1.19	1.21			3.42	3.44	3.58
		栏间速度 (m/s)	4.73	7.33	7.52	7.52	7.39	7.59	7.26	7.20	7.14	7.02	6.91		7.46	7.41	7.12
庞玉婷	0.180	触地时间 (s)	2.75	3.95	5.09	6.21	7.31	8.53	9.69	10.86	12.03	13.23	**14.62**	3/3			
		栏间时间 (s)		1.20	1.14	1.12	1.10	1.22	1.16	1.17	1.17	1.20			3.46	3.48	3.54
		栏间速度 (m/s)	4.73	7.08	7.46	7.59	7.73	6.97	7.33	7.26	7.26	7.08	6.84		7.37	7.33	7.20
王慧琼	0.282	触地时间 (s)	2.88	4.05	5.22	6.37	7.52	8.67	9.85	11.03	12.26	13.51	**14.87**	2/4			
		栏间时间 (s)		1.17	1.17	1.15	1.15	1.15	1.18	1.18	1.23	1.25			3.49	3.48	3.66
		栏间速度 (m/s)	4.51	7.26	7.26	7.39	7.39	7.39	7.20	7.20	6.91	6.80	6.72		7.31	7.33	6.97

续表

运动员	反应时(s)		H1	H2	H3	H4	H5	H6	H7	H8	H9	H10	100m	道次/名次	H1-H4	H4-H7	H7-H10
孙岚	0.193	触地时间(s)	2.87	4.10	5.29	6.47	7.64	8.84	9.99	11.21	12.43	13.65	**15.01**	6/5			
		栏间时间(s)		1.23	1.19	1.18	1.17	1.20	1.15	1.22	1.22	1.36	**PB**		3.60	3.52	3.66
		栏间速度(m/s)	4.53	6.91	7.14	7.20	7.26	7.08	7.39	6.97	6.97	7.72	6.66		7.08	7.24	6.97
文晓芸	0.245	触地时间(s)	3.15	4.50	5.77	6.99	8.19	9.41	10.61	11.86	13.11	14.36	**15.69**	5/6			
		栏间时间(s)		1.35	1.27	1.22	1.20	1.22	1.20	1.25	1.25	1.33			3.84	3.62	3.75
		栏间速度(m/s)	4.13	6.30	6.69	6.97	7.08	6.97	7.08	6.80	6.80	7.89	6.37		6.64	7.04	6.80
张亚丽	0.219	触地时间(s)	3.08	4.34	5.63	6.89	8.16	9.40	10.66	11.93	13.23	14.53	**15.82**	7/7			
		栏间时间(s)		1.26	1.29	1.26	1.27	1.24	1.26	1.27	1.30	1.29	**PB**		3.81	3.77	3.87
		栏间速度(m/s)	4.22	6.75	6.59	6.75	6.69	6.85	6.75	6.69	6.54	8.14	6.32		6.69	6.76	6.59
蒲靖	0.213	触地时间(s)	3.02	4.35	5.65	6.94	8.15	9.40	10.66	11.94	13.25	14.57	**15.93**	8/8			
		栏间时间(s)		1.33	1.30	1.29	1.21	1.25	1.26	1.28	1.31	1.36			3.92	3.72	3.91
		栏间速度(m/s)	4.30	6.39	6.54	6.59	7.02	6.80	6.75	6.64	6.49	7.72	6.28		6.51	6.85	6.52

注：风速0.8m/s；PB为个人最好成绩。

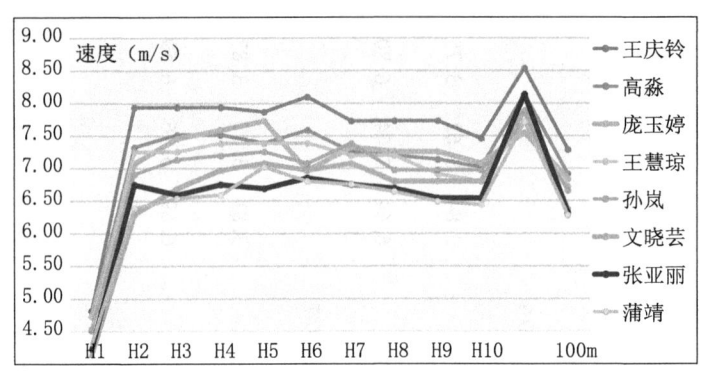

图 16-19　全国田径锦标赛女子七项全能之 100 米栏第二组分段速度折线图

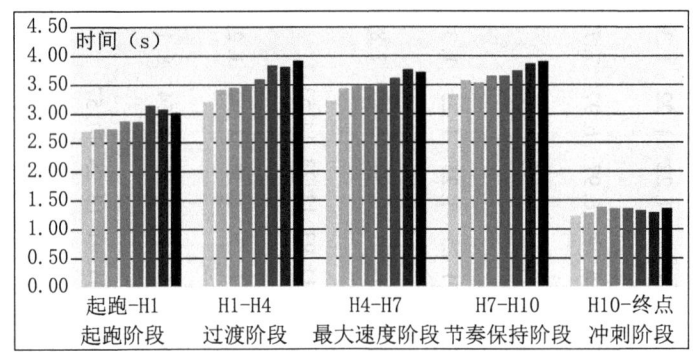

图 16-20　全国田径锦标赛女子七项全能之 100 米栏第二组分段时间柱状图

第六节　男子十项全能 110 米栏分项

一、比赛介绍

2019 年全国田径锦标赛吸引了国内目前最高水平的男子十项全能运动员参赛。110 米栏项目是男子十项全能中重要的分项，因同属跨栏项目范畴，本节对 2019 年全国田径锦标赛男子十项全能的 110 米栏分项进行技术解析，希望相关的技术参数数据能够为男子全能项目运动员跨栏方向的训练提供帮助。

二、运动学参数

表 16-15 所示的是全国田径锦标赛男子十项全能之 110 米栏项目第一组运动员的关键运动学参数数据，包括触地时间、栏间时间和栏间速度。图 16-21 所示的是每位运动员在各个分段的速度变化，图 16-22 所示的是每位运动员在各个分段的时间变化。

表16-15 全国田径锦标赛男子十项全能之110米栏第一组数据统计表

运动员	反应时（s）		H1	H2	H3	H4	H5	H6	H7	H8	H9	H10	110m	道次/名次	H1-H4	H4-H7	H7-H10
曹进	0.169	触地时间（s）	2.72	3.84	4.93	6.02	7.17	8.29	9.46	10.62	11.78	13.00	**14.57**	5/1			
		栏间时间（s）		1.12	1.09	1.09	1.15	1.12	1.17	1.16	1.16	1.22			3.30	3.44	3.54
		栏间速度（m/s）	5.04	8.16	8.39	8.39	7.95	8.16	7.81	7.88	7.88	7.49	1.57		8.31	7.97	7.75
郭奇	0.169	触地时间（s）	2.75	3.91	5.05	6.19	7.32	8.47	9.62	10.77	11.98	13.16	**14.75**	6/2			
		栏间时间（s）		1.16	1.14	1.14	1.13	1.15	1.15	1.15	1.21	1.18			3.44	3.43	3.54
		栏间速度（m/s）	4.99	7.88	8.02	8.02	8.09	7.95	7.95	7.95	7.55	7.75	1.59		7.97	7.99	7.75
费翔	0.165	触地时间（s）	2.82	4.00	5.17	6.34	7.52	8.71	9.89	11.11	12.31	13.54	**15.10**	3/3			
		栏间时间（s）		1.18	1.17	1.17	1.18	1.19	1.18	1.22	1.20	1.23			3.52	3.55	3.65
		栏间速度（m/s）	4.87	7.75	7.81	7.81	7.75	7.68	7.75	7.49	7.62	7.43	1.56	PB	7.79	7.72	7.51
钱文泽	0.211	触地时间（s）	2.87	4.10	5.29	6.50	7.72	8.96	10.17	11.43	12.71	13.96	**15.59**	4/4			
		栏间时间（s）		1.23	1.19	1.21	1.22	1.24	1.21	1.26	1.28	1.25			3.63	3.67	3.79
		栏间速度（m/s）	4.78	7.43	7.68	7.55	7.49	7.37	7.55	7.25	7.14	7.31	1.63	PB	7.55	7.47	7.23
													8.60				
													7.06				

续表

运动员	反应时 (s)		H1	H2	H3	H4	H5	H6	H7	H8	H9	H10	110m	道次/名次	H1-H4	H4-H7	H7-H10
依斯坎达	0.193	触地时间 (s)	2.88	4.10	5.34	6.59	7.81	9.07	10.34	11.58	12.84	14.14	**15.80**	8/5			
		栏间时间 (s)		1.22	1.24	1.25	1.22	1.26	1.27	1.24	1.26	1.30			3.71	3.75	3.80
		栏间速度 (m/s)	4.76	7.49	7.37	7.31	7.49	7.25	7.20	7.37	7.25	7.03	8.45		7.39	7.31	7.22
陈俊屹	0.190	触地时间 (s)	2.95	4.30	5.64	6.94	8.27	9.61	10.96	12.28	13.61	14.95	**16.62**	2/6			
		栏间时间 (s)		1.35	1.34	1.30	1.33	1.34	1.35	1.32	1.33	1.34	1.67		3.99	4.02	3.99
		栏间速度 (m/s)	4.65	6.77	6.82	7.03	6.87	6.82	6.77	6.92	6.87	6.82	8.40		6.87	6.82	6.87

注：风速 -0.6m/s；PB 为个人最好成绩。

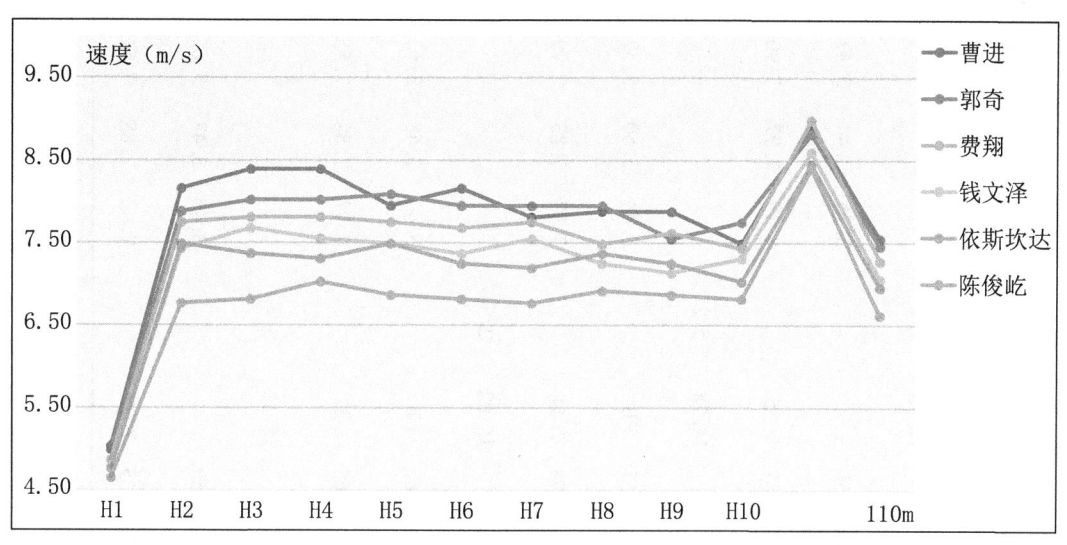

图16-21　全国田径锦标赛男子十项全能之110米栏第一组分段速度折线图

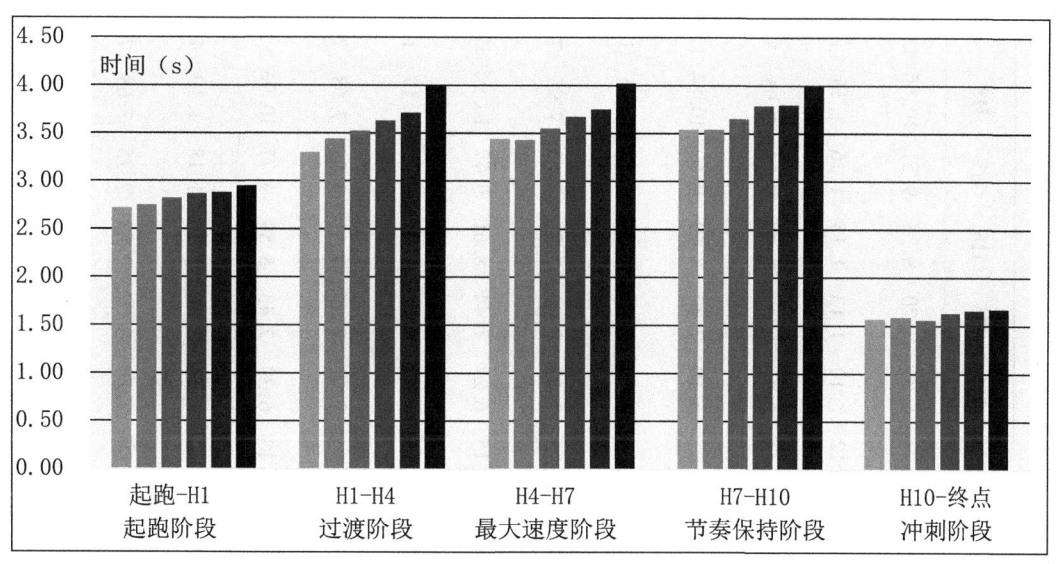

图16-22　全国田径锦标赛男子十项全能之110米栏第一组分段时间柱状图

表16-16所示的是全国田径锦标赛男子十项全能之110米栏项目第二组运动员的关键运动学参数数据，包括触地时间、栏间时间和栏间速度。图16-23所示的是每位运动员在各个分段的速度变化，图16-24所示的是每位运动员在各个分段的时间变化。

表 16-16 全国田径锦标赛男子十项全能之 110 米栏第二组数据统计表

运动员	反应时 (s)		H1	H2	H3	H4	H5	H6	H7	H8	H9	H10	110m	道次/名次	H1-H4	H4-H7	H7-H10
胡雨飞	0.162	触地时间 (s)	2.72	3.85	4.97	6.07	7.20	8.35	9.51	10.66	11.84	12.98	14.56	7/1			
		栏间时间 (s)		1.13	1.12	1.10	1.13	1.15	1.16	1.15	1.18	1.14			3.35	3.44	3.47
		栏间速度 (m/s)	5.04	8.09	8.16	8.31	8.09	7.95	7.88	7.95	7.75	8.02	1.58		8.19	7.97	7.90
													8.87				
杨子浩	0.171	触地时间 (s)	2.75	3.90	5.05	6.19	7.32	8.49	9.69	10.84	12.04	13.21	14.78	5/2			
		栏间时间 (s)		1.15	1.15	1.14	1.13	1.17	1.20	1.15	1.20	1.17	PB		3.44	3.50	3.52
		栏间速度 (m/s)	4.99	7.95	7.95	8.02	7.95	7.81	7.62	7.95	7.62	7.81	1.57		7.97	7.83	7.79
													8.93				
田阳	0.223	触地时间 (s)	2.85	4.00	5.15	6.29	7.44	8.61	9.77	10.96	12.14	13.40	15.02	2/3			
		栏间时间 (s)		1.15	1.15	1.14	1.15	1.17	1.16	1.19	1.18	1.26	PB		3.44	3.48	3.63
		栏间速度 (m/s)	4.81	7.95	7.95	8.02	7.95	7.81	7.88	7.68	7.75	7.25	1.62		7.97	7.88	7.55
													8.65				
张震	0.169	触地时间 (s)	2.83	4.00	5.13	6.29	7.43	8.59	9.77	10.96	12.18	13.42	15.10	3/4			
		栏间时间 (s)		1.17	1.13	1.16	1.14	1.16	1.18	1.19	1.22	1.24			3.46	3.48	3.65
		栏间速度 (m/s)	4.85	7.81	8.09	7.88	8.02	7.88	7.75	7.68	7.49	7.37	1.68		7.92	7.88	7.51
													8.35				

续表

运动员	反应时(s)		H1	H2	H3	H4	H5	H6	H7	H8	H9	H10	110m	道次/名次	H1-H4	H4-H7	H7-H10
赵国瑞	0.198	触地时间(s)	2.78	4.02	5.24	6.44	7.64	8.86	10.09	11.33	12.59	13.86	**15.63**	6/5			
		栏间时间(s)		1.24	1.22	1.20	1.20	1.22	1.23	1.24	1.26	1.27	1.77	**PB**	3.66	3.65	3.77
		栏间速度(m/s)	4.94	7.37	7.49	7.62	7.62	7.49	7.43	7.37	7.25	7.20	7.92	7.04	7.49	7.51	7.27
姜雨宏	0.247	触地时间(s)	2.98	4.25	5.51	6.79	8.10	9.56	11.04	12.50	13.98	15.48	**17.39**	4/6			
		栏间时间(s)		1.27	1.26	1.28	1.31	1.46	1.48	1.46	1.48	1.50	1.91		3.81	4.25	4.44
		栏间速度(m/s)	4.60	7.20	7.25	7.14	6.98	6.26	6.18	6.26	6.18	6.09	7.34	6.33	7.20	6.45	6.18

注：风速-0.1m/s；PB为个人最好成绩。

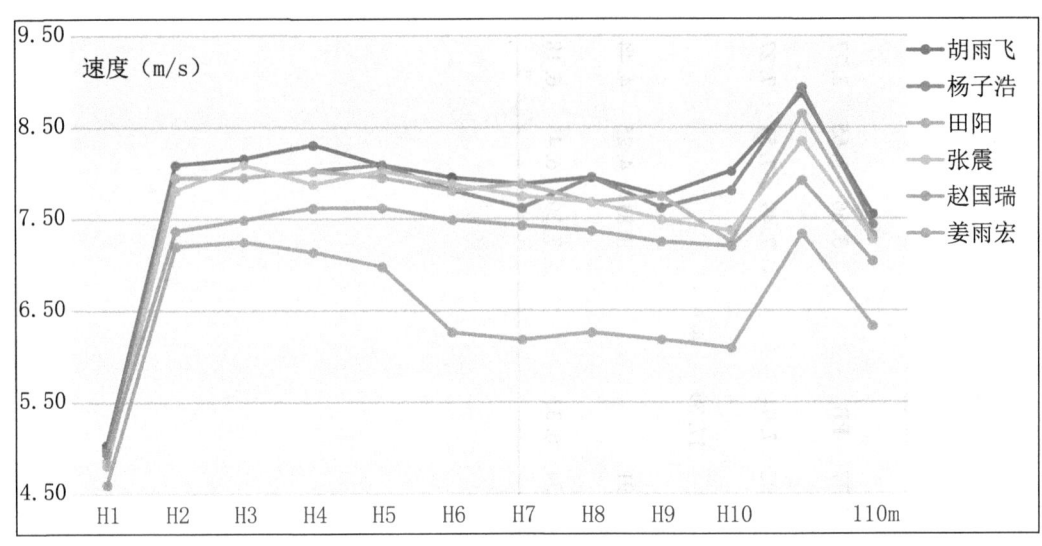

图 16-23　全国田径锦标赛男子十项全能之 110 米栏第二组分段速度折线图

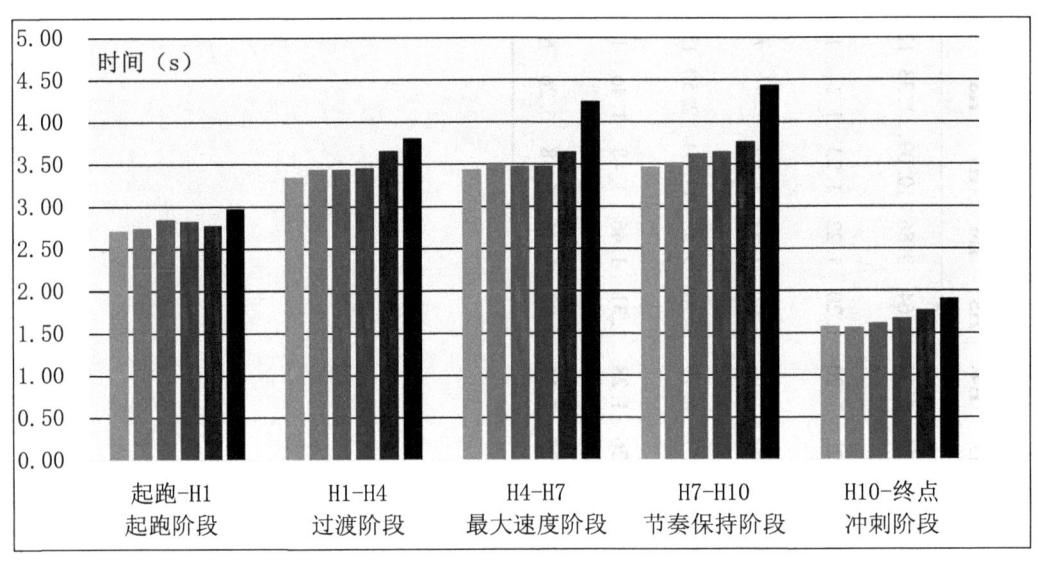

图 16-24　全国田径锦标赛男子十项全能之 110 米栏第二组分段时间柱状图

表 16-17 所示的是全国田径锦标赛男子十项全能之 110 米栏项目第三组运动员的关键运动学参数数据，包括触地时间、栏间时间和栏间速度。图 16-25 所示的是每位运动员在各个分段的速度变化，图 16-26 所示的是每位运动员在各个分段的时间变化。

表 16-17 全国田径锦标赛男子十项全能之 110 米栏第三组数据统计表

运动员	反应时（s）		H1	H2	H3	H4	H5	H6	H7	H8	H9	H10	110m	道次/名次	H1-H4	H4-H7	H7-H10
岳雪松	0.203	触地时间（s）	2.77	3.92	5.05	6.20	7.36	8.52	9.69	10.86	12.03	13.23	14.76	5/1			
		栏间时间（s）		1.15	1.13	1.15	1.16	1.16	1.17	1.17	1.17	1.20	PB		3.43	3.49	3.54
		栏间速度（m/s）	4.95	7.95	8.09	7.95	7.88	7.88	7.81	7.81	7.81	7.62	1.53 7.45		7.99	7.86	7.75
李晓东	0.153	触地时间（s）	2.74	3.90	5.05	6.19	7.34	8.50	9.66	10.87	12.06	13.26	14.79	2/2			
		栏间时间（s）		1.16	1.15	1.14	1.15	1.16	1.16	1.21	1.19	1.20			3.45	3.47	3.60
		栏间速度（m/s）	5.01	7.88	7.95	8.02	7.95	7.88	7.88	7.55	7.68	7.62	1.53 7.44		7.95	7.90	7.62
李烁	0.179	触地时间（s）	2.87	4.07	5.25	6.42	7.59	8.76	9.94	11.13	12.34	13.56	15.19	3/3			
		栏间时间（s）		1.20	1.18	1.17	1.17	1.17	1.18	1.19	1.21	1.22			3.55	3.52	3.62
		栏间速度（m/s）	4.78	7.62	7.75	7.81	7.81	7.81	7.75	7.68	7.55	7.49	1.63 7.24		7.72	7.79	7.57
王驰	0.177	触地时间（s）	2.82	4.04	5.24	6.44	7.67	8.89	10.12	11.39	12.64	13.91	15.55	6/4			
		栏间时间（s）		1.22	1.20	1.20	1.23	1.22	1.23	1.27	1.25	1.27	PB		3.62	3.68	3.79
		栏间速度（m/s）	4.87	7.49	7.62	7.62	7.43	7.49	7.43	7.20	7.31	7.20	1.64 7.07		7.57	7.45	7.23
		栏间速度（m/s）	4.87	7.49	7.62	7.62	7.43	7.49	7.43	7.20	7.31	7.20	8.55				

续表

运动员	反应时(s)		H1	H2	H3	H4	H5	H6	H7	H8	H9	H10	110m	道次/名次	H1-H4	H4-H7	H7-H10
魏鹏	0.189	触地时间(s)	2.95	4.27	5.60	6.97	8.32	9.71	11.09	12.48	13.88	15.66	18.65	4/5			
		栏间时间(s)		1.32	1.33	1.37	1.35	1.39	1.38	1.39	1.40	1.78	2.99		4.02	4.12	4.57
		栏间速度(m/s)	4.65	6.92	6.87	6.67	6.77	6.58	6.62	6.58	6.53	5.13	4.69	5.90	6.82	6.66	6.00

注：风速 0.0m/s；PB 为个人最好成绩。

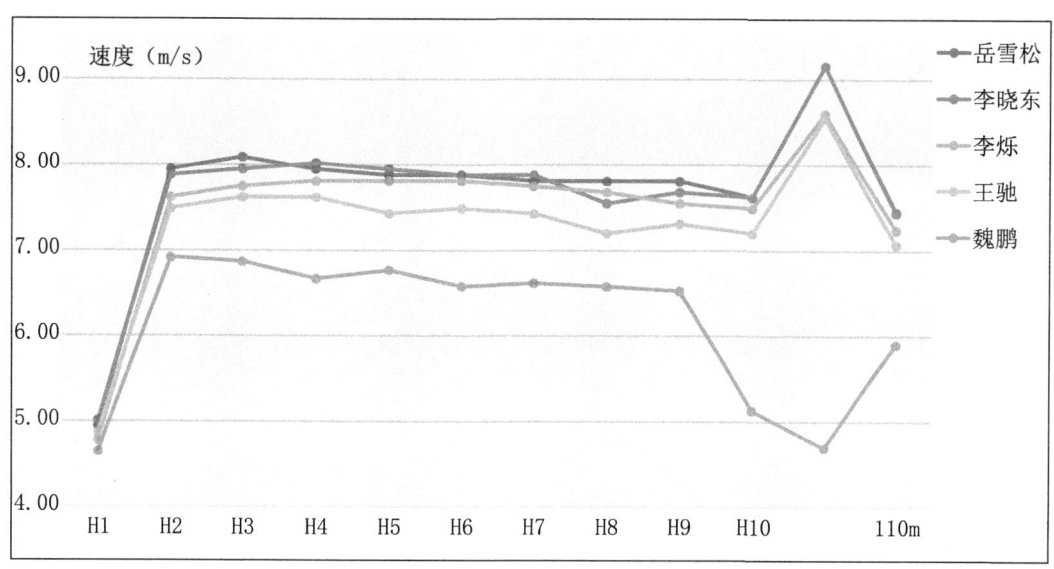

图 16-25　全国田径锦标赛男子十项全能之 110 米栏第三组分段速度折线图

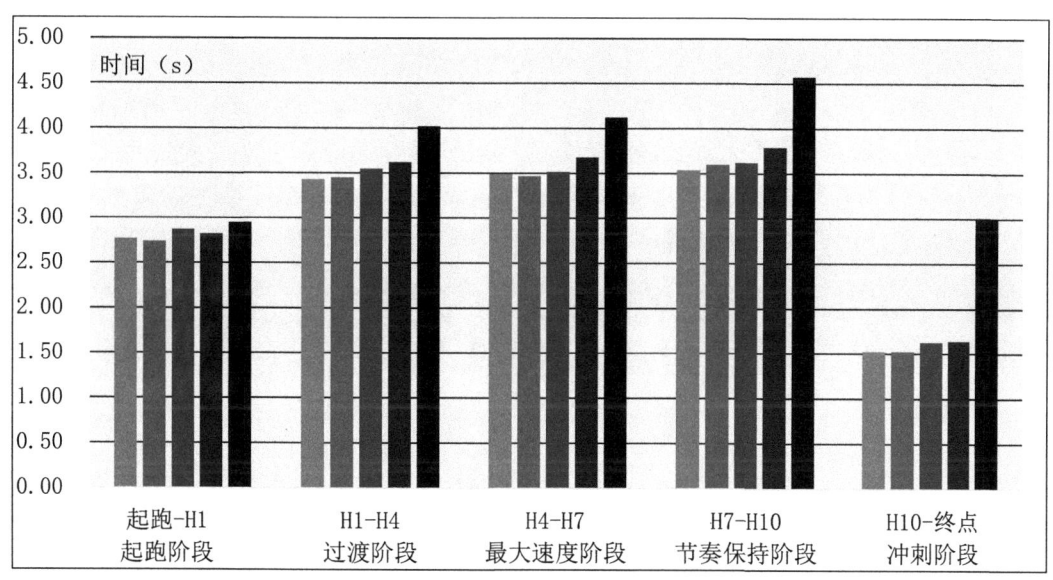

图 16-26　全国田径锦标赛男子十项全能之 110 米栏第三组分段时间柱状图

CHAPTER 17 第十七章

2019年世界田径锦标赛选拔赛

辽宁·沈阳

比赛日期：2019年8月2—3日
比赛地点：沈阳奥林匹克体育中心

本章所有彩色图片请扫二维码

第十七章 2019年世界田径锦标赛选拔赛

第一节 女子 100 米栏

一、比赛介绍

2019 年世界田径锦标赛选拔赛是中国田径协会为选拔 2019 年 10 月在多哈举办的世界田径锦标赛而特别设立的一项赛事。比赛于 8 月 2 日在沈阳奥林匹克体育中心开幕,并且十分受关注。运动员们的整体发挥没有让人们失望,在女子 100 米栏项目中,就出现了不小的惊喜。来自河南 2001 年出生的年轻运动员戴仪茹跑出了 13.24s 的成绩收获冠军,这是 2019 年国内女子 100 米栏项目的并列最好成绩。而 2019 年上一个跑出这个成绩的正是戴仪茹的队友、同样来自河南的陈佳敏,她在 4 月的亚州田径锦标赛上以 13.24s 的成绩收获亚军。2019 年世界田径锦标赛选拔赛的亚军是来自福建的邓雪琳,她跑了 13.25s,仅以 0.01 秒的差距获得第二名,四川选手吴艳妮以 13.49s 的成绩获得第三名。2019 年世界田径锦标赛选拔赛女子 100 米栏决赛的成绩信息如表 17-1 所示。

表 17-1 2019 年世界田径锦标赛选拔赛女子 100 米栏决赛成绩

名次	道次	姓名	单位	出生年份	成绩（s）	反应时（s）
1	5	戴仪茹	河南	2001	13.24	0.178
2	3	邓雪琳	福建	1998	13.25	0.219
3	4	吴艳妮	四川	1997	13.49	0.169
4	6	王逗	江苏	1993	13.52	0.170
5	8	虞佳如	浙江	1999	13.54	0.197
6	2	林雨薇	福建	1999	13.57	0.127
7	1	陈佳敏	河南	1996	13.60	0.185
	7	游娜	湖北	1993	DNS	

注：风速 0.0 米/秒；DNS 表示未参赛或退赛。

二、运动学参数

表 17-2 所示的是 2019 年世界田径锦标赛选拔赛女子 100 米栏决赛 7 位运动员的关键运动学参数数据,包括触地时间、栏间时间和栏间速度。图 17-1 所示的是每位运动员在各个分段的速度变化,图 17-2 所示的是每位运动员在各个分段的时间变化。

表17-2 2019年世界田径锦标赛选拔赛女子100米栏决赛数据统计表

运动员	反应时(s)	指标	H1	H2	H3	H4	H5	H6	H7	H8	H9	H10	100m	道次/名次	H1-H4	H4-H7	H7-H10
戴仪茹	0.178	触地时间(s)	2.62	3.65	4.72	5.72	6.74	7.77	8.81	9.88	10.94	12.06	**13.24**	5/1			
		栏间时间(s)		1.03	1.07	1.00	1.02	1.03	1.04	1.07	1.06	1.12	**PB** / 1.18		3.10	3.09	3.25
		栏间速度(m/s)	4.96	8.25	7.94	8.50	8.33	8.25	8.17	7.94	8.02	7.59	7.55 / 8.90		8.23	8.25	7.85
邓雪琳	0.219	触地时间(s)	2.70	3.75	4.80	5.81	6.85	7.88	8.90	9.94	10.98	12.04	**13.25**	3/2			
		栏间时间(s)		1.05	1.05	1.01	1.04	1.03	1.02	1.04	1.04	1.06	**PB** / 1.21		3.11	3.09	3.14
		栏间速度(m/s)	4.81	8.10	8.10	8.42	8.17	8.25	8.33	8.17	8.17	8.02	7.55 / 8.68		8.20	8.25	8.12
吴艳妮	0.169	触地时间(s)	2.74	3.80	4.86	5.89	6.92	7.96	9.00	10.09	11.17	12.26	**13.49**	4/3			
		栏间时间(s)		1.06	1.06	1.03	1.03	1.04	1.04	1.09	1.08	1.09	1.23		3.15	3.11	3.26
		栏间速度(m/s)	4.74	8.02	8.02	8.25	8.25	8.17	8.17	7.80	7.87	7.80	7.41 / 8.54		8.10	8.20	7.82
王逗	0.170	触地时间(s)	2.70	3.78	4.84	5.91	6.95	7.98	9.09	10.16	11.23	12.34	**13.52**	6/4			
		栏间时间(s)		1.08	1.06	1.07	1.04	1.03	1.11	1.07	1.07	1.11	1.18		3.21	3.18	3.25
		栏间速度(m/s)	4.81	7.87	8.02	7.94	8.17	8.25	7.66	7.94	7.94	7.66	7.40 / 8.90		7.94	8.02	7.85

续表

运动员	反应时(s)		H1	H2	H3	H4	H5	H6	H7	H8	H9	H10	100m	道次/名次	H1–H4	H4–H7	H7–H10
虞佳如	0.197	栏间时间(s)	2.78	3.82	4.89	5.94	6.98	8.03	9.09	10.14	11.24	12.33	13.54	8/5			
		栏间时间(s)		1.04	1.07	1.05	1.04	1.05	1.06	1.05	1.10	1.09	1.21		3.16	3.15	3.24
		栏间速度(m/s)	4.68	8.17	7.94	8.10	8.17	8.10	8.02	8.10	7.73	7.80	8.68 / 7.39		8.07	8.10	7.87
林雨薇	0.127	触地时间(s)	2.67	3.74	4.81	5.86	6.91	7.99	9.03	10.13	11.23	12.36	13.57	2/6			
		栏间时间(s)		1.07	1.07	1.05	1.05	1.08	1.04	1.10	1.10	1.13	1.21	PB	3.19	3.17	3.33
		栏间速度(m/s)	4.87	7.94	7.94	8.10	8.10	7.87	8.17	7.73	7.73	7.52	8.68 / 7.37		7.99	8.04	7.66
陈佳敏	0.185	触地时间(s)	2.70	3.75	4.80	5.83	6.91	7.96	9.03	10.10	11.22	12.34	13.60	1/7			
		栏间时间(s)		1.05	1.05	1.03	1.08	1.05	1.07	1.07	1.12	1.12	1.26		3.13	3.20	3.31
		栏间速度(m/s)	4.81	8.10	8.10	8.25	7.87	8.10	7.94	7.94	7.59	7.59	8.33 / 7.35		8.15	7.97	7.70

注：PB 为个人最好成绩。

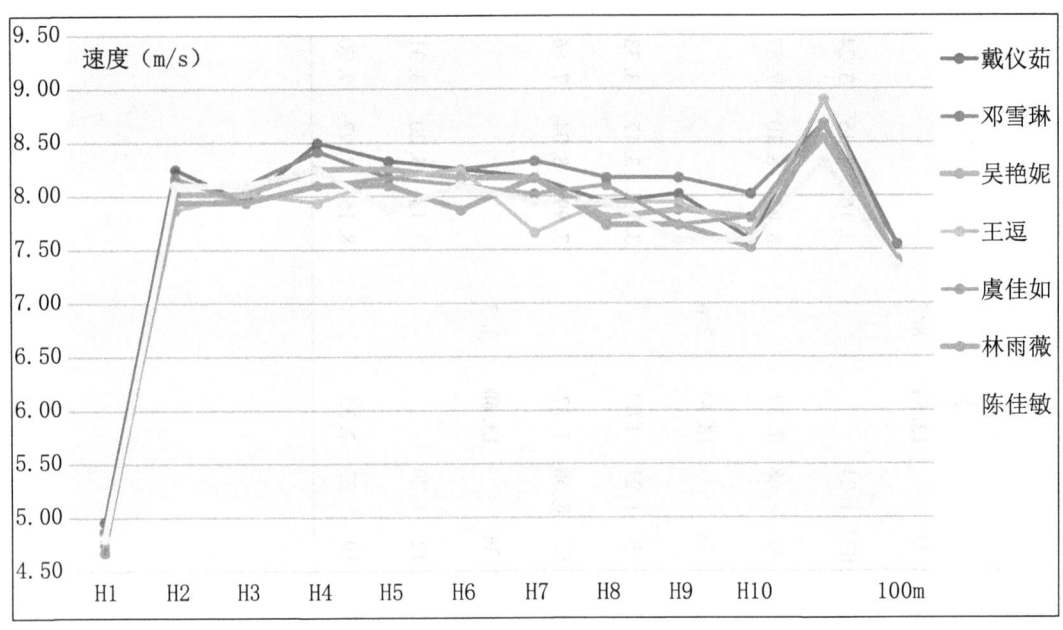

图 17-1　2019 年世界田径锦标赛选拔赛女子 100 米栏决赛分段速度折线图

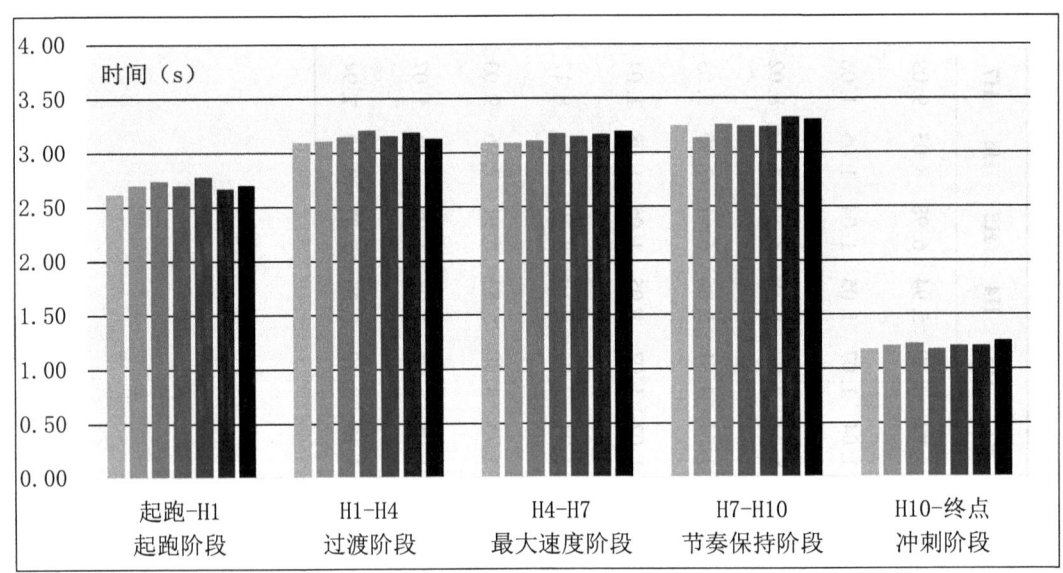

图 17-2　2019 年世界田径锦标赛选拔赛女子 100 米栏决赛分段时间柱状图

三、预赛运动学参数

表 17-3 所示的是 2019 年世界田径锦标赛选拔赛女子 100 米栏前 8 名运动员预赛中的相关运动学参数数据,包括触地时间、栏间时间和栏间速度。图 17-3 所示的是每位运动员在各个分段的速度变化,图 17-4 所示的是每位运动员在各个分段的时间变化。

第十七章 2019年世界田径锦标赛选拔赛

表17-3 2019年世界田径锦标赛选拔赛女子100米栏预赛晋级运动员数据统计表

运动员	反应时(s)		H1	H2	H3	H4	H5	H6	H7	H8	H9	H10	100m	组次/名次	H1–H4	H4–H7	H7–H10
邓雪琳	0.216	触地时间(s)	2.72	3.78	4.84	5.91	6.94	7.97	9.04	10.08	11.14	12.21	13.43	2/1			
		栏间时间(s)		1.06	1.06	1.07	1.03	1.03	1.07	1.04	1.06	1.07			3.19	3.13	3.17
		栏间速度(m/s)	4.78	8.02	8.02	7.94	8.25	8.25	7.94	8.17	8.02	7.94	1.22		7.99	8.15	8.04
戴仪茹	0.183	触地时间(s)	2.64	3.70	4.77	5.83	6.87	7.92	8.97	10.04	11.13	12.25	13.46	1/1			
		栏间时间(s)		1.06	1.07	1.06	1.04	1.05	1.05	1.07	1.09	1.12	PB		3.19	3.14	3.28
		栏间速度(m/s)	4.92	8.02	7.94	8.02	8.17	8.10	8.10	7.94	7.80	7.59	1.21		7.99	8.12	7.77
													7.43				
吴艳妮	0.162	触地时间(s)	2.70	3.79	4.86	5.92	6.97	8.02	9.09	10.16	11.24	12.33	13.57	1/2			
		栏间时间(s)		1.09	1.07	1.06	1.05	1.05	1.07	1.07	1.08	1.09			3.22	3.17	3.24
		栏间速度(m/s)	4.81	7.80	7.94	8.02	8.10	8.10	7.94	7.94	7.87	7.80	1.24		7.92	8.04	7.87
													8.47				
陈佳敏	0.146	触地时间(s)	2.67	3.74	4.78	5.84	6.89	7.96	9.04	10.13	11.21	12.31	13.57	2/2			
		栏间时间(s)		1.07	1.04	1.06	1.05	1.07	1.08	1.09	1.08	1.10			3.17	3.20	3.27
		栏间速度(m/s)	4.87	7.94	8.17	8.02	8.10	7.94	7.87	7.80	7.87	7.73	1.26		8.04	7.97	7.80
													8.33				
													7.37				

续表

运动员	反应时(s)		H1	H2	H3	H4	H5	H6	H7	H8	H9	H10	100m	组次/名次	H1-H4	H4-H7	H7-H10
虞佳如	0.175	触地时间(s)	2.72	3.82	4.91	5.97	7.02	8.07	9.13	10.23	11.31	12.49	13.65	1/3			
		栏间时间(s)		1.10	1.09	1.06	1.05	1.05	1.06	1.10	1.08	1.18					
		栏间速度(m/s)	4.78	7.73	7.80	8.02	8.10	8.10	8.02	7.73	7.87	7.20	7.33		3.25	3.16	3.36
												1.16			7.85	8.07	7.59
												9.05					
游娜	0.168	触地时间(s)	2.75	3.84	4.93	5.99	7.06	8.11	9.19	10.26	11.36	12.48	13.69	1/4			
		栏间时间(s)		1.09	1.09	1.06	1.07	1.05	1.08	1.07	1.10	1.12					
		栏间速度(m/s)	4.73	7.80	7.80	8.02	7.94	8.10	7.87	7.94	7.73	7.59	7.30		3.24	3.20	3.29
												1.21			7.87	7.97	7.75
												8.68					
王逗	0.180	触地时间(s)	2.74	3.85	4.94	6.00	7.07	8.16	9.24	10.31	11.41	12.51	13.71	2/3			
		栏间时间(s)		1.11	1.09	1.06	1.07	1.09	1.08	1.07	1.10	1.10					
		栏间速度(m/s)	4.74	7.66	7.80	8.02	7.94	7.80	7.87	7.94	7.73	7.73	7.29		3.26	3.24	3.27
												1.20			7.82	7.87	7.80
												8.75					
林雨薇	0.152	触地时间(s)	2.69	3.78	4.87	5.96	7.02	8.09	9.19	10.27	11.37	12.49	13.72	2/4			
		栏间时间(s)		1.09	1.09	1.09	1.06	1.07	1.10	1.08	1.10	1.12					
		栏间速度(m/s)	4.83	7.80	7.80	7.80	8.02	7.94	7.73	7.87	7.73	7.59	7.29		3.27	3.23	3.30
												1.23			7.80	7.89	7.73
												8.54					

注：PB为个人最好成绩。

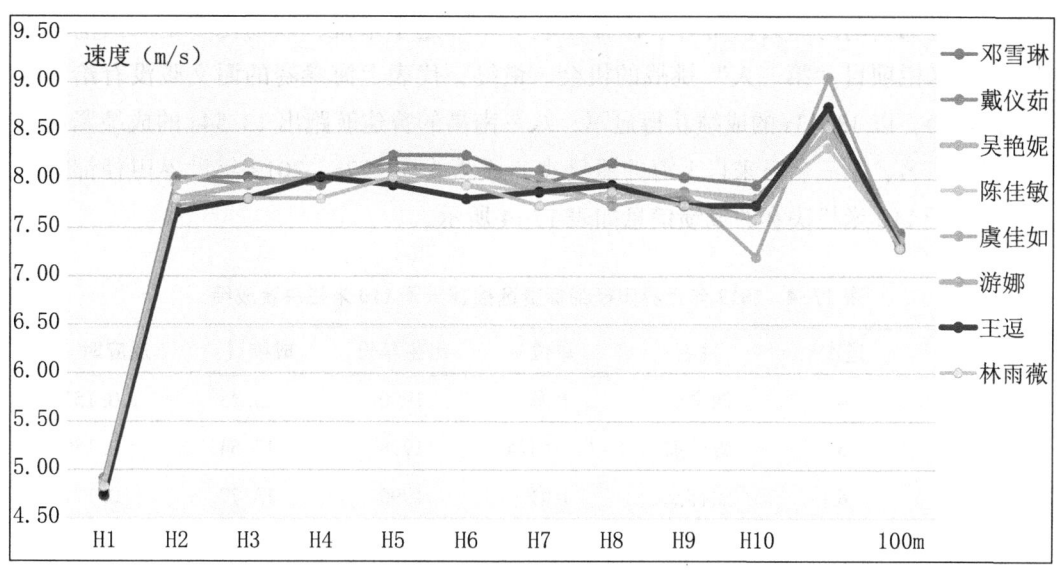

图 17-3　2019 年世界田径锦标赛选拔赛女子 100 米栏预赛晋级运动员分段速度折线图

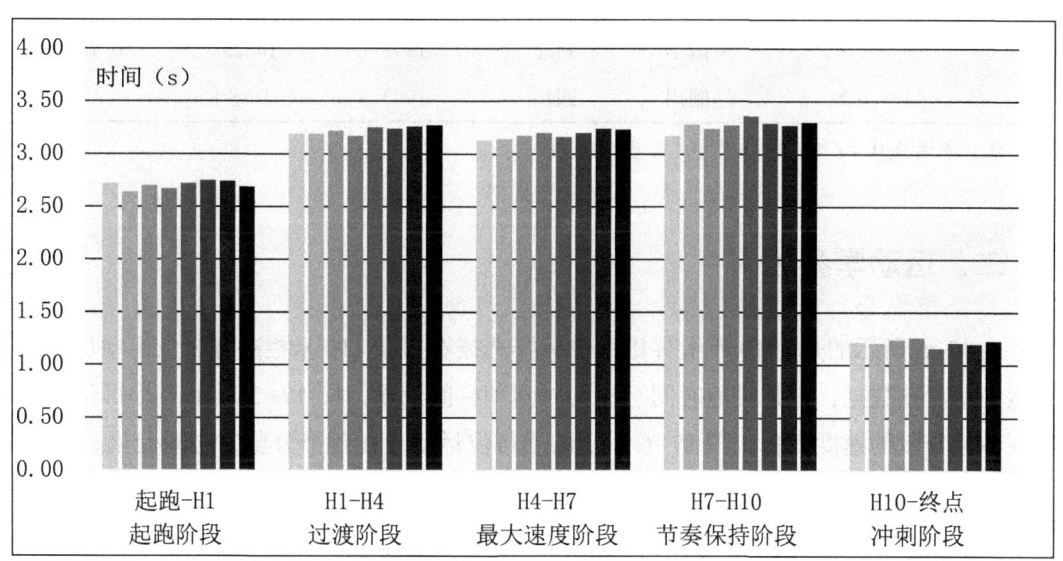

图 17-4　2019 年世界田径锦标赛选拔赛女子 100 米栏预赛晋级运动员分段时间柱状图

第二节　男子 110 米栏

一、比赛介绍

在 2019 年世界田径锦标赛选拔赛男子 110 米栏的比赛中，亚锦赛冠军谢文骏把该场当作是世锦赛前的练兵。而对于像曾建航等年轻选手来说，该场比赛是向当前中国男子 110 米栏项目"第一人"挑战的机会。最终，代表上海参赛的谢文骏没有给年轻选手们机会，以 13.43s 的成绩获得冠军。八一南昌的曾建航跑出 13.54s 的成绩紧随其后获得第二名，第三名是来自上海的潘梓杰，成绩为 13.77s。2019 年世界田径锦标赛选拔赛男子 110 米栏决赛的成绩信息如表 17-4 所示。

表 17-4 2019 年世界田径锦标赛选拔赛男子 110 米栏决赛成绩

名次	道次	姓名	单位	出生年份	成绩（s）	反应时（s）
1	4	谢文骏	上海	1990	13.43	0.153
2	3	曾建航	八一南昌	1998	13.54	0.150
3	8	潘梓杰	上海	1995	13.77	0.171
4	5	江帆	江苏	1986	13.89	0.148
5	6	张韬	上海	1997	13.98	0.159
6	1	李继明	江苏	1996	14.14	0.176
7	7	吴镇华	湖北	1998	14.25	0.151
	2	赵棚川	四川	1993	DNS	

注：风速 0.0 米/秒；DNS 表示未参赛或退赛。

二、运动学参数

表 17-5 所示的是 2019 年世界田径锦标赛选拔赛男子 110 米栏决赛 8 位运动员的关键运动学参数数据，包括触地时间、栏间时间和栏间速度。图 17-5 所示的是每位运动员在各个分段的速度变化，图 17-6 所示的是每位运动员在各个分段的时间变化。

表17-5 2019年世界田径锦标赛选拔赛男子110米栏决赛数据统计表

运动员	反应时(s)		H1	H2	H3	H4	H5	H6	H7	H8	H9	H10	110m	道次/名次	H1-H4	H4-H7	H7-H10
谢文骏	0.153	触地时间(s)	2.61	3.64	4.67	5.70	6.72	7.74	8.77	9.80	10.87	11.97	**13.43**	4/1			
		栏间时间(s)	7步	1.03	1.03	1.03	1.02	1.02	1.03	1.03	1.07	1.10	1.46		3.09	3.07	3.20
		栏间速度(m/s)	5.26	8.87	8.87	8.87	8.96	8.96	8.87	8.87	8.31	9.60	8.19		8.87	8.93	8.57
曾建航	0.150	触地时间(s)	2.56	3.60	4.64	5.67	6.74	7.76	8.82	9.88	10.96	12.08	**13.54**	3/2			
		栏间时间(s)		1.04	1.04	1.03	1.07	1.02	1.06	1.06	1.08	1.12	1.46		3.11	3.15	3.26
		栏间速度(m/s)	5.36	8.79	8.79	8.87	8.54	8.96	8.62	8.62	8.46	8.16	9.60		8.82	8.70	8.41
潘梓杰	0.171	触地时间(s)	2.62	3.70	4.77	5.84	6.91	7.96	9.04	10.11	11.21	12.32	**13.77**	8/3			
		栏间时间(s)		1.08	1.07	1.07	1.07	1.05	1.08	1.07	1.10	1.11	1.45		3.22	3.20	3.28
		栏间速度(m/s)	5.24	8.46	8.54	8.54	8.54	8.70	8.46	8.54	8.31	8.23	9.67	PB	8.52	8.57	8.36
江帆	0.148	触地时间(s)	2.65	3.74	4.80	5.87	6.92	7.99	9.07	10.16	11.26	12.38	**13.89**	5/4			
		栏间时间(s)		1.09	1.06	1.07	1.05	1.07	1.08	1.09	1.10	1.12	1.51		3.22	3.20	3.31
		栏间速度(m/s)	5.18	8.39	8.62	8.54	8.70	8.54	8.46	8.39	8.31	8.16	9.28	7.92	8.52	8.57	8.28

续表

运动员	反应时(s)		H1	H2	H3	H4	H5	H6	H7	H8	H9	H10	110m	道次/名次	H1-H4	H4-H7	H7-H10
张韬	0.159	触地时间(s)	2.69	3.78	4.87	5.94	7.01	8.07	9.14	10.24	11.34	12.48	13.98	6/5			
		栏间时间(s)		1.09	1.09	1.07	1.07	1.06	1.07	1.10	1.10	1.14	1.50		3.25	3.20	3.34
		栏间速度(m/s)	5.10	8.39	8.39	8.54	8.54	8.62	8.54	8.31	8.31	8.02	9.35		8.44	8.57	8.21
李继明	0.176	触地时间(s)	2.64	3.73	4.80	5.91	7.00	8.09	9.18	10.29	11.40	12.58	14.14	1/6			
		栏间时间(s)		1.09	1.07	1.11	1.09	1.09	1.09	1.11	1.11	1.18	1.56		3.27	3.27	3.40
		栏间速度(m/s)	5.20	8.39	8.54	8.23	8.39	8.39	8.39	8.23	8.23	7.75	8.99		8.39	8.39	8.06
吴镇华	0.151	触地时间(s)	2.70	3.82	4.93	6.02	7.12	8.21	9.32	10.43	11.58	12.75	14.25	7/7			
		栏间时间(s)		1.12	1.11	1.09	1.10	1.09	1.11	1.11	1.15	1.17	1.50		3.32	3.30	3.43
		栏间速度(m/s)	5.08	8.16	8.23	8.39	8.31	8.39	8.23	8.23	7.95	7.81	9.35		8.26	8.31	7.99

注：PB为个人最好成绩。

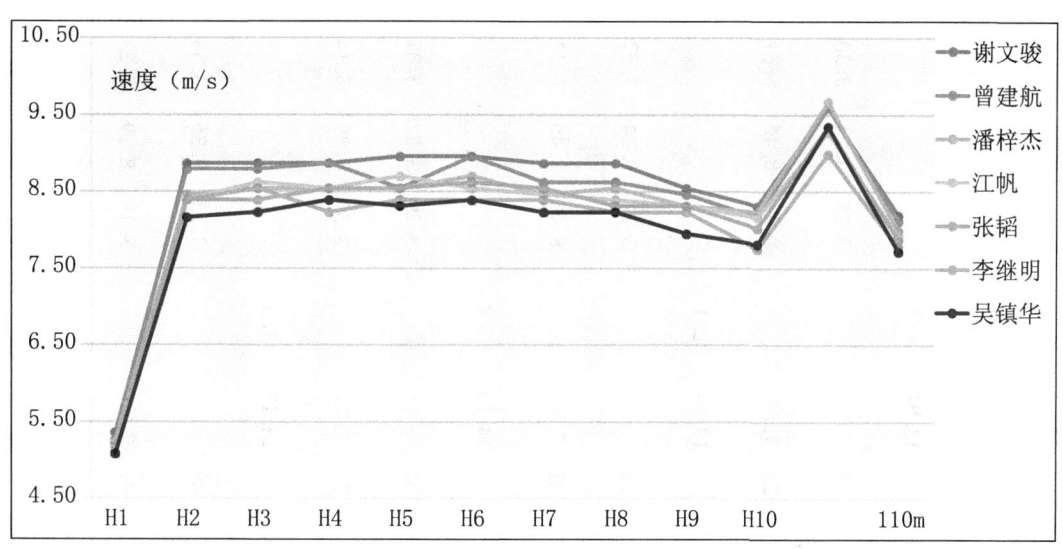

图17-5 2019年世界田径锦标赛选拔赛男子110米栏决赛分段速度折线图

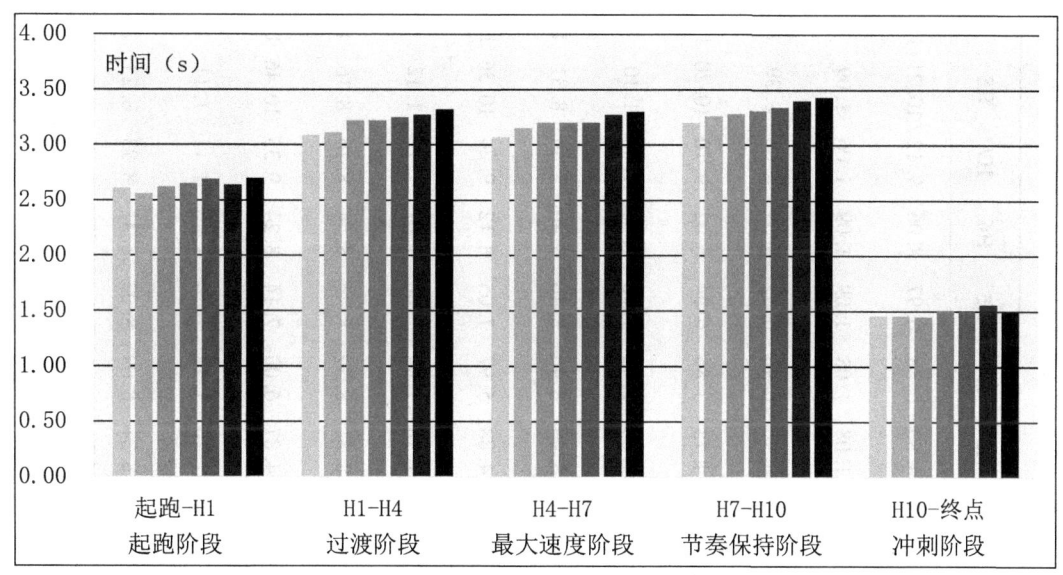

图17-6 2019年世界田径锦标赛选拔赛男子110米栏决赛分段时间柱状图

三、预赛运动学参数

表17-6所示的是2019年世界田径锦标赛选拔赛男子110米栏前8名运动员预赛中的相关运动学参数数据,包括触地时间、栏间时间和栏间速度。图17-7所示的是每位运动员在各个分段的速度变化,图17-8所示的是每位运动员在各个分段的时间变化。

表17-6 2019年世界田径锦标赛波赛选拔赛男子110米栏预赛晋级运动员数据统计表

运动员	反应时(s)		H1	H2	H3	H4	H5	H6	H7	H8	H9	H10	110m	组次/名次	H1-H4	H4-H7	H7-H10
谢文骏	0.175	触地时间(s)	2.63	3.72	4.80	5.88	6.97	8.06	9.12	10.21	11.31	12.42	13.94	1/1			
		栏间步数	7步														
		栏间时间(s)		1.09	1.08	1.08	1.09	1.06	1.09	1.10	1.11	1.11	1.52		3.25	3.24	3.30
		栏间速度(m/s)	5.22	8.39	8.46	8.46	8.39	8.39	8.62	8.39	8.31	8.23	9.22		8.44	8.46	8.31
曾建航	0.153	触地时间(s)	2.62	3.70	4.78	5.86	6.94	8.02	9.10	10.20	11.31	12.47	13.99	2/1			
		栏间时间(s)		1.08	1.08	1.08	1.08	1.08	1.08	1.10	1.11	1.16	1.52		3.24	3.24	3.37
		栏间速度(m/s)	5.24	8.46	8.46	8.46	8.46	8.46	8.46	8.31	8.23	7.88	9.22		8.46	8.46	8.14
江帆	0.144	触地时间(s)	2.68	3.78	4.88	5.97	7.05	8.12	9.24	10.36	11.48	12.61	14.13	1/2			
		栏间时间(s)		1.10	1.09	1.08	1.08	1.07	1.12	1.12	1.12	1.13	1.52		3.29	3.27	3.37
		栏间速度(m/s)	5.12	8.31	8.39	8.39	8.46	8.54	8.16	8.16	8.16	8.09	9.22		8.33	8.39	8.14
潘梓杰	0.173	触地时间(s)	2.65	3.77	4.87	6.00	7.14	8.24	9.35	10.46	11.57	12.68	14.17	1/3			
		栏间时间(s)		1.12	1.10	1.13	1.14	1.10	1.11	1.11	1.11	1.11	1.49		3.35	3.35	3.33
		栏间速度(m/s)	5.18	8.16	8.31	8.09	8.02	8.31	8.23	8.23	8.23	8.23	9.41		8.19	8.19	8.23

续表

运动员	反应时(s)		H1	H2	H3	H4	H5	H6	H7	H8	H9	H10	110m	组次/名次	H1-H4	H4-H7	H7-H10
张韬	0.174	触地时间(s)	2.70	3.82	4.90	5.96	7.07	8.16	9.24	10.36	11.48	12.65	14.20	2/2			
		栏间时间(s)		1.12	1.08	1.06	1.11	1.09	1.08	1.12	1.17	1.17			3.26	3.28	3.41
		栏间速度(m/s)	5.08	8.16	8.46	8.62	8.23	8.39	8.46	8.16	7.81	7.81	1.55		8.41	8.36	8.04
													9.05				
赵棚川	0.168	触地时间(s)	2.69	3.82	4.93	6.01	7.12	8.21	9.32	10.43	11.56	12.69	14.25	1/4			
		栏间时间(s)		1.13	1.11	1.08	1.11	1.09	1.11	1.11	1.13	1.13	1.56		3.32	3.31	3.37
		栏间速度(m/s)	5.10	8.09	8.23	8.46	8.23	8.39	8.23	8.23	8.09	8.09	8.99		8.26	8.28	8.14
吴镇华	0.174	触地时间(s)	2.74	3.87	4.98	6.10	7.21	8.34	9.48	10.61	11.74	12.91	14.43	2/3			
		栏间时间(s)		1.13	1.11	1.12	1.11	1.13	1.14	1.13	1.13	1.17	1.52		3.36	3.38	3.43
		栏间速度(m/s)	5.01	8.09	8.23	8.16	8.23	8.09	8.02	8.09	8.09	7.81	9.22		8.16	8.11	7.99
李继明	0.191	触地时间(s)	2.71	3.85	4.96	6.06	7.17	8.31	9.46	10.63	11.81	13.01	14.69	2/4			
		栏间时间(s)		1.14	1.11	1.10	1.11	1.14	1.15	1.17	1.18	1.20	1.68		3.35	3.40	3.55
		栏间速度(m/s)	5.06	8.02	8.23	8.31	8.23	8.02	7.95	7.81	7.75	7.62	8.35		8.19	8.06	7.72

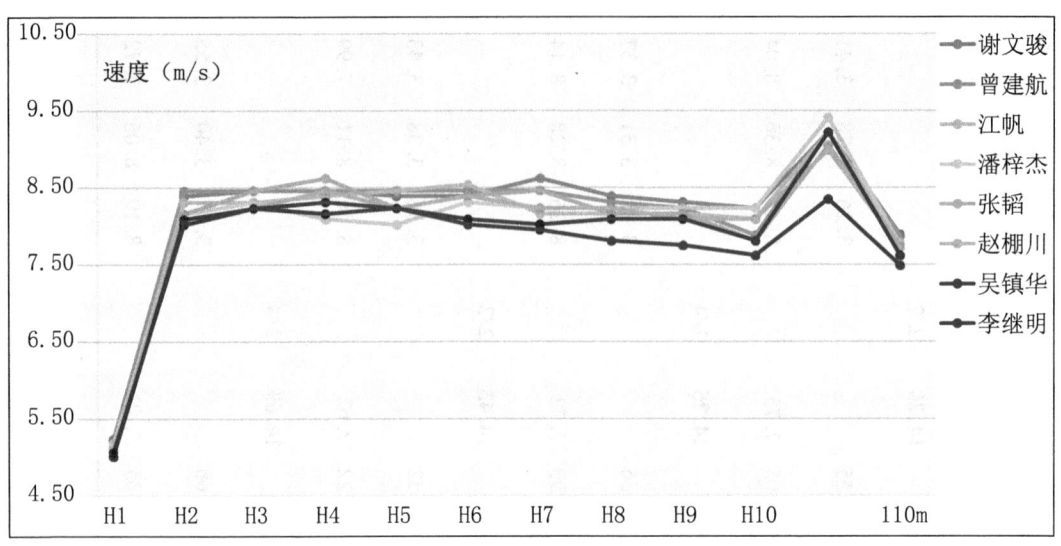

图17-7　2019年世界田径锦标赛选拔赛男子110米栏预赛晋级运动员分段速度折线图

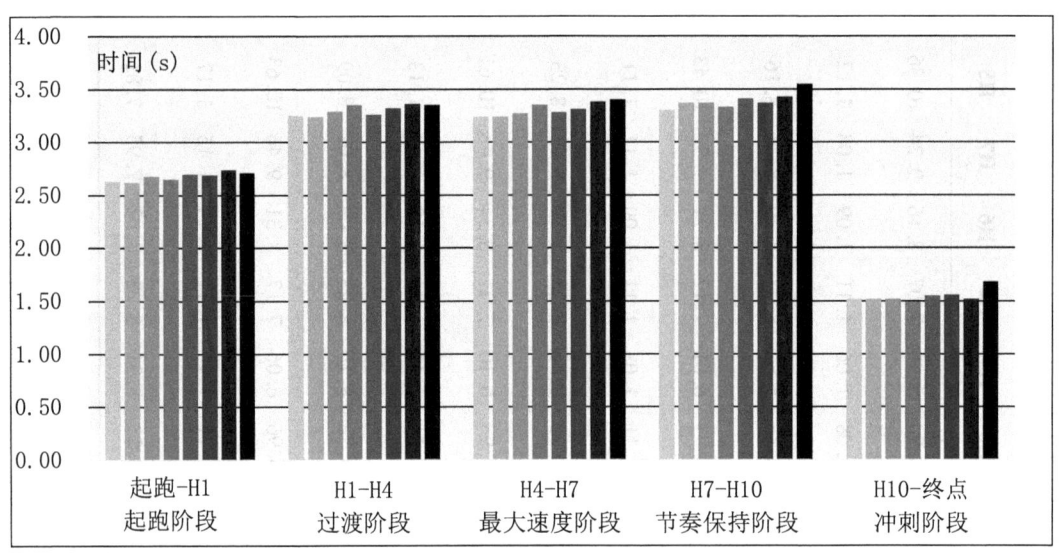

图17-8　2019年世界田径锦标赛选拔赛男子110米栏预赛晋级运动员分段时间柱状图

第三节　女子400米栏

一、比赛介绍

2019年世界田径锦标赛选拔赛女子400米栏比赛的冠军是来自江苏的运动员黄妍,她在决赛中跑出了58.39s。来自江西的兰天露和另一位江苏选手陆长薇分别以58.48s

和58.90s的成绩获得二、三名。我国目前女子400米栏的整体水平还不足以冲击世锦赛，但这个项目的年轻化还是让人值得期待。2019年世界田径锦标赛选拔赛女子400米栏决赛的详细成绩如表17-7所示。

表17-7 2019年世界田径锦标赛选拔赛女子400米栏决赛成绩

名次	道次	姓名	单位	出生年份	成绩（s）	反应时（s）
1	3	黄妍	江苏	1996	58.39	0.263
2	5	兰天露	江西	1999	58.48	0.256
3	4	陆长薇	江苏	2001	58.90	0.275
4	6	丁依蕊	浙江	2002	59.63	0.245
5	1	吴芳芳	江西	1997	60.01	0.244
6	2	陈丽莹	天津	1994	60.13	0.185
7	7	胡利红	四川	1999	60.34	0.231
8	8	刘红娟	江苏	1996	61.02	0.251

二、运动学参数

表17-8所示的是2019年世界田径锦标赛选拔赛女子400米栏决赛8位运动员的关键运动学参数数据，包括触地时间、栏间时间和栏间速度。图17-9所示的是每位运动员在各个分段的速度变化，图17-10所示的是每位运动员在各个分段的时间变化。

表 17-8 2019年世界田径锦标赛选拔赛女子400米栏决赛数据统计表

运动员	反应时(s)		H1	H2	H3	H4	H5	H6	H7	H8	H9	H10	400m	道次/名次	H1-H4	H4-H7	H7-H10
黄妍	0.263	触地时间(s)	6.96	11.51	16.23	21.00	25.89	30.95	36.14	41.42	46.85	52.29	**58.39**	3/1			
		栏间时间(s)		4.55	4.72	4.77	4.89	5.06	5.19	5.28	5.43	5.44			14.04	15.14	16.15
		栏间速度(m/s)		7.69	7.42	7.34	7.16	6.92	6.74	6.63	6.45	6.43	6.10			7.48	6.94	6.50
		步数	24	17	17	17	17	17	18	18	18	18	22	203				
兰天露 H1左腿攻栏	0.256	触地时间(s)	6.88	11.56	16.26	21.08	26.04	31.22	36.42	41.70	46.98	52.36	**58.48**	5/2			
		栏间时间(s)		4.68	4.70	4.82	4.96	5.18	5.20	5.28	5.28	5.38	6.12	**PB**		14.20	15.34	15.94
		栏间速度(m/s)		7.48	7.45	7.26	7.06	6.76	6.73	6.63	6.63	6.51	6.54	6.84		7.39	6.84	6.59
		步数	23	16	16	16	16	17	17	17	17	17	21	193				
陆长薇 H1右腿攻栏	0.275	触地时间(s)	6.88	11.38	15.98	20.72	25.62	30.72	35.94	41.30	46.92	52.54	**58.90**	4/3			
		栏间时间(s)		4.50	4.60	4.74	4.90	5.10	5.22	5.36	5.62	5.62	6.36	6.79		13.84	15.22	16.60
		栏间速度(m/s)		7.78	7.61	7.38	7.14	6.86	6.70	6.53	6.23	6.23	6.29			7.59	6.90	6.33
		步数	24	17	17	17	17	17	17	17	18	18	22.2	201.2				

续表

运动员	反应时(s)		H1	H2	H3	H4	H5	H6	H7	H8	H9	H10	400m	道次/名次	H1–H4	H4–H7	H7–H10
丁依懿	0.245	触地时间(s)	6.84	11.33	15.98	20.69	25.64	30.86	36.24	41.77	47.50	53.12	59.63	6/4			
		栏间时间(s)		4.49	4.65	4.71	4.95	5.22	5.38	5.53	5.73	5.62	PB				
		栏间速度(m/s)	6.58	7.80	7.53	7.43	7.07	6.70	6.51	6.33	6.11	6.23	6.71		13.85	15.55	16.88
		步数 H1左腿攻栏	23	15	15	16	16	17	17	17	17	21	189		7.58	6.75	6.22
吴芳芳	0.244	触地时间(s)	6.96	11.65	16.32	21.12	26.11	31.35	36.65	42.16	47.73	53.52	60.01	1/5			
		栏间时间(s)		4.69	4.67	4.80	4.99	5.24	5.30	5.51	5.57	5.79					
		栏间速度(m/s)	6.47	7.46	7.49	7.29	7.01	6.68	6.60	6.35	6.28	6.04	6.67		14.16	15.53	16.87
		步数 H1左腿攻栏	24	16	16	16	16	17	17	17	17	21.5	194.5		7.42	6.76	6.22
陈丽莹	0.185	触地时间(s)	6.84	11.45	16.07	20.82	25.68	30.76	36.07	41.54	47.29	53.34	60.13	2/6			
		栏间时间(s)		4.61	4.75	4.86	5.08	5.31	5.47	5.75	5.89	6.05	PB				
		栏间速度(m/s)	6.58	7.59	7.37	7.20	6.89	6.59	6.40	6.09	5.79	5.79	6.79		13.98	15.25	17.27
		步数 H1右腿攻栏	24	16	16	16	16	17	17	17	18	19	198.2		7.51	6.89	6.08
胡利红		触地时间(s)	7.02	11.66	16.36	21.08	26.00	31.02	36.22	41.60	47.22	53.10	60.34	7/7			

续表

运动员	反应时(s)		H1	H2	H3	H4	H5	H6	H7	H8	H9	H10	400m	道次/名次	H1-H4	H4-H7	H7-H10
	0.231	栏间时间(s)		4.64	4.70	4.72	4.92	5.02	5.20	5.38	5.62	5.88	7.24		14.06	15.14	16.88
		栏间速度(m/s)	6.41	7.54	7.45	7.42	7.11	6.97	6.73	6.51	6.23	5.95	5.52		7.47	6.94	6.22
		H1左腿攻栏步数	23	16	16	16	16	16	16	17	17	17	21				
		触地时间(s)	7.02	11.78	16.57	21.44	26.46	31.68	37.02	42.61	48.28	54.20	191				
刘红娟	0.251	栏间时间(s)		4.76	4.79	4.87	5.02	5.22	5.34	5.59	5.67	5.92	6.82	61.02	8/8	14.42	15.58	17.18
		栏间速度(m/s)	6.41	7.35	7.31	7.19	6.97	6.70	6.55	6.26	6.17	5.91	5.87	6.56		7.28	6.74	6.11
		H1左腿攻栏步数	23	16	16	16	16	17	17	18	18	19	22.2	198.2				

注：PB 为个人最好成绩。

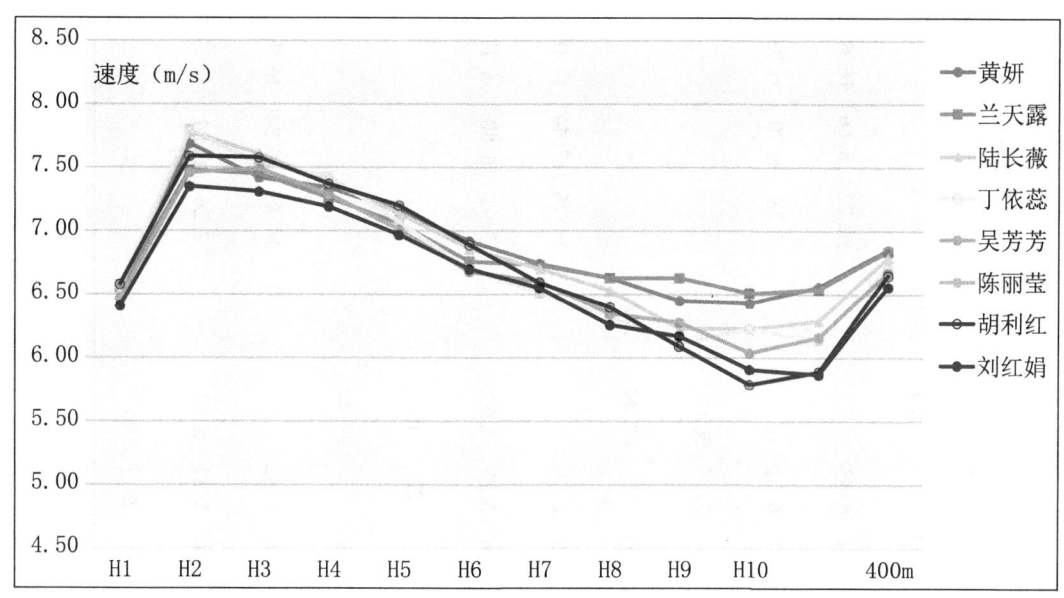

图 17-9 2019 年世界田径锦标赛选拔赛女子 400 米栏决赛分段速度折线图

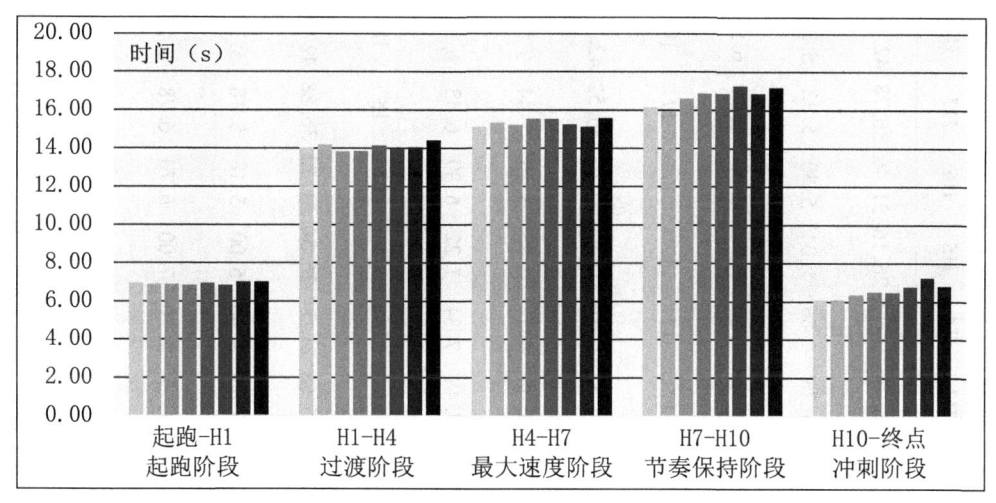

图 17-10 2019 年世界田径锦标赛选拔赛女子 400 米栏决赛分段时间柱状图

三、预赛运动学参数

表 17-9 所示的是 2019 年世界田径锦标赛选拔赛女子 400 米栏前 8 名运动员预赛中的相关运动学参数数据，包括触地时间、栏间时间和栏间速度。图 17-11 所示的是每位运动员在各个分段的速度变化，图 17-12 所示的是每位运动员在各个分段的时间变化。

表17-9 2019年世界田径锦标赛选拔赛女子400米栏预赛晋级运动员数据统计表

运动员	反应时(s)		H1	H2	H3	H4	H5	H6	H7	H8	H9	H10	400m	组次/名次	H1–H4	H4–H7	H7–H10
陆长薇	0.229	触地时间(s)	6.90	11.48	16.26	21.12	26.16	31.46	36.78	42.16	47.74	53.38	**59.81**	2/1			
		栏间时间(s)		4.58	4.78	4.86	5.04	5.30	5.32	5.38	5.58	5.64			14.22	15.66	16.60
		栏间速度(m/s)		7.64	7.32	7.20	6.94	6.60	6.58	6.51	6.27	6.21	6.43		7.38	6.70	6.33
H1右腿攻栏		步数	6.52										6.69				
			24	17	17	17	17	17	17	17	18	18	21.5 200.5				
陈丽莹	0.193	触地时间(s)	6.92	11.63	16.31	21.08	25.93	31.08	36.52	42.07	47.70	53.55	**60.34**	2/2			
		栏间时间(s)		4.71	4.68	4.77	4.85	5.15	5.44	5.55	5.63	5.85			14.16	15.44	17.03
		栏间速度(m/s)		7.43	7.48	7.34	7.22	6.80	6.43	6.31	6.22	5.98	6.79		7.42	6.80	6.17
H1右腿攻栏		步数	6.50										5.89				
			24	16	16	16	16	17	17	18	18	18	22 199				
胡利红	0.229	触地时间(s)	7.08	11.80	16.68	21.54	26.54	31.72	36.88	42.26	47.84	53.62	**60.44**	2/3			
		栏间时间(s)		4.72	4.88	4.86	5.00	5.18	5.16	5.38	5.58	5.78			14.46	15.34	16.74
		栏间速度(m/s)		7.42	7.17	7.20	7.00	6.76	6.78	6.51	6.27	6.06	6.82		7.26	6.84	6.27
H1左腿攻栏		步数	6.36										5.87				
			23	16	16	16	16	16	16	17	17	17	20.7 190.7				

— 282 —

续表

运动员	反应时（s）		H1	H2	H3	H4	H5	H6	H7	H8	H9	H10	400m	组次/名次	H1-H4	H4-H7	H7-H10
黄妍	0.212	触地时间（s）	6.96	11.79	16.55	21.31	26.26	31.50	36.85	42.24	47.98	53.89	**60.51**	2/4			
		栏间时间（s）		4.83	4.76	4.76	4.95	5.24	5.35	5.39	5.74	5.91			14.35	15.54	17.04
		栏间速度（m/s）	6.47	7.25	7.35	7.35	7.07	6.68	6.54	6.49	6.10	5.92	6.62		7.32	6.76	6.16
	H1左腿攻栏	步数	25	17	17	17	17	18	18	18	19	19	6.04				
													21.7 206.7				
丁依蕊	0.250	触地时间（s）	6.84	11.46	16.33	21.29	26.44	31.95	37.29	42.71	48.26	54.09	**60.85**	2/5			
		栏间时间（s）		4.62	4.87	4.96	5.15	5.51	5.34	5.42	5.55	5.83			14.45	16.00	16.80
		栏间速度（m/s）	6.58	7.58	7.19	7.06	6.80	6.35	6.55	6.46	6.31	6.00	6.76		7.27	6.56	6.25
	H1左腿攻栏	步数	23	15	16	16	17	17	17	17	17	18	5.92				
													21.2 194.2				
刘红娟	0.228	触地时间（s）	7.09	11.84	16.70	21.70	26.83	32.33	37.74	43.24	49.02	54.87	**61.69**	1/1			
		栏间时间（s）		4.75	4.86	5.00	5.13	5.50	5.41	5.50	5.78	5.85			14.61	16.04	17.13
		栏间速度（m/s）	6.35	7.37	7.20	7.00	6.82	6.36	6.47	6.36	6.06	5.98	6.82		7.19	6.55	6.13
	H1左腿攻栏	步数	23	16	16	16	16	17	17	17	18	18	5.87				
													21.2 195.2				
吴芳芳		触地时间（s）	7.19	12.04	17.00	22.09	27.68	33.58	39.51	45.71	52.10	58.41	**65.54**	1/2			

续表

运动员	反应时(s)		H1	H2	H3	H4	H5	H6	H7	H8	H9	H10	400m	组次/名次	H1-H4	H4-H7	H7-H10
	0.247	栏间时间(s)		4.85	4.96	5.09	5.59	5.90	5.93	6.20	6.39	6.31	7.13		14.90	17.42	18.90
		栏间速度(m/s)	6.26	7.22	7.06	6.88	6.26	5.93	5.90	5.65	5.48	5.55	5.61	6.10		7.05	6.03	5.56
		步数	24	16	16	16	18	19	17	19	19	19	21.2	204.2				
	H1左腿攻栏	触地时间(s)	7.16	12.16	17.21	22.51	27.91	33.67	39.97	46.15	52.55	58.93		66.40	1/3			
兰天露	0.269	栏间时间(s)		5.00	5.05	5.30	5.40	5.76	6.30	6.18	6.40	6.38	7.47			15.35	17.46	18.96
		栏间速度(m/s)	6.28	7.00	6.93	6.60	6.48	6.08	5.56	5.66	5.47	5.49	5.35	6.02		6.84	6.01	5.54
		步数	23	16	16	16	16	17	18	18	18	18	22	198				
	H1左腿攻栏																	

图 17-11 2019 年世界田径锦标赛选拔赛女子 400 米栏预赛晋级运动员分段速度折线图

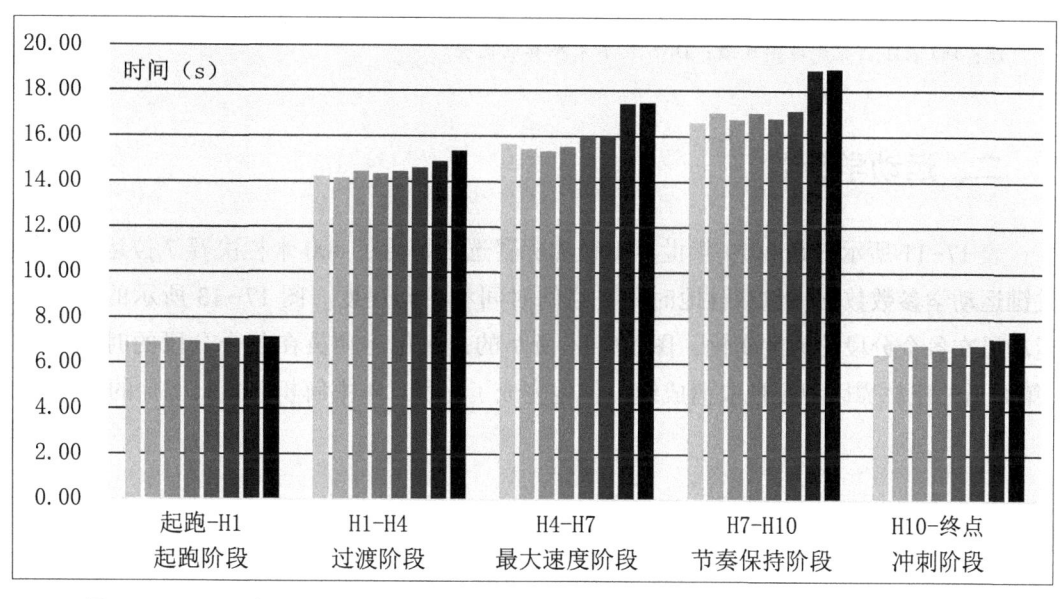

图 17-12 2019 年世界田径锦标赛选拔赛女子 400 米栏预赛晋级运动员分段时间柱状图

第四节 男子 400 米栏

一、比赛介绍

2019 年世界田径锦标赛选拔赛男子 400 米栏比赛的冠军是来自陕西的运动员刘洋

洋，成绩为 52.32s。河北的杨百川和广西选手李广振分别以 50.85s 和 50.92s 的成绩获得二、三名。2019 年世界田径锦标赛选拔赛男子 400 米栏决赛的详细成绩如表 17-10 所示。

表 17-10　2019 年世界田径锦标赛选拔赛男子 400 米栏决赛成绩

名次	道次	姓名	单位	出生年份	成绩（s）	反应时（s）
1	7	刘洋洋	陕西	1995	50.32	0.177
2	6	杨百川	河北	1995	50.85	0.186
3	4	李广振	广西	1995	50.92	0.174
4	2	王洪汶	广东	2000	51.31	0.217
5	1	崔才壮	河南	1995	51.89	0.194
6	5	浮家豪	河南	1999	52.81	0.193
	3	庄林霏	山东	1996	DQ	0.256
	8	谢智宇	河南	2000	DNS	

注：DQ 表示因犯规取消成绩；DNS 表示未参赛或退赛。

二、运动学参数

表 17-11 所示的是 2019 年世界田径锦标赛选拔赛男子 400 米栏决赛 7 位运动员的关键运动学参数数据，包括触地时间、栏间时间和栏间速度。图 17-13 所示的是每位运动员在各个分段的速度变化，图 17-14 所示的是每位运动员在各个分段的时间变化（第 8 道的庄林霏因犯规被取消成绩，但他完成了比赛，本书解析并给出了他的数据）。

表17-11 2019年世界田径锦标赛选拔赛男子400米栏决赛数据统计表

运动员	反应时 (s)		H1	H2	H3	H4	H5	H6	H7	H8	H9	H10		400m	道次/名次	H1-H4	H4-H7	H7-H10
刘洋洋	0.177	触地时间 (s)	6.26	10.30	14.46	18.64	22.97	27.36	31.80	36.20	40.64	45.16		50.32	7/1			
		栏间时间 (s)		4.04	4.16	4.18	4.33	4.39	4.44	4.40	4.44	4.52	5.16	**PB**		12.38	13.16	13.36
		栏间速度 (m/s)		8.66	8.41	8.37	8.08	7.97	7.88	7.95	7.88	7.74	7.75	7.95		8.48	7.98	7.86
		步数	22	15	15	15	15	15	15	15	15	15	18.5	175.5				
	H1左腿攻栏	7.19																
杨百川	0.186	触地时间 (s)	6.12	10.14	14.30	18.56	22.92	27.25	31.68	36.21	40.78	45.55		50.85	6/2			
		栏间时间 (s)		4.02	4.16	4.26	4.36	4.33	4.43	4.53	4.57	4.77	5.30			12.44	13.12	13.87
		栏间速度 (m/s)		8.71	8.41	8.22	8.03	8.08	7.90	7.73	7.66	7.34	7.55	7.87		8.44	8.00	7.57
		步数	23	15	15	15	15	15	15	15	15	15	20	178				
	H1左腿攻栏	7.35																
李广振	0.174	触地时间 (s)	6.14	10.17	14.08	18.17	22.59	27.03	31.57	36.19	40.81	45.58		50.92	4/3			
		栏间时间 (s)		4.03	3.91	4.09	4.42	4.44	4.54	4.62	4.57	4.77	5.34	**PB**		12.03	13.40	14.01
		栏间速度 (m/s)		8.68	8.95	8.56	7.92	7.88	7.71	7.58	7.58	7.34	7.49	7.86		8.73	7.84	7.49
		步数	22	14	14	13	14	14	15	15	15	15	18	169				
	H1左腿攻栏	7.33																

续表

运动员	反应时(s)		H1	H2	H3	H4	H5	H6	H7	H8	H9	H10	400m	道次/名次	H1–H4	H4–H7	H7–H10
王洪汉	0.217	触地时间(s)	6.27	10.22	14.21	18.27	22.42	26.82	31.36	36.00	40.74	45.63	**51.31**	2/4			
		栏间时间(s)		3.95	3.99	4.06	4.15	4.40	4.54	4.64	4.74	4.89	5.68	PB	12.00	13.09	14.27
		栏间速度(m/s)	7.18	8.86	8.77	8.62	8.43	7.95	7.71	7.54	7.38	7.16	7.04	7.80		8.75	8.02	7.36
	H1右腿攻栏	步数	21	14	14	14	14	14	15	15	15	18		169				
庄林霏	0.256	触地时间(s)	6.28	10.20	14.22	18.38	22.66	27.12	31.65	36.31	41.06	45.98	**51.60**	8/–			
		栏间时间(s)		3.92	4.02	4.16	4.28	4.46	4.53	4.66	4.75	4.92	5.62	DQ	12.10	13.27	14.33
		栏间速度(m/s)	7.17	8.93	8.71	8.41	8.18	7.85	7.73	7.51	7.37	7.11	7.12	7.75		8.68	7.91	7.33
	H1左腿攻栏	步数	21	13	13	14	14	14	14	15	15	18.5		166.5				
崔才壮	0.194	触地时间(s)	6.21	10.18	14.20	18.35	22.56	27.01	31.70	36.48	41.31	46.28	**51.89**	1/5			
		栏间时间(s)		3.97	4.02	4.15	4.21	4.45	4.69	4.78	4.83	4.97	5.61		12.14	13.35	14.58
		栏间速度(m/s)	7.25	8.82	8.71	8.43	8.31	7.87	7.46	7.32	7.25	7.04	7.13	7.71		8.65	7.87	7.20
	H1右腿攻栏	步数	22	14	14	14	14	15	15	15	15	18.8		171.8				
浮家豪		触地时间(s)	6.30	10.36	14.56	18.79	23.16	27.70	32.38	37.10	41.90	46.91	**52.81**	5/6			

续表

运动员	反应时(s)		H1	H2	H3	H4	H5	H6	H7	H8	H9	H10	400m	道次/名次	H1–H4	H4–H7	H7–H10
	0.193	栏间时间(s)		4.06	4.20	4.23	4.37	4.54	4.68	4.72	4.80	5.01	5.90		12.49	13.59	14.53
		栏间速度(m/s)	7.14	8.62	8.33	8.27	8.01	7.71	7.48	7.42	7.29	6.99	6.78	7.57	8.41	7.73	7.23
		步数	22	14	14	14	14	15	15	15	15	16	20	174			
		H1左腿攻栏															

注：PB 为个人最好成绩；DQ 表示因犯规取消成绩。

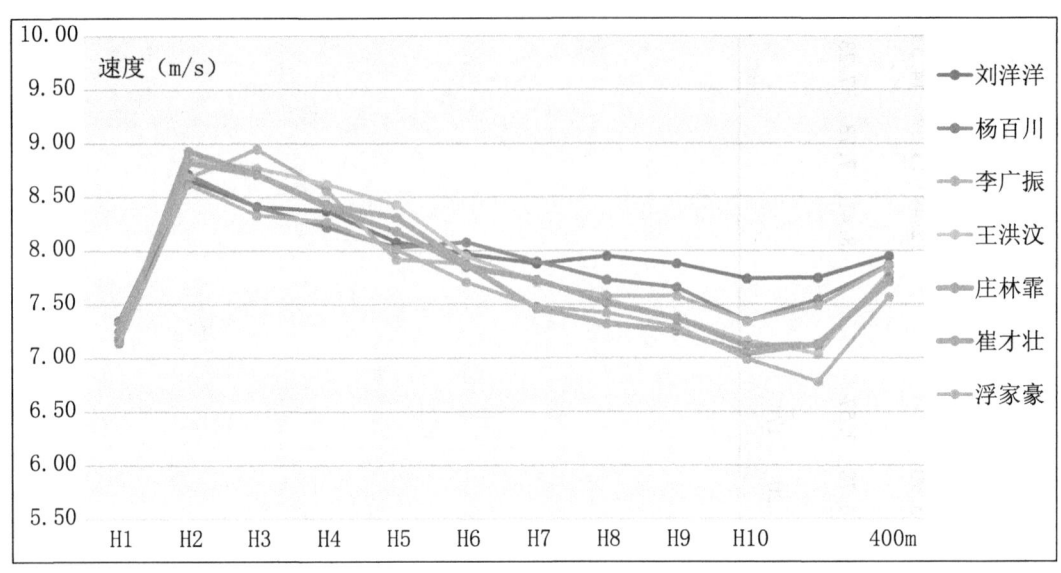

图 17-13　2019 年世界田径锦标赛选拔赛男子 400 米栏决赛分段速度折线图

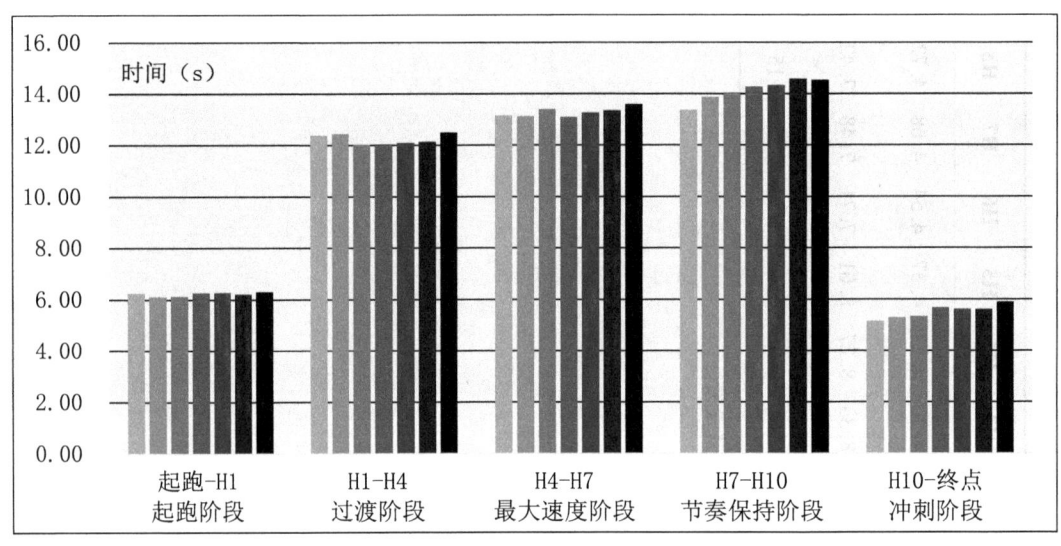

图 17-14　2019 年世界田径锦标赛选拔赛男子 400 米栏决赛分段时间柱状图

三、预赛运动学参数

表 17-12 所示的是 2019 年世界田径锦标赛选拔赛男子 400 米栏前 8 名运动员预赛中的相关运动学参数数据，包括触地时间、栏间时间和栏间速度。图 17-15 所示的是每位运动员在各个分段的速度变化，图 17-16 所示的是每位运动员在各个分段的时间变化。

表17-12 2019年世界田径锦标赛选拔赛男子400米栏预赛晋级运动员数据统计表

运动员	反应时(s)		H1	H2	H3	H4	H5	H6	H7	H8	H9	H10	400m	组次/名次	H1–H4	H4–H7	H7–H10
李广振	0.186	触地时间(s)	6.40	10.63	14.88	19.12	23.40	27.75	32.13	36.64	41.60	46.52	51.88	1/1			
		栏间时间(s)		4.23	4.25	4.24	4.28	4.35	4.38	4.51	4.96	4.92	5.36	PB	12.72	13.01	14.39
		栏间速度(m/s)	7.03	8.27	8.24	8.25	8.18	8.05	7.99	7.76	7.06	7.11	7.46	7.71		8.25	8.07	7.30
		步数	22	14	14	14	14	15	15	15	15	15	18	171				
	H1左腿攻栏																	
谢智宇	0.228	触地时间(s)	6.44	10.63	14.77	19.04	23.42	27.91	32.72	37.45	42.23	47.05	52.42	2/1			
		栏间时间(s)		4.19	4.14	4.27	4.38	4.49	4.81	4.73	4.78	4.82	5.37		12.60	13.68	14.33
		栏间速度(m/s)	6.99	8.35	8.45	8.20	7.99	7.80	7.28	7.40	7.32	7.26	7.45	7.63		8.33	7.68	7.33
		步数	21	13	13	13	13	13	14	14	14	14	17	159				
	H1左腿攻栏																	
浮家豪	0.183	触地时间(s)	6.35	10.54	14.85	19.14	23.46	28.09	32.82	37.52	42.32	47.33	52.83	1/2			
		栏间时间(s)		4.19	4.31	4.29	4.32	4.63	4.73	4.70	4.80	5.01	5.50		12.79	13.68	14.51
		栏间速度(m/s)	7.09	8.35	8.12	8.16	8.10	7.56	7.40	7.45	7.29	6.99	7.27	7.57		8.21	7.68	7.24
		步数	22	14	14	14	15	15	16	15	16	16	18.5	175.5				
	H1左腿攻栏																	

续表

运动员	反应时(s)		H1	H2	H3	H4	H5	H6	H7	H8	H9	H10		400m	组次/名次	H1-H4	H4-H7	H7-H10
杨百川	0.194	触地时间(s)	6.29	10.36	14.56	18.80	23.21	27.80	32.47	37.23	42.10	47.26		53.14	2/2			
		栏间时间(s)		4.07	4.20	4.24	4.41	4.59	4.67	4.76	4.87	5.16	5.88			12.51	13.67	14.79
		栏间速度(m/s)		8.60	8.33	8.25	7.94	7.63	7.49	7.35	7.19	6.78	6.80			8.39	7.68	7.10
		步数	23	15	15	15	15	15	15	15	15	15	20	178				
	H1左腿攻栏																		
庄林霏	0.260	触地时间(s)	6.57	10.76	15.16	19.67	24.36	29.29	34.18	38.94	43.72	48.45		53.76	2/3			
		栏间时间(s)		4.19	4.40	4.51	4.69	4.93	4.89	4.76	4.78	4.73	5.31			13.10	14.51	14.27
		栏间速度(m/s)		8.35	7.95	7.76	7.46	7.10	7.16	7.35	7.32	7.40	7.53			8.02	7.24	7.36
		步数	21	13	14	14	15	15	15	15	15	15	17.5	167.5				
	H1左腿攻栏																		
王洪汶	0.268	触地时间(s)	6.71	11.06	15.48	19.96	24.50	29.11	33.98	38.87	43.70	48.54		53.92	2/4			
		栏间时间(s)		4.35	4.42	4.48	4.54	4.61	4.87	4.89	4.83	4.84	5.38			13.25	14.02	14.56
		栏间速度(m/s)		8.05	7.92	7.81	7.71	7.59	7.19	7.16	7.25	7.23	7.43			7.92	7.49	7.21
		步数	21	14	14	14	14	14	15	15	15	15	18	169				
	H1右腿攻栏																		
崔才壮		触地时间(s)	6.52	10.78	15.12	19.56	24.08	28.84	33.68	38.55	43.46	48.46		54.03	2/5			

续表

运动员	反应时(s)		H1	H2	H3	H4	H5	H6	H7	H8	H9	H10	400m	组次/名次	H1-H4	H4-H7	H7-H10
	0.228	栏间时间(s)		4.26	4.34	4.44	4.52	4.76	4.84	4.87	4.91	5.00	5.57		13.04	14.12	14.78
		栏间速度(m/s)	6.90	8.22	8.06	7.88	7.74	7.35	7.23	7.19	7.13	7.00	7.18	7.40	8.05	7.44	7.10
		步数	25	15	15	15	15	15	15	15	15	15	20	177			
	H1右腿攻栏																
刘洋洋		触地时间(s)	6.66	10.90	15.28	19.68	24.20	28.90	33.58	38.32	43.10	48.08		**54.44**	1/3			
	0.333	栏间时间(s)		4.24	4.38	4.40	4.52	4.70	4.68	4.74	4.78	4.98	6.36		13.02	13.90	14.50
		栏间速度(m/s)	6.76	8.25	7.99	7.95	7.74	7.45	7.48	7.38	7.32	7.03	6.29	7.35	8.06	7.55	7.24
		步数	22	15	15	15	15	15	15	15	15	15	18.5	175.5			
	H1左腿攻栏																

注：PB为个人最好成绩。

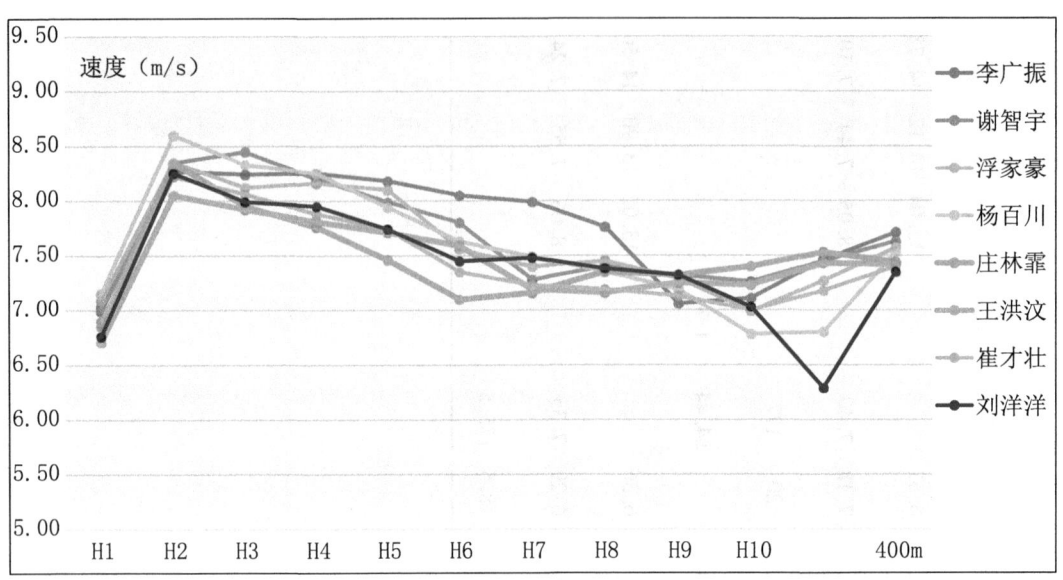

图 17-15　2019 年世界田径锦标赛选拔赛男子 400 米栏预赛晋级运动员分段速度折线图

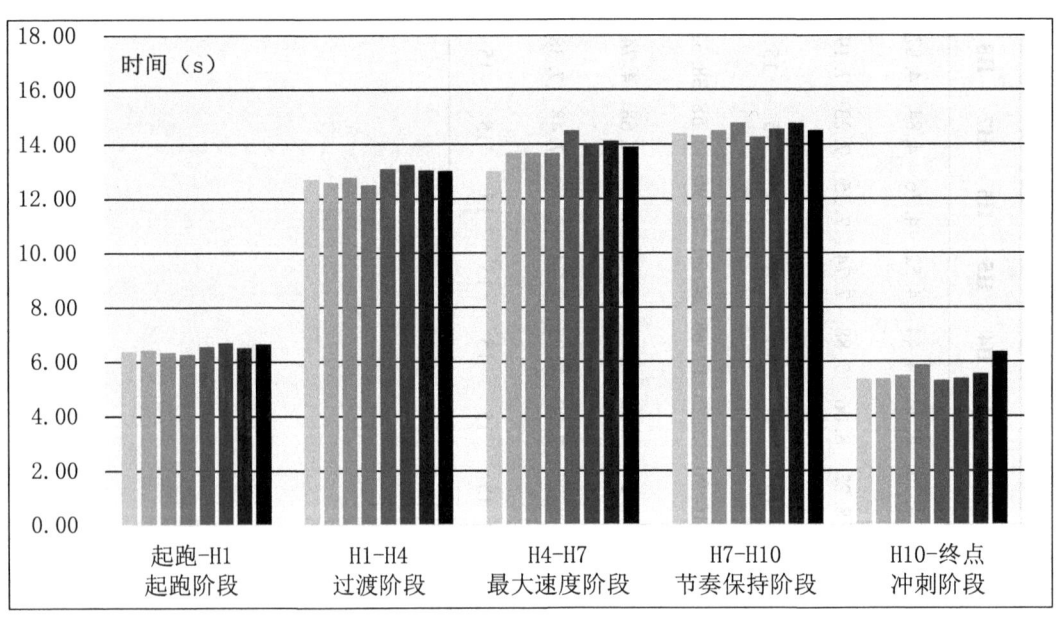

图 17-16　2019 年世界田径锦标赛选拔赛男子 400 米栏预赛晋级运动员分段时间柱状图

CHAPTER 18 第十八章

中华人民共和国第二届青年运动会
山西·太原

比赛日期：2019 年 8 月 14—18 日
比赛地点：太原红灯笼体育场

本章所有彩色图片请扫二维码

第一节 女子100米栏

一、女子体校甲组100米栏

(一) 比赛介绍

中华人民共和国第二届青年运动会（简称"二青会"）的田径比赛于2019年8月14日至18日在山西太原的红灯笼体育场进行。作为四年一届的青年人的体育盛会，中国跨栏项目的"明日之星"们也在红灯笼体育场闪耀出绚丽的光芒。在女子体校甲组100米栏的决赛中，2001年出生的戴仪茹跑出了13.36s的成绩获得冠军。陕西西安市体育运动学校的郭静蕾获得亚军，成绩是13.76s。浙江宁波市体育运动学校的章嘉怡获得第三，成绩是13.76s。二青会女子体校甲组100米栏决赛的最终成绩如表18-1所示。

表18-1 二青会女子体校甲组100米栏决赛成绩

名次	道次	姓名	单位	出生年份	成绩（s）
1	6	戴仪茹	山西大同市体育运动学校	2001	13.36
2	7	郭静蕾	陕西西安市体育运动学校	2000	13.76
3	5	章嘉怡	浙江宁波市体育运动学校	2001	13.87
4	3	葛格	江苏苏州市体育运动学校	2000	14.06
5	9	姚慧	江苏苏州市体育运动学校	2000	14.14
6	2	何佳敏	四川成都市体育运动学校	2001	14.33
7	8	盛楚殷	香港特别行政区代表团	2001	14.40
8	4	章易	陕西西安市体育运动学校	2000	14.51

注：栏高0.84米；风速-0.1米/秒。

(二) 运动学参数

表18-2所示的是二青会女子体校甲组100米栏决赛8位运动员的关键运动学参数数据，包括触地时间、栏间时间和栏间速度。图18-1所示的是每位运动员在各个分段的速度变化，图18-2所示的是每位运动员在各个分段的时间变化。

表18-2 二青会女子体校甲组100米栏决赛数据统计表

运动员	反应时(s)		H1	H2	H3	H4	H5	H6	H7	H8	H9	H10	100m	道次/名次	H1-H4	H4-H7	H7-H10
戴仪茹	0.156	触地时间(s)	2.54	3.61	4.70	5.75	6.78	7.82	8.88	9.96	11.03	12.13	**13.36**	6/1			
		栏间时间(s)		1.07	1.09	1.05	1.03	1.04	1.06	1.08	1.07	1.10	1.23				
		栏间速度(m/s)	5.12	7.94	7.80	8.10	8.25	8.17	8.02	7.87	7.94	7.73	8.54				
郭静菁	0.161	触地时间(s)	2.62	3.72	4.81	5.87	6.94	8.02	9.09	10.19	11.32	12.43	**13.76**	7/2	3.21	3.13	3.25
		栏间时间(s)		1.10	1.09	1.06	1.07	1.08	1.07	1.10	1.13	1.11	1.33		7.94	8.15	7.85
		栏间速度(m/s)	4.96	7.73	7.80	8.02	7.94	7.87	7.94	7.73	7.52	7.66	7.89				
章嘉怡	0.182	触地时间(s)	2.64	3.74	4.84	5.92	7.02	8.11	9.21	10.33	11.45	12.60	**13.87**	5/3	3.25	3.22	3.34
		栏间时间(s)		1.10	1.10	1.08	1.10	1.09	1.10	1.12	1.12	1.15	1.27		7.85	7.92	7.63
		栏间速度(m/s)	4.92	7.73	7.73	7.87	7.73	7.80	7.73	7.59	7.59	7.39	8.27				
葛格	0.188	触地时间(s)	2.67	3.79	4.91	6.02	7.11	8.24	9.37	10.49	11.59	12.76	**14.06**	3/4	3.28	3.29	3.39
		栏间时间(s)		1.12	1.12	1.11	1.09	1.13	1.13	1.12	1.10	1.17	1.30	**PB**	7.77	7.75	7.52
		栏间速度(m/s)	4.87	7.59	7.59	7.66	7.80	7.52	7.52	7.59	7.73	7.26	8.08		3.35	3.35	3.39
															7.61	7.61	7.52

续表

运动员	反应时(s)	指标	H1	H2	H3	H4	H5	H6	H7	H8	H9	H10	100m	道次/名次	H1-H4	H4-H7	H7-H10
姚慧	0.374	触地时间(s)	2.71	3.84	4.94	6.06	7.16	8.27	9.39	10.54	11.68	12.83	**14.14**	9/5			
		栏间时间(s)		1.13	1.10	1.12	1.10	1.11	1.12	1.15	1.14	1.15	1.31		3.35	3.33	3.44
		栏间速度(m/s)	4.80	7.52	7.73	7.59	7.73	7.66	7.59	7.39	7.46	7.39	7.07 / 8.02		7.61	7.66	7.41
何佳敏	0.164	触地时间(s)	2.74	3.89	5.00	6.13	7.24	8.39	9.53	10.67	11.83	13.00	**14.33**	2/6			
		栏间时间(s)		1.15	1.11	1.13	1.11	1.15	1.14	1.14	1.16	1.17	1.33		3.39	3.40	3.47
		栏间速度(m/s)	4.74	7.39	7.66	7.52	7.66	7.39	7.46	7.46	7.33	7.26	6.98 / 7.89		7.52	7.50	7.35
盛楚殷	0.144	触地时间(m)	2.62	3.74	4.84	5.96	7.06	8.19	9.34	10.53	11.73	12.95	**14.40**	8/7			
		栏间时间(s)		1.12	1.10	1.12	1.10	1.13	1.15	1.19	1.20	1.22	1.45		3.34	3.38	3.61
		栏间速度(m/s)	4.96	7.59	7.73	7.59	7.73	7.52	7.39	7.14	7.08	6.97	6.94 / 7.24		7.63	7.54	7.06
章易	0.179	触地时间(s)	2.65	3.80	4.90	6.03	7.12	8.28	9.43	10.61	11.81	13.06	**14.51**	4/8			
		栏间时间(s)		1.15	1.10	1.13	1.09	1.16	1.15	1.18	1.20	1.25	1.45		3.38	3.40	3.63
		栏间速度(m/s)	4.85	7.39	7.73	7.52	7.80	7.33	7.39	7.2	7.08	6.80	6.89 / 7.24		7.54	7.50	7.02

注：PB 为个人最好成绩。

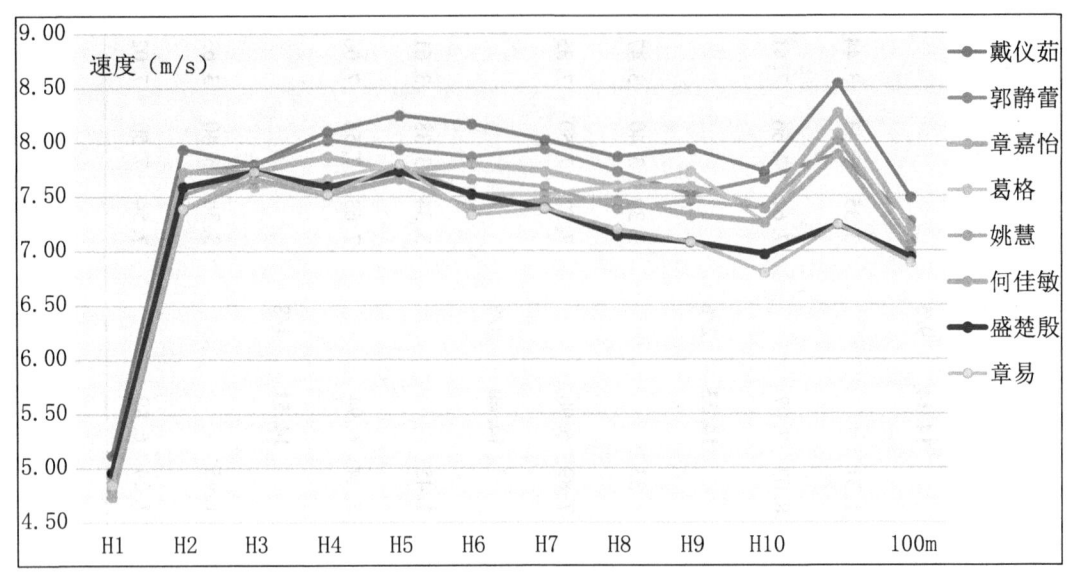

图 18-1　二青会女子体校甲组 100 米栏决赛分段速度折线图

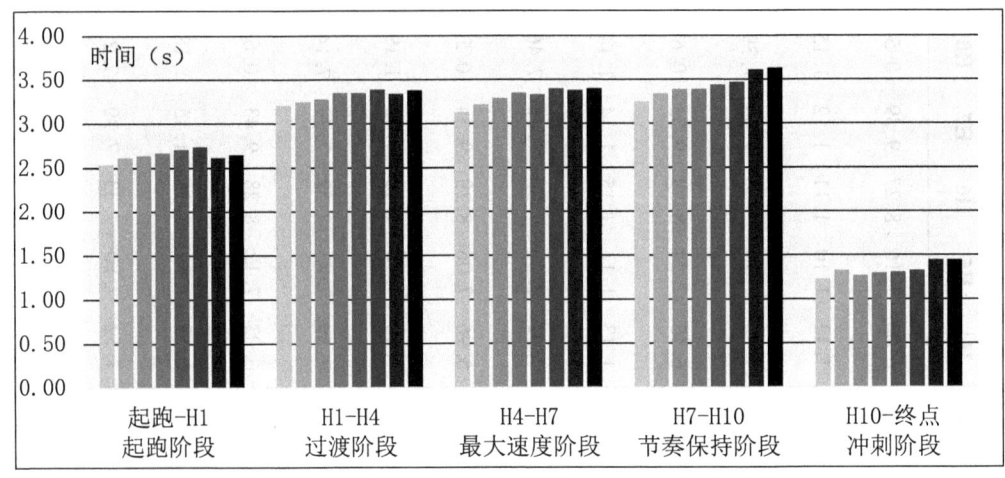

图 18-2　二青会女子体校甲组 100 米栏决赛分段时间柱状图

(三) 重点运动员分析

表 18-3 所示的是二青会女子体校甲组 100 米栏冠军戴仪茹在决赛中的相关运动学参数数据。2001 年出生的戴仪茹在 2019 年达到了非常好的竞技状态，多次刷新自己的个人最好成绩。在世锦赛选拔赛中，戴仪茹跑出 13.24s 的成绩是 2019 年全年中国女子 100 米栏的最好成绩。该场比赛几乎是她一个人的表演，最终她以 13.36s 的成绩将所有选手甩在身后，获得了二青会女子体校甲组 100 米栏冠军。图 18-3 所示的是戴仪茹在各个阶段速度的变化，以及对应的分段时间的变化特征。

表18-3 戴仪茹二青会女子体校甲组100米栏决赛个人数据统计表

运动员	成绩(s)	道次/名次	平均栏间用时(s)	最小栏间用时(s)	最大栏间用时(s)	反应时(s)	起跑上栏步数(步)	起跑-H1(s)	H1-H4(s)	H4-H7(s)	H7-H10(s)	H10-终点(s)
戴仪茹	13.36	6/1	1.07	1.03	1.10	0.156	8	2.54	3.21	3.13	3.25	1.23

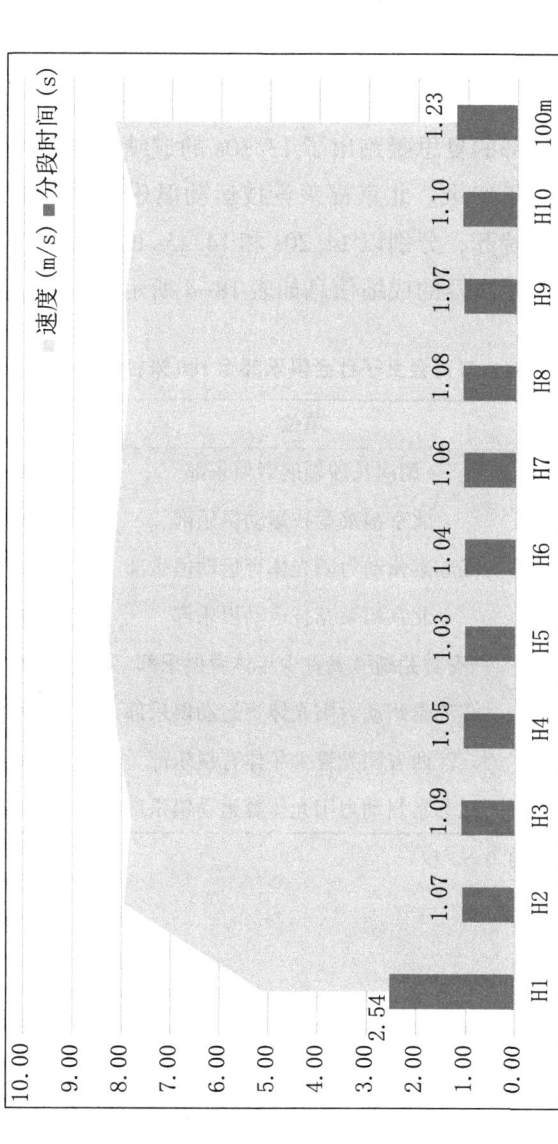

图18-3 戴仪茹二青会女子体校甲组100米栏决赛分段速度与时间变化图

二、女子社会俱乐部组 100 米栏

(一) 比赛介绍

二青年的比赛分为两个组别，2000—2001 年出生的运动员参加甲组的比赛，2001 年之后出生的运动员参加社会俱乐部组的比赛。女子社会俱乐部组 100 米栏的比赛采用少年比赛的栏高，栏高 0.76 米比甲组的栏高要低一点，其他的规则一样。决赛中，来自湖南长沙领航者俱乐部的夏思凝跑出了 13.30s 的成绩获得冠军，这个成绩也打破了女子 100 米栏的全国少年纪录。北京福莱竞技运动俱乐部的韩芷柔和江苏泰州动力阳光体育运动俱乐部的李皖苏，分别以 14.20s 和 14.45s 的成绩获得二、三名。二青会女子社会俱乐部组 100 米栏决赛的成绩信息如表 18-4 所示。

表 18-4　二青会女子社会俱乐部组 100 米栏决赛成绩

名次	道次	姓名	单位	出生年份	成绩（s）
1	7	夏思凝	湖南长沙领航者俱乐部	2003	13.30
2	5	韩芷柔	北京福莱竞技运动俱乐部	2002	14.20
3	6	李皖苏	江苏泰州动力阳光体育运动俱乐部	2003	14.45
4	9	魏华凝	北京福莱竞技运动俱乐部	2002	14.47
5	3	鲁欣悦	安徽芜湖弘奥青少年体育俱乐部	2002	14.65
6	4	梅晓倩	江苏泰州动力阳光体育运动俱乐部	2002	14.66
7	8	武文雅	江西省阳光青少年体育俱乐部	2003	14.79
8	2	孙静媛	江苏泰州动力阳光体育运动俱乐部	2002	14.83

注：栏高 0.76 米；风速 0.0 米/秒。

(二) 运动学参数

表 18-5 所示的是中华人民共和国第二届青年运动会女子社会俱乐部组 100 米栏决赛 8 位运动员的关键运动学参数数据，包括触地时间、栏间时间和栏间速度。图 18-4 所示的是每位运动员在各个分段的速度变化，图 18-5 所示的是每位运动员在各个分段的时间变化。

表18-5 二青会女子社会俱乐部组100米栏决赛数据统计表

运动员	反应时(s)		H1	H2	H3	H4	H5	H6	H7	H8	H9	H10	100m	道次/名次	H1-H4	H4-H7	H7-H10
夏思凝	0.172	触地时间(s)	2.72	3.79	4.82	5.87	6.89	7.91	8.93	9.97	11.03	12.10	**13.30**	7/1			
		栏间时间(s)		1.07	1.03	1.05	1.02	1.02	1.02	1.04	1.06	1.07					
		栏间(s)		7.94	8.25	8.10	8.33	8.33	8.33	8.17	8.02	7.94	8.75	**NYR**			
		速度(m/s)	4.78											7.52	3.15	3.06	3.17
															8.10	8.33	8.04
韩芷柔	0.174	触地时间(s)	2.73	3.82	4.92	6.01	7.11	8.24	9.35	10.50	11.68	12.86	**14.20**	5/2			
		栏间时间(s)		1.09	1.10	1.09	1.10	1.13	1.11	1.15	1.18	1.18	1.34				
		栏间速度(m/s)	4.76	7.80	7.73	7.80	7.73	7.52	7.66	7.39	7.20	7.20	7.84	7.04	3.28	3.34	3.51
															7.77	7.63	7.26
李院苏	0.184	触地时间(s)	2.80	3.97	5.10	6.26	7.39	8.54	9.68	10.83	12.00	13.16	**14.45**	6/3			
		栏间时间(s)		1.17	1.13	1.16	1.13	1.15	1.14	1.15	1.17	1.16	1.29				
		栏间速度(m/s)	4.64	7.26	7.52	7.33	7.39	7.39	7.46	7.39	7.26	7.33	8.14	6.92	3.46	3.42	3.48
															7.37	7.46	7.33
魏华凝	0.160	触地时间(s)	2.75	3.89	5.04	6.17	7.31	8.46	9.63	10.78	11.95	13.13	**14.47**	9/4			
		栏间时间(s)		1.14	1.15	1.13	1.14	1.15	1.17	1.15	1.17	1.18	1.34				
		栏间速度(m/s)	4.73	7.46	7.39	7.46	7.46	7.39	7.26	7.39	7.26	7.20	7.84	6.91	3.42	3.46	3.50
															7.46	7.37	7.29

续表

运动员	反应时(s)		H1	H2	H3	H4	H5	H6	H7	H8	H9	H10	100m	道次/名次	H1-H4	H4-H7	H7-H10
鲁欣悦	0.156	触地时间(s)	2.79	3.96	5.12	6.26	7.41	8.54	9.71	10.89	12.06	13.28	**14.65**	3/5			
		栏间时间(s)		1.17	1.16	1.14	1.15	1.13	1.17	1.18	1.17	1.22	1.37		3.47	3.45	3.57
		栏间速度(m/s)	4.66	7.26	7.33	7.46	7.39	7.52	7.26	7.20	7.26	6.97	7.66	6.83	7.35	7.39	7.14
梅晓倩	0.418	触地时间(s)	2.90	4.07	5.21	6.36	7.47	8.61	9.76	10.93	12.11	13.31	**14.66**	4/6			
		栏间时间(s)		1.17	1.14	1.15	1.11	1.14	1.15	1.17	1.18	1.20	1.35		3.46	3.40	3.55
		栏间速度(m/s)	4.48	7.26	7.46	7.39	7.66	7.46	7.39	7.26	7.20	7.08	7.78	6.82	7.37	7.50	7.18
武文雅	0.178	触地时间(s)	2.80	3.95	5.10	6.26	7.41	8.56	9.73	10.91	12.11	13.38	**14.79**	8/7			
		栏间时间(s)		1.15	1.15	1.16	1.15	1.15	1.17	1.18	1.20	1.27	1.41		3.46	3.47	3.65
		栏间速度(m/s)	4.64	7.39	7.39	7.33	7.39	7.39	7.26	7.20	7.08	6.69	7.45	6.76	7.37	7.35	6.99
孙静媛	0.224	触地时间(s)	2.94	4.12	5.24	6.39	7.56	8.71	9.88	11.06	12.25	13.48	**14.83**	2/8			
		栏间时间(s)		1.18	1.12	1.15	1.17	1.15	1.17	1.18	1.19	1.23	1.35		3.45	3.49	3.60
		栏间速度(m/s)	4.42	7.20	7.59	7.39	7.26	7.39	7.26	7.20	7.14	6.91	7.78	6.74	7.39	7.31	7.08

注：NYR表示国家少年纪录。

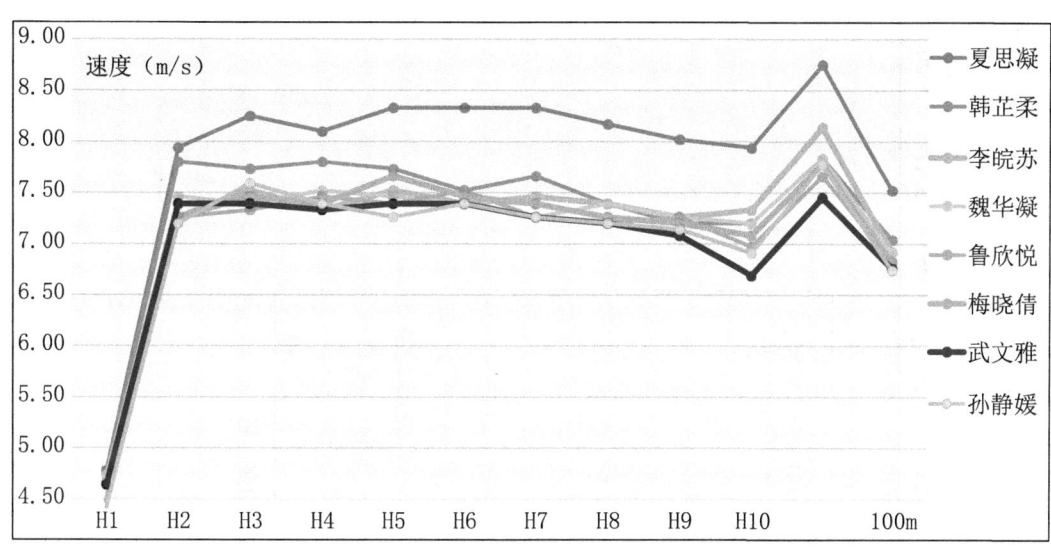

图 18-4　二青会女子社会俱乐部组 100 米栏决赛分段速度折线图

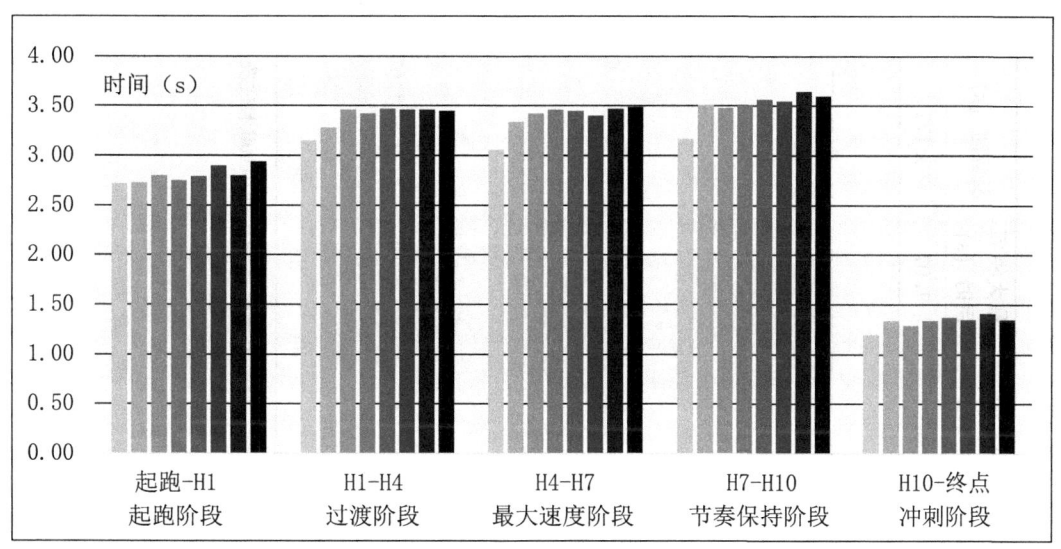

图 18-5　二青会女子社会俱乐部组 100 米栏决赛分段时间柱状图

(三) 重点运动员分析

表 18-6 所示的是本届二青会女子社会俱乐部组 100 米栏冠军夏思凝在决赛中的相关运动学参数数据。2003 年出生的夏思凝在该届二青会的比赛中大放异彩，她以 13.32s 的成绩创造了女子 100 米栏的全国少年纪录。图 18-6 所示的是夏思凝在决赛中各个阶段速度的变化，以及对应的分段时间的变化特征。

表 18-6 夏思凝二青会女子社会俱乐部组 100 米栏决赛个人数据统计表

运动员	成绩 (s)	道次/名次	平均栏间用时 (s)	最小栏间用时 (s)	最大栏间用时 (s)	反应时 (s)	起跑上栏步数 (步)	起跑–H1 (s)	H1–H4 (s)	H4–H7 (s)	H7–H10 (s)	H10–终点 (s)
夏思凝	13.30	7/1	1.04	1.02	1.07	0.172	8	2.72	3.15	3.06	3.17	1.20

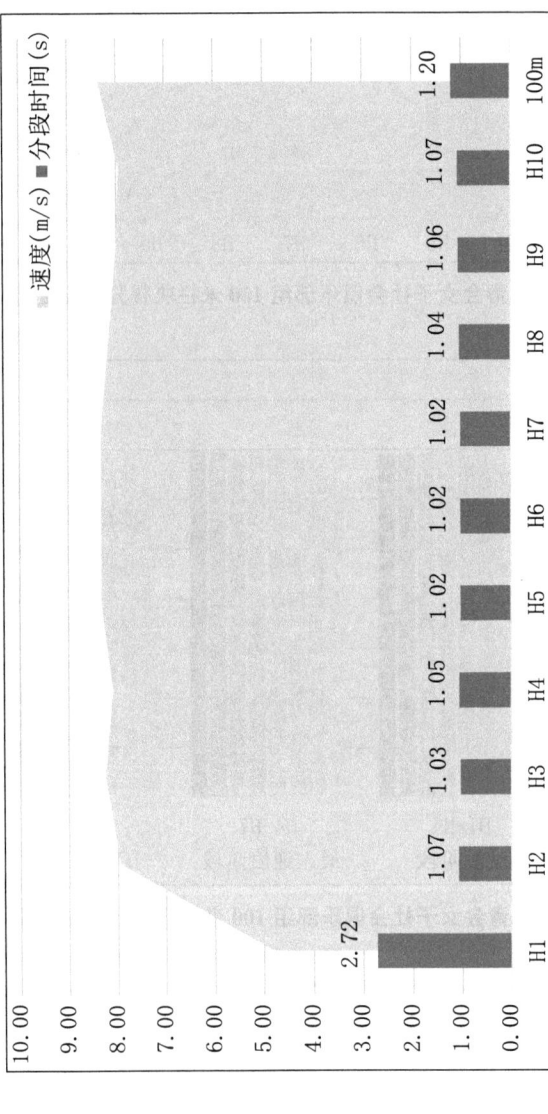

图18-6 夏思凝二青会女子社会俱乐部组100米栏决赛分段速度与时间变化图

第二节 男子110米栏

一、男子体校甲组110米栏

(一) 比赛介绍

二青会男子体校甲组110米栏的冠军是来自北京先农坛体育运动学校的宁潇函。决赛中，2000年出生的宁潇函跑出了13.36s的成绩获得冠军。黑龙江省体育运动学校的刘博文获得亚军，成绩是13.76s。山东潍坊市体育运动学校的时国兴获得第三名，成绩是13.87s。男子体校甲组110米栏的栏高是0.99米。该届二青会男子体校甲组110米栏决赛的成绩信息如表18-7所示。

表18-7 二青会男子体校甲组110米栏决赛成绩

名次	道次	姓名	单位	出生年份	成绩（s）
1	4	宁潇函	北京先农坛体育运动学校	2000	13.36
2	5	刘博文	黑龙江省体育运动学校	2001	13.76
3	8	时国兴	山东潍坊市体育运动学校	2000	13.87
4	7	陆玮	江苏苏州市体育运动学校	2000	14.06
5	9	郭钟杰	上海市第二体育运动学校	2001	14.14
6	2	姬豪豪	河南焦作市体育运动学校	2001	14.33
7	3	冯建晞	中国香港特别行政区代表团	2000	14.40
	6	朱胜龙	湖北宜昌市体育运动学校	2000	DQ

注：栏高0.99米；风速-0.3米/秒；DQ表示取消比赛资格。

(二) 运动学参数

表18-8所示的是二青会男子体校甲组110米栏决赛7位运动员的关键运动学参数数据，包括触地时间、栏间时间和栏间速度。图18-7所示的是每位运动员在各个分段的速度变化，图18-8所示的是每位运动员在各个分段的时间变化。

表18-8 二青会男子体校甲组110米栏决赛数据统计表

运动员	反应时(s)		H1	H2	H3	H4	H5	H6	H7	H8	H9	H10	110m	道次/名次	H1-H4	H4-H7	H7-H10
宁谦函	0.134	触地时间(s)	2.57	3.62	4.65	5.67	6.69	7.71	8.74	9.78	10.83	11.91	13.36	4/1			
		栏间时间(s)		1.05	1.03	1.02	1.02	1.02	1.03	1.04	1.05	1.08	1.48	PB	3.10	3.07	3.17
		栏间速度(m/s)	5.34	8.70	8.87	8.96	8.96	8.96	8.87	8.79	8.70	8.46	9.47	8.22	8.85	8.93	8.65
刘博文	0.144	触地时间(s)	2.54	3.61	4.67	5.69	6.73	7.76	8.80	9.86	10.91	11.99	13.76	5/2			
		栏间时间(s)		1.07	1.06	1.02	1.04	1.03	1.04	1.06	1.05	1.08	1.48	PB	3.15	3.11	3.19
		栏间速度(m/s)	5.40	8.54	8.62	8.96	8.79	8.87	8.79	8.62	8.70	8.46	9.47	8.17	8.70	8.82	8.60
时国兴	0.144	触地时间(s)	2.67	3.76	4.81	5.85	6.87	7.91	8.96	10.00	11.07	12.13	13.87	8/3			
		栏间时间(s)		1.09	1.05	1.04	1.02	1.04	1.05	1.04	1.07	1.06	1.39	PB	3.18	3.11	3.17
		栏间速度(m/s)	5.14	8.39	8.70	8.79	8.96	8.79	8.70	8.79	8.54	8.62	10.09	8.14	8.62	8.82	8.65
陆韦	0.170	触地时间(s)	2.67	3.73	4.77	5.82	6.82	7.86	8.89	9.93	11.01	12.09	14.06	7/4			
		栏间时间(s)		1.06	1.04	1.05	1.00	1.04	1.03	1.04	1.08	1.08	1.46	PB	3.15	3.07	3.20
		栏间速度(m/s)	5.14	8.62	8.79	8.70	9.14	8.79	8.87	8.79	8.46	8.46	9.60	8.12	8.70	8.93	8.57

续表

运动员	反应时(s)		H1	H2	H3	H4	H5	H6	H7	H8	H9	H10	110m	道次/名次	H1-H4	H4-H7	H7-H10
郭钟杰	0.162	触地时间(s)	2.63	3.70	4.75	5.77	6.79	7.82	8.87	9.93	11.03	12.14	**14.14**	9/5			
		栏间时间(s)	1.07	1.05	1.02	1.02	1.03	1.05	1.06	1.10	1.11	1.54	PB		3.14	3.10	3.27
		栏间速度(m/s)	5.22	8.54	8.70	8.96	8.96	8.87	8.70	8.62	8.31	8.23	9.10		8.73	8.85	8.39
姬豪豪	0.187	触地时间(s)	2.69	3.77	4.84	5.90	6.94	8.04	9.09	10.19	11.31	12.43	**14.33**	2/6			
		栏间时间(s)	1.08	1.07	1.06	1.04	1.10	1.05	1.10	1.12	1.12	1.53			3.21	3.19	3.34
		栏间速度(m/s)	5.10	8.46	8.54	8.62	8.79	8.31	8.70	8.31	8.16	8.16	9.16		8.54	8.60	8.21
冯建晞	0.155	触地时间(s)	2.68	3.78	4.90	5.99	7.07	8.17	9.24	10.37	11.48	12.61	**14.40**	3/7			
		栏间时间(s)	1.10	1.12	1.09	1.08	1.10	1.07	1.13	1.11	1.13	1.49			3.31	3.25	3.37
		栏间速度(m/s)	5.12	8.31	8.16	8.39	8.46	8.31	8.54	8.09	8.23	8.09	9.41		8.28	8.44	8.14

注：PB为个人最好成绩。

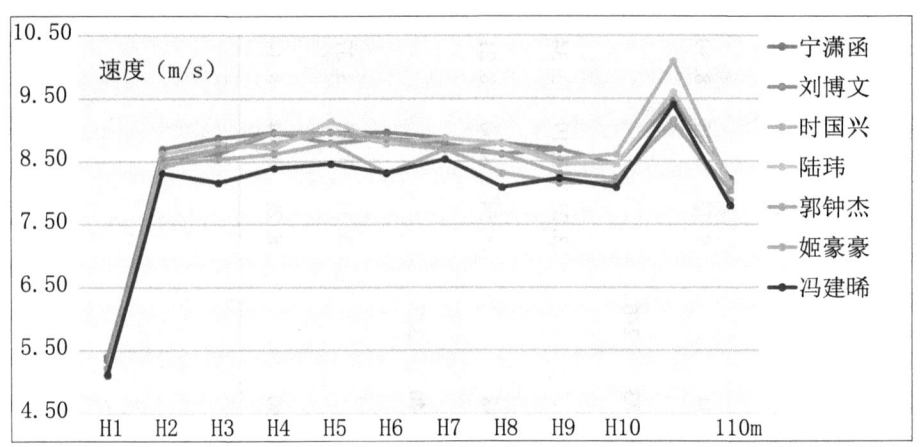

图 18-7 二青会男子体校甲组 110 米栏决赛分段速度折线图

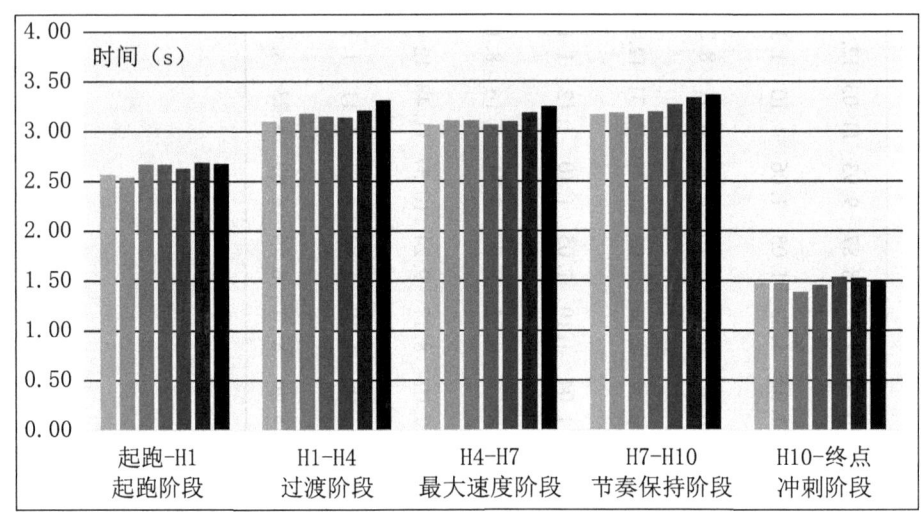

图 18-8 二青会男子体校甲组 110 米栏决赛分段时间柱状图

(三) 重点运动员分析

表 18-9 所示的是二青会男子甲组 110 米栏冠军宁潇函在决赛中的相关运动学参数数据。2019 年初在全国室内田径锦标赛中，他就以 7.85s 获得男子 60 米栏第三名的好成绩，但是在 2019 年室外赛的比赛中他的表现一直不太理想。该场比赛，他的最大对手是湖北运动员朱胜龙。同样是 2000 年出生的朱胜龙在 2019 年的全国田径锦标赛中曾以 13.90s 的成绩获得男子 110 米栏的第四名，但在二青会决赛中他因为太过紧张导致抢跑被罚下。最终没有人能在比赛中给宁潇函造成挑战，宁潇函以 13.36s 的成绩圆梦全国青年运动会的冠军。图 18-9 所示的是宁潇函在决赛中各个阶段的速度变化，以及对应的分段时间的变化特征。

表18-9 宁潇函二青会男子体校甲组110米栏决赛个人数据统计表

运动员	成绩(s)	道次/名次	平均栏间用时(s)	最小栏间用时(s)	最大栏间用时(s)	反应时(s)	起跑上栏步数(步)	起跑-H1(s)	H1-H4(s)	H4-H7(s)	H7-H10(s)	H10-终点(s)
宁潇函	13.39	4/1	1.04	1.02	1.08	0.134	8	2.57	3.10	3.07	3.17	1.48

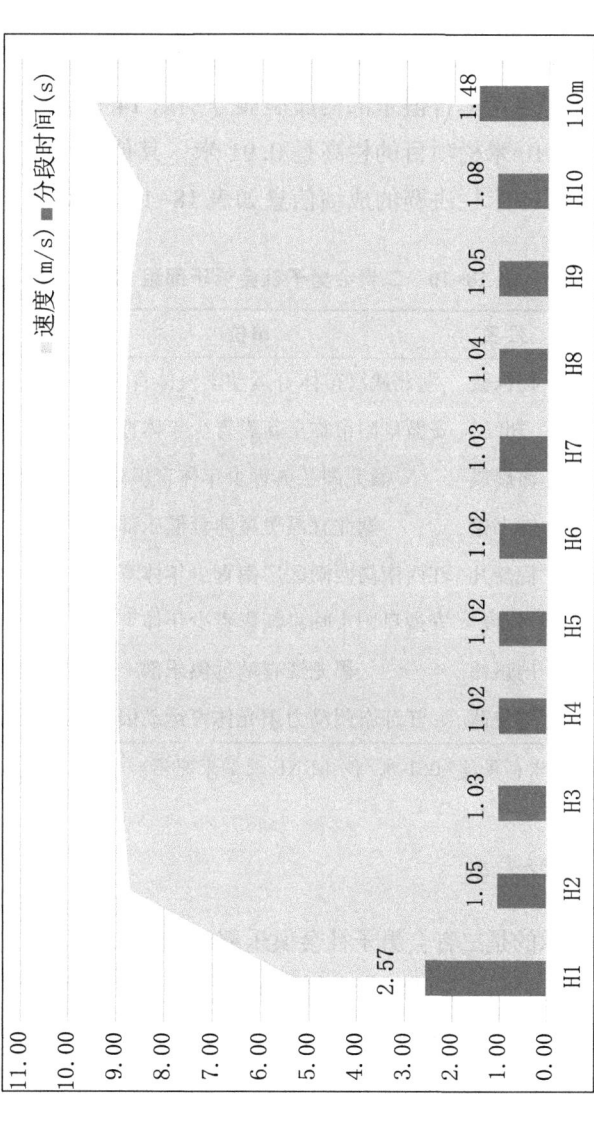

图18-9 宁潇函二青会男子体校甲组110米栏决赛分段速度与时间变化图

二、男子社会俱乐部组 110 米栏

(一) 比赛介绍

在二青会男子社会俱乐部组 110 米栏项目中,来自武汉市体育运动学校体育俱乐部的杨稼骏跑出了 13.30s 的成绩获得冠军。安徽阜阳市临泉新影青少年体育俱乐部的郑旺和芜湖弘奥青少年体育俱乐部的茆晨晨分别以 14.06s 和 14.35s 获得二、三名。男子社会俱乐部组 110 米栏项目的栏高是 0.91 米,其他规则与正式比赛相同。二青会男子社会俱乐部组 110 米栏决赛的成绩信息如表 18-10 所示。

表 18-10 二青会男子社会俱乐部组 110 米栏决赛成绩

名次	道次	姓名	单位	出生年份	成绩 (s)
1	6	杨稼骏	湖北武汉市体育运动学校体育俱乐部	2002	13.30
2	7	郑旺	安徽阜阳市临泉新影青少年体育俱乐部	2003	14.06
3	5	茆晨晨	安徽芜湖弘奥青少年体育俱乐部	2002	14.35
4	8	钟书伦	湖北宜昌奥星体育俱乐部	2003	14.72
5	2	倪梦凡	江西南昌西湖区广南青少年体育俱乐部	2003	14.73
6	9	周俊	安徽阜阳市临泉新影青少年体育俱乐部	2002	14.80
7	3	闫煜伟	黑龙江省鸿远俱乐部	2002	15.15
	4	刘俊茜	江苏泰州动力阳光体育运动俱乐部	2003	DNF

注:栏高 0.91 米;风速 -0.1 米/秒;DNF 表示未完赛。

(二) 运动学参数

表 18-11 所示的是二青会男子社会俱乐部组 110 米栏决赛 7 位运动员的关键运动学参数数据,包括触地时间、栏间时间和栏间速度。图 18-10 所示的是每位运动员在各个分段的速度变化,图 18-11 所示的是每位运动员在各个分段的时间变化。

表 18-11 二青会男子社会俱乐部组 110 米栏决赛数据统计表

运动员	反应时 (s)		H1	H2	H3	H4	H5	H6	H7	H8	H9	H10	110m	道次/名次	H1-H4	H4-H7	H7-H10
杨稼骏	0.152	触地时间 (s)	2.62	3.69	4.69	5.70	6.71	7.69	8.71	9.73	10.78	11.81	13.30	6/1			
		栏间时间 (s)		1.07	1.00	1.01	1.01	0.98	1.02	1.02	1.05	1.03	1.49		3.08	3.01	3.10
		栏间速度 (m/s)	5.24	8.54	9.14	9.05	9.05	9.33	8.96	8.96	8.70	8.87	9.41		8.90	9.11	8.85
郑旺	0.167	触地时间 (s)	2.64	3.74	4.80	5.87	6.93	8.02	9.09	10.18	11.33	12.46	14.06	7/2			
		栏间时间 (s)		1.10	1.06	1.07	1.06	1.09	1.07	1.09	1.15	1.13	1.60		3.23	3.22	3.37
		栏间速度 (m/s)	5.20	8.31	8.62	8.54	8.62	8.39	8.54	8.39	7.95	8.09	8.76		8.49	8.52	8.14
茆晨晨	0.162	触地时间 (s)	2.67	3.82	4.93	6.02	7.09	8.19	9.29	10.44	11.59	12.73	14.35	5/3			
		栏间时间 (s)		1.15	1.11	1.09	1.07	1.10	1.10	1.15	1.15	1.14	1.62		3.35	3.27	3.44
		栏间速度 (m/s)	5.14	7.95	8.23	8.39	8.54	8.31	8.31	7.95	7.95	7.95	8.65		8.19	8.39	7.97
钟书伦	0.225	触地时间 (s)	2.80	3.97	5.12	6.23	7.36	8.51	9.66	10.79	11.93	13.10	14.72	8/4			
		栏间时间 (s)		1.17	1.15	1.11	1.13	1.15	1.15	1.13	1.14	1.17	1.62		3.43	3.43	3.44
		栏间速度 (m/s)	4.90	7.81	7.95	8.23	8.09	7.95	7.95	8.09	8.02	7.81	8.65		7.99	7.99	7.97

续表

运动员	反应时(s)		H1	H2	H3	H4	H5	H6	H7	H8	H9	H10	110m	道次/名次	H1-H4	H4-H7	H7-H10
倪梦凡	0.199	触地时间(s)	2.70	3.87	5.02	6.17	7.31	8.44	9.64	10.81	11.98	13.16	14.73	2/5			
		栏间时间(s)		1.17	1.15	1.15	1.14	1.13	1.20	1.17	1.17	1.18			3.47	3.47	3.52
		栏间速度(m/s)	5.08	7.81	7.95	7.95	8.02	8.09	7.62	7.81	7.81	7.75	1.57 8.93		7.90	7.90	7.79
周俊	0.173	触地时间(s)	2.83	3.99	5.11	6.25	7.36	8.51	9.66	10.79	11.98	13.16	14.80	9/6			
		栏间时间(s)		1.16	1.12	1.14	1.11	1.15	1.15	1.13	1.19	1.18			3.42	3.41	3.50
		栏间速度(m/s)	4.85	7.88	8.16	8.02	8.23	7.95	7.95	8.09	7.68	7.75	1.64 8.55		8.02	8.04	7.83
闫煜伟	0.172	触地时间(s)	2.78	3.93	5.12	6.29	7.47	8.64	9.84	11.03	12.24	13.46	15.15	3/7			
		栏间时间(s)		1.15	1.19	1.17	1.18	1.17	1.20	1.19	1.21	1.22			3.51	3.55	3.62
		栏间速度(m/s)	4.94	7.95	7.68	7.81	7.75	7.81	7.62	7.68	7.55	7.49	1.69 8.30		7.81	7.72	7.57

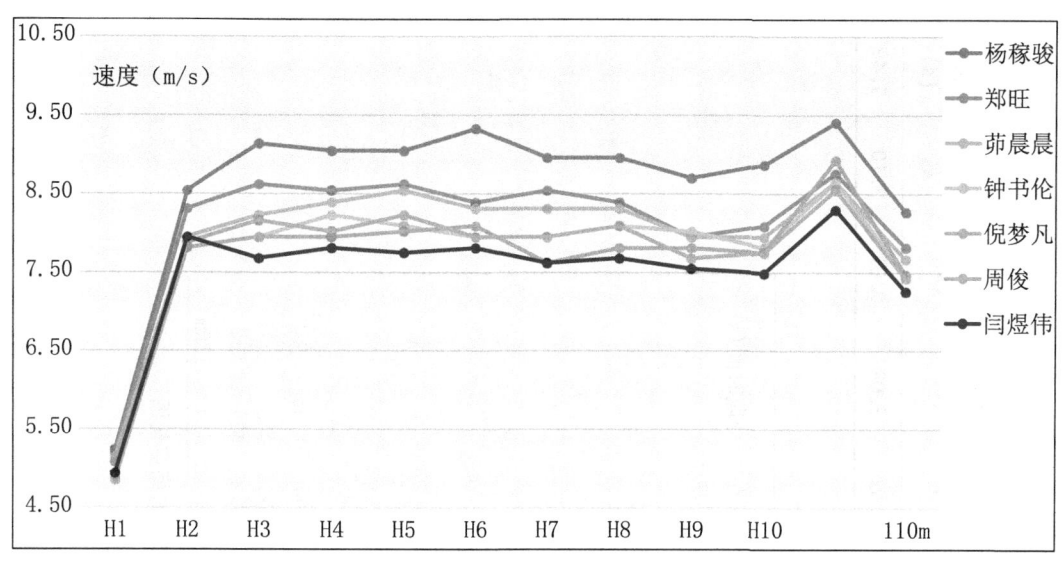

图 18-10　二青会男子社会俱乐部组 110 米栏决赛分段速度折线图

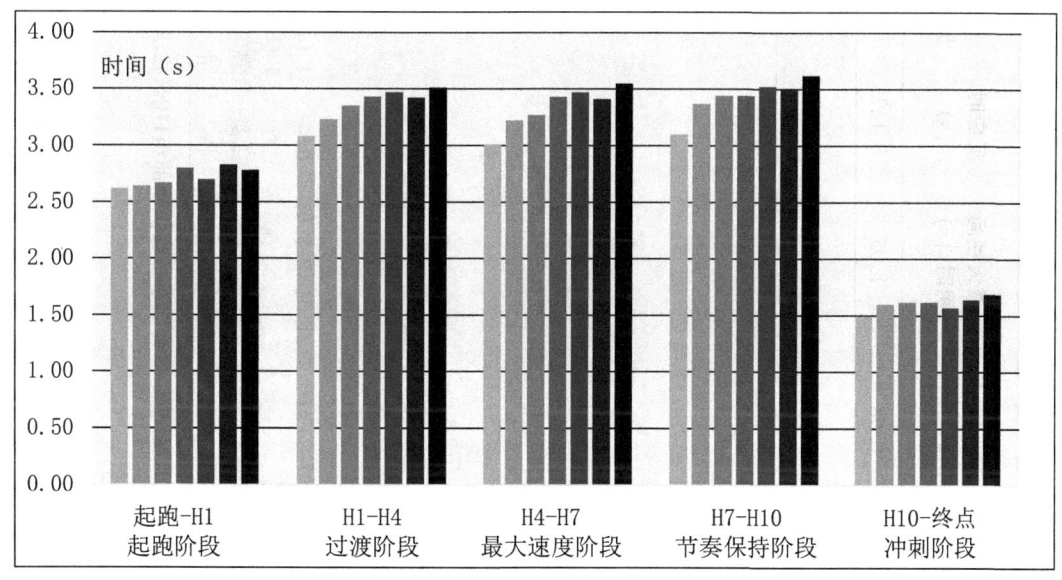

图 18-11　二青会男子社会俱乐部组 110 米栏决赛分段时间柱状图

（三）重点运动员分析

表 18-12 所示的是该届二青会男子社会俱乐部组 110 米栏冠军杨稼骏在决赛中的相关运动学参数数据。杨稼骏出生于 2002 年，从他 13.30s 的夺冠成绩来看，他是在同年龄段很有潜力的运动员。在二青会男子社会俱乐部组 110 米栏的决赛中，只有他一个人跑进了 14 秒，说明在这个年龄段他的优势很大。图 18-12 所示的是杨稼骏在决赛中各个阶段的速度变化，以及对应的分段时间的变化特征。

表 18-12 杨稼骏二青会男子社会俱乐部组 110 米栏决赛个人数据统计表

运动员	成绩 (s)	道次/名次	平均栏间用时 (s)	最小栏间用时 (s)	最大栏间用时 (s)	反应时 (s)	起跑上栏步数 (步)	起跑-H1 (s)	H1-H4 (s)	H4-H7 (s)	H7-H10 (s)	H10-终点 (s)
杨稼骏	13.30	6/1	1.02	0.98	1.05	0.152	8	2.62	3.08	3.01	3.10	1.49

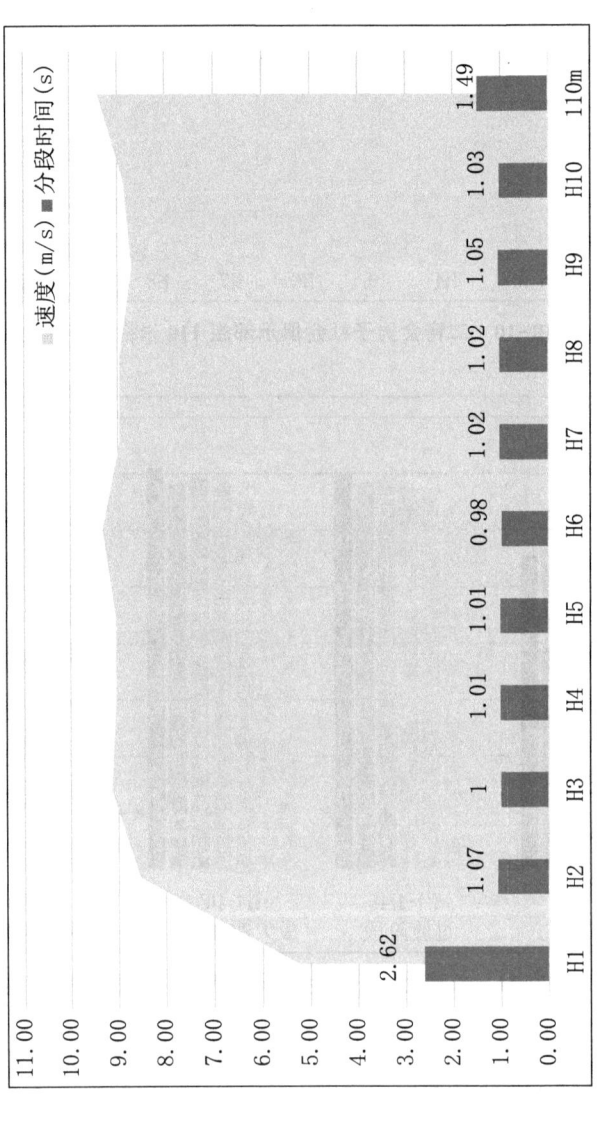

图 18-12 杨稼骏二青会男子社会俱乐部组 110 米栏决赛分段速度与时间变化图

第三节 女子 400 米栏

一、女子体校甲组 400 米栏

(一) 比赛介绍

在二青会女子体校甲组 400 米栏的决赛中，包含了 2019 年该项目全国锦标赛冠军莫家蝶在内的众多优秀运动员。这个项目在我国具备年轻化的特点，现阶段全国成绩最好的莫家蝶在该场比赛跑出了 57.76s 的成绩获得冠军。江苏苏州市体育运动学校的陆长薇以 58.53s 的成绩获得亚军。福建省青少年体育学校的邹亦凡获得第三名，成绩为 59.56s。二青会女子体校甲组 400 米栏决赛的详细成绩如表 18-13 所示。

表 18-13 二青会女子体校甲组 400 米栏决赛成绩

名次	道次	姓名	单位	出生年份	成绩（s）
1	6	莫家蝶	广东省青少年竞技体育学校	2000	57.76
2	5	陆长薇	江苏苏州市体育运动学校	2001	58.53
3	4	邹亦凡	福建省青少年体育学校	2000	59.56
4	8	王佳琪	吉林省体育运动学校	2000	59.89
5	7	梁义娜	广西壮族自治区体育运动学校	2001	61.35
6	9	傅艺佳	山东淄博市体育运动学校	2001	63.84
7	2	陈卓	海南体育职业技术学院业余体校	2001	65.23
8	3	都凌宇	河南焦作市体育运动学校	2000	66.01

(二) 运动学参数

表 18-14 所示的是二青会女子体校甲组 400 米栏决赛 8 位运动员的关键运动学参数数据，包括触地时间、栏间时间和栏间速度。图 18-13 所示的是每位运动员在各个分段的速度变化，图 18-14 所示的是每位运动员在各个分段的时间变化。

表18-14 二青会女子体校甲组400米栏决赛数据统计表

运动员	反应时(s)		H1	H2	H3	H4	H5	H6	H7	H8	H9	H10	400m	道次/名次	H1-H4	H4-H7	H7-H10
莫家蝶	0.241	触地时间(s)	6.66	11.08	15.66	20.38	25.26	30.26	35.42	40.58	46.04	51.58	57.76	6/1			
		栏间时间(s)		4.42	4.58	4.72	4.88	5.00	5.16	5.16	5.46	5.54			13.72	15.04	16.16
		栏间速度(m/s)	6.76	7.92	7.64	7.42	7.17	7.00	6.78	6.78	6.41	6.32	6.18		7.65	6.98	6.50
		步数	23	16	16	16	16	17	17	17	18	18	20.8	6.93			
	H1左腿攻栏													194.8			
陆长薇	0.206	触地时间(s)	6.84	11.32	15.96	20.74	25.62	30.64	35.88	41.18	46.70	52.28	58.53	5/2			
		栏间时间(s)		4.48	4.64	4.78	4.88	5.02	5.24	5.30	5.52	5.58	PB		13.90	15.14	16.40
		栏间速度(m/s)	6.58	7.81	7.54	7.32	7.17	6.97	6.68	6.60	6.34	6.27	6.25	6.83	7.55	6.94	6.40
		步数	24	17	17	17	17	17	17	17	18	18	21.5				
	H1右腿攻栏													200.5			
邹亦凡	0.314	触地时间(s)	7.14	11.66	16.18	20.82	25.66	30.74	36.08	41.68	47.38	53.22	59.56	4/3			
		栏间时间(s)		4.52	4.52	4.64	4.84	5.08	5.34	5.60	5.70	5.84	PB		13.68	15.26	17.14
		栏间速度(m/s)	6.30	7.74	7.74	7.54	7.23	6.89	6.55	6.25	6.14	5.99	6.34	6.72	7.68	6.88	6.13
		步数	24	16	17	17	17	17	18	18	18	18	21	201			
	H1右腿攻栏																

续表

运动员	反应时(s)		H1	H2	H3	H4	H5	H6	H7	H8	H9	H10	400m	道次/名次	H1-H4	H4-H7	H7-H10
王佳琪	0.255	触地时间(s)	6.88	11.40	16.08	20.92	25.90	31.02	36.42	41.98	47.62	53.38	59.89	8/4			
		栏间时间(s)		4.52	4.68	4.84	4.98	5.12	5.40	5.56	5.64	5.76	**PB**		14.04	15.50	16.96
		栏间速度(m/s)	6.54	7.74	7.48	7.23	7.03	6.84	6.48	6.29	6.21	6.08	6.68		7.48	6.77	6.19
		H1右腿攻栏 步数	24	17	17	17	17	17	18	18	18	18	203				
梁义娜	0.364	触地时间(s)	6.94	11.52	16.20	21.04	26.14	31.54	37.10	42.74	48.54	54.48	**61.35**	7/5			
		栏间时间(s)		4.58	4.68	4.84	5.10	5.40	5.56	5.64	5.80	5.94			14.10	16.06	17.38
		栏间速度(m/s)	6.48	7.64	7.48	7.23	6.86	6.48	6.29	6.21	6.03	5.89	6.52		7.45	6.54	6.04
		H1左腿攻栏 步数	24	17	17	17	17	18	18	18	18	18	204				
傅艺佳	0.408	触地时间(s)	7.12	11.84	16.72	21.70	26.88	32.30	37.98	43.78	49.92	56.58	**63.84**	9/6			
		栏间时间(s)		4.72	4.88	4.98	5.18	5.42	5.68	5.80	6.14	6.66	7.26		14.58	16.28	18.60
		栏间速度(m/s)	6.32	7.42	7.17	7.03	6.76	6.46	6.16	6.03	5.70	5.26	5.51		7.20	6.45	5.65
		H1左腿攻栏 步数	24	17	17	17	17	18	18	18	19	20	22	206			
陈卓		触地时间(s)	7.08	11.80	16.66	21.82	27.34	33.06	39.12	45.38	51.74	58.22	**65.23**	2/7			

续表

运动员	反应时(s)		H1	H2	H3	H4	H5	H6	H7	H8	H9	H10	400m	道次/名次	H1-H4	H4-H7	H7-H10
	0.198	栏间时间(s)		4.72	4.86	5.16	5.52	5.72	6.06	6.26	6.36	6.48	7.01		14.74	17.30	19.10
		栏间速度(m/s)	6.36	7.42	7.20	6.78	6.34	6.12	5.78	5.59	5.50	5.40	5.71		7.12	6.07	5.50
		触地步数	23	16	16	16	17	17	18	18	19	19	22	201			
都凌宇		触地时间(s)	6.94	11.52	16.34	21.36	26.72	32.44	38.56	45.16	51.80	58.52		66.01	3/8			
	0.203	栏间时间(s)		4.58	4.82	5.02	5.36	5.72	6.12	6.60	6.64	6.72	7.49		14.42	17.20	19.96
		栏间速度(m/s)	6.48	7.64	7.26	6.97	6.53	6.12	5.72	5.30	5.27	5.21	5.34		7.28	6.10	5.26
	H1左腿改栏	步数	25	17	17	17	18	18	19	20	20	21	24	216			

注：PB为个人最好成绩。

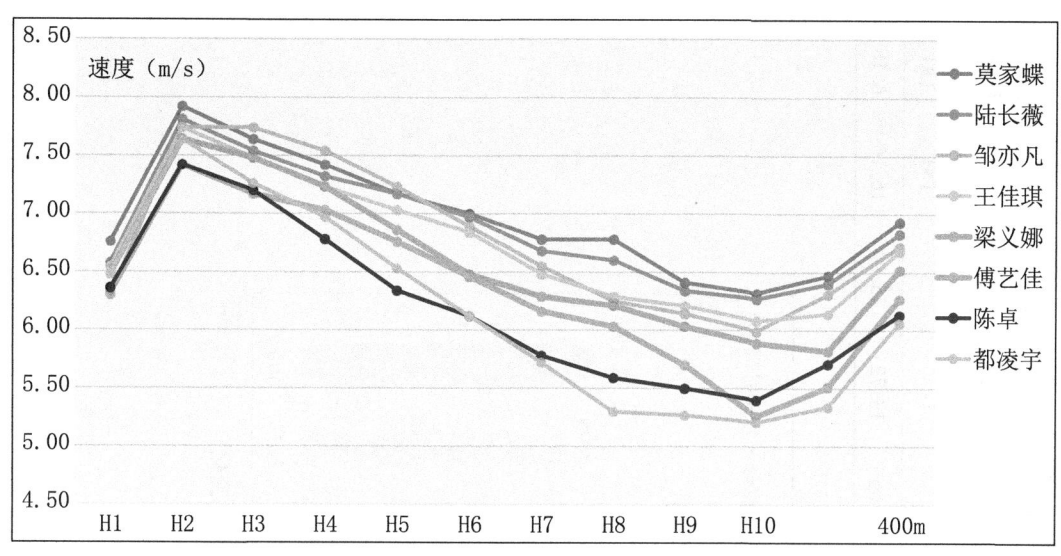

图18-13 二青会女子体校甲组400米栏决赛分段速度折线图

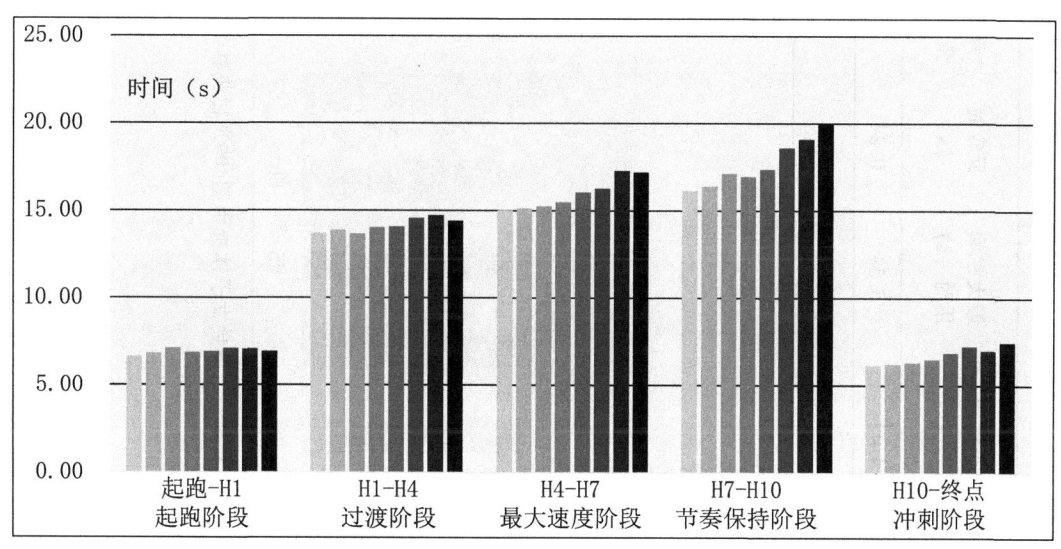

图18-14 二青会女子体校甲组400米栏决赛分段时间柱状图

（三）重点运动员分析

表18-15所示的是该届二青会女子体校甲组400米栏冠军莫家蝶在决赛中的相关运动学参数数据。2000年出生的莫家蝶在2019年几乎统治了国内女子400米栏项目。在全国田径锦标赛的世锦赛选拔赛中，她获得了女子400米栏的冠军。在二青会的赛场，莫家蝶更是势不可挡地以57.76s的成绩获得冠军，实际上她在该届二青会上共获得女子甲组400米、400米栏、4×100米接力和4×400米接力4个冠军。图18-15所示的是莫家蝶在各个阶段的速度变化，以及对应的分段时间的变化特征。

表18-15 莫家蝶二青会女子体校甲组400米栏决赛个人数据统计表

运动员	成绩(s)	道次/名次	平均栏间用时(s)	最小栏间用时(s)	最大栏间用时(s)	反应时(s)	起跑上栏步数(步)	起跑-H1(s)	H1-H4(s)	H4-H7(s)	H7-H10(s)	H10-终点(s)
莫家蝶	57.76	6/1	4.99	4.42	5.54	0.241	23	6.66	13.72	15.04	16.16	6.18

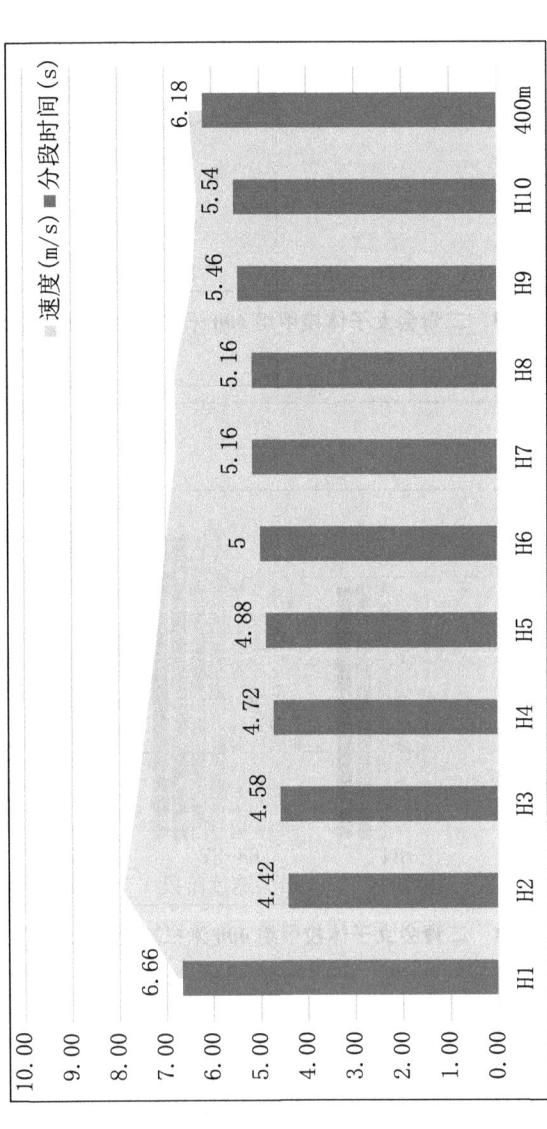

图18-15 莫家蝶二青会女子体校甲组400米栏决赛分段速度与时间变化

二、女子社会俱乐部组 400 米栏

(一) 比赛介绍

二青会的女子社会俱乐部组 400 米栏的冠军是代表湖南长沙领航者俱乐部参赛的周笑含,决赛中她跑出了 59.37s 的成绩获得冠军。同样来自湖南长沙领航者俱乐部的韩芷柔和深圳市宝安区阳光青少年体育俱乐部的李皖苏,分别以 62.41s 和 62.45s 的成绩获得第二、三名。二青会女子社会俱乐部组 400 米栏决赛的详细成绩信息如表 18-16 所示。

表 18-16 二青会女子社会俱乐部组 400 米栏决赛成绩

名次	道次	姓名	单位	出生年份	成绩 (s)
1	5	周笑含	湖南长沙领航者俱乐部	2002	59.37
2	8	熊瑛琦	湖南长沙领航者俱乐部	2002	62.41
3	4	陈乐怡	广东深圳市宝安区阳光青少年体育俱乐部	2003	62.45
4	6	李易蓉	北京福莱竞技运动俱乐部	2002	63.46
5	9	潘佳楠	江苏泰州动力阳光体育运动俱乐部	2002	63.98
6	2	陈前	湖北省武汉市青少年体育俱乐部	2002	65.02
7	3	王淑珍	呼和浩特市第二中学翱翔青少年体育俱乐部	2002	67.12
	7	何雪莹	广东深圳市宝安区阳光青少年体育俱乐部	2002	DNF

注:DNF 表示未完赛。

(二) 运动学参数

表 18-17 所示的是二青会女子社会俱乐部组 400 米栏决赛 8 位运动员的关键运动学参数数据,包括触地时间、栏间时间和栏间速度。图 18-16 所示的是每位运动员在各个分段的速度变化,图 18-17 所示的是每位运动员在各个分段的时间变化。

表 18-17 二青会女子社会俱乐部组 400 米栏决赛数据统计表

运动员	反应时（s）		H1	H2	H3	H4	H5	H6	H7	H8	H9	H10	400m	道次/名次	H1-H4	H4-H7	H7-H10
周笑含	0.236	触地时间（s）	6.82	11.36	16.16	20.98	25.92	31.00	36.20	41.72	47.22	52.82	59.37	5/1			
		栏间时间（s）		4.54	4.80	4.82	4.94	5.08	5.20	5.52	5.50	5.60			14.16	15.22	16.62
		栏间速度（m/s）		7.71	7.29	7.26	7.09	6.89	6.73	6.34	6.36	6.25	6.55		7.42	6.90	6.32
		H1右腿攻栏 步数	6.60										6.11				
			24	16	16	17	17	17	18	18	18	19	23	203			
熊瑛琦	0.223	触地时间（s）	7.20	12.02	16.92	21.92	27.14	32.64	38.26	44.00	49.90	55.78	62.41	8/2			
		栏间时间（s）		4.82	4.90	5.00	5.22	5.50	5.62	5.74	5.90	5.88			14.72	16.34	17.52
		栏间速度（m/s）		7.26	7.14	7.00	6.70	6.36	6.23	6.10	5.93	5.95	6.03		7.13	6.43	5.99
		H1左腿攻栏 步数	6.25										6.41				
			25	17	17	17	17	17	18	19	19	19	23.2	211.2			
陈乐怡	0.397	触地时间（s）	7.24	11.94	16.80	21.76	26.82	32.20	37.70	43.48	49.40	55.42	62.45	4/3			
		栏间时间（s）		4.70	4.86	4.96	5.06	5.38	5.50	5.78	5.92	6.02			14.52	15.94	17.72
		栏间速度（m/s）		7.45	7.20	7.06	6.92	6.51	6.36	6.06	5.91	5.81	7.03		7.23	6.59	5.93
		H1右腿攻栏 步数	6.22										5.69				
			26	17	17	17	17	18	18	19	19	19	23	210			

续表

运动员	反应时(s)		H1	H2	H3	H4	H5	H6	H7	H8	H9	H10	400m	道次/名次	H1-H4	H4-H7	H7-H10
李易蓉	0.188	触地时间(s)	7.08	11.86	16.78	21.82	26.92	32.24	37.66	43.40	49.50	55.94	63.46	6/4			
		栏间时间(s)		4.78	4.92	5.04	5.10	5.32	5.42	5.74	6.10	6.44	7.52		14.74	15.84	18.28
		栏间速度(m/s)	6.36	7.32	7.11	6.94	6.86	6.58	6.46	6.10	5.74	5.43	5.32		7.12	6.63	5.74
		步数	25	17	17	17	17	18	18	19	20	21	24.5				
H1左腿攻栏													213.5				
潘佳楠	0.249	触地时间(s)	6.92	11.32	16.20	21.16	26.34	31.70	37.22	43.32	49.60	55.98	63.98	9/5			
		栏间时间(s)		4.40	4.88	4.96	5.18	5.36	5.52	6.10	6.28	6.38	8.00		14.24	16.06	18.76
		栏间速度(m/s)	6.50	7.95	7.17	7.06	6.76	6.53	6.34	5.74	5.57	5.49	5.00		7.37	6.54	5.60
		步数	23	15	17	17	17	17	17	19	19	19	24.2				
H1左腿攻栏													204.2				
陈前	0.144	触地时间(s)	7.22	12.06	17.00	21.96	27.12	32.46	38.22	44.30	50.64	57.20	65.02	2/6			
		栏间时间(s)		4.84	4.94	4.96	5.16	5.34	5.76	6.08	6.34	6.56	7.82		14.74	16.26	18.98
		栏间速度(m/s)	6.23	7.23	7.09	7.06	6.78	6.55	6.08	5.76	5.52	5.34	5.12		7.12	6.46	5.53
		步数	24	17	17	17	17	17	18	19	20	20	24				
H1左腿攻栏													210				
王淑珍		触地时间(s)	7.20	12.36	17.40	22.44	27.76	33.36	39.32	45.72	52.32	59.06	67.12	3/7			

运动员	反应时(s)		H1	H2	H3	H4	H5	H6	H7	H8	H9	H10	400m	道次/名次	H1-H4	H4-H7	H7-H10
	0.204	栏间时间(s)		5.16	5.04	5.04	5.32	5.60	5.96	6.40	6.60	6.74	8.06		15.24	16.88	19.74
		栏间速度(m/s)	6.25	6.78	6.94	6.94	6.58	6.25	5.87	5.47	5.30	5.19	4.96		6.89	6.22	5.32
		H1左腿改栏 步数	24	17	17	17	17	17	18	19	19	19	23	207			
何雪莹		触地时间(s)	6.80	11.56	16.44	21.40	26.52	31.62	36.70	41.94	fell		DNF	7/-			
		栏间时间(s)		4.76	4.88	4.96	5.12	5.10	5.08	5.24							
		栏间速度(m/s)	6.62	7.35	7.17	7.06	6.84	6.86	6.89	6.68					7.19	6.86	
		H1左腿改栏 步数	24	17	17	17	17	17	17	17	19		162				

注：DNF 表示未完赛。

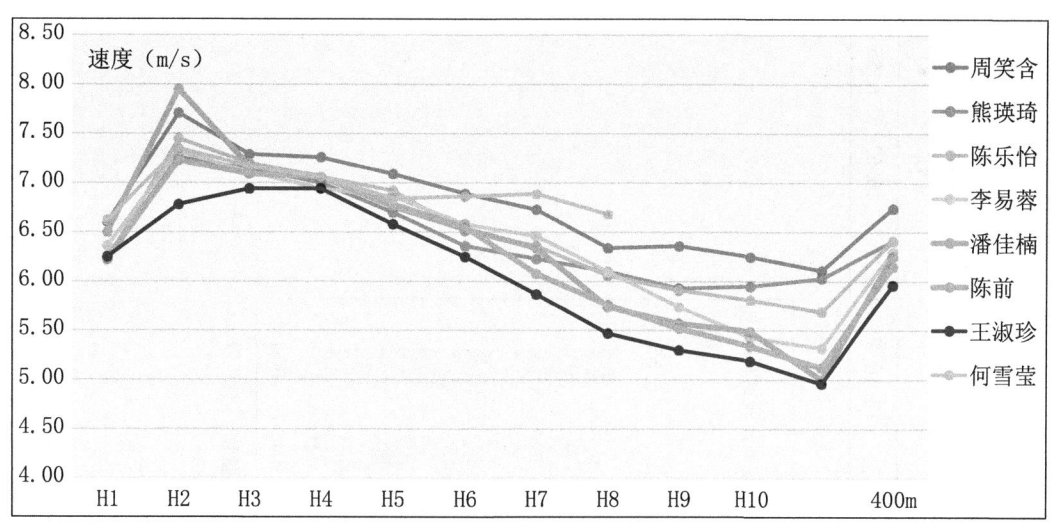

图 18-16　二青会女子社会俱乐部组 400 米栏决赛分段速度折线图

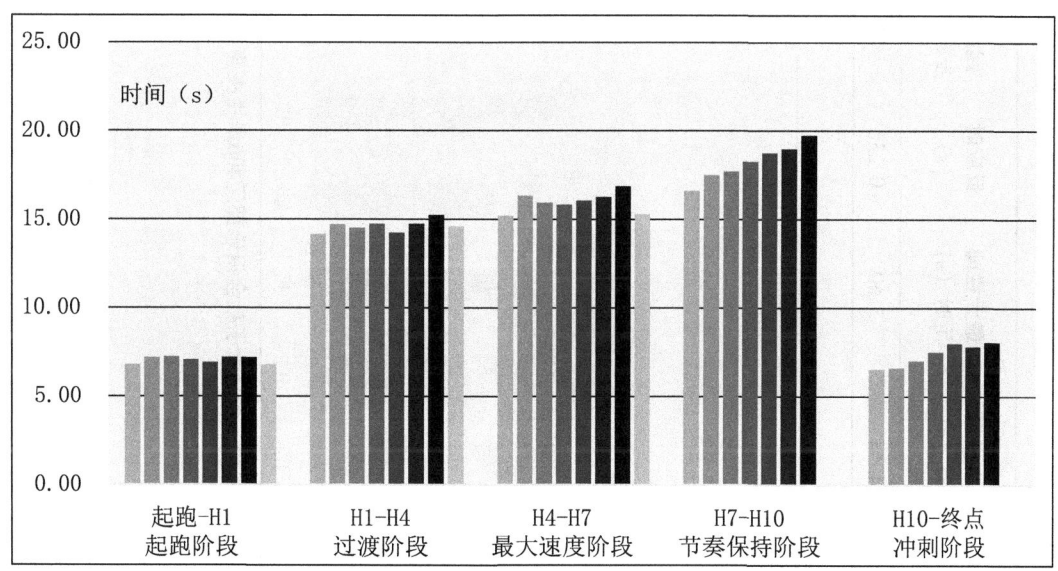

图 18-17　二青会女子社会俱乐部组 400 米栏决赛分段时间柱状图

(三) 重点运动员分析

表 18-18 所示的是该届二青会女子社会俱乐部组 400 米栏冠军周笑含在决赛中的相关运动学参数数据。2002 年出生的周笑含是这个组别中唯一一个能跑进 1 分以内的运动员。图 18-18 所示的是周笑含在各个阶段的速度变化,以及对应的分段时间的变化特征。

表18-18 周笑含二青会女子社会俱乐部组400米栏决赛个人数据统计表

运动员	成绩(s)	道次/名次	平均栏间用时(s)	最小栏间用时(s)	最大栏间用时(s)	反应时(s)	起跑上栏步数(步)	起跑-H1(s)	H1-H4(s)	H4-H7(s)	H7-H10(s)	H10-终点(s)
周笑含	59.37	5/1	5.11	4.54	5.60	0.236	24	6.82	14.16	15.22	16.62	6.55

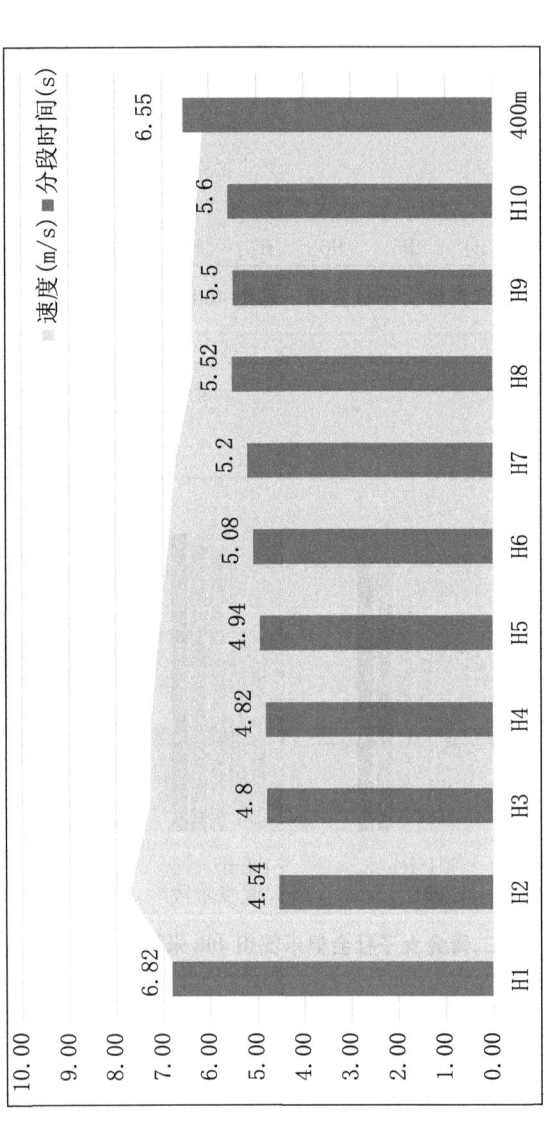

图18-18 周笑含二青会女子社会俱乐部组400米栏决赛分段速度与时间变化

第四节 男子 400 米栏

一、男子体校甲组 400 米栏

(一) 比赛介绍

二青会男子体校甲组 400 米栏的冠军是代表山西大同市体育运动学校参赛的谢智宇。在决赛中，谢智宇跑出了 49.96s 的好成绩获得冠军，这个成绩刷新了他个人的最好成绩。广东省青少年竞技体育学校的王洪汶以 50.80s 获得亚军，代表安徽合肥市田径游泳学校参赛的汪道俊获得第三名，成绩是 51.64s。获得前三名的运动员都参加过 2019 年的全国田径锦标赛并有不错的成绩，可见中国男子 400 米栏项目具有年轻化的特点。本届二青会男子体校甲组 400 米栏决赛的成绩信息如表 18-19 所示。

表 18-19　二青会男子体校甲组 400 米栏决赛成绩

名次	道次	姓名	单位	出生年份	成绩 (s)
1	4	谢智宇	山西大同市体育运动学校	2000	49.96
2	5	王洪汶	广东省青少年竞技体育学校	2000	50.80
3	8	汪道俊	安徽合肥市田径游泳学校	2000	51.64
4	7	刘爽	重庆市沙坝区体育运动学校	2000	51.84
5	9	林志凯	福建省青少年体育学校	2001	51.95
6	2	曹雄	安徽合肥市田径游泳学校	2001	52.31
7	3	朱一征	河北省石家庄体校	2000	53.54
8	6	冷梓珩	北京市先农坛体育运动技术学校	2000	55.34

(二) 运动学参数

表 18-20 所示的是二青会男子体校甲组 400 米栏决赛 8 位运动员的关键运动学参数数据，包括触地时间、栏间时间和栏间速度。图 18-19 所示的是每位运动员在各个分段的速度变化，图 18-20 所示的是每位运动员在各个分段的时间变化。

表18-20 二青会男子体校甲组400米栏决赛数据统计表

运动员	反应时(s)		H1	H2	H3	H4	H5	H6	H7	H8	H9	H10	400m	道次/名次	H1–H4	H4–H7	H7–H10
谢智宇	0.284	触地时间(s)	6.42	10.36	14.34	18.39	22.60	26.86	31.20	35.64	40.34	44.92	**49.96**	4/1			
		栏间时间(s)		3.94	3.98	4.05	4.21	4.26	4.34	4.44	4.70	4.58	5.04	PB	11.97	12.81	13.72
		栏间速度(m/s)	7.01	8.88	8.79	8.64	8.31	8.22	8.06	7.88	7.45	7.64	7.94	8.01	8.77	8.20	7.65
		步数	21	13	13	13	13	13	13	13	14	14	17	157			
	H1左腿攻栏																
王洪汶	0.252	触地时间(s)	6.30	10.22	14.20	18.28	22.46	26.76	31.20	35.76	40.44	45.28	**50.80**	5/2			
		栏间时间(s)		3.92	3.98	4.08	4.18	4.30	4.44	4.56	4.68	4.84	5.52	PB	11.98	12.92	14.08
		栏间速度(m/s)	7.14	8.93	8.79	8.58	8.37	8.14	7.88	7.68	7.48	7.23	7.25	7.87	8.76	8.13	7.46
		步数	21	14	14	14	14	14	15	15	15	15	17.3	168.3			
	H1右腿攻栏																
汪道俊	0.188	触地时间(s)	6.18	10.26	14.32	18.55	22.90	27.46	32.20	36.92	41.64	46.35	**51.64**	8/3			
		栏间时间(s)		4.08	4.06	4.23	4.35	4.56	4.74	4.72	4.72	4.71	5.29		12.37	13.65	14.15
		栏间速度(m/s)	7.28	8.58	8.62	8.27	8.05	7.68	7.38	7.42	7.42	7.43	7.56	7.75	8.49	7.69	7.42
		步数	21	14	14	14	14	15	15	15	15	15	18	170			
	H1左腿攻栏																

续表

运动员	反应时(s)		H1	H2	H3	H4	H5	H6	H7	H8	H9	H10	400m	道次/名次	H1-H4	H4-H7	H7-H10
刘冀	0.173	触地时间(s)	6.20	10.08	14.02	18.10	22.32	26.66	31.16	35.88	40.76	46.04	**51.84**	7/4			
		栏间时间(s)	3.88	3.94	4.08	4.22	4.34	4.50	4.72	4.88	5.28	5.80	**PB**		11.90	13.06	14.88
		栏间速度(m/s)	7.26	9.02	8.88	8.58	8.29	8.06	7.78	7.42	7.17	6.63	6.90	7.72	8.82	8.04	7.06
		步数	23	15	15	15	15	15	15	15	15	17	19.5	179.5			
	H1左腿攻栏																	
林志凯	0.203	触地时间(s)	6.44	10.58	14.79	19.02	23.38	27.90	32.50	37.22	41.96	46.74	**51.95**	9/5			
		栏间时间(s)		4.14	4.21	4.23	4.36	4.52	4.60	4.72	4.74	4.78	5.21		12.58	13.48	14.24
		栏间速度(m/s)	6.99	8.45	8.31	8.27	8.03	7.74	7.61	7.42	7.38	7.32	7.68	7.70	8.35	7.79	7.37
		步数	22	15	15	15	15	15	15	15	15	15	18	175			
	H1左腿攻栏																	
曹雄	0.203	触地时间(s)	6.28	10.46	14.54	18.68	22.96	27.52	32.14	36.87	41.79	46.88	**52.31**	2/6			
		栏间时间(s)		4.18	4.08	4.14	4.28	4.56	4.62	4.73	4.92	5.09	5.43	**PB**	12.40	13.46	14.74
		栏间速度(m/s)	7.17	8.37	8.58	8.45	8.18	7.68	7.58	7.40	7.11	6.88	7.37	7.65	8.47	7.80	7.12
		步数	22	15	15	15	15	15	15	15	15	16	19	177			
	H1左腿攻栏																	
朱一征		触地时间(s)	6.41	10.46	14.54	18.74	23.11	27.70	32.44	37.34	42.46	47.66	**53.54**	3/7			

续表

运动员	反应时 (s)		H1	H2	H3	H4	H5	H6	H7	H8	H9	H10	400m	道次/名次	H1-H4	H4-H7	H7-H10
	0.223	栏间时间 (s)		4.05	4.08	4.20	4.37	4.59	4.74	4.90	5.12	5.20	5.88		12.33	13.70	15.22
		栏间速度 (m/s)	7.02	8.64	8.58	8.33	8.01	7.63	7.38	7.14	6.84	6.73	6.80	7.47	8.52	7.66	6.90
		步数	22	14	14	14	14	15	15	15	16	16	19	174			
	H1左腿攻栏																
冷梓昕		触地时间 (s)	6.40	10.64	15.01	19.34	23.80	28.48	33.28	38.18	43.58	49.16		55.34	6/8			
	0.195	栏间时间 (s)		4.24	4.37	4.33	4.46	4.68	4.80	4.90	5.40	5.58	6.18		12.94	13.94	15.88
		栏间速度 (m/s)	8.25	8.01	8.08	7.85	7.48	7.29	7.14	6.48	6.27	6.47	7.23	8.11	7.53	6.61	
		步数	21	15	15	15	15	15	15	15	17	17	19	179			
	H1左腿攻栏																

注：PB为个人最好成绩。

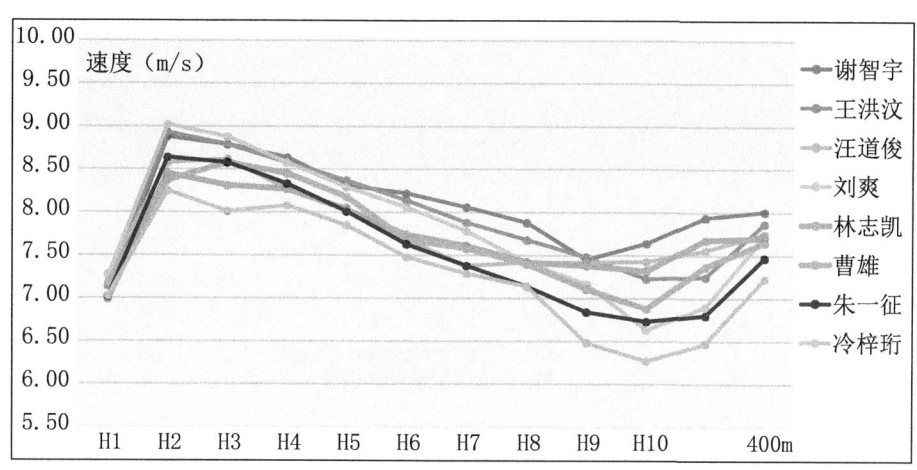

图 18-19　二青会男子体校甲组 400 米栏决赛分段速度折线图

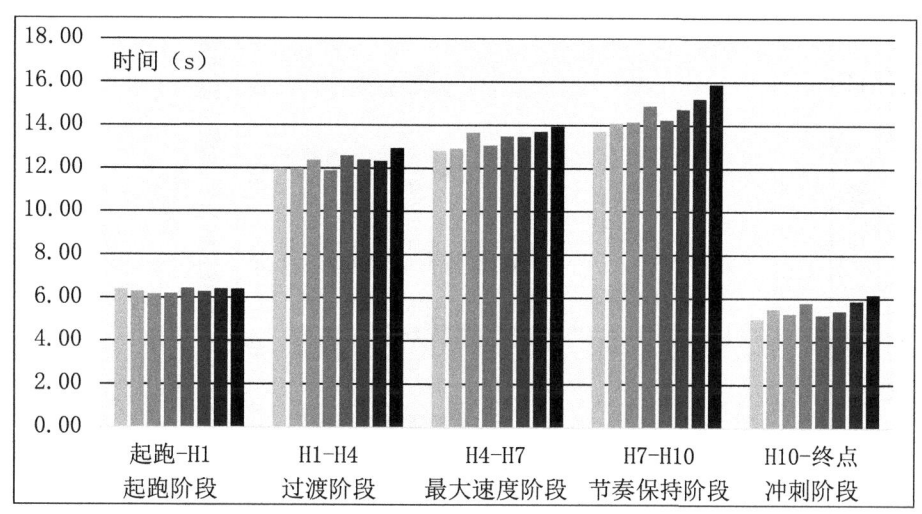

图 18-20　二青会男子体校甲组 400 米栏决赛分段时间柱状图

(三) 重点运动员分析

表 18-21 所示的是该届二青会男子甲组 400 米栏冠军谢智宇在决赛中的相关运动学参数数据。谢智宇在 2019 年初还不太被人们所关注，但从 7 月开始，他先是获得全国田径锦标赛男子 400 米和 400 米栏的双料冠军，紧接着又获得世锦赛选拔赛的男子 400 米栏冠军。人们也逐渐认识了这个身材高大、跨栏技术好、平跑速度快的少年。在该届二青会男子甲组 400 米栏的决赛中，谢智宇再次刷新了个人最好成绩，以 49.96s 的成绩毫无悬念地获得青运会的冠军。他几乎每一场比赛都在超越自己，期待他把这样的状态继续保持下去。图 18-21 所示的是谢智宇在决赛中各个阶段的速度变化，以及对应的分段时间的变化特征。

表18-21 谢智宇二青会男子体校甲组400米栏决赛个人数据统计表

运动员	成绩(s)	道次/名次	平均栏间用时(s)	最小栏间用时(s)	最大栏间用时(s)	反应时(s)	起跑上栏步数(步)	起跑-H1(s)	H1-H4(s)	H4-H7(s)	H7-H10(s)	H10-终点(s)
谢智宇	49.96	6/1	5.11	4.54	5.60	0.284	21	6.42	11.97	12.81	13.72	5.04

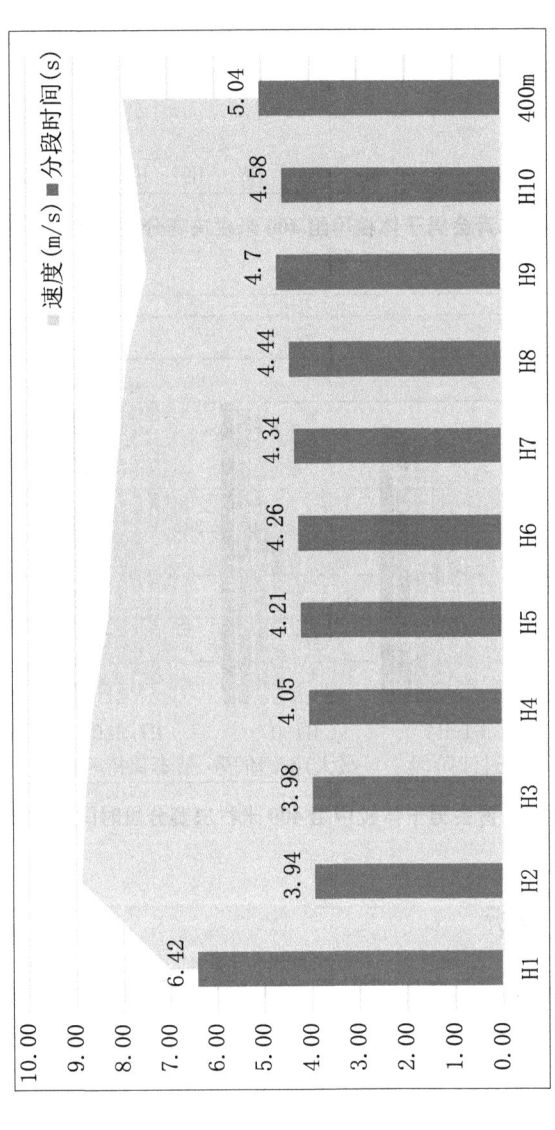

图18-21 谢智宇二青会男子体校甲组400米栏决赛分段速度与时间变化

二、男子社会俱乐部组 400 米栏

（一）比赛介绍

二青会男子社会俱乐部组 400 米栏的冠军是代表武汉市体育运动学校青少年体育俱乐部参赛的孙耀。在决赛中，孙耀跑出了 52.86s 的成绩获得冠军。亚军是代表湖南长沙领航者俱乐部参赛的潘峰，成绩为 53.17s。第三名是深圳市宝安区阳光青少年体育俱乐部的运动员林颖贤，成绩为 53.18s。该届二青会男子社会俱乐部组 400 米栏决赛的成绩信息如表 18-22 所示。

表 18-22　二青会男子社会俱乐部组 400 米栏决赛成绩

名次	道次	姓名	单位	出生年份	成绩（s）
1	4	孙耀	湖北武汉市体育运动学校青少年体育俱乐部	2002	52.86
2	6	潘峰	湖南长沙领航者俱乐部	2002	53.17
3	5	林颖贤	广东深圳市宝安区阳光青少年体育俱乐部	2002	53.18
4	7	刘云朗	北京福莱竞技运动俱乐部	2002	53.96
5	9	曾令贤	湖南长沙领航者俱乐部	2002	54.14
6	2	余志友	重庆市丰都县青少年体育俱乐部	2003	54.92
7	8	武雨泽	吉林省吉林市神华青少年体育俱乐部	2002	54.99
8	3	宋伟伟	陕西省长治市国家青少年俱乐部	2002	56.87

（二）运动学参数

表 18-23 所示的是二青会男子社会俱乐部组 400 米栏决赛 8 位运动员的关键运动学参数数据，包括触地时间、栏间时间和栏间速度。图 18-22 所示的是每位运动员在各个分段的速度变化，图 18-23 所示的是每位运动员在各个分段的时间变化。

表 18-23 二青会男子社会俱乐部组 400 米栏决赛数据统计表

运动员	反应时(s)		H1	H2	H3	H4	H5	H6	H7	H8	H9	H10	400m	道次/名次	H1-H4	H4-H7	H7-H10
孙耀	0.223	触地时间(s)	6.40	10.47	14.64	18.86	23.28	27.82	32.50	37.26	42.16	47.12	52.86	4/1			
		栏间时间(s)		4.07	4.17	4.22	4.42	4.54	4.68	4.76	4.90	4.96			12.46	13.64	14.62
		栏间速度(m/s)	7.03	8.60	8.39	8.29	7.92	7.71	7.48	7.35	7.14	7.06	5.74		8.43	7.70	7.18
		H1左腿攻栏 步数	23	15	15	15	15	15	15	15	16	16	20	180			
潘峰	0.183	触地时间(s)	6.52	10.74	15.02	19.38	23.82	28.38	32.98	37.68	42.48	47.48	53.17	6/2			
		栏间时间(s)		4.22	4.28	4.36	4.44	4.56	4.60	4.70	4.80	5.00	5.69		12.86	13.60	14.50
		栏间速度(m/s)	6.90	8.29	8.18	8.03	7.88	7.68	7.61	7.45	7.29	7.00	7.03	7.52	8.16	7.72	7.24
		H1左腿攻栏 步数	21	15	15	15	15	15	15	15	15	16	19.5	176.5			
林颖贤	0.211	触地时间(s)	6.50	10.65	14.90	19.16	23.62	28.26	33.02	37.68	42.68	47.62	53.18	5/3			
		栏间时间(s)		4.15	4.25	4.26	4.46	4.64	4.76	4.66	5.00	4.94	5.56		12.66	13.86	14.60
		栏间速度(m/s)	6.92	8.43	8.24	8.22	7.85	7.54	7.35	7.51	7.00	7.09	7.19	7.52	8.29	7.58	7.19
		H1左腿攻栏 步数	23	15	15	15	15	15	15	15	15	15	19.5	177.5			

续表

运动员	反应时(s)		H1	H2	H3	H4	H5	H6	H7	H8	H9	H10	400m	道次/名次	H1-H4	H4-H7	H7-H10
刘云朗	0.190	触地时间(s)	6.50	10.48	14.72	19.06	23.56	28.24	32.96	37.66	42.60	47.90	53.96	7/4			
		栏间时间(s)		3.98	4.24	4.34	4.50	4.68	4.72	4.70	4.94	5.30	6.06		12.56	13.90	14.94
		栏间速度(m/s)	6.92	8.79	8.25	8.06	7.78	7.48	7.42	7.45	7.09	6.60	7.41		8.36	7.55	7.03
		步数	22	15	15	15	15	15	15	15	15	17	19.5	178.5			
		H1左腿攻栏															
曾令贤	0.203	触地时间(s)	6.42	10.58	14.90	19.24	23.72	28.34	33.08	37.92	43.00	48.30	54.14	9/5			
		栏间时间(s)		4.16	4.32	4.34	4.48	4.62	4.74	4.84	5.08	5.30	5.84		12.82	13.84	15.22
		栏间速度(m/s)	7.01	8.41	8.10	8.06	7.81	7.58	7.38	7.23	6.89	6.60	6.85		8.19	7.59	6.90
		步数	22	15	15	15	15	15	15	15	15	15	21				
		H1右腿攻栏															
余志友	0.201	触地时间(s)	6.44	10.56	14.76	19.08	23.54	28.32	33.28	38.40	43.68	49.04	54.92	2/6			
		栏间时间(s)		4.12	4.20	4.32	4.46	4.78	4.96	5.12	5.28	5.36	5.88		12.64	14.20	15.76
		栏间速度(m/s)	6.99	8.50	8.33	8.10	7.85	7.32	7.06	6.84	6.63	6.53	6.80		8.31	7.39	6.66
		步数	23	15	15	15	15	15	16	17	17	17	21				
		H1左腿攻栏															
武雨泽		触地时间(s)	6.46	10.58	14.74	19.02	23.50	28.12	32.82	37.74	43.02	48.82	54.99	8/7			

续表

运动员	反应时(s)		H1	H2	H3	H4	H5	H6	H7	H8	H9	H10	400m	道次/名次	H1-H4	H4-H7	H7-H10
	0.206	栏间时间(s)		4.12	4.16	4.28	4.48	4.62	4.70	4.92	5.28	5.80	6.17		12.56	13.80	16.00
		栏间速度(m/s)	6.97	8.50	8.41	8.18	7.81	7.58	7.45	7.11	6.63	6.03	6.48	7.27	8.36	7.61	6.56
		步数	22	15	15	15	15	17	17	17	17	17	21	188			
	H1左腿攻栏																
宋伟		触地时间(s)	6.63	10.82	15.18	19.54	24.20	29.28	34.48	39.80	45.12	50.68	56.87	3/8			
	0.186	栏间时间(s)		4.19	4.36	4.36	4.66	5.08	5.20	5.32	5.32	5.56	6.19		12.91	14.94	16.20
		栏间速度(m/s)	6.79	8.35	8.03	8.03	7.51	6.89	6.73	6.58	6.58	6.29	6.46	7.03	8.13	7.03	6.48
		步数	22	15	15	15	15	17	17	17	17	17	21	188			
	H1左腿攻栏																

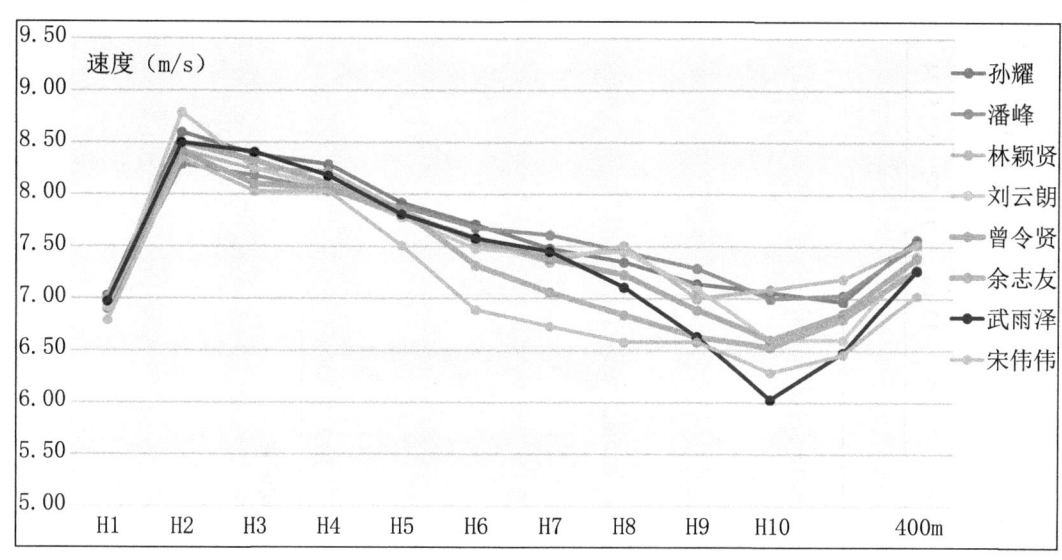

图 18-22　二青会男子社会俱乐部组 400 米栏决赛分段速度折线图

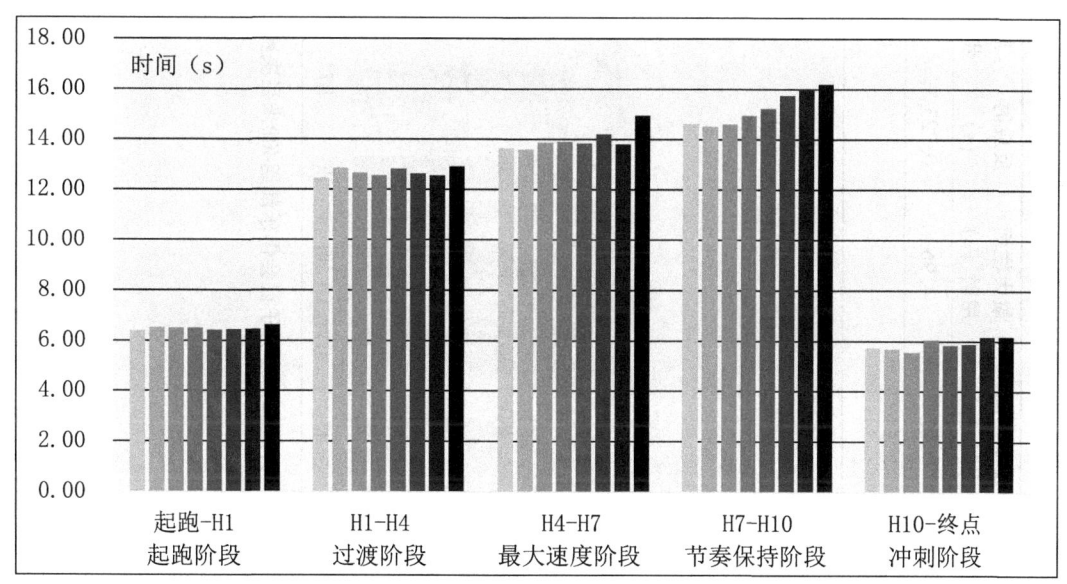

图 18-23　二青会男子社会俱乐部组 400 米栏决赛决赛分段时间柱状图

（三）重点运动员分析

表 18-24 所示的是该届二青会男子社会俱乐部组 400 米栏冠军孙耀在决赛中的相关运动学参数数据。2002 年出生的孙耀在决赛中跑出了 52.86s 的成绩，获得二青会男子社会俱乐部组 400 米栏冠军。我国男子 400 米栏目前属于整体水平较低的阶段，但 52.86s 的成绩对孙耀来说已经是一个很好的成绩了，其未来也值得期待。图 18-24 所示的是孙耀在决赛中各个阶段的速度变化，以及对应的分段时间的变化特征。

表18-24 孙耀二青会男子社会俱乐部组400米栏决赛个人数据统计表

运动员	成绩(s)	道次/名次	平均栏间用时(s)	最小栏间用时(s)	最大栏间用时(s)	反应时(s)	起跑上栏步数(步)	起跑-H1(s)	H1-H4(s)	H4-H7(s)	H7-H10(s)	H10-终点(s)
孙耀	52.86	4/1	4.52	4.07	4.96	0.223	23	6.40	12.46	13.64	14.62	5.74

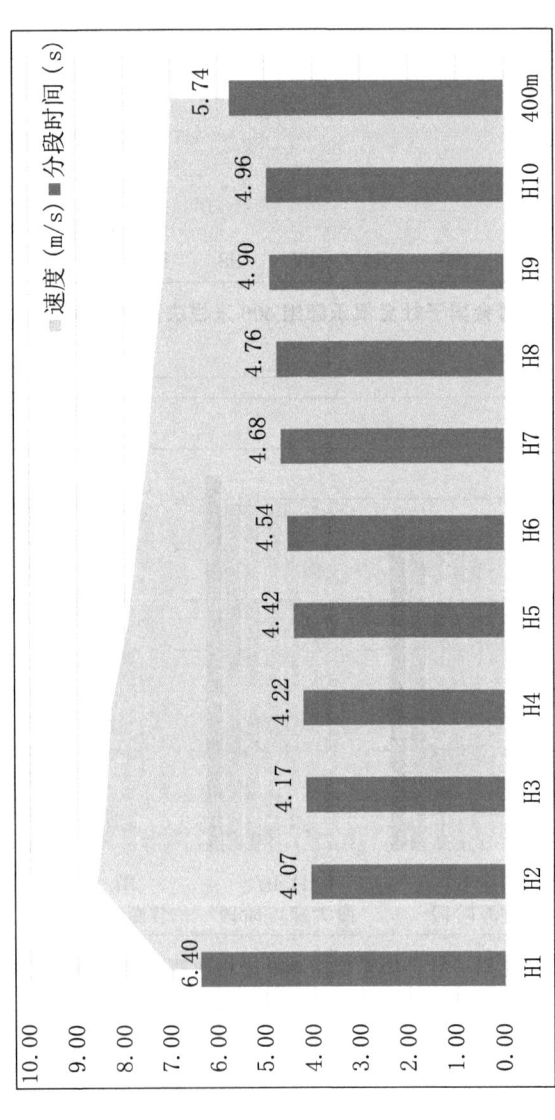

图18-24 孙耀二青男子社会俱乐部组400米栏决赛分段速度与时间变化

CHAPTER 19 第十九章

2019年全国田径冠军赛暨大奖赛总决赛

黑龙江·大庆

比赛日期：2019年8月22—24日
比赛地点：大庆奥林匹克公园体育场

本章所有彩色图片请扫二维码

第一节 女子 100 米栏

一、比赛介绍

2019 年全国田径冠军赛暨大奖赛总决赛在黑龙江大庆的奥林匹克公园体育场举行,这是 2019 年国内最后一场高水平的田径赛事,经过之前大奖赛四站分赛的角逐,成绩最好的前 16 名运动员进入总决赛。在女子 100 米栏项目上,本赛季表现最出色的河南选手陈佳敏以 13.46s 的成绩获得冠军,从而包揽了 2019 年锦标赛和冠军赛的双料冠军。亚军同样来自河南,是获得全国青年运动会冠军的戴仪茹,她跑出 13.49s 的成绩,河南田径队在女子 100 米栏的项目上是 2019 年的最大赢家。第三名是福建的邓雪琳,她在 2019 年的表现也一直很不错,只可惜屡次与冠军失之交臂。2019 年全国田径冠军赛女子 100 米栏决赛的成绩信息如表 19-1 所示。

表 19-1 全国田径冠军赛女子 100 米栏决赛成绩

名次	道次	姓名	单位	出生年份	成绩	反应时（s）
1	5	陈佳敏	河南	1996	13.46	0.215
2	3	戴仪茹	河南	2001	13.49	0.202
3	4	邓雪琳	福建	1998	13.49	0.230
4	9	林雨薇	福建	1999	13.55	0.161
5	6	游娜	湖北	1993	13.64	0.176
6	7	吴艳妮	四川	1997	13.75	0.196
7	2	虞佳如	浙江	1999	13.80	0.225
8	8	施家莉	广东	1997	14.13	0.208

注：风速 0.0 米/秒。

二、运动学参数

表 19-2 所示的是全国田径冠军赛暨大奖赛总决赛女子 100 米栏决赛 8 位运动员的关键运动学参数数据,包括触地时间、栏间时间和栏间速度。图 19-1 所示的是每位运动员在各个分段的速度变化,图 19-2 所示的是每位运动员在各个分段的时间变化。

我国跨栏项目优秀运动员关键运动技术特征研究

表19-2 全国田径冠军赛女子100米栏决赛数据统计表

运动员	反应时(s)		H1	H2	H3	H4	H5	H6	H7	H8	H9	H10	100m	道次/名次	H1-H4	H4-H7	H7-H10
陈佳敏	0.215	触地时间(s)	2.67	3.71	4.81	5.85	6.91	7.96	9.01	10.09	11.16	12.26	**13.46**	5/1			
		栏间时间(s)		1.04	1.10	1.04	1.06	1.05	1.05	1.08	1.07	1.10			3.18	3.16	3.25
		栏间速度(m/s)		8.17	7.73	8.17	8.02	8.10	8.10	7.87	7.94	7.73	8.75		8.02	8.07	7.85
		速度(m/s)	4.87										1.20				
戴仪茹	0.202	触地时间(s)	2.70	3.75	4.82	5.85	6.91	7.96	9.01	10.08	11.17	12.29	**13.49**	3/2			
		栏间时间(s)		1.05	1.07	1.03	1.06	1.05	1.05	1.07	1.09	1.12			3.15	3.16	3.28
		栏间速度(m/s)		8.17	7.94	8.25	8.02	8.10	8.10	7.94	7.80	7.59	8.75		8.10	8.07	7.77
		速度(m/s)	4.81										1.20				
邓雪琳	0.230	触地时间(s)	2.72	3.77	4.82	5.84	6.89	7.95	9.01	10.11	11.21	12.28	**13.49**	4/3			
		栏间时间(s)		1.05	1.05	1.02	1.05	1.06	1.06	1.10	1.10	1.07			3.12	3.17	3.27
		栏间速度(m/s)		8.10	8.10	8.33	8.10	8.02	8.02	7.73	7.73	7.94	8.68		8.17	8.04	7.80
		速度(m/s)	4.78										1.21				
林雨薇	0.161	触地时间(s)	2.68	3.77	4.84	5.92	6.97	8.04	9.10	10.16	11.27	12.37	**13.55**	9/4			
		栏间时间(s)		1.09	1.07	1.08	1.05	1.07	1.06	1.06	1.11	1.10			3.24	3.18	3.27
		栏间速度(m/s)		7.80	7.94	7.87	8.10	7.94	8.02	8.02	7.66	7.73	8.90		7.87	8.02	7.80
		速度(m/s)	4.85										1.18				

续表

运动员	反应时(s)		H1	H2	H3	H4	H5	H6	H7	H8	H9	H10	100m	道次/名次	H1-H4	H4-H7	H7-H10
游艳娜	0.176	触地时间(s)	2.70	3.77	4.81	5.83	6.87	7.93	9.11	10.21	11.30	12.43	13.64	6/5			
		栏间时间(s)		1.07	1.04	1.02	1.04	1.06	1.18	1.10	1.09	1.13					
		栏间速度(m/s)		7.94	8.17	8.33	8.17	8.02	7.20	7.73	7.80	7.52				3.28	3.32
			4.81										1.21		3.13	3.28	3.32
												8.68			8.15	7.77	7.68
吴艳妮	0.196	触地时间(s)	2.79	3.87	4.94	5.99	7.06	8.13	9.21	10.29	11.40	12.53	13.75	7/6			
		栏间时间(s)		1.08	1.07	1.05	1.07	1.07	1.08	1.08	1.11	1.13					
		栏间速度(m/s)	4.66	7.87	7.94	8.10	7.94	7.94	7.87	7.87	7.66	7.52	7.27		3.20	3.22	3.32
													8.61		7.97	7.92	7.68
虞佳如	0.225	触地时间(s)	2.77	3.87	4.99	6.06	7.12	8.19	9.24	10.36	11.46	12.58	13.80	2/7			
		栏间时间(s)		1.10	1.12	1.07	1.06	1.07	1.05	1.12	1.10	1.12	1.22			3.18	3.34
		栏间速度(m/s)	4.69	7.73	7.59	7.94	8.02	7.94	8.10	7.59	7.73	7.59	7.25		3.29		
													8.61		7.75	8.02	7.63
施家莉	0.208	触地时间(s)	2.75	3.85	4.94	6.02	7.12	8.22	9.34	10.47	11.64	12.81	14.13	8/8			
		栏间时间(s)		1.10	1.09	1.08	1.10	1.10	1.12	1.13	1.17	1.17	1.32			3.32	3.47
		栏间速度(m/s)	4.73	7.73	7.80	7.87	7.73	7.73	7.59	7.52	7.26	7.26	7.08		3.27		
													7.95		7.80	7.68	7.35

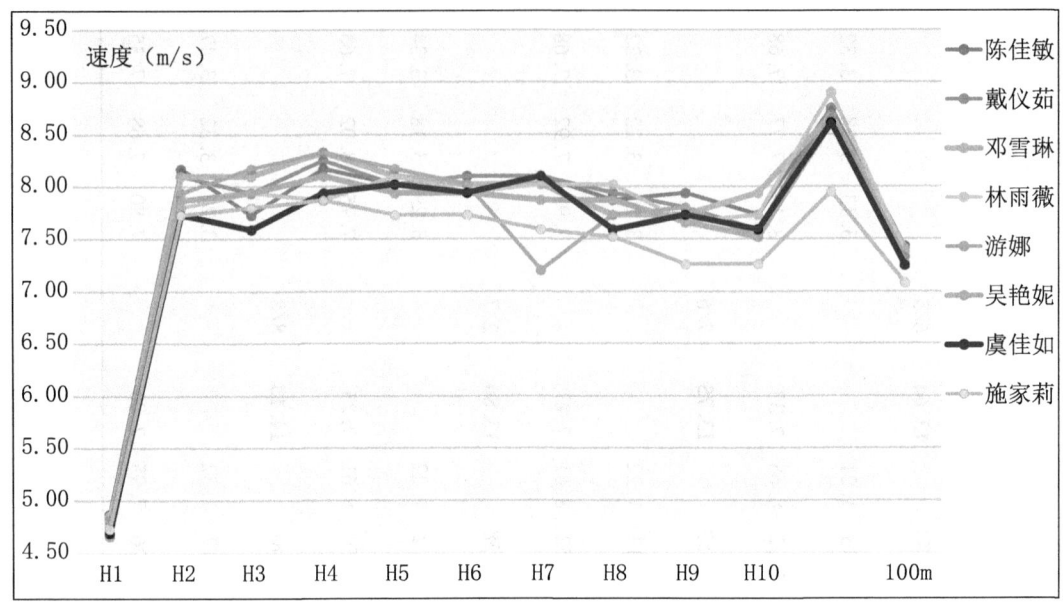

图19-1　全国田径冠军赛女子100米栏决赛分段速度折线图

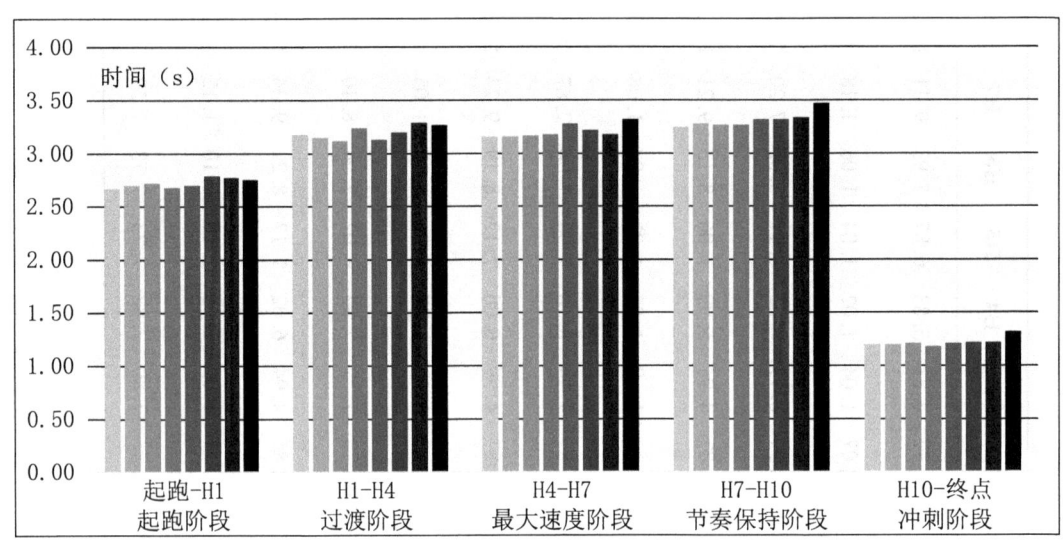

图19-2　全国田径冠军赛女子100米栏决赛分段时间柱状图

三、预赛运动学参数

表19-3所示的是2019年全国田径冠军赛暨大奖赛总决赛女子100米栏前8名运动员预赛中的相关运动学参数数据，包括触地时间、栏间时间和栏间速度。图19-3所示的是每位运动员在各个分段的速度变化，图19-4所示的是每位运动员在各个分段的时间变化。

表19-3 全国田径冠军赛女子100米栏预赛晋级运动员数据统计表

运动员	反应时(s)		H1	H2	H3	H4	H5	H6	H7	H8	H9	H10	100m	组次/名次	H1-H4	H4-H7	H7-H10
游娜	0.175	触地时间(s)	2.65	3.74	4.79	5.82	6.87	7.93	8.99	10.08	11.16	12.30	13.53	1/1			
		栏间时间(s)		1.09	1.05	1.03	1.05	1.06	1.06	1.09	1.08	1.14	1.23		3.17	3.17	3.31
		栏间速度(m/s)	4.91	7.80	8.10	8.25	8.10	8.02	8.02	7.80	7.87	7.46	8.54	7.39	8.04	8.04	7.70
吴艳妮	0.149	触地时间(s)	2.79	3.85	4.91	5.96	7.02	8.08	9.14	10.23	11.33	12.45	13.68	2/1			
		栏间时间(s)		1.06	1.06	1.05	1.06	1.06	1.06	1.09	1.10	1.12	1.23		3.17	3.18	3.31
		栏间速度(m/s)	4.66	7.80	8.02	8.10	8.02	8.02	8.02	7.80	7.73	7.59	8.54	7.31	8.04	8.02	7.70
陈佳敏	0.222	触地时间(s)	2.72	3.79	4.86	5.92	6.99	8.06	9.14	10.24	11.34	12.46	13.72	2/2			
		栏间时间(s)		1.07	1.07	1.06	1.07	1.07	1.08	1.10	1.10	1.12	1.26		3.20	3.22	3.32
		栏间速度(m/s)	4.78	7.94	7.94	8.02	7.94	7.94	7.87	7.73	7.73	7.59	8.33	7.29	7.97	7.92	7.68
邓雪琳	0.185	触地时间(s)	2.75	3.85	4.94	5.97	7.04	8.09	9.14	10.19	11.31	12.50	13.73	2/3			
		栏间时间(s)		1.10	1.09	1.03	1.07	1.05	1.05	1.05	1.12	1.19	1.23		3.22	3.17	3.36
		栏间速度(m/s)	4.73	7.73	7.80	8.25	7.94	8.10	8.10	8.10	7.59	7.14	8.54	7.28	7.92	8.04	7.59

续表

运动员	反应时(s)		H1	H2	H3	H4	H5	H6	H7	H8	H9	H10	100m	组次/名次	H1-H4	H4-H7	H7-H10
林雨薇	0.151	触地时间(s)	2.70	3.79	4.87	5.94	7.04	8.09	9.19	10.29	11.40	12.54	**13.77**	1/2			
		栏间时间(s)		1.09	1.08	1.07	1.10	1.05	1.10	1.10	1.11	1.14			3.24	3.25	3.35
		栏间速度(m/s)	4.81	7.80	7.87	7.94	7.73	8.10	7.73	7.73	7.66	7.46	1.23		7.87	7.85	7.61
													8.54				
施家莉	0.199	触地时间(s)	2.74	3.82	4.91	5.97	7.07	8.18	9.29	10.38	11.55	12.68	**13.97**	1/3			
		栏间时间(s)		1.08	1.09	1.06	1.10	1.11	1.09	1.17	1.13	1.13			3.23	3.32	3.39
		栏间速度(m/s)	4.74	7.87	7.80	8.02	7.73	7.66	7.80	7.26	7.52	7.52	1.29		7.89	7.68	7.52
													8.14				
虞佳如	0.207	触地时间(s)	2.82	3.90	4.99	6.09	7.17	8.27	9.36	10.48	11.60	12.73	**13.98**	2/4			
		栏间时间(s)		1.08	1.09	1.10	1.08	1.10	1.09	1.12	1.12	1.13			3.27	3.27	3.37
		栏间速度(m/s)	4.61	7.87	7.80	7.73	7.87	7.73	7.80	7.59	7.59	7.52	1.25		7.80	7.80	7.57
													8.40				
戴仪茹	0.197	触地时间(s)	2.70	3.77	4.86	5.91	6.99	8.11	9.23	10.39	11.54	12.75	**14.02**	1/4			
		栏间时间(s)		1.07	1.09	1.05	1.08	1.12	1.12	1.16	1.15	1.21			3.21	3.32	3.52
		栏间速度(m/s)	4.81	7.94	7.80	8.10	7.87	7.59	7.59	7.33	7.39	7.02	1.27		7.94	7.68	7.24
													8.27				

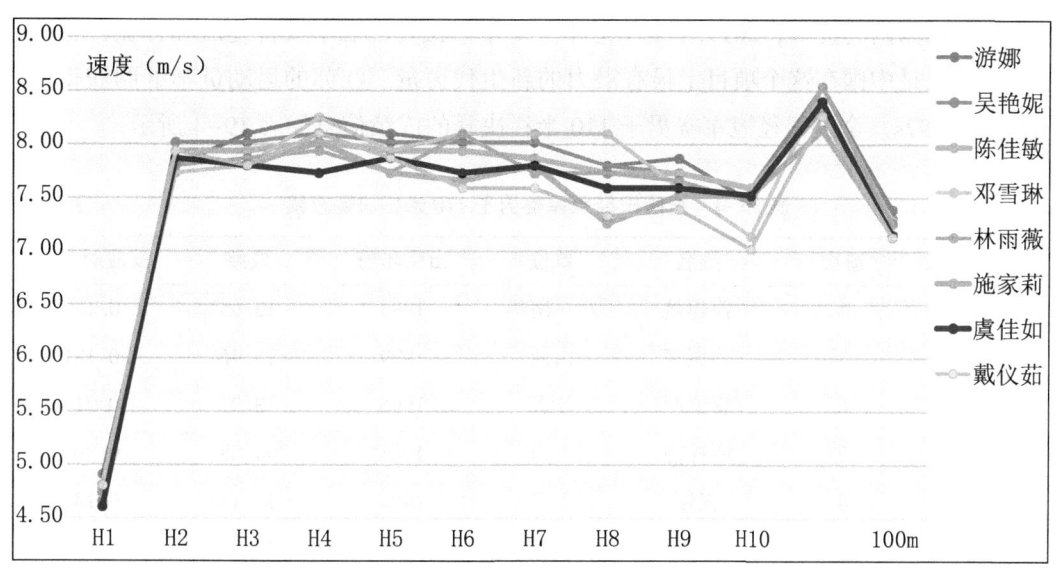

图 19-3　全国田径冠军赛女子 100 米栏预赛晋级运动员分段速度折线图

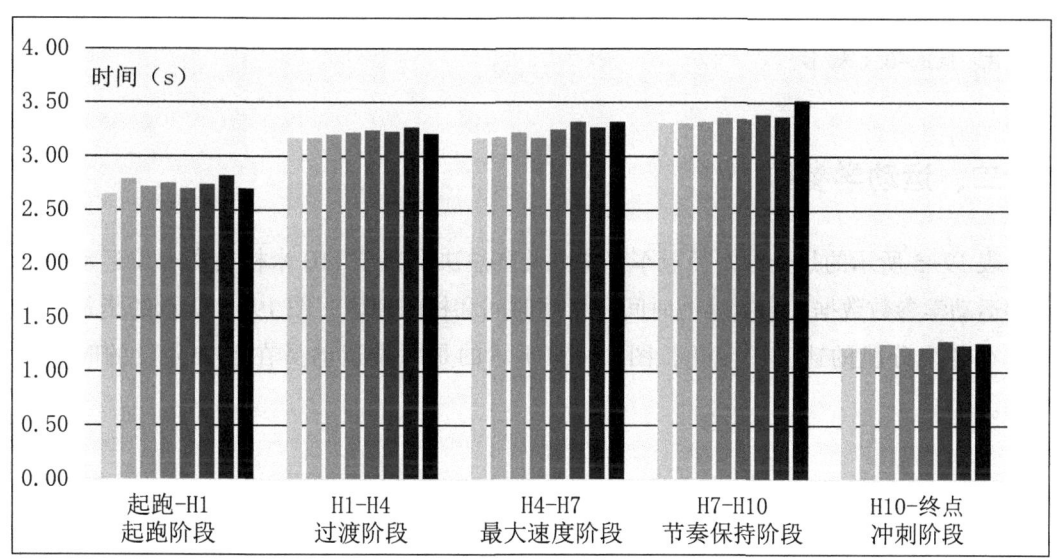

图 19-4　全国田径冠军赛女子 100 米栏预赛晋级运动员分段时间柱状图

第二节　男子 110 米栏

一、比赛介绍

全国田径冠军赛暨大奖赛总决赛男子 110 米栏的比赛，冠军被八一南昌的曾建航夺走，成绩为 13.65s。山西选手孙振江跑出 13.96s 的成绩获得第二。因上海名将谢文骏很少参加国内的赛事，2019年全年男子110米栏比赛的冠军被曾建航和孙振江包揽，他们两位也是中国在这个项目上最有潜力的新生代力量。江苏的运动员李继明获得第，成绩为13.97s。全国田径冠军赛男子110米栏决赛的成绩信息如表19-4所示。

表19-4 全国田径冠军赛男子110米栏决赛成绩

名次	道次	姓名	单位	出生年份	成绩	反应时（s）
1	5	曾建航	八一南昌	1998	13.65	0.177
2	7	孙振江	山西	1999	13.96	0.181
3	6	李继明	江苏	1996	13.97	0.213
4	2	潘梓杰	上海	1995	14.08	0.204
5	4	张韬	上海	1997	14.18	0.181
6	3	时国兴	山东	2000	14.36	0.201
7	8	郭钟杰	上海	2001	14.46	0.226
8	9	吴镇华	湖北	1998	14.83	0.184

注：风速-0.1米/秒。

二、运动学参数

表19-5所示的是全国田径冠军赛暨大奖赛总决赛男子110米栏决赛8位运动员的关键运动学参数数据，包括触地时间、栏间时间和栏间速度。图19-5所示的是每位运动员在各个分段的速度的变化，图19-6所示的是每位运动员在各个分段的时间的变化。

表19-5 全国田径冠军赛男子110米栏决赛数据统计表

运动员	反应时(s)		H1	H2	H3	H4	H5	H6	H7	H8	H9	H10	110m	道次/名次	H1-H4	H4-H7	H7-H10
曾建航	0.177	触地时间(s)	2.62	3.67	4.72	5.75	6.79	7.84	8.89	9.98	11.07	12.17	13.65	5/1			
		栏间时间(s)		1.05	1.05	1.03	1.04	1.05	1.05	1.09	1.09	1.10			3.13	3.14	3.28
		栏间速度(m/s)	5.24	8.70	8.70	8.87	8.79	8.70	8.70	8.39	8.31	8.31			8.76	8.73	8.36
孙振江	0.181	触地时间(s)	2.60	3.68	4.76	5.80	6.89	8.00	9.09	10.19	11.31	12.46	13.96	7/2			
		栏间时间(s)		1.08	1.08	1.04	1.09	1.11	1.09	1.10	1.12	1.15	1.50		3.20	3.29	3.37
		栏间速度(m/s)	5.28	8.46	8.46	8.79	8.39	8.23	8.39	8.31	8.16	7.95	9.35		8.57	8.33	8.14
李继明	0.213	触地时间(s)	2.71	3.80	4.89	5.94	6.99	8.06	9.15	10.24	11.35	12.46	13.97	6/3			
		栏间时间(s)		1.09	1.09	1.05	1.05	1.07	1.09	1.09	1.11	1.11	1.51		3.23	3.21	3.31
		栏间速度(m/s)	5.06	8.39	8.39	8.70	8.70	8.54	8.39	8.39	8.23	8.23	9.28		8.49	8.54	8.28
潘梓杰	0.204	触地时间(s)	2.68	3.80	4.90	6.00	7.09	8.17	9.27	10.38	11.49	12.61	14.08	2/4			
		栏间时间(s)		1.12	1.10	1.10	1.09	1.08	1.10	1.11	1.11	1.12	1.47		3.32	3.27	3.34
		栏间速度(m/s)	5.12	8.16	8.31	8.31	8.39	8.46	8.31	8.23	8.23	8.16	9.54		8.26	8.39	8.21

续表

运动员	反应时(s)		H1	H2	H3	H4	H5	H6	H7	H8	H9	H10	110m	道次/名次	H1-H4	H4-H7	H7-H10
张镕	0.181	触地时间(s)	2.72	3.85	4.93	6.03	7.11	8.21	9.31	10.42	11.55	12.67	**14.18**	4/5			
		栏间时间(s)		1.13	1.08	1.10	1.08	1.10	1.10	1.11	1.13	1.12					
		栏间距离		8.09	8.46	8.31	8.46	8.31	8.31	8.23	8.09	8.16			3.31	3.28	3.36
		栏间速度(m/s)	5.04									9.28	7.76		8.28	8.36	8.16
时国兴	0.201	触地时间(s)	2.78	3.89	4.99	6.10	7.19	8.32	9.44	10.56	11.72	12.88	**14.36**	3/6			
		栏间时间(s)		1.11	1.10	1.11	1.09	1.13	1.12	1.12	1.16	1.16					
		栏间距离		8.23	8.31	8.23	8.39	8.09	8.16	8.16	7.88	7.88			3.32	3.34	3.44
		栏间速度(m/s)	4.94									9.47	7.66		8.26	8.21	7.97
郭钟杰	0.226	触地时间(s)	2.73	3.80	4.90	6.00	7.11	8.24	9.37	10.52	11.68	12.88	**14.46**	8/7			
		栏间时间(s)		1.07	1.10	1.10	1.11	1.13	1.13	1.15	1.16	1.20					
		栏间距离		8.54	8.31	8.31	8.23	8.09	8.09	7.95	7.88	7.62			3.27	3.37	3.51
		栏间速度(m/s)	5.03									8.87	7.61		8.39	8.14	7.81
吴镇华	0.184	触地时间(s)	2.74	3.87	5.00	6.12	7.23	8.36	9.50	10.73	11.92	13.16	**14.83**	9/8			
		栏间时间(s)		1.13	1.13	1.12	1.11	1.13	1.14	1.23	1.19	1.24					
		栏间距离		8.09	8.09	8.16	8.23	8.09	8.02	7.43	7.68	7.37			3.38	3.38	3.66
		栏间速度(m/s)	5.01									8.40	7.42		8.11	8.11	7.49

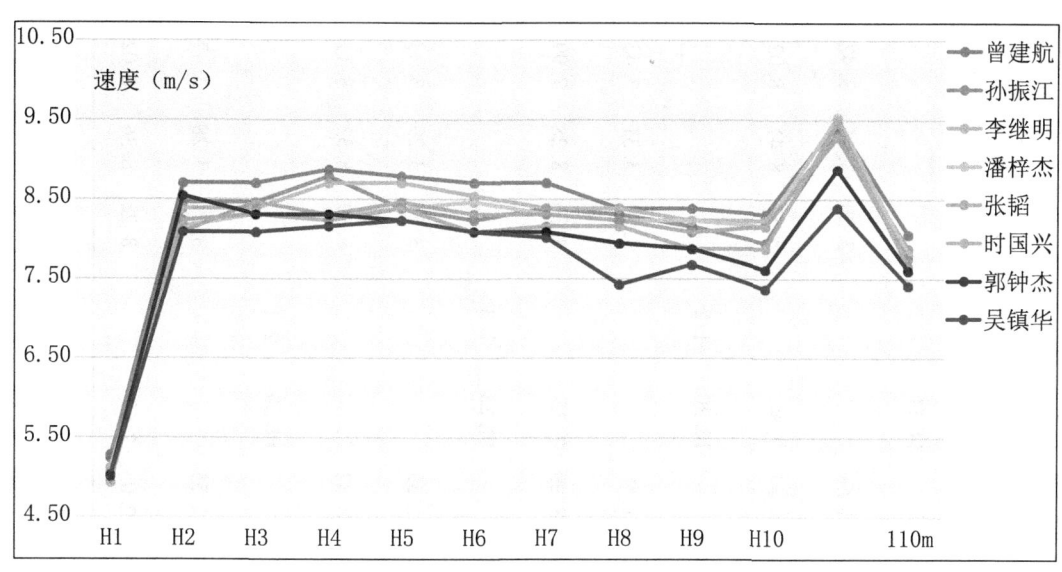

图 19-5　全国田径冠军赛男子 110 米栏决赛分段速度折线图

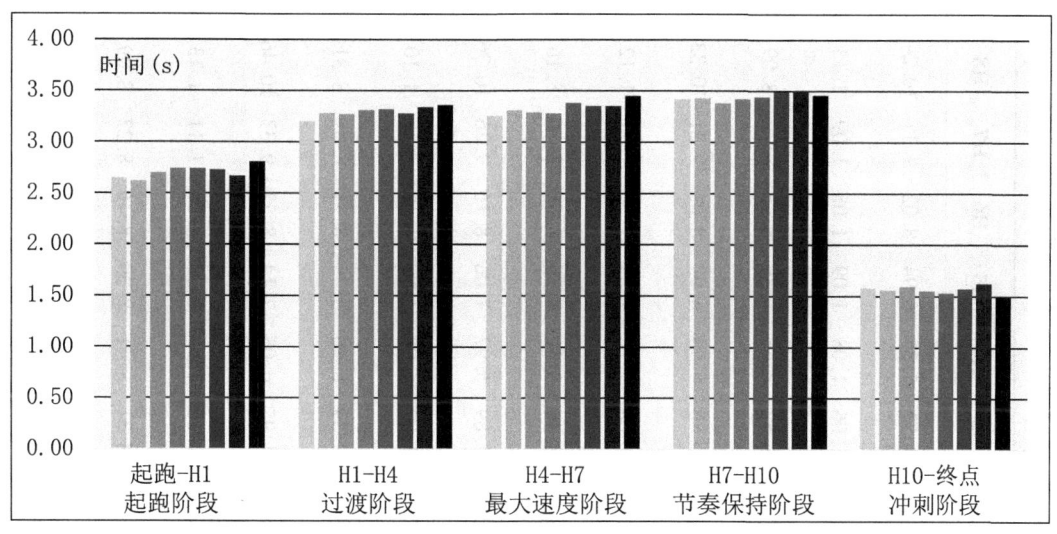

图 19-6　全国田径冠军赛男子 110 米栏决赛分段时间柱状图

三、预赛运动学参数

表 19-6 所示的是全国田径冠军赛暨大奖赛总决赛男子 110 米栏前 8 名运动员预赛中的相关运动学参数数据，包括触地时间、栏间时间和栏间速度。图 19-7 所示的是每位运动员在各个分段的速度的变化，图 19-8 所示的是每位运动员在各个分段的时间变化。

表19-6 全国田径冠军赛男子110米栏预赛晋级运动员数据统计表

运动员	反应时(s)		H1	H2	H3	H4	H5	H6	H7	H8	H9	H10	110m	组次/名次	H1-H4	H4-H7	H7-H10
曾建航	0.176	触地时间(s)	2.65	3.71	4.77	5.85	6.94	8.02	9.11	10.24	11.38	12.53	14.11	1/1			
		栏间时间(s)		1.06	1.06	1.08	1.09	1.08	1.09	1.13	1.14	1.15					
		栏间速度(m/s)	5.18	8.62	8.62	8.46	8.39	8.46	8.39	8.09	8.02	7.95	8.87		3.20	3.26	3.42
															8.57	8.41	8.02
孙振江	0.177	触地时间(s)	2.62	3.72	4.80	5.90	6.99	8.09	9.21	10.33	11.46	12.64	14.20	1/2			
		栏间时间(s)		1.10	1.08	1.10	1.09	1.10	1.12	1.12	1.13	1.18					
		栏间速度(m/s)	5.24	8.31	8.46	8.31	8.39	8.31	8.16	8.16	8.09	7.75	8.99		3.28	3.31	3.43
															8.36	8.28	7.99
李继明	0.192	触地时间(s)	2.70	3.80	4.89	5.97	7.06	8.16	9.26	10.36	11.48	12.64	14.23	1/3			
		栏间时间(s)		1.10	1.09	1.08	1.09	1.10	1.10	1.10	1.12	1.16					
		栏间速度(m/s)	5.08	8.31	8.39	8.46	8.39	8.31	8.31	8.31	8.16	7.88	8.82		3.27	3.29	3.38
															8.39	8.33	8.11
张韬	0.180	触地时间(s)	2.74	3.85	4.95	6.05	7.14	8.22	9.33	10.46	11.58	12.75	14.30	2/1			
		栏间时间(s)		1.11	1.10	1.10	1.09	1.08	1.11	1.13	1.12	1.17					
		栏间速度(m/s)	5.01	8.23	8.31	8.31	8.39	8.46	8.23	8.09	8.16	7.81	9.05		3.31	3.28	3.42
															8.28	8.36	8.02

续表

运动员	反应时(s)		H1	H2	H3	H4	H5	H6	H7	H8	H9	H10	110m	组次/名次	H1-H4	H4-H7	H7-H10
吴镇华	0.175	触地时间(s)	2.74	3.84	4.95	6.06	7.20	8.31	9.44	10.59	11.73	12.88	**14.41**	1/4			
		栏间时间(s)		1.10	1.11	1.11	1.14	1.11	1.13	1.15	1.14	1.15	1.53		3.32	3.38	3.44
		栏间速度(m/s)	5.01	8.31	8.23	8.23	8.02	8.23	8.09	8.23	8.02	7.95	9.16		8.26	8.11	7.97
郭钟杰	0.193	触地时间(s)	2.73	3.84	4.92	6.01	7.12	8.22	9.36	10.51	11.66	12.85	**14.42**	1/5			
		栏间时间(s)		1.11	1.08	1.09	1.11	1.10	1.14	1.15	1.15	1.19	1.57		3.28	3.35	3.49
		栏间速度(m/s)	5.03	8.23	8.46	8.39	8.23	8.31	8.02	7.95	7.95	7.68	8.93		8.36	8.19	7.86
潘梓杰	0.195	触地时间(s)	2.67	3.80	4.90	6.01	7.12	8.24	9.36	10.52	11.67	12.86	**14.48**	2/2			
		栏间时间(s)		1.13	1.10	1.11	1.11	1.12	1.12	1.16	1.15	1.19	1.62		3.34	3.35	3.50
		栏间速度(m/s)	5.14	8.09	8.31	8.23	8.23	8.16	8.16	7.88	7.95	7.68	8.65		8.21	8.19	7.83
时国兴	0.195	触地时间(s)	2.81	3.94	5.06	6.17	7.34	8.48	9.62	10.76	11.92	13.08	**14.58**	2/3			
		栏间时间(s)		1.13	1.12	1.11	1.17	1.14	1.14	1.14	1.16	1.16	1.50		3.36	3.45	3.46
		栏间速度(m/s)	4.88	8.09	8.16	8.23	7.81	8.02	8.02	8.02	7.88	7.88	9.35		8.16	7.95	7.92

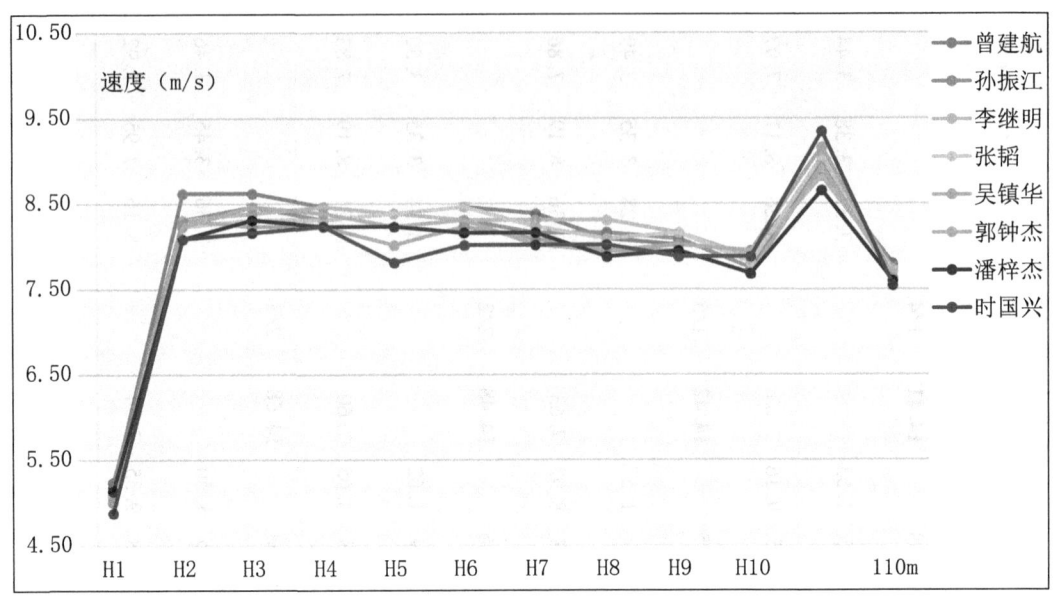

图 19-7 全国田径冠军赛男子 110 米栏预赛晋级运动员分段速度折线图

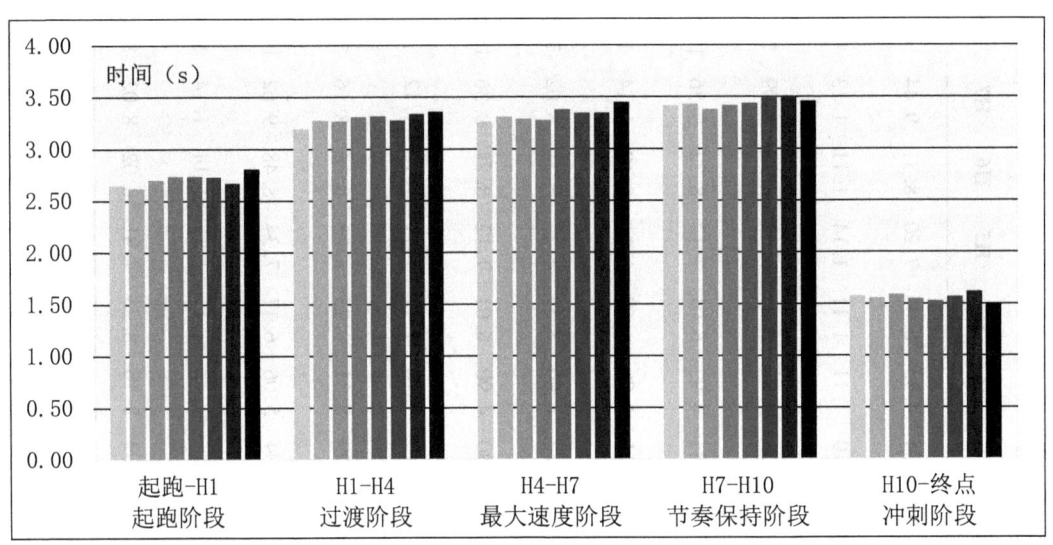

图 19-8 全国田径冠军赛男子 110 米栏预赛晋级运动员分段时间柱状图

第三节 女子 400 米栏

一、比赛介绍

2019 年全国田径冠军赛暨大奖赛总决赛女子 400 米栏决赛的过程意外频发,两位运动员摔倒退赛,最终只有6位运动员完赛。最终,江苏运动员黄妍以58.44s的成绩第一个到达终点获得该站冠军。另一位江苏选手陆长薇以59.30s的成绩获得第二名,第三名是来自江西的兰天露,成绩为60.045s。全国田径冠军赛女子400米栏决赛的详细成绩如表19-7所示。

表19-7 全国田径冠军赛女子400米栏决赛成绩

名次	道次	姓名	单位	出生年份	成绩	反应时(s)
1	7	黄妍	江苏	1996	58.44	0.238
2	5	陆长薇	江苏	2001	59.30	0.247
3	8	兰天露	江西	1999	60.04	0.228
4	9	胡利红	江西	1999	60.89	0.217
5	3	陶雪	江西	1999	61.74	0.294
6	2	姜李韵喆	江苏	2002	63.02	0.224
	4	欧莹	福建	2001	DNF	0.234
	6	周瑜	山东	1999	DNF	0.238

注:DNF表示未完赛。

二、运动学参数

表19-8所示的是全国田径冠军赛暨大奖赛总决赛女子400米栏决赛8位运动员的关键运动学参数数据,包括触地时间、栏间时间和栏间速度。图19-9所示的是每位运动员在各个分段的速度变化,图19-10所示的是每位运动员在各个分段的时间变化。

表 19-8 全国田径冠军赛女子 400 米栏决赛数据统计表

运动员	反应时（s）		H1	H2	H3	H4	H5	H6	H7	H8	H9	H10	400m	道次/名次	H1-H4	H4-H7	H7-H10
黄妍	0.238	触地时间（s）	6.80	11.28	15.94	20.62	25.44	30.40	35.56	40.86	46.28	51.97	**58.44**	7/1			
		栏间时间（s）		4.48	4.66	4.68	4.82	4.96	5.16	5.30	5.42	5.69			13.82	14.94	16.41
		栏间速度（m/s）	6.62	7.81	7.51	7.48	7.26	7.06	6.78	6.60	6.46	6.15	6.84		7.60	7.03	6.40
		H1左腿攻栏 步数	24	17	17	17	17	17	18	18	18	19	23				
陆长薇	0.247	触地时间（s）	6.87	11.23	15.85	20.64	25.48	30.60	35.65	41.01	46.65	52.57	**59.30**	5/2			
		栏间时间（s）		4.36	4.62	4.79	4.84	5.12	5.05	5.36	5.64	5.92			13.77	15.01	16.92
		栏间速度（m/s）	6.55	8.03	7.58	7.31	7.23	6.84	6.93	6.53	6.21	5.91	6.75		7.63	7.00	6.21
		H1右腿攻栏 步数	24	17	17	17	17	17	17	17	18	18	23				
兰天露	0.228	触地时间（s）	6.80	11.28	15.92	20.82	25.80	30.94	36.14	41.41	47.06	53.10	**60.04**	8/3			
		栏间时间（s）		4.48	4.64	4.90	4.98	5.14	5.20	5.27	5.65	6.04	5.94		14.02	15.32	16.96
		栏间速度（m/s）	6.62	7.81	7.54	7.14	7.03	6.81	6.73	6.64	6.19	5.79	6.66		7.49	6.85	6.19
		H1左腿攻栏 步数	23	16	16	17	17	17	17	17	18	19	22.5	199.5			

续表

运动员	反应时(s)		H1	H2	H3	H4	H5	H6	H7	H8	H9	H10	400m	道次/名次	H1–H4	H4–H7	H7–H10
胡利红	0.217	触地时间(s)	7.00	11.60	16.42	21.30	26.30	31.38	36.66	42.14	47.81	53.79	**60.89**	9/4	14.30	15.36	17.13
		栏间时间(s)		4.60	4.82	4.88	5.00	5.08	5.28	5.48	5.67	5.98					
		栏间速度(m/s)	6.43	7.61	7.26	7.17	7.00	6.89	6.63	6.39	6.17	5.85	6.57		7.34	6.84	6.13
		步数	23	16	16	16	16	16	16	17	17	17	21				
	H1左腿攻栏												191				
陶雪	0.294	触地时间(s)	7.14	11.68	16.33	21.15	26.16	31.38	36.80	42.71	48.70	54.82	**61.74**	3/5	14.01	15.65	18.02
		栏间时间(s)		4.54	4.65	4.82	5.01	5.22	5.42	5.91	5.99	6.12					
		栏间速度(m/s)	6.30	7.71	7.53	7.26	6.99	6.70	6.46	5.92	5.84	5.72	6.48		7.49	6.71	5.83
		步数	23	16	16	16	16	16	17	17	18	18	21				
	H1左腿攻栏												196				
姜苇韵喆	0.224	触地时间(s)	6.72	11.26	15.83	20.65	25.68	30.95	36.27	41.86	48.03	54.77	**63.02**	2/6	13.93	15.62	18.50
		栏间时间(s)		4.54	4.57	4.82	5.03	5.27	5.32	5.59	6.17	6.74					
		栏间速度(m/s)	6.70	7.71	7.66	7.26	6.96	6.64	6.58	6.26	5.67	5.19	6.35		7.54	6.72	5.68
		步数	24	16	16	16	16	16	17	17	18	20	23.5				
	H1左腿攻栏												200.5				
欧莹		触地时间(s)	7.04	11.56	16.22	20.94	25.93	31.03	36.39	42.04			DNF	4/—			

续表

运动员	反应时(s)		H1	H2	H3	H4	H5	H6	H7	H8	H9	H10	400m	道次/名次	H1-H4	H4-H7	H7-H10
	0.234	栏间时间(s)		4.52	4.66	4.72	4.99	5.10	5.36	5.65					13.90	15.45	
		栏间速度(m/s)	6.39	7.74	7.51	7.42	7.01	6.86	6.53	6.19			5.81		7.55	6.80	
		步数	24	17	17	17	17	17	17	17			143				
	H1左腿攻栏																

注：DNF 表示未完赛。

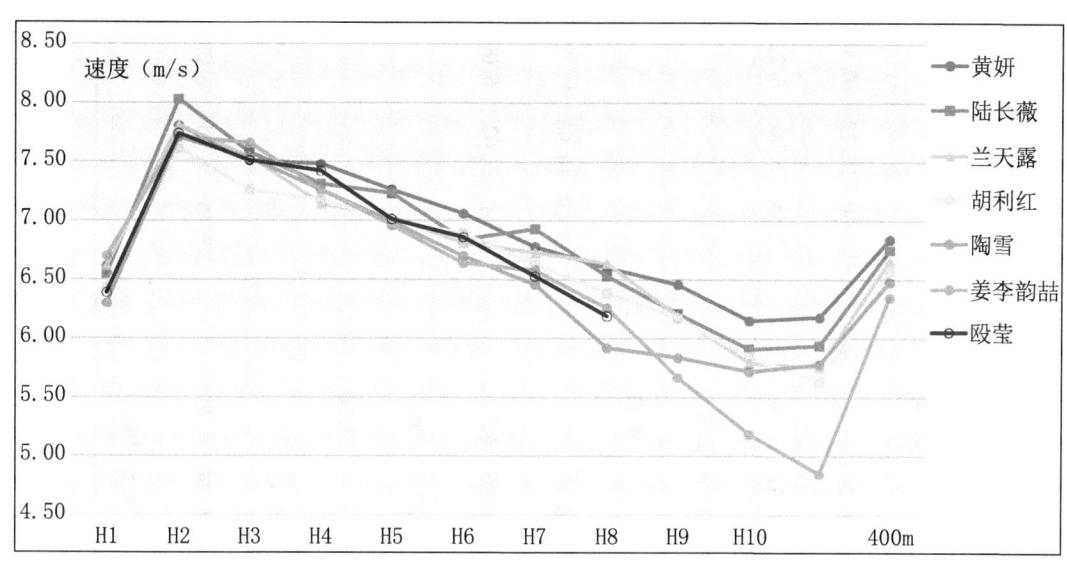

图 19-9 全国田径冠军赛女子 400 米栏决赛分段速度折线图

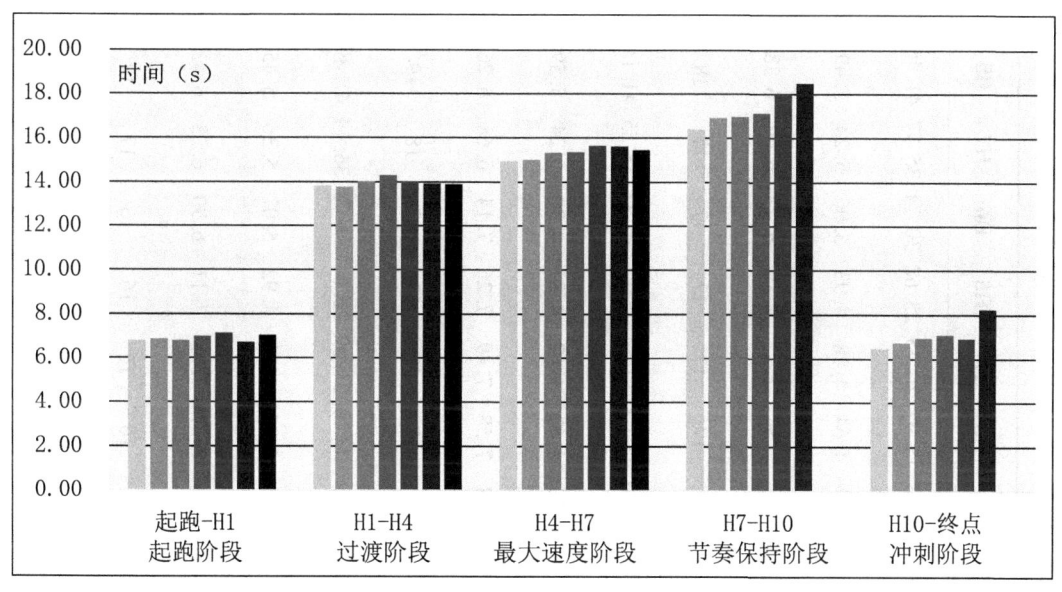

图 19-10 全国田径冠军赛女子 400 米栏决赛分段时间柱状图

三、预赛运动学参数

表 19-9 所示的是全国田径冠军赛暨大奖赛总决赛女子 400 米栏前 8 名运动员预赛中的相关运动学参数数据，包括触地时间、栏间时间和栏间速度。图 19-11 所示的是每位运动员在各个分段的速度变化，图 19-12 所示的是每位运动员在各个分段的时间变化。

表 19-9 全国田径冠军赛女子 400 米栏预赛晋级运动员数据统计表

运动员	反应时(s)		指标	H1	H2	H3	H4	H5	H6	H7	H8	H9	H10	400m	组次/名次	H1-H4	H4-H7	H7-H10
陆长薇	0.256		触地时间(s)	6.84	11.33	15.97	20.75	25.68	30.74	35.97	41.46	47.08	52.85	**59.39**	1/1			
			栏间时间(s)		4.49	4.64	4.78	4.93	5.06	5.23	5.49	5.62	5.77	6.54		13.91	15.22	16.88
			栏间速度(m/s)	6.58	7.80	7.54	7.32	7.10	6.92	6.69	6.38	6.23	6.07	6.74		7.55	6.90	6.22
		H1右腿攻栏	步数	24	17	17	17	17	17	17	18	18	19	19		22.5		203.5
黄妍	0.255		触地时间(s)	6.80	11.30	15.92	20.59	25.41	30.31	35.55	41.14	46.95	52.80	**59.43**	1/2			
			栏间时间(s)		4.50	4.62	4.67	4.82	4.90	5.24	5.59	5.81	5.85	6.63		13.79	14.96	17.25
			栏间速度(m/s)	6.62	7.78	7.58	7.49	7.26	7.14	6.68	6.26	6.02	5.98	6.73		7.61	7.02	6.09
		H1左腿攻栏	步数	24	17	17	17	17	17	18	19	19	19	19		22.5		206.5
周瑜	0.233		触地时间(s)	7.00	11.53	16.28	21.09	26.01	31.08	36.44	41.89	47.56	53.29	**59.70**	2/1			
			栏间时间(s)		4.53	4.75	4.81	4.92	5.07	5.36	5.45	5.67	5.73	6.41		14.09	15.35	16.85
			栏间速度(m/s)	6.43	7.73	7.37	7.28	7.11	6.90	6.53	6.42	6.17	6.11	6.70		7.45	6.84	6.23
		H1左腿攻栏	步数	24	16	16	16	16	16	17	17	18	18	18		21.8		195.8

续表

运动员	反应时(s)		H1	H2	H3	H4	H5	H6	H7	H8	H9	H10	400m	组次/名次	H1-H4	H4-H7	H7-H10
段莹	0.249	触地时间（s）	7.04	11.60	16.25	20.97	25.89	31.13	36.47	41.99	47.65	53.49	**59.81**	2/2			
		栏间时间（s）		4.56	4.65	4.72	4.92	5.24	5.34	5.52	5.66	5.84			13.93	15.50	17.02
		栏间速度（m/s）	6.39	7.68	7.53	7.42	7.11	6.68	6.55	6.34	6.18	5.99	6.32		7.54	6.77	6.17
H1左腿攻栏		步数	24	17	17	17	17	17	17	17	18	18	21	200			
胡利红	0.216	触地时间（s）	7.06	11.72	16.54	21.38	26.38	31.38	36.52	41.98	47.56	53.37	**60.18**	2/3			
		栏间时间（s）		4.66	4.82	4.84	5.00	5.00	5.14	5.46	5.58	5.81			14.32	15.14	16.85
		栏间速度（m/s）	6.37	7.51	7.26	7.23	7.00	7.00	6.81	6.41	6.27	6.02	6.65		7.33	6.94	6.23
H1左腿攻栏		步数	23	16	16	16	16	16	16	17	17	17	20.8	190.8			
兰天露	0.306	触地时间（s）	7.02	11.63	16.38	21.29	26.24	31.45	36.70	42.06	47.56	53.55	**60.49**	1/3			
		栏间时间（s）		4.61	4.75	4.91	4.95	5.21	5.25	5.36	5.50	5.99			14.27	15.41	16.85
		栏间速度（m/s）	6.41	7.59	7.37	7.13	7.07	6.72	6.67	6.53	6.36	5.84	5.76		7.36	6.81	6.23
H1左腿攻栏		步数	23	16	16	16	16	16	17	17	17	18	22	195			
陶雪		触地时间（s）	7.26	11.90	16.73	21.59	26.64	32.00	37.54	43.16	49.03	54.92	**61.66**	1/4			

续表

运动员	反应时(s)		H1	H2	H3	H4	H5	H6	H7	H8	H9	H10	400m	总/均	组次/名次	H1-H4	H4-H7	H7-H10
	0.317	栏间时间(s)		4.64	4.83	4.86	5.05	5.36	5.54	5.62	5.87	5.89	6.74			14.33	15.95	17.38
		栏间速度(m/s)	6.20	7.54	7.25	7.20	6.93	6.53	6.32	6.23	5.96	5.94	5.93	6.49		7.33	6.58	6.04
		步数	23	16	16	16	16	17	17	17	18	18	21	195				
		H1左腿攻栏																
姜李韵喆	0.171	触地时间(s)	6.76	11.44	16.30	21.32	26.40	31.65	37.02	42.53	48.20	54.29			2/4			
		栏间时间(s)		4.68	4.86	5.02	5.08	5.25	5.37	5.51	5.67	6.09	7.03	61.32		14.56	15.70	17.27
		栏间速度(m/s)	6.66	7.48	7.20	6.97	6.89	6.67	6.52	6.35	6.17	5.75	5.69	6.52		7.21	6.69	6.08
		步数	24	16	16	16	16	17	17	17	17	18	21.5	195.5				
		H1左腿攻栏																

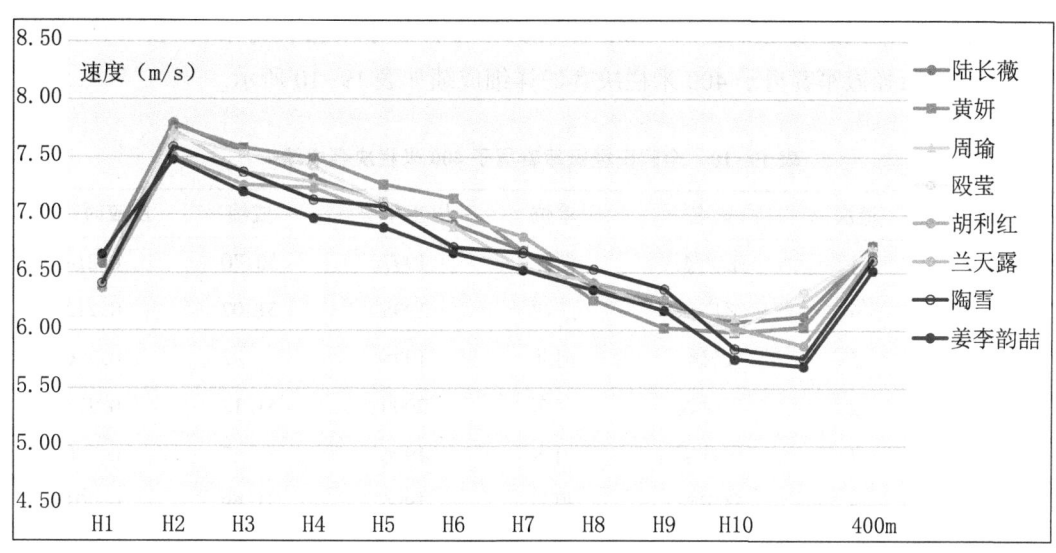

图 19-11　全国田径冠军赛女子 400 米栏预赛晋级运动员分段速度折线图

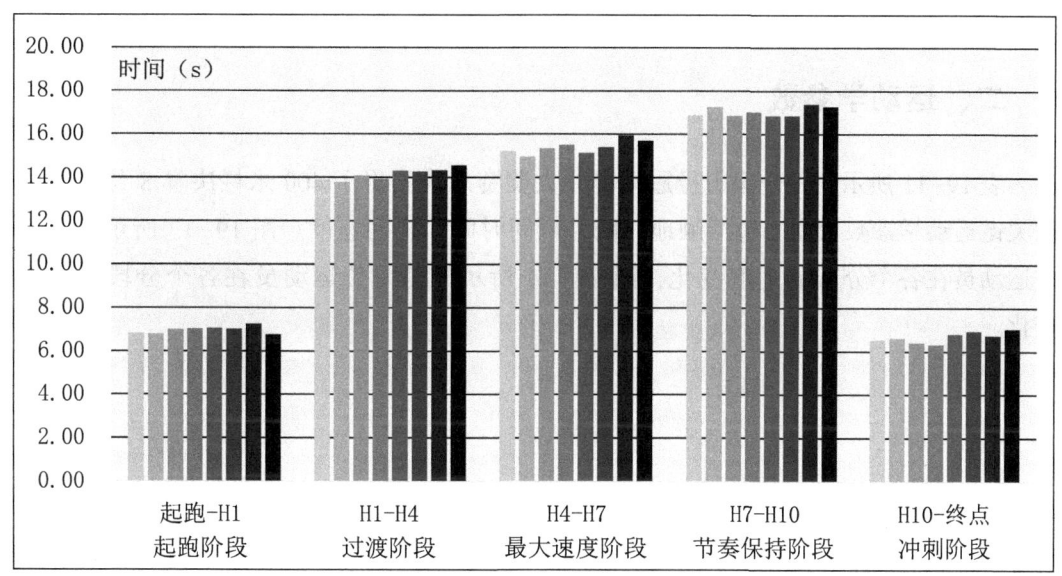

图 19-12　全国田径冠军赛女子 400 米栏预赛晋级运动员分段时间柱状图

第四节　男子 400 米栏

一、比赛介绍

全国田径冠军赛暨大奖赛总决赛男子 400 米栏决赛的冠军是来自浙江的运动员王艺杰，他在决赛中跑出了 50.70s 的成绩。广西选手李广振和河北运动员尚硕几乎同时到达终点,两个人的成绩都是 51.02s,精确到千分位后李广振获得第二名,尚硕是第三名。全国田径冠军赛男子 400 米栏决赛的详细成绩如表 19-10 所示。

表 19-10 全国田径冠军赛男子 400 米栏决赛成绩

名次	道次	姓名	单位	出生年份	成绩	反应时(s)
1	4	王艺杰	浙江	1997	50.70	0.218
2	6	李广振	广西	1995	51.02	0.213
3	5	尚硕	河北	1995	51.02	0.320
4	2	王洪汶	广东	2000	51.18	0.270
5	7	庄林霏	山东	1996	51.67	0.220
6	3	蔡俊奇	福建	1996	51.69	0.201
7	9	崔才壮	河南	1995	52.25	0.216
8	8	汪道俊	安徽	2000	52.58	0.178

二、运动学参数

表 19-11 所示的是全国田径冠军赛暨大奖赛总决赛男子 400 米栏决赛 8 位运动员的关键运动学参数数据,包括触地时间、栏间时间和栏间速度。图 19-13 所示的是每位运动员在各个分段的速度变化,图 19-14 所示的是每位运动员在各个分段的时间变化。

表 19-11 全国田径冠军赛男子 400 米栏决赛数据统计表

运动员	反应时（s）		H1	H2	H3	H4	H5	H6	H7	H8	H9	H10	400m	道次/名次	H1-H4	H4-H7	H7-H10
王艺杰	0.218	触地时间（s）	6.12	10.05	13.95	18.03	22.27	26.64	31.16	35.70	40.35	45.11	**50.70**	4/1			
		栏间时间（s）		3.93	3.90	4.08	4.24	4.37	4.52	4.54	4.65	4.76	5.59		11.91	13.13	13.95
		栏间速度（m/s）		8.91	8.97	8.58	8.25	8.01	7.74	7.71	7.53	7.35	7.16		8.82	8.00	7.53
		步数	7.35										7.89				
	H1左腿攻栏		22	14	14	14	14	15	15	15	15	15	18.3				
													171.3				
李广振	0.213	触地时间（s）	6.74	10.51	14.48	18.67	22.89	27.21	31.70	36.37	41.02	45.75	**51.02**	6/2			
		栏间时间（s）		3.77	3.97	4.19	4.22	4.32	4.49	4.67	4.65	4.73	5.27		11.93	13.03	14.05
		栏间速度（m/s）		9.28	8.82	8.35	8.29	8.10	7.80	7.49	7.53	7.40	7.59		8.80	8.06	7.47
		步数	6.68										7.84				
	H1右腿攻栏		22	14	14	14	14	14	14	15	15	15	18	169			
尚硕	0.320	触地时间（s）	6.55	10.56	14.78	19.05	23.41	27.89	32.33	36.88	41.44	46.01	**51.02**	5/3			
		栏间时间（s）		4.01	4.22	4.27	4.36	4.48	4.44	4.55	4.56	4.57	5.01		12.50	13.28	13.68
		栏间速度（m/s）		8.73	8.29	8.20	8.03	7.81	7.88	7.69	7.68	7.66	7.98		8.40	7.91	7.68
		步数	6.87										7.84				
	H1左腿攻栏		22	14	14	14	14	14	14	15	15	15	18	169			

续表

运动员	反应时 (s)		H1	H2	H3	H4	H5	H6	H7	H8	H9	H10	终	400m	道次/名次	H1-H4	H4-H7	H7-H10
王洪汶	0.270	触地时间 (s)	6.34	10.33	14.27	18.40	22.69	27.07	31.58	36.27	41.01	45.80		51.18	2/4			
		栏间时间 (s)		3.99	3.94	4.13	4.29	4.38	4.51	4.69	4.74	4.79	5.38			12.06	13.18	14.22
		栏间速度 (m/s)	7.10	8.77	8.88	8.47	8.16	7.99	7.76	7.46	7.38	7.31	7.43			8.71	7.97	7.38
		步数	21	14	14	14	14	14	15	15	15	15	18	169				
		H1左腿攻栏																
庄林靠	0.220	触地时间 (s)	6.20	10.04	14.03	18.18	22.48	27.00	31.60	36.24	41.11	46.02		51.67	7/5			
		栏间时间 (s)		3.84	3.99	4.15	4.30	4.52	4.60	4.64	4.87	4.91	5.65			11.98	13.42	14.42
		栏间速度 (m/s)	7.26	9.11	8.77	8.43	8.14	7.74	7.61	7.54	7.19	7.13	7.08			8.76	7.82	7.28
		步数	13	13	14	14	14	14	15	15	15	15	18.5	160.5				
		H1左腿攻栏																
蔡俊奇	0.201	触地时间 (s)	6.34	10.31	14.30	18.40	22.66	26.98	31.42	36.02	40.76	45.70		51.69	3/6			
		栏间时间 (s)		3.97	3.99	4.10	4.26	4.32	4.44	4.60	4.74	4.94	5.99			12.06	13.02	14.28
		栏间速度 (m/s)	7.10	8.82	8.77	8.54	8.22	8.10	7.88	7.61	7.38	7.09	6.68			8.71	8.06	7.35
		步数	22	15	15	15	15	15	15	15	15	15	19.5	176.5				
		H1左腿攻栏																
崔才壮		触地时间 (s)	6.22	10.22	14.31	18.55	22.90	27.39	32.02	36.81	41.66	46.59		52.25	9/7			

续表

运动员	反应时(s)		H1	H2	H3	H4	H5	H6	H7	H8	H9	H10	400m	道次/名次	H1–H4	H4–H7	H7–H10
	0.216	栏间时间(s)		4.00	4.09	4.24	4.35	4.49	4.63	4.79	4.85	4.93	5.66		12.33	13.47	14.57
		栏间速度(m/s)	7.23	8.75	8.56	8.25	8.05	7.80	7.56	7.31	7.22	7.10	7.07		8.52	7.80	7.21
		步数	22	14	14	14	14	15	15	15	15	15	18.5				
	H1右腿攻栏	触地时间(s)	6.08	10.12	14.18	18.40	22.76	27.40	32.18	37.04	41.98	46.98	171.5				
汪道俊	0.178	栏间时间(s)		4.04	4.06	4.22	4.36	4.64	4.78	4.86	4.94	5.00	5.60	**52.58**	8/8	12.32	13.78	14.80
		栏间速度(m/s)	7.40	8.66	8.62	8.29	8.03	7.54	7.32	7.20	7.09	7.00	7.14	7.61		8.52	7.62	7.09

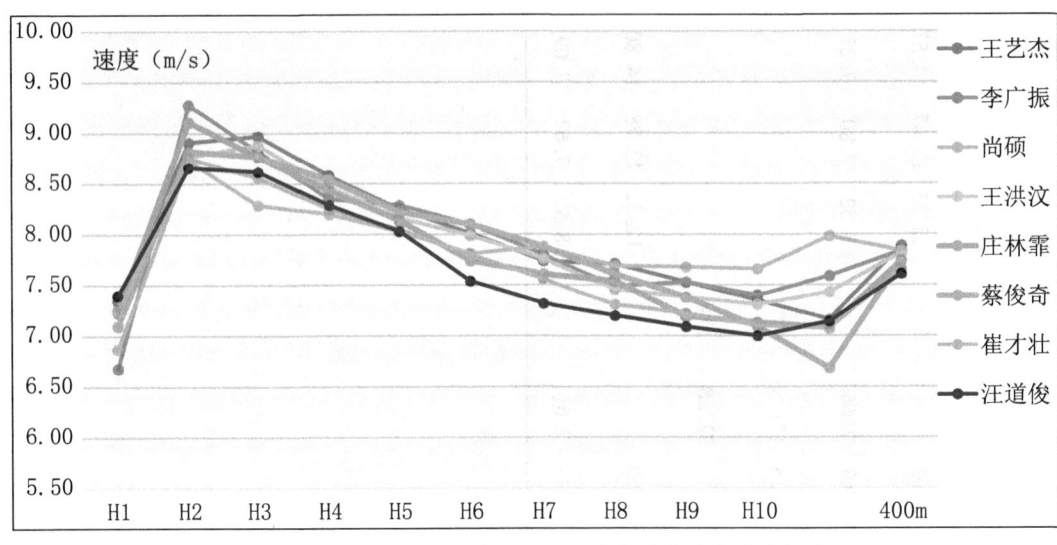

图 19-13　全国田径冠军赛男子 400 米栏决赛分段速度折线图

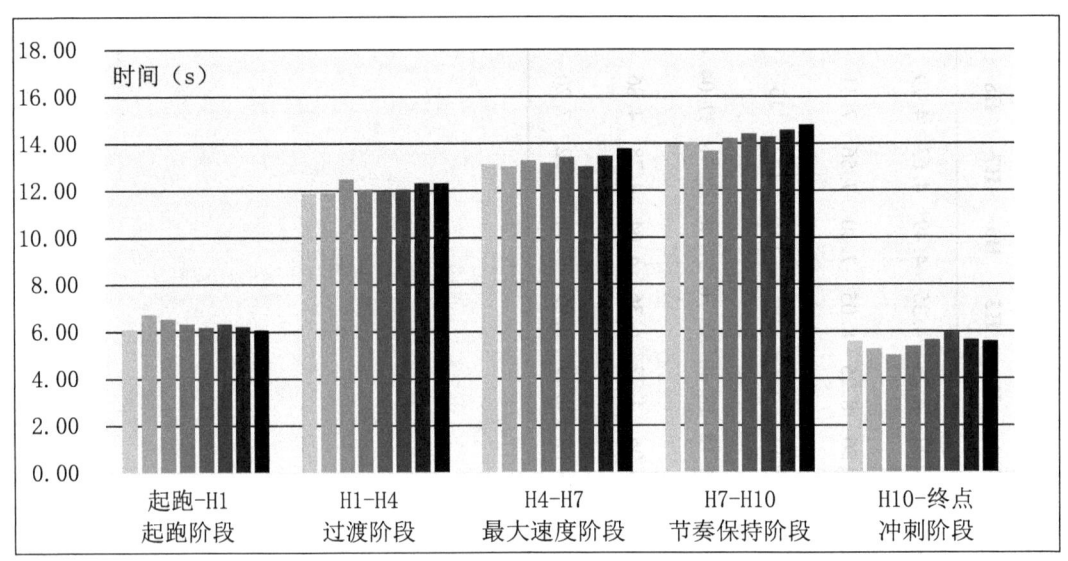

图 19-14　全国田径冠军赛男子 400 米栏决赛分段时间柱状图

三、预赛运动学参数

表 19-12 所示的是全国田径冠军赛暨大奖赛总决赛男子 400 米栏前 8 名运动员预赛中的相关运动学参数数据，包括触地时间、栏间时间和栏间速度。图 19-15 所示的是每位运动员在各个分段的速度变化，图 19-16 所示的是每位运动员在各个分段的时间变化。

表19-12 全国田径冠军赛男子400米栏预赛晋级运动员数据统计表

运动员	反应时(s)		H1	H2	H3	H4	H5	H6	H7	H8	H9	H10	400m	组次/名次	H1–H4	H4–H7	H7–H10
尚硕	0.275	触地时间(s)	6.49	10.63	14.80	19.05	23.36	27.83	32.30	36.84	41.42	46.16	**51.62**	2/1	12.56	13.25	13.86
		栏间时间(s)		4.14	4.17	4.25	4.31	4.47	4.47	4.54	4.58	4.74	5.46		8.36	7.92	7.58
		栏间速度(m/s)		8.45	8.39	8.24	8.12	7.83	7.83	7.71	7.64	7.38	7.33				
		栏间步数	6.93	14	14	14	14	14	14	15	15	15	18				
	H1左腿攻栏	步数	22										169				
庄林霈	0.233	触地时间(s)	6.33	10.28	14.34	18.55	22.94	27.51	32.08	36.85	41.69	46.55	**52.04**	2/2	12.22	13.53	14.47
		栏间时间(s)		3.95	4.06	4.21	4.39	4.57	4.57	4.77	4.84	4.86	5.49		8.59	7.76	7.26
		栏间速度(m/s)		8.86	8.62	8.31	7.97	7.66	7.66	7.34	7.23	7.20	7.29				
		栏间步数	7.11	13	13	14	14	14	14	15	15	15	18				
	H1左腿攻栏	步数	21										166				
李广振	0.258	触地时间(s)	6.66	10.90	15.12	19.50	23.95	28.45	32.96	37.67	42.36	47.05	**52.20**	1/1	12.56	13.25	13.86
		栏间时间(s)		4.24	4.22	4.38	4.45	4.50	4.51	4.71	4.69	4.69	5.15		8.36	7.92	7.58
		栏间速度(m/s)		8.25	8.29	7.99	7.87	7.78	7.76	7.43	7.46	7.46	7.77				
		栏间步数	6.76	14	14	14	14	14	14	15	15	15	18				
	H1左腿攻栏	步数	22										169				

续表

运动员	反应时(s)		H1	H2	H3	H4	H5	H6	H7	H8	H9	H10	400m	组次/名次	H1-H4	H4-H7	H7-H10
王艺杰	0.222	触地时间(s)	6.24	10.28	14.41	18.64	23.07	27.61	32.18	36.82	41.64	46.59	52.26	2/3			
		栏间时间(s)		4.04	4.13	4.23	4.43	4.54	4.57	4.64	4.82	4.95			12.40	13.54	14.41
		栏间速度(m/s)	7.21	8.66	8.47	8.27	7.90	7.71	7.66	7.54	7.26	7.05	7.65		8.47	7.75	7.29
		步数	22	14	14	14	14	15	15	15	15	18.5	171.5				
H1左腿攻栏																	
崔才壮	0.223	触地时间(s)	6.38	10.48	14.64	18.93	23.25	27.82	32.47	37.24	42.08	46.91	52.30	1/2			
		栏间时间(s)		4.10	4.16	4.29	4.32	4.57	4.65	4.77	4.84	4.83			12.22	13.53	14.47
		栏间速度(m/s)	7.05	8.54	8.41	8.16	8.10	7.66	7.53	7.34	7.23	7.25	7.42		8.59	7.76	7.26
		步数	24	14	14	14	14	15	15	15	15	18.3	173.3				
H1右腿攻栏																	
汪道俊	0.219	触地时间(s)	6.24	10.38	14.52	18.71	23.08	27.52	32.07	36.69	41.54	46.66	52.31	2/4			
		栏间时间(s)		4.14	4.14	4.19	4.37	4.44	4.55	4.62	4.85	5.12			12.47	13.36	14.59
		栏间速度(m/s)	7.21	8.45	8.45	8.35	8.01	7.88	7.69	7.58	7.22	6.84	7.65		8.42	7.86	7.20
		步数	21	14	14	14	14	15	15	15	15	18.5	170.5				
H1左腿攻栏																	
王洪汶		触地时间(s)	6.39	10.44	14.58	18.85	23.27	27.79	32.40	37.12	41.96	46.90	52.37	2/5			

续表

运动员	反应时(s)		H1	H2	H3	H4	H5	H6	H7	H8	H9	H10	400m	组次/名次	H1-H4	H4-H7	H7-H10
蔡俊奇	0.246	栏间时间(s)		4.05	4.14	4.27	4.42	4.52	4.61	4.72	4.84	4.94	5.47		12.46	13.55	14.50
		栏间速度(m/s)	7.04	8.64	8.45	8.20	7.92	7.74	7.59	7.42	7.23	7.09	7.31		8.43	7.75	7.24
		步数	21	14	14	14	14	14	15	15	15	15	17.5	168.5			
		H1右腿攻栏 触地时间(s)	6.39	10.53	14.80	19.17	23.54	27.99	32.57	37.17	41.97	46.76	**52.42**	1/3			
	0.199	栏间时间(s)		4.14	4.27	4.37	4.37	4.45	4.58	4.60	4.80	4.79	5.66		12.40	13.54	14.41
		栏间速度(m/s)	7.04	8.45	8.20	8.01	8.01	7.87	7.64	7.61	7.29	7.31	7.07		8.47	7.75	7.29
		步数	22	15	15	15	15	15	15	15	15	15	19	176			
		H1左腿攻栏 触地时间(s)											7.63				

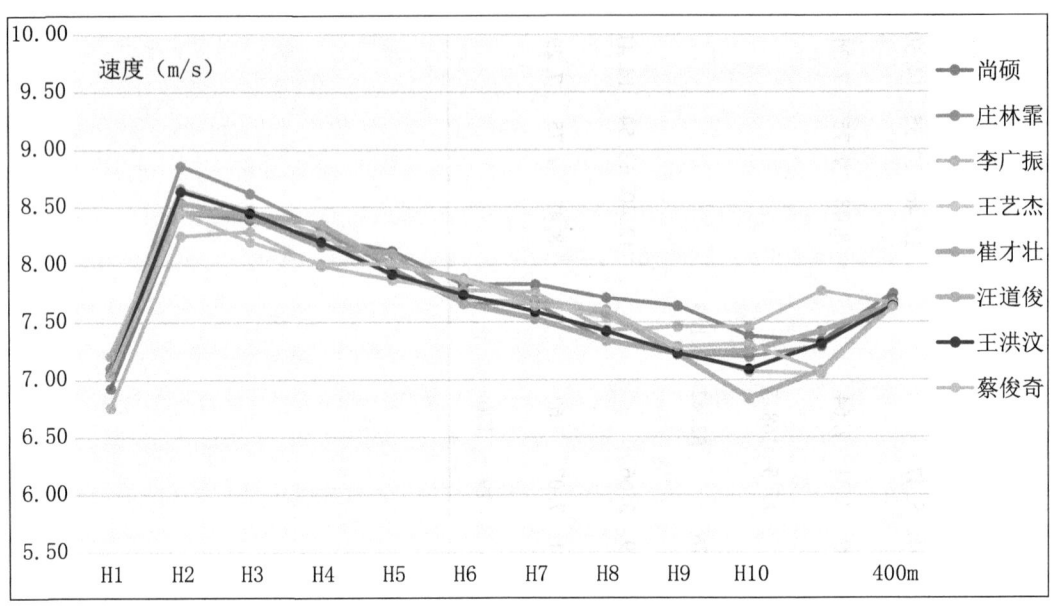

图 19-15　全国田径冠军赛男子 400 米栏预赛晋级运动员分段速度折线图

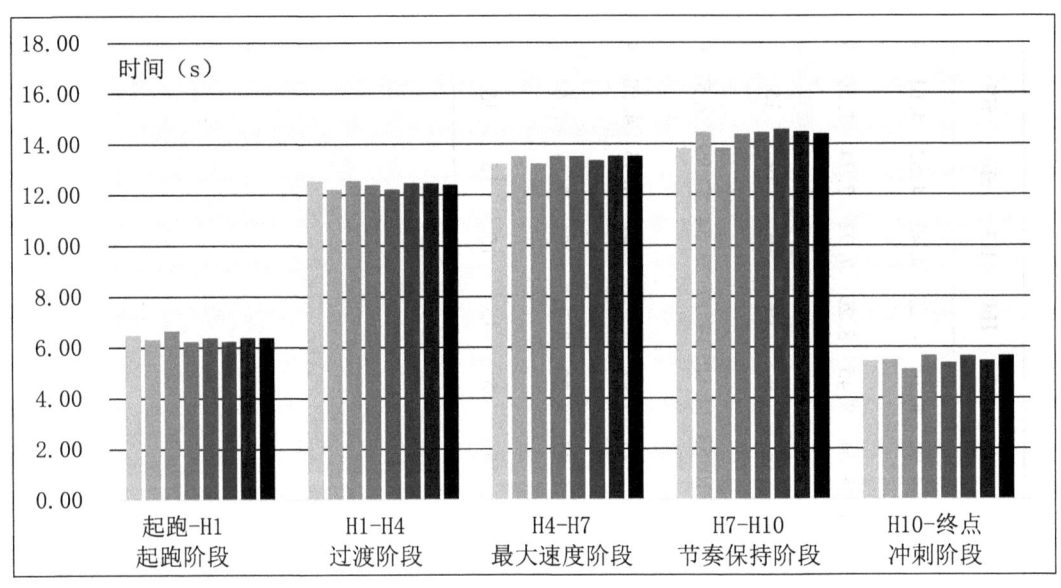

图 19-16　全国田径冠军赛男子 400 米栏预赛晋级运动员分段时间柱状图

第五节　女子七项全能 100 米栏分项

一、比赛介绍

2019 年全国田径冠军赛暨大奖赛总决赛是全国范围内高水平的田径赛事，女子七项全能项目也反映着去年国内的女子全能运动员的最高水平。100 米栏项目是女子七项全能中重要的分项，因同属跨栏项目范畴，本节对 2019 年全国田径冠军女子七项全能的 100 米栏分项进行技术解析，希望相关的运动学参数数据能够为女子全能项目运动员跨栏方向的训练提供帮助。

二、运动学参数

表 19-13 所示的是全国田径冠军赛暨大奖赛总决赛女子七项全能之 100 米栏项目第一组运动员的关键运动学参数数据，包括触地时间、栏间时间和栏间速度。图 19-17 所示的是每位运动员在各个分段的速度变化，图 19-18 所示的是每位运动员在各个分段的时间变化。

表 19-13 全国田径冠军赛女子七项全能之 100 米栏第一组数据统计表

运动员	反应时(s)		H1	H2	H3	H4	H5	H6	H7	H8	H9	H10	100m	道次/名次	H1-H4	H4-H7	H7-H10
王庆铃	0.201	触地时间(s)	2.75	3.84	4.92	5.97	7.06	8.14	9.21	10.33	11.43	12.59	13.82	4/1			
		栏间时间(s)		1.09	1.08	1.05	1.09	1.08	1.07	1.12	1.10	1.16			3.22	3.24	3.38
		栏间速度(m/s)	4.73	7.80	7.87	8.10	7.80	7.87	7.94	7.59	7.73	7.33	7.24		7.92	7.87	7.54
吴峥	0.209	触地时间(s)	2.82	3.94	5.05	6.16	7.29	8.43	9.56	10.71	11.89	13.10	14.44	6/2			
		栏间时间(s)		1.12	1.11	1.11	1.13	1.14	1.13	1.15	1.18	1.21	1.34		3.34	3.40	3.54
		栏间速度(m/s)	4.61	7.59	7.66	7.66	7.52	7.46	7.52	7.39	7.20	7.02	7.84		7.63	7.50	7.20
王美晴	0.206	触地时间(s)	2.77	3.92	5.09	6.24	7.42	8.58	9.74	10.94	12.13	13.35	14.60	7/3			
		栏间时间(s)		1.15	1.17	1.15	1.18	1.16	1.20	1.19	1.22	1.22	1.25		3.47	3.49	3.61
		栏间速度(m/s)	4.69	7.39	7.26	7.39	7.20	7.33	7.08	7.14	6.97	6.97	8.40		7.35	7.31	7.06
高淼	0.218	触地时间(s)	2.87	3.99	5.11	6.24	7.41	8.56	9.73	10.93	12.13	13.36	14.62	5/4			
		栏间时间(s)		1.12	1.12	1.13	1.17	1.15	1.17	1.20	1.20	1.23	1.26		3.37	3.49	3.63
		栏间速度(m/s)	4.53	7.59	7.59	7.52	7.26	7.39	7.26	7.08	7.08	6.91	8.33		7.57	7.31	7.02

续表

运动员	反应时(s)		H1	H2	H3	H4	H5	H6	H7	H8	H9	H10	100m	道次/名次	H1-H4	H4-H7	H7-H10
王慧琼	0.230	触地时间(s)	2.92	4.10	5.26	6.41	7.57	8.72	9.94	11.18	12.43	13.68	**15.08**	2/5			
		栏间时间(s)		1.18	1.16	1.15	1.16	1.15	1.22	1.24	1.25	1.25	1.40		3.49	3.53	3.74
		栏间速度(m/s)	4.45	7.20	7.33	7.39	7.33	7.39	6.97	6.85	6.80	6.80	7.50	6.63	7.31	7.22	6.82
刘静逸	0.179	触地时间(s)	2.80	3.95	5.14	6.30	7.49	8.68	9.89	11.14	12.42	13.68	**15.17**	3/6			
		栏间时间(s)		1.15	1.19	1.16	1.19	1.21	1.25	1.28	1.26	1.49			3.50	3.59	3.79
		栏间速度(m/s)	4.64	7.39	7.14	7.33	7.14	7.02	6.80	6.64	6.75	7.05		6.59	7.29	7.10	6.73
尹欣怡	0.245	触地时间(s)	2.95	4.19	5.41	6.62	7.84	9.09	10.38	11.66	12.96	14.28	**15.74**	8/7			
		栏间时间(s)		1.24	1.22	1.21	1.22	1.25	1.29	1.28	1.30	1.32	1.46		3.67	3.76	3.90
		栏间速度(m/s)	4.41	6.85	6.97	7.02	6.97	6.80	6.59	6.64	6.54	6.44	7.19	6.35	6.95	6.78	6.54

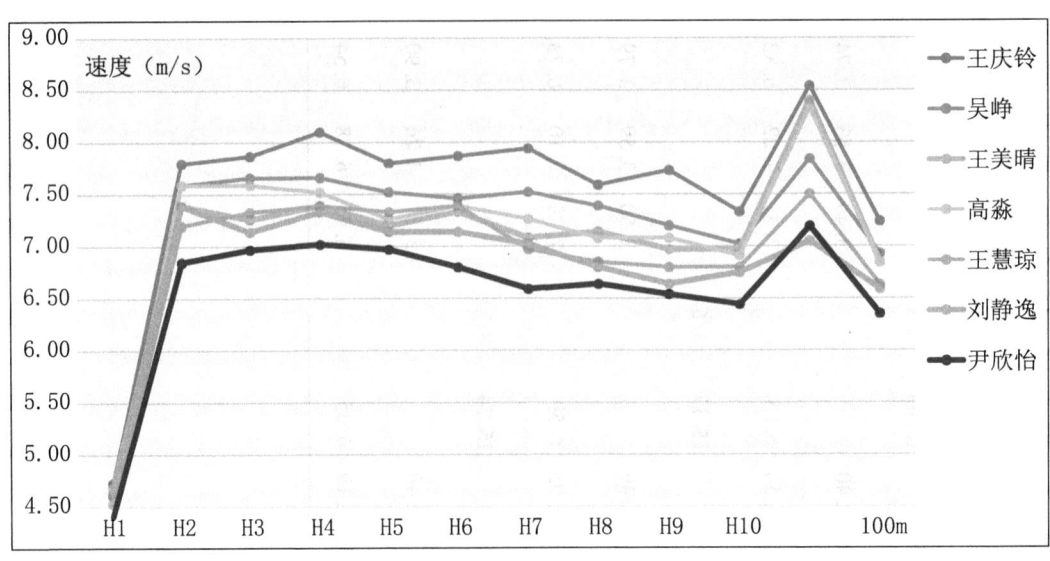

图 19-17 全国田径冠军赛女子七项全能之 100 米栏第一组分段速度折线图

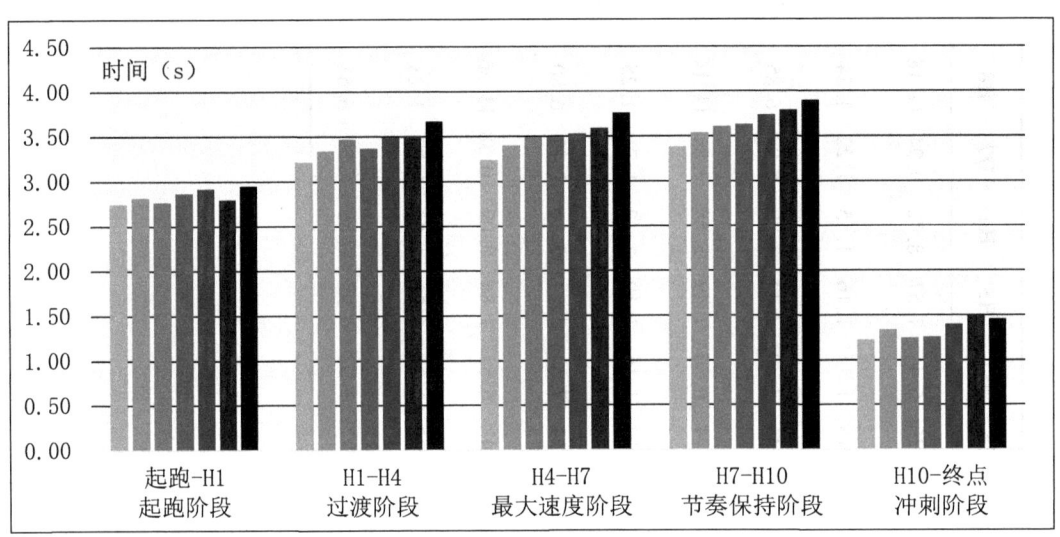

图 19-18 全国田径冠军赛女子七项全能之 100 米栏第一组分段时间柱状图

表 19-14 所示的是全国田径冠军赛暨大奖赛总决赛女子七项全能之 100 米栏项目第二组运动员的关键运动学参数数据，包括触地时间、栏间时间和栏间速度。图 19-19 所示的是每位运动员在各个分段的速度变化，图 19-20 所示的是每位运动员在各个分段的时间变化。

表19-14 全国田径冠军赛女子七项全能之100米栏第二组数据统计表

运动员	反应时 (s)		H1	H2	H3	H4	H5	H6	H7	H8	H9	H10	100m	道次/名次	H1–H4	H4–H7	H7–H10
沈沐含	0.217	触地时间 (s)	2.84	3.99	5.15	6.29	7.44	8.58	9.74	10.91	12.12	13.34	14.68	7/1			
		栏间时间 (s)		1.15	1.16	1.14	1.15	1.14	1.16	1.17	1.21	1.22					
		栏间速度 (m/s)	4.58	7.39	7.33	7.46	7.39	7.46	7.33	7.26	7.02	6.97	6.81		3.45	3.45	3.60
															7.39	7.39	7.08
庞宇婷	0.172	触地时间 (s)	2.77	3.92	5.10	6.26	7.41	8.58	9.73	10.91	12.11	13.33	14.69	5/2			
		栏间时间 (s)		1.15	1.18	1.16	1.15	1.17	1.15	1.18	1.20	1.22	1.36				
		栏间速度 (m/s)	4.69	7.39	7.20	7.33	7.39	7.26	7.39	7.20	7.08	6.97	6.72		3.49	3.47	3.60
															7.31	7.35	7.08
周晶晶	0.177	触地时间 (s)	2.87	4.04	5.22	6.41	7.57	8.76	9.96	11.19	12.41	13.69	15.07	6/3			
		栏间时间 (s)		1.17	1.18	1.19	1.16	1.19	1.20	1.23	1.22	1.28	1.38				
		栏间速度 (m/s)	4.53	7.26	7.20	7.14	7.33	7.14	7.08	6.91	6.97	6.64	7.61		3.54	3.57	3.73
															7.20	7.14	6.84
孙岚	0.199	触地时间 (s)	2.88	4.09	5.27	6.46	7.66	8.83	10.03	11.25	12.48	13.70	15.09	4/4			
		栏间时间 (s)		1.21	1.18	1.19	1.20	1.17	1.20	1.22	1.23	1.22	1.39				
		栏间速度 (m/s)	4.51	7.02	7.20	7.14	7.08	7.26	7.08	6.97	6.91	6.97	7.55		3.58	3.57	3.67
															7.12	7.14	6.95

续表

运动员	反应时(s)		H1	H2	H3	H4	H5	H6	H7	H8	H9	H10	100m	道次/名次	H1-H4	H4-H7	H7-H10
李菁华	0.195	触地时间(s)	2.92	4.10	5.29	6.47	7.65	8.83	10.06	11.28	12.53	13.80	15.16	9/5			
		栏间时间(s)		1.18	1.19	1.18	1.18	1.18	1.23	1.22	1.25	1.27			3.55	3.59	3.74
		栏间速度(m/s)	4.45	7.20	7.14	7.20	7.20	7.20	6.91	6.97	6.80	6.69	1.36		7.18	7.10	6.82
金东华	0.267	触地时间(s)	2.94	4.10	5.34	6.52	7.72	8.91	10.13	11.35	12.53	13.83	15.20	8/6			
		栏间时间(s)		1.16	1.24	1.18	1.20	1.19	1.22	1.22	1.18	1.30			3.58	3.61	3.70
		栏间速度(m/s)	4.42	7.33	6.85	7.20	7.08	7.14	6.97	6.97	7.20	6.54	1.37		7.12	7.06	6.89
													6.58				
蒲靖	0.207	触地时间(s)	3.02	4.29	5.57	6.81	8.09	9.38	10.68	11.98	13.30	14.62	15.99	3/7			
		栏间时间(s)		1.27	1.28	1.24	1.28	1.29	1.30	1.30	1.32	1.32			3.79	3.87	3.94
		栏间速度(m/s)	4.30	6.69	6.64	6.85	6.64	6.59	6.54	6.54	6.44	6.44	1.37		6.73	6.59	6.47
													7.66				
													6.25				

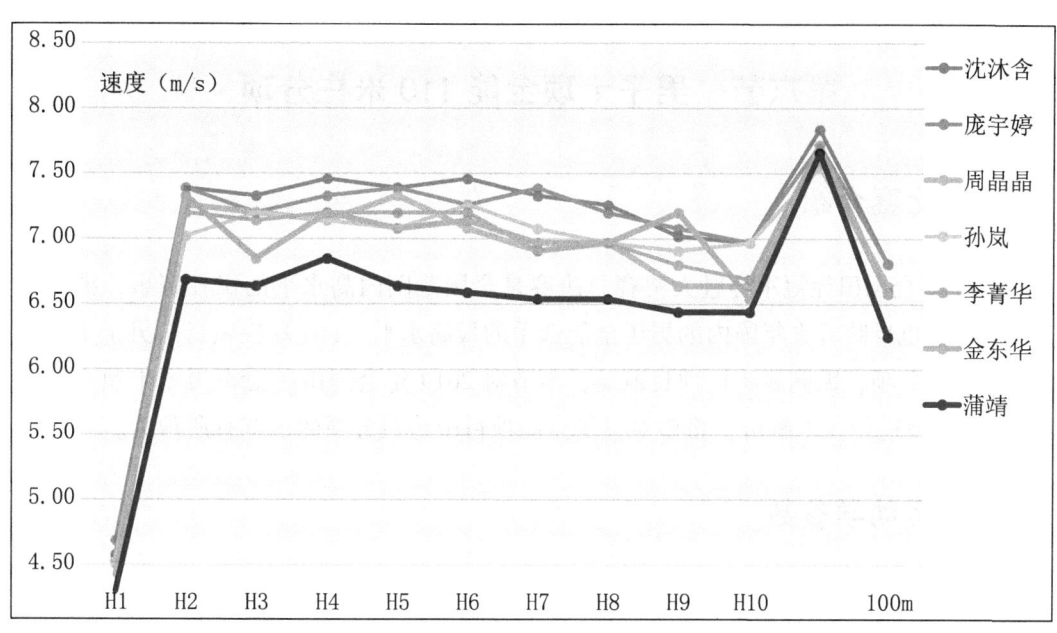

图19-19　全国田径冠军赛女子七项全能之100米栏第二组分段速度折线图

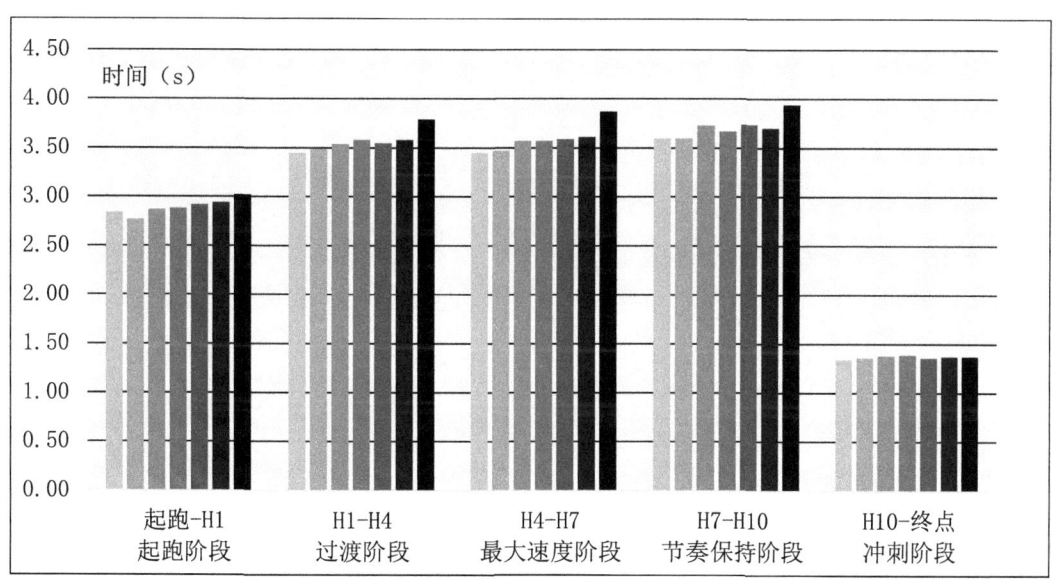

图19-20　全国田径冠军赛女子七项全能之100米栏第二组分段时间柱状图

第六节　男子十项全能 110 米栏分项

一、比赛介绍

2019 年全国田径冠军赛暨大奖赛总决赛是全国范围内高水平的田径赛事，男子十项全能项目也反映着去年国内的男子全能选手的最高水平。110 米栏项目是男子十项全能中重要的分项，因同属跨栏项目范畴，本节对 2019 年全国田径冠军男子十项全能的 100 米栏分项进行技术解析，希望对男子全能项目中跨栏分项的训练有所帮助。

二、运动学参数

表 19-15 所示的是全国田径冠军赛暨大奖赛总决赛男子十项全能之 110 米栏项目第一组运动员的关键运动学参数数据，包括触地时间、栏间时间和栏间速度。图 19-21 所示的是每位运动员在各个分段的速度变化，图 19-22 所示的是每位运动员在各个分段的时间变化。

表 19-15 全国田径冠军赛男子十项全能之 110 米栏第一组数据统计表

运动员	反应时（s）		H1	H2	H3	H4	H5	H6	H7	H8	H9	H10	110m	道次/名次	H1-H4	H4-H7	H7-H10
曹进	0.209	触地时间（s）	2.78	3.90	5.04	6.14	7.29	8.41	9.53	10.71	11.86	13.05	14.61	4/1			
		栏间时间（s）		1.12	1.14	1.10	1.15	1.12	1.12	1.18	1.15	1.19			3.36	3.39	3.52
		栏间速度（m/s）	4.94	8.16	8.02	8.31	7.95	8.16	8.16	7.75	7.95	7.68			8.16	8.09	7.79
																	1.56
																	8.99
杨子浩	0.187	触地时间（s）	2.82	4.00	5.16	6.32	7.49	8.69	9.89	11.13	12.33	13.61	15.25	7/2			
		栏间时间（s）		1.18	1.16	1.16	1.17	1.20	1.20	1.24	1.20	1.28			3.50	3.57	3.72
		栏间速度（m/s）	4.87	7.75	7.88	7.88	7.81	7.62	7.62	7.37	7.62	7.14			7.83	7.68	7.37
																	1.64
																	8.55
秦国远	0.183	触地时间（s）	2.84	4.00	5.17	6.38	7.56	8.77	9.99	11.23	12.46	13.78	15.40	5/3			
		栏间时间（s）		1.16	1.17	1.21	1.18	1.21	1.22	1.24	1.23	1.32			3.54	3.61	3.79
		栏间速度（m/s）	4.83	7.88	7.81	7.55	7.75	7.55	7.49	7.37	7.43	6.92			7.75	7.60	7.23
																	1.62
																	8.65
钱文泽	0.194	触地时间（s）	2.87	4.02	5.30	6.54	7.76	9.01	10.24	11.51	12.80	14.11	15.76	6/4			
		栏间时间（s）		1.15	1.28	1.24	1.22	1.25	1.23	1.27	1.29	1.31			3.67	3.70	3.87
		栏间速度（m/s）	4.78	7.95	7.14	7.37	7.49	7.31	7.43	7.20	7.09	6.98			7.47	7.41	7.09
																	1.65
																	8.50

续表

运动员	反应时(s)		H1	H2	H3	H4	H5	H6	H7	H8	H9	H10	110m	道次/名次	H1-H4	H4-H7	H7-H10
赵国瑞	0.207	触地时间(s)	2.84	4.07	5.29	6.52	7.81	9.06	10.31	11.63	12.90	14.25	**16.02**	8/5			
		栏间时间(s)		1.23	1.22	1.23	1.29	1.25	1.25	1.32	1.27	1.35			3.68	3.79	3.94
		触地速度(m/s)	4.83	7.43	7.49	7.43	7.09	7.31	7.31	6.92	7.20	6.77	1.77				
		栏间速度											6.87		7.45	7.23	6.96
香清强	0.183	触地时间(s)	2.90	4.12	5.37	6.65	7.96	9.28	10.59	11.89	13.28	14.65	**16.43**	3/6			
		栏间时间(s)		1.22	1.25	1.28	1.31	1.32	1.31	1.30	1.39	1.37			3.75	3.94	4.06
		触地速度(m/s)	4.73	7.49	7.31	7.14	6.98	6.92	6.98	7.03	6.58	6.67	1.78				
		栏间速度(m/s)											6.70		7.31	6.96	6.75

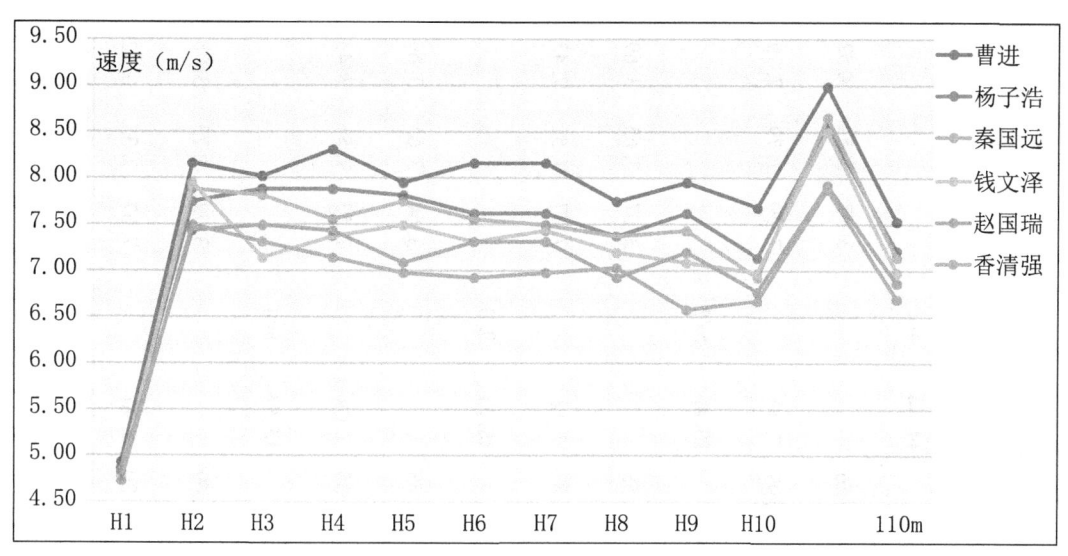

图 19-21　全国田径冠军赛男子十项全能之 110 米栏第一组分段速度折线图

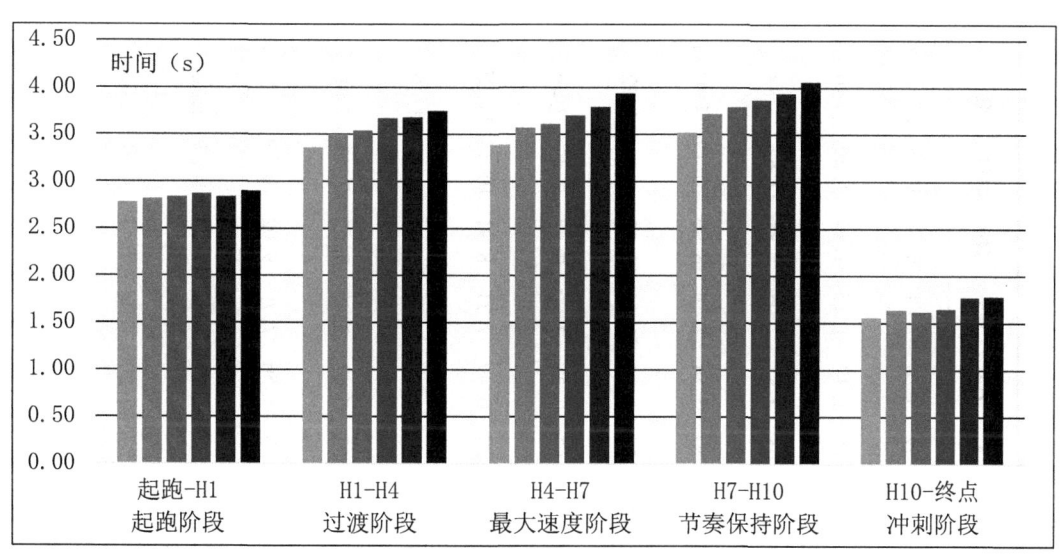

图 19-22　全国田径冠军赛男子十项全能之 110 米栏第一组分段时间柱状图

表 19-16 所示的是全国田径冠军赛暨大奖赛总决赛男子十项全能之 110 米栏项目第二组运动员的关键运动学参数数据，包括触地时间、栏间时间和栏间速度。图 19-23 所示的是每位运动员在各个分段的速度变化，图 19-24 所示的是每位运动员在各个分段的时间变化。

表19-16 全国田径冠军赛男子十项全能之110米栏第二组数据统计表

运动员	反应时(s)		H1	H2	H3	H4	H5	H6	H7	H8	H9	H10	110m	道次/名次	H1-H4	H4-H7	H7-H10
李晓东	0.165	触地时间(s)	2.79	3.94	5.09	6.26	7.41	8.58	9.78	10.94	12.11	13.30	14.86	4/1			
		栏间时间(s)		1.15	1.15	1.17	1.15	1.17	1.20	1.16	1.17	1.19			3.47	3.52	3.52
		栏间速度(m/s)	4.92	7.95	7.95	7.81	7.95	7.81	7.62	7.88	7.81	7.68	8.99	1.56	7.90	7.79	7.79
费翔	0.197	触地时间(s)	2.87	4.10	5.30	6.54	7.74	8.96	10.19	11.41	12.64	13.88	15.46	5/2			
		栏间时间(s)		1.23	1.20	1.24	1.20	1.22	1.23	1.22	1.23	1.24			3.67	3.65	3.69
		栏间速度(m/s)	4.78	7.43	7.62	7.37	7.62	7.49	7.43	7.49	7.43	7.37	8.87	1.58	7.47	7.51	7.43
陈兴华	0.196	触地时间(s)	2.85	4.09	5.29	6.49	7.71	8.91	10.14	11.33	12.58	13.83	15.51	9/3			
		栏间时间(s)		1.24	1.20	1.20	1.22	1.20	1.23	1.19	1.25	1.25			3.64	3.65	3.69
		栏间速度(m/s)	4.81	7.37	7.62	7.62	7.49	7.62	7.43	7.68	7.31	7.31	8.35	1.68	7.53	7.51	7.43
华梓惠	0.190	触地时间(s)	2.84	4.05	5.29	6.56	7.79	9.02	10.29	11.59	12.86	14.25	15.94	8/4			
		栏间时间(s)		1.21	1.24	1.27	1.23	1.23	1.27	1.30	1.27	1.39			3.72	3.73	3.96
		栏间速度(m/s)	4.83	7.55	7.37	7.20	7.43	7.43	7.20	7.03	7.20	6.58	8.30	1.69	7.37	7.35	6.92

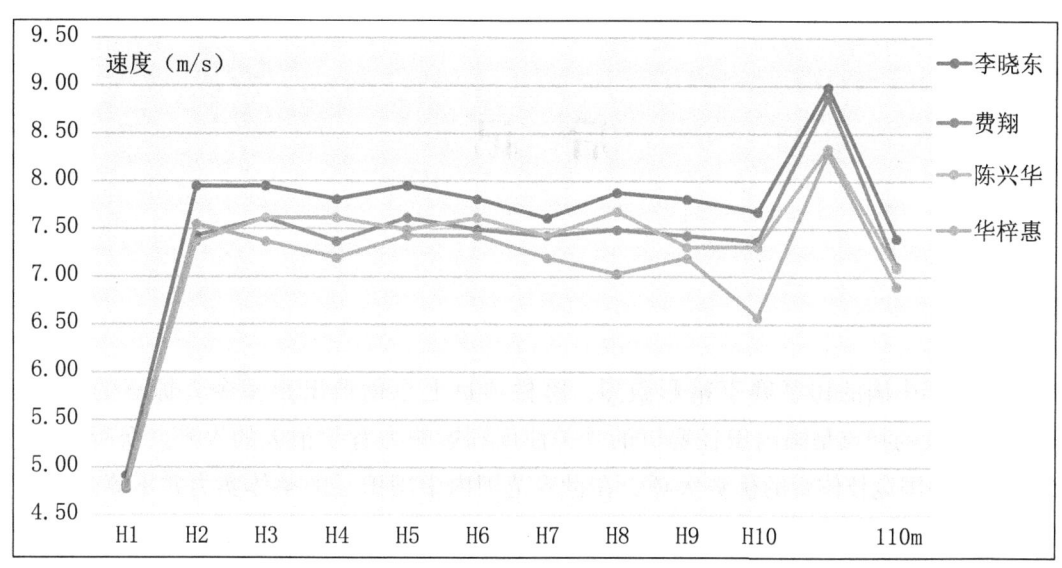

图 19-23　全国田径冠军赛男子十项全能之 110 米栏第二组分段速度折线图

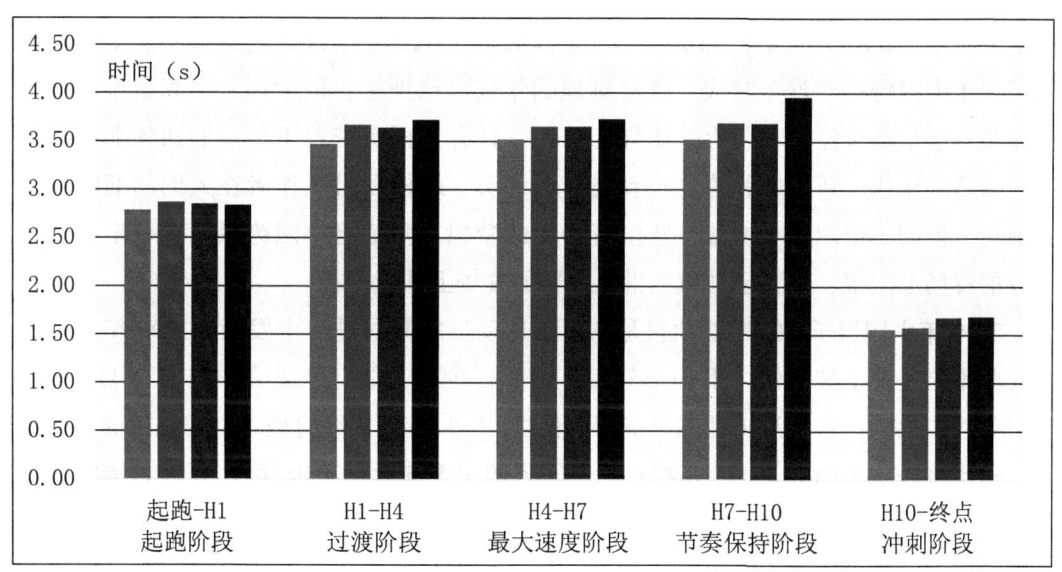

图 19-24　全国田径冠军赛男子十项全能之 110 米栏第二组分段时间柱状图

后 记

2019年中国的田径赛事精彩激烈，跨栏项目上也创造出很多令人惊喜的成绩。2019年最大的特点是国内田径赛事的受关注度和影响力有了很大的提升。众所周知，田径不是中国竞技体育的优势大项，在世界范围内中国田径的整体实力并不算强，正因如此，在影响力和受欢迎程度上不如其他项目。但是在2019年，中央电视台体育频道相继直播了2019年全国田径锦标赛和世锦赛选拔赛两项田径赛事，有力地提升了田径项目在中国大众中的关注度。其实跨栏项目曾带动过中国田径的热潮，2004年雅典奥运会冠军、2007年大版世锦赛冠军、曾经的男子110米栏世界纪录保持者刘翔，创造了属于中国跨栏的黄金时代。曾经辉煌的年代虽已逝去，但中国跨栏尚留余温，人们还是对这个项目保持着期待，期待着有朝一日有人再次带着田径迷们回到那充满荣光与激情的年代。新时代的跨栏运动员、教练员、跨栏项目工作者在人们的期盼中奋力前行，他们不怕困难与挑战，坚信着心中的梦想，坚信着中国跨栏运动一定还会在世界的赛场上闪耀，使五星红旗在世界大赛的赛场上肆意飘扬。

2019年中国男子110米栏项目是在新老运动员的共同进步中发展，1990年出生的谢文骏不再是那个被称作"下一个刘翔"的跨栏少年，他已经成为中国男子110米栏项目的领军人物。在亚洲田径锦标赛中，他以13秒21的成绩打破了刘翔保持的赛会纪录，这也宣告了中国男子110米栏项目领军人的完美继承。2019年5月18日国际田联钻石联赛上海站，谢文骏跑出了13秒17的成绩获得第二名，一年内两次刷新个人最好成绩，这个成绩也使他上升为中国男子110米栏项目历史最快运动员第二人，仅次于刘翔。除谢文骏外，中国男子110米栏的年轻力量也在2019年收获颇丰，其中最有代表性的是曾建航和孙振江两位运动员。曾建航在2019年间三次刷新个人最好成绩，是目前中国男子110米栏项目最受期待的年轻运动员。来自山西的运动员孙振江出生于1999年，他在2019年间四次刷新个人最好成绩，目前个人最好成绩是全国田径锦标赛中跑出的13秒60，那场比赛他仅以0.01秒之差输给了曾建航。老将在世界赛场上披荆斩棘，年轻人已经在2019年初露锋芒，现阶段中国男子110米栏项目正在以一种良好的势头发展着、前进着。

2019年中国女子100米栏项目同样如此。在这一年，年轻运动员们的成绩迅猛增长,并且也有发展已经比较成熟的运动员在亚洲赛场上拿到不错的名次。在亚洲田径锦标赛女子100米栏的比赛中河南运动员陈佳敏跑出13秒24的成绩获得亚军,为中国在女子110米栏项目上收获了亚洲重大赛事的奖牌。同样来自河南的运动员戴仪茹在沈阳举办的世锦赛选拔赛中跑出13秒24的成绩拿到了冠军,她还在第三届全国青年运动会上获得了女子100米栏的冠军。戴仪茹是2001年出生的运动员,在2019年跑出了中国女子100米栏项目上全年的最好成绩,人们也有理由相信在未来戴仪茹会是女子100米栏项目上实现重大突破的主要力量。

2019年中国400米栏项目无论是男子还是女子项目在亚洲范围内的竞争力都略显不足,虽然现阶段的整体成绩较低,但好在年轻运动员是男女400米栏项目上的领先者。2019年中国女子400米栏的最好成绩是广东运动员莫家蝶创造的,她在全国田径锦标赛上跑出56秒70的个人最好成绩并获得冠军。我国在女子400米栏这个项目上也有很多成功的先例,山东名将黄潇潇曾在2001年第九届全国运动会上跑出过55秒15的世界青年纪录,之后她在女子400米栏项目上取得了辉煌的成就,她曾接连拿过全运会和亚运会女子400米栏项目的冠军,还两次在世锦赛上获得第五名的好成绩。通过2019年的表现人们不禁把同样年少成名的莫家蝶与之前的黄潇潇做对比,尽管目前还有不小的差距,但对莫家蝶的未来值得人们承载期望。

同样的情况也出现在中国男子400米栏项目上,2000年出生的河南运动员谢智宇在8月17日的第二届全国青年运动会比赛中跑出49秒96的成绩并获得冠军,这是2019年中国在这个项目上的最好成绩。如今400米栏项目上,卡塔尔名将萨姆巴在世界范围内都很有竞争力,他在2019年4月的亚锦赛中以47秒51的成绩轻松夺得冠军,还在10月的多哈世锦赛上跑出了48秒03的成绩获得第三名。现阶段,在男子400米栏项目上我们甚至不具备在亚洲范围内的竞争力,中国男子400米栏项目的整体实力需要提升,而提升实力的希望就寄托在以谢智宇为代表的年轻运动员身上。

纵观2019年中国跨栏运动员的整体表现,在专项成绩上还是呈整体上升的趋势,尽管与刘翔和黄潇潇所处的那个时代相比还有明显的差距,但2019年给人们最大的希望就是在跨栏四个项目中都有成绩非常好的年轻运动员涌现出来。在女子100米栏、女子400米栏和男子400米栏三个项目上,赛季最好成绩的创造者都是"00后"的运动员,这让我们对跨栏项目未来的发展充满了希望。也许当前的奥运会等世界大赛对他们来说还是遥远的梦想,但有理由相信到了下一个奥运周期,当他们羽翼丰满时,很有机会去创造新的奇迹!

科研工作者名单

以下是各项赛事参与科研工作的名单,在此向他们的辛勤劳动表示感谢!

2019 全国室内田径锦标赛分区赛(1)江苏·南京
程泓人[1]、Todd Henson[2]

2019 全国室内田径锦标赛分区赛(2)江苏·南京
程泓人[1]、Todd Henson[2]

2019 全国室内田径锦标赛分区赛(3)陕西·西安
程泓人[1]、Todd Henson[2]

2019 全国室内田径锦标赛分区赛(4)陕西·西安
程泓人[1]、Todd Henson[2]

2019 全国室内田径锦标赛总决赛浙江·杭州
程泓人[1]、Todd Henson[2]

2019 全国田径大奖赛分区赛(1)广东·肇庆
程泓人[1]、Todd Henson[2]

2019 全国田径大奖赛分区赛(2)湖北·黄石
程泓人[1]、Todd Henson[2]

2019 全国亚洲田径大奖赛系列赛(1)
Todd Henson[2]

2019 全国亚洲田径大奖赛系列赛(2)
Todd Henson[2]

2019 国际田联钻石联赛上海站
程泓人[1]、苑廷刚[1]、姜自立[2]

2019 国际田联世界挑战赛南京站
程泓人[1]、姜自立[2]

2019 全国田径大奖赛分区赛(3)浙江·金华
程泓人[1]

2019 全国田径大奖赛分区赛(4)河南·洛阳

Todd Henson[2]

2019 全国田径锦标赛辽宁·沈阳

Todd Henson[2]、程泓人[1]

2019 世界田径锦标赛选拔赛辽宁·沈阳

Todd Henson[2]、程泓人[1]、何佩[3]、魏梦力[3]、刘智慧[3]

2019 第二届全国青年运动会田径比赛山西·太原

Todd Henson[2]、程泓人[1]、韩鹏鹏[1]

2019 全国田径冠军赛暨大奖赛总决赛黑龙江·大庆

Todd Henson[2]、程泓人[1]、刘智慧[3]、杨悦[3]、尤冲[3]

工作单位：1. 国家体育总局体育科学研究所；2. 中国田径协会；3. 武汉体育学院